赤水河流域

历史文化研究

论文集（一）

CHISHUIHE LIUYU
LISHI WENHUA YANJIU
LUNWENJI（YI）

刘一鸣　主　编

四川大学出版社

责任编辑：袁　捷
责任校对：宋　颖
封面设计：墨创文化
责任印制：王　炜

图书在版编目(CIP)数据

赤水河流域历史文化研究论文集．一／刘一鸣主编.
—成都：四川大学出版社，2018.5
ISBN 978-7-5690-1771-7

Ⅰ.①赤…　Ⅱ.①刘…　Ⅲ.①长江流域-文化史-文
集　Ⅳ.①K295-53

中国版本图书馆 CIP 数据核字（2018）第 086165 号

书名	赤水河流域历史文化研究论文集（一）	
主　编	刘一鸣	
出　版	四川大学出版社	
地　址	成都市一环路南一段 24 号 (610065)	
发　行	四川大学出版社	
书　号	ISBN 978-7-5690-1771-7	
印　刷	郫县犀浦印刷厂	
成品尺寸	185 mm×260 mm	
插　页	4	
印　张	20.5	
字　数	396 千字	
版　次	2018 年 9 月第 1 版	
印　次	2018 年 9 月第 1 次印刷	
印　数	0 001~1 800 册	
定　价	86.00 元	

◆读者邮购本书,请与本社发行科联系。
　电话:(028)85408408/(028)85401670/
　(028)85408023　邮政编码:610065
◆本社图书如有印装质量问题,请
　寄回出版社调换。
◆网址:http://www.scupress.net

仁怀市历史文化研究会

指导单位：中共贵州省仁怀市委宣传部
主管单位：仁怀市文联
主办单位：仁怀市历史文化研究会

《赤水河流域历史文化研究论文集》编委会

名誉主任：王德碧

主　　任：雷鸿鸣

副 主 任：刘一鸣

委　　员（按姓氏笔画排序）

方在举　易　峰　王钦伦　代玉松　龙先绪　向明富

刘增永　刘一鸣　张方利　陈　果　禹明先　周山荣

雷鸿鸣　雷先钧

编辑部

主　编：刘一鸣

成　员：龙先绪　罗　梅　雷先均

序　言

冉世勇*

赤水河是位于长江中上游滇川黔三省结合部的一条支流，其流域面积244万平方千米，总人口约450万，分布着汉、苗、彝、布依等民族，上游区域还存在尚未识别的"羿人"。赤水河以其特有的厚重历史文化、长征文化、神秘的自然环境以及出产名闻天下、享誉全球的以国酒茅台为代表的酱香系列酒而被称为英雄河、美酒河、生态河、美景河。

赤水河既是川黔两省界河，又是国家环保的一级长江支流，其流域分隶滇、川、黔三省十六个县（市、区）。由于受自然地理条件影响，有史以来，该流域社会经济发展的不平衡性一直较为突出。于云南省而言，地处滇东北的乌蒙山区之镇雄、威信，乃赤水河发源地，地域偏僻、发展滞后；于四川省而言，叙永、古蔺、纳溪、合江，地处四川盆地边缘与乌蒙山支脉、大娄山支脉结合部，除合江、纳溪位于长江边上较发达外，叙永、古蔺是典型川南山区，经济也不发达；于贵州省而言，地属黔西北乌蒙山区和黔北大娄山区，遵义市所辖汇川、播州、仁怀、赤水、桐梓和毕节市所辖七星关、金沙、大方、黔西共九县（市、区）发展也不平衡。从历史发展看，赤水河流域中上游人烟稀少、经济滞后，中下游人烟稠密、经济较发达。

仁怀市在改革开放以来，与茅台酒厂（集团）走厂市同兴之路，经济持续发展，进入贵州省第一方阵、全国百强县（市）之列，成为赤水河流域区域经济发展的龙头县（市）。就区域经济而言，仁怀市是赤水河环保的最大受益者，理应为赤水河流域社会经济协调发展做出贡献。因此，仁怀市在抓好自身经济文化建设的同时，也密切关注赤水河流域经济文化发展，把保护赤水河流域环境的各项方针、政策落到实处。仁怀政协还多次牵头开展赤水河流域县（市、区）经济文化发展的协作活动，并取得了很好的

---

* 冉世勇：仁怀市委常委、宣传部部长。

社会效益。

近三年，仁怀历史文化研究会的专家学者们积极开展对赤水河流域历史文化的研究工作，发现赤水河因分隶三省而被边缘化。于是决定从史料收集、整理入手，先后出版了明末朱燮元《少师朱襄毅公督蜀疏草》《少师朱襄毅公督黔疏草》二十四卷，填补了赤水河流域乃至西南地区在该研究领域的空白。研究会又联络滇、川、黔、渝三省一市关注赤水河流域历史文化的专家、学者撰写出几十篇不同层面的文章，经研究会专家一一审读后，选出三十四篇结集出版，供关注赤水河流域社会经济发展的各级领导干部和学者在开展生态文明建设、乡村振兴战略、区域经济协调发展等工作中参考。

编辑、出版《赤水河流域历史文化研究文集》的初衷，是仁怀市提出建设赤水河流域区域性中心城市的构想后，仁怀历史文化研究会的专家、学者希望为此做一些文化方面的贡献。心若在，梦就在。希望昨天历史文化的研究带来今天发展的蹄疾步稳，带来明天的美好生活。

是为序。

周世举

2017.12.11.

目　录

略论赤水河流域的历史地理地位及其意义

马　强[*]

　　黔、川、滇交界之地的赤水河流域，虽然从传统华夏中心的角度来看，她实属偏远，为所谓蛮獠汉夷杂居之地，但在历史上却与中央王朝重大的政治军事活动及华夏文明进程屡屡交集，成为一片神奇的土地。赤水河流域包括云南省镇雄、威信，贵州省毕节、大方、金沙、遵义、仁怀、赤水、习水、桐梓及四川省叙永、古蔺、合江等县（市）。毕节、大方、金沙 3 县（市）北部属赤水河流域，流域总面积 20440 平方公里，东南隔娄山与乌江流域为邻。其中，赤水河流域在贵州省境内的面积为 11357 平方公里。赤水河自南而北，在四川合江县注入长江，是长江上游重要支流之一。

　　从历史的纵向维度看，赤水河流域在中国历史上曾几度发生影响，具有特殊的重要地位。先秦时期该流域曾经出现过夜郎国、古鳛国、古鳖令国等邦酋，在西南独领风骚一时。汉武帝建元六年（前 135）唐蒙率使团取道赤水河出牂牁至夜郎，了解夜郎地理之虚实，汉武帝元鼎六年（前 111）置牂牁郡，赤水河流域大部分属其辖地。明朝末年，播州土司杨应龙、永宁土司奢崇明相继武装反叛，与中央分庭抗礼，赤水河流域风云际会，大军云集，明王朝先后在这一地带进行了著名的平播、平奢战役，影响重大，国史入载。20 世纪 30 年代的遵义会议及在毛泽东指挥下的中国工农红军"四渡赤水"的经典战役，更使赤水河流域天下闻名。现代赤水河流域虽然远离国家政治中心，却以久负盛名的仁怀茅台酒重镇而享誉海内外。当然以上列举的都是赤水河流域光辉的亮点，但这些亮点并不足以代表其历史发展的全貌。从历史地理学角度审视，在更为漫长的中国历史时期，赤水河流域则是学术研究的一个神秘渺茫的地带，其丰富的历史文化内涵尚未得到很好的挖掘，

　　* 马强，男，陕西省汉中人，西南大学历史文化学院教授、博士生导师。国家重大社会科学基金项目"蜀道文献整理与研究"首席专家。

其重要的历史地理地位也未能得到充分的揭示。比如，历史上历代中央王朝的政区划分类型基本上遵从山川形便与犬牙交错两种原则，大致以宋代为界，前期的政区设置划分多为"山川形便"，而从元朝开始这一原则在很大程度上被打破，"犬牙交错"的政区设置渐趋增多。赤水河流域由于特殊的民族、地理、交通地位，在历史上的政区所辖归宿就经历了多次变迁，从历史地理的角度考察这一地区，历史意义就远非上述事件所能涵盖。这里就赤水河流域的历史地理意义略陈管见，以求教于方家。

一、赤水河流域的考古地理学意义

赤水河流域虽然地处偏塞，但文明邈远，考古文化遗存丰富，在中国当代考古文化地图中是一个不容忽视的西南板块。迄今为止，在赤水河流域发现的上古遗址包括新石器时代、商至西周、东周、汉晋等不同时期的历史文化遗存已经有二十多处，从20世纪40年代起，经过近80年的考古挖掘，目前已经发现31处人类遗址，重要的有仁怀合马梅子坳、大渡口，习水官仓坝遗址、习水土城崖墓，赤水复兴镇马鞍山崖墓，习水隆兴陶罐汉墓和仁怀卢缸嘴汉代遗址等，已经可以初步构建起赤水河流域新石器时代至汉晋时期的考古学年代序列，这其中尤以黄金湾遗址最为重要。黄金湾遗址位于习水县土城镇黄金湾村，在黄金河与赤水河交汇处的赤水河东岸，面积约10万平方米，因仁怀至赤水高速公路建设，于2009年调查发现。目前，黄金湾遗址已经科学考古挖掘有效面积100000多平方米，发掘墓葬11座，墓葬形制以土坑墓、崖墓、瓮棺墓等为主，出土器物按质地可分为青铜器、石器、陶器、铁器、贝类、骨器等，尤以陶器数量最多，年代跨度从新石器时代经商、周、秦、汉至西晋，因此该遗址的文化遗存分属新石器时代、商周、汉晋等不同时期，以汉晋时期遗存为主，展示了赤水河流域先民们神秘的远古生活图景。贵州省文物考古研究所专门在土城镇成立赤水河流域考古工作站，也表明了对赤水河流域考古文明探讨的重视。黄金湾汉代遗址位于贵州省遵义市习水县土城镇黄金湾村新阳组，是贵州赤水河流域规模最大的一处以汉晋文化遗存为主的古遗址。黄金湾遗址的考古发掘及其所发现的大量文物表明，赤水河流域土城一带，早在新石器时代已经有先民生息于此，出土的大量陶器、铜器、铁器、石器、骨器、漆器等大量遗物表明，新石器时代以来，赤水河流域已拥有比较先进的陶器、青铜器、铁器、石器、骨器、漆器等生产制作技术。部分精美的手工业品，也表明在前西南夷时代这一地区已经拥有较高程度的农业文明和社会组织，如此漫长的考古文化遗址在国内并不多见。①由于赤水河流域是南方丝绸之路的重要通道之一，而南方丝绸之路通行的起始时间目前历史学界因文献匮乏尚难确定，争议较大。而黄金湾遗址的发现与发掘，又提出了一个新视角，即汉人进入西南夷地区是在秦汉之际，因为黄金遗址中发现的铁器与漆器，与在宜宾高庄桥和泸州龙马潭区麻沙桥汉墓中发现的器具十分相似，这应该被认为是当时秦汉中央政府开发边疆的实物证明，具有重要的学术意义，这也必将为南方丝绸之路的起源提供坚实的考古文物依据。

二、赤水河流域的历史政区地理意义

赤水河系长江上游的重要支流之一，发源于云南省镇雄县，向北流经贵州仁怀、习水、赤水等县市，于四川省合江县汇入了长江，位于川黔渝交界地区。从历史地理学角度看，该流域恰好处于华夏文化圈与西南蛮夷文化圈的交汇地带，秦汉时期称为"鳛水"的赤水河流域为西南夷君长之一的鳛部治邑。从战国至秦汉，这一地区先后出现过夜郎国、古鳛国、古鳖令国等邦酋政权，地理上处于所谓蛮夷北界，华夏边缘。

赤水河流域的古鳛国是先秦时期一个史籍绝少记载的神秘国家。鳛字最早见于《山海经》卷三《北山经》："涿光之山，嚣水出焉，而西流注于河。其中多鳛鳛之鱼。其状如鹊，而十翼鳞皆在羽端，其音如鹊，可以御火，食之不瘅。"鳛，相传是一种会飞的鱼，《尔雅》释之为"鱼龙"。鳛部，作为一个地域邦酋语汇，最早见于《汉书·地理志》"江通鳛部"。《水经注·江水》对其地域作了进一步的定位：江水"又东过符县，北邪东南，鳛部水从符关东北注之"②。符县为汉武帝时置，即今之四川泸州合江县。《水经注》此段记载是说鳛部水自符县东北注入长江，则此"鳛部水"为赤水河无疑。明人曹学佺《蜀中广记》卷十六《合江县》云："郦道元注曰：县故巴夷地，汉武帝建初六年，以唐蒙为中郎将，从万人出巴符关者也，汉元鼎二年立"③。赤水河流域在中国历史政区地理上属于典型的犬牙交错地带，且不说先秦、秦汉时期夜郎国、古鳛国、古鳖国等邦酋在这里先后割据、叠加，汉武帝建元六年为开"西南夷"，置犍为郡，郡治在鳖县（治今贵州省遵义市绥阳县县城东旺草镇）。元鼎六年（前111）再置牂牁郡，领僰道、江阳、武阳、南安、资中、符县、牛鞞、南广、朱提、堂琅、汉阳等十二县。汉昭帝始元元年（前86）犍为郡治移僰道城，属西汉益州刺史部。东汉末年这一地区政区地理又出现变化，汉献帝建安十八年（213）置江阳郡，治江阳县（今泸州市江阳区），西晋仍置江阳郡。梁武帝萧衍大同年间（535—546）设置泸州（治今合江县）。隋开皇三年（583），废江阳郡，改置泸川郡。唐高祖武德元年（618）废隋犍为郡，设戎州。唐代除天宝元年（742）至乾元元年（758）改称南溪郡外，戎州长期建置。直到唐末，治义宾县。宋灭后蜀，仍然沿袭戎州之名。太平兴国元年（976）避太宗赵光义讳改名宜宾县，属叙州。宋徽宗政和四年（1114），从《禹贡》"西戎即叙"句，戎州改名为叙州。

到了明代，赤水河流域及其邻近地区分别为播州杨氏土司、奢氏土司与安氏土司领地，土司之间为争夺领地而发生纠纷，且愈演愈烈。万历二十六年（1598），播州土司杨应龙公然与明中央王朝分庭抗礼，挑起叛乱，引苗兵攻入四川、贵州、湖广的数十个屯堡与城镇。万历二十八年（1600），明廷遣李化龙指挥八路明军进攻播州，围剿杨应龙，并最终在海龙屯剿灭杨氏土司。播州之乱平定后，明朝中央政府在播州改土归流，将黔北重镇遵义府划属四川，在黔北置平越府（今贵州福泉市），仍归贵州。明末，奢崇明、安邦彦土司相继叛乱，短短数月间攻城略地，围困成都。明朝中央派遣四川布政使朱燮元率兵镇压。奢、安土司之乱平定后，赤水河流域一片残破，百废待兴。明朝地方政权面临的善后问题十分复杂，其中处理土司与正州之间疆界的政区勘界问题即其一。明天启、崇祯之际，四川布政使朱燮元《少师朱襄毅公督黔疏草》④多处涉及战乱平息后对赤水河流域地方社会及其政区的恢复措施。关于水西土司重建，《少师朱襄毅公督黔疏草》卷七记载的崇祯五年二月十五日所上《酌议更置土司疏》⑤是一篇重要文献。为什么平定奢安之乱后没有借机废除水西土司？而是将安位再扶上位，恢复其土司世袭之制？朱燮元在奏疏中道出了其中原委："臣思封疆重务，事难久稽"，因出于水西地区社会安定的考虑，仍以维护土司治理为妥。朱燮元《酌议更置土司疏》多次涉及奢、安之乱平息后重新勘定蜀、黔二省交界地带州县的边界问题，包括对水西宣慰司与遵义地界的认定，分别见于卷八《题清水蔺界址疏》、卷九《查明蜀省二界疏》。《少师朱襄毅公督黔疏草》卷十一《水蔺界址三覆会勘疏》引申皇帝批复，实际也涉及水西土司侵占蔺界地界的事实："安酋侵地既明，该督抚即当勒令退还，何故久延不结？……著严谕该酋速清地界"⑥，表明，奢安叛乱前，水西土司侵占蔺界地界早成事实。关于重新勘定黔、蜀疆界的意义，朱氏有精当的论述："王者疆理天下，必先分划井里，慎守封圻，所以定赋役，杜侵夺，令人民游安和之域，而成一统盛治也。宣慰司土司原隶于黔，以办粮马。北壤与蜀播地毗联，界限甚明。上年安祚远以杀占本族婆妇之恶，致安位拘之囹圄，欲报黔行诛。远远知难活，越狱逃归。见位率众追捕，遂投蔺酆赵国政、刘大壮、陈皆善等，奔蜀求庇……及安位死，远亦继遭天刑"。⑧

朱燮元在处理奢、安之乱善后事宜中，深感黔、蜀相互侵界，分界线错乱，其在《分界酌议黔蜀两便疏》对这一状况留下了珍贵的历史记录："窃照黔之迤西，曰毕节，曰赤水，曰乌撒，曰永宁。永宁卫与蜀之永宁宣抚司联界，犬牙相错。向来彼此相安，未有争者。自奢酋作难，……黔蜀界址。查黔之永宁卫，设自洪武四年，屯田五万三千二百九十亩，其余皆为四川永宁宣抚司之地。旧制：宣抚司城垣衙署，原任城外。后因宣抚梗法生事，议迁城内以便弹压。自是宣抚司各夷，与蜀人多相杂而居者。今黔蜀纷纷互争，甚至假威权以恣虐。臣移会抚院委府佐一员，查旧日街巷，自辛酉以前为界，唤集父老将街址逐一踏勘。某为蜀，某为黔，某为宣抚司，各查出原任周围尺丈，取名认状，是黔还黔，是蜀还蜀，则公道昭而人心自服也"；"该臣看得黔省东北数里，即为宣慰司宋士殷洪边旧地。北联平越、新添，且与蜀之遵义壤界相错，其地夙号饶衍，故旧有十二马头以供邮递"[⑨]。朱燮元这段奏疏先是陈述黔西北毕节、赤水、乌撒、永宁地理分布，点明明朝永宁卫与蜀南土司"永宁宣抚司联界，犬牙相错"，本来相安无事，但自从奢崇明作乱，便打破了卫所与土司之间的安定局面，"自是宣抚司各夷，与蜀人多相杂而居者。今黔蜀纷纷互争"，因此战乱平息后，朱氏大力整饬地方秩序，重新勘分"黔、蜀地界，是黔还黔，是蜀还蜀，则公道昭而人心自服"，可见赤水河流域的政区在明末曾经因奢安之乱一度变得相当混乱，以至于战乱平息后重新勘分地界、恢复原有政治秩序成为当务之急。这一事件应该是研究战乱与中国历史政区变迁的典型材料，特别是研究"犬牙相错"政区地理，值得特别重视。

赤水河流域地理区位特殊，地处黔、川两大传统政区交界地带，又是汉夷民族杂居之地，所谓华夏边徼。蛮夷末端，决定了中央王朝在这一地区的政区建置中必须有多重考虑，既要确保黔、川二省相互制约，又要促使汉夷之间各有畛域，不相越界。地跨赤水河流域的遵义府于清雍正五年（1727）再度由四川省划归贵州省，这也正是雍正朝在大力推行改土归流的政策中，在政区调整中重新调整黔、川二省政治比重的体现。

三、赤水河流域的历史交通地理意义

赤水河位于长江南，流经黔、滇、川三省边缘，流经贵州省的毕节市、金沙县与四川省叙永县、古蔺县边界，进入仁怀市、习水县、赤水市，至四川省合江县入长江，全长近四百五十公里，在历史上曾经是南方丝绸之路的重要通道之一，同时也是秦汉通往西南夷及南越的重要水陆通道，又是历史上僚人入蜀、川盐古道、茶马古道、明清皇木采办、黔铜、滇铅京运重要通道。关于赤水河流域与南方丝绸之路的关系与意义，张铭、李娟娟博士在《赤水河在"南方丝绸之路"中的支柱意义研究》⑩一文中已经作了初步探讨，虽然其中有的论证尚显牵强，但仍然是一篇视野宏远、有一定说服力的文章。我们认为，秦汉时期，在打通封闭的西南夷和南方丝绸之路早期，赤水河有着非同寻常的交通地理意义。汉武帝时唐蒙出使西南，司马相如奉使西南不仅是汉代重要的政治事件，对于打通中原与西南不相往来的早期封闭状态意义重大。问题是唐蒙出使西南夷走哪条路线，千百年来学术界争议很大，至今没有定论。《史记·平准书》云："唐蒙、司马相如开路西南夷，凿山通道千余里，以广巴蜀。"可见，在司马迁看来，唐蒙、司马相如在西南夷皆有开拓交通道路之功。关于唐蒙出使夜郎，开拓夜郎道与僰道的由来，据《史记·西南夷列传》，唐蒙先是奉使南越，在南越发现当地人喜食"蜀枸酱"，问所从来，当地人说来自"西北牂牁"，唐蒙敏感地意识到蜀地至牂牁虽然险远，但应有通道。后来回到长安询问蜀地商人，商人回答："独蜀出枸酱，多持窃出，市夜郎。夜郎者，临牂牁江。江广百余步，足以行船。南越以财物役属夜郎，西至同师，然亦不能臣使也。"于是唐蒙上书汉武帝，请求联合夜郎，"浮船牂牁江"合击南越国。因此《史记》记载汉武帝"拜蒙为郎中将，将千人，食重万余人，从巴蜀筰关入，遂见夜郎侯"。关于《史记·西南夷列传》所载唐蒙自何处入夜郎，《史记》的不同版本略有歧异，殿本作"自巴属符关入"，而"百衲本"则作"从巴蜀筰关入"。"筰关"在今四川汉源，而"符关"则在今四川泸州合江县。古籍辗转传抄中一字之差，往往造成地理空间上巨大差距。郦道元《水经注》卷三十三《江水注》说：江水"又东过符县，北邪东南，鳖部水从符关东北注之，县故巴夷之地也。汉武帝建元六年，以唐蒙为中郎将，从万人出巴符关者也"⑪。郦道元为北魏地理学家，时距汉代尚不算远，应该信以为据。另外，今贵州遵义桐梓蒙山下夜郎河边有一古渡口曰"蒙渡"，世代相传为唐蒙入夜郎路过处，旁边有数处明清摩崖题刻，其中有道光年间遵义人、著名外交家黎庶昌手书"汉元光五年武帝遗中郎将唐蒙通南夷道此得名"，这也应该是唐蒙出使夜郎当自蜀地浮岷江南下、自符关也即合江溯赤水河进入黔地（夜郎）至牂牁这一民间历史记忆的折射。唐蒙自赤水河入夜郎，开辟了打通西南夷的新时代。

两晋南北朝时期，赤水河流域还是"僚人入蜀"的民族迁徙走廊，南宋郭允蹈《蜀鉴》云："李雄时尝遣李特攻朱提，遂有南中之地；寿既篡位，以郊甸未实，都邑空虚，乃徙旁郡户三个以上实成都；又从牂牁引僚入蜀境，自象山以北尽为僚居；蜀土无僚，至是始出巴西、渠川、广汉、阳安、资中、犍为、梓潼，布在山谷，十余万家；獠遂挨山傍谷，与土人参居"⑫。虽然没有明言具体迁徙路线，但"从牂牁引獠入蜀境"，赤水河流域显然是一个重要通道。张铭、李娟娟博士认为，"在僚人入蜀这一过程之中，赤水河作为唐蒙取用之前就已经广泛取用的古道在僚人入蜀过程中担当着'民族迁徙大通道'的重要角色"⑬，这一判断颇有见地。此后，有史料证明唐朝天宝年间征伐南诏、晚唐太原望族杨端入播、南宋时播州援助重庆合州钓鱼城抗击蒙军、明代成化年间叙州一带都掌蛮与官军战斗失败退居山林等，都曾利用了赤水河通道。

　　明清时期赤水河流域还是川盐入黔及黔粮入川的繁忙要道，盐商贩运川盐入黔，再转运黔北粮食出黔入川，大获其利，赤水河交通因之运输繁忙。清代川盐入黔四大口岸綦岸、涪岸、仁岸、永岸，后两大口岸多选择赤水河运输。据遵义师院学者裴恒涛、谢东莉研究，乾隆时张广泗、光绪时丁宝桢都疏浚过赤水河航道，保证了赤水河航道的通畅。⑭张广泗奏称"黔省食盐，例销川引，若开修赤水河，盐船亦可通行，盐价立见平减"，故张广泗疏凿河道后，"商船直抵新城之茅苔村，蜀船俱泊城外东关，易船转运，商民便之"。⑮清代，国家对云贵两省的金属开采力度加大，黔铅滇铜的京运成为西资东运的主要物质，因此乾隆以降对赤水河的依赖很大，黔省官员多次疏浚赤水河，以保证航运畅通无阻。据《清实录》记载：乾隆八年贵州总督张广泗决定疏浚赤水河，改善赤水河航运条件，遂奏称"黔省威宁、大定等府、州、县，崇山峻岭，不通舟楫，所产铜、铅，陆运维艰，合之滇省运京铜，每年千余万斤，皆取道于威宁、毕节，驮马短少，趱运不前，查有大定府毕节县属之赤水河，下接遵义府仁怀县属之猿猴地方，若将此河开凿通舟，即可顺流直达四川、重庆水次；委员勘估，水程五百余里，计应开修大小六十八滩，约需银四万七千余两；此河开通，每年可省脚价银一万三四千两，以三年余之节省，即可抵补开河工费"⑯。这说明到了明清时期，赤水河流域的运输功能渐渐由军事通道转化为承担通商经济通道，成为川黔之间盐粮运输的经济命脉。

结　语

　　以上从考古地理、政区地理、交通地理三个方面简要讨论了赤水河流域这一地带在历史上的重大事件及其地位、意义。要而言之，赤水河流域具有非同寻常的历史地理学意义，其考古文化自新石器时代延伸至汉魏两晋，揭示了秦汉之际华夏族已经进入该流域与西南夷共同开发该流域的经济与文化；在政区地理方面，赤水河流域是中国西南典型的"犬牙交错"地带，战国、秦汉之际，多个民族政区在此交错叠加，汉晋以后，政区也多次调整，至明末则为永宁奢氏土司与水西安氏土司相互侵夺之地带，以至于战乱平息后不得不重新勘分黔、川二省州县边界，以稳定社会秩序。赤水河交通地理地位至为重要，不仅是早期南方丝绸之路之最早的通道，也是明清时期川盐入黔的主要途径，交通运输盛极一时。其他尚有民族地理、文化地理、商业地理之余义，限于篇幅，俟另文探讨。总之，赤水河流域作为长江支流的一个地理单元，具有重要的历史地理学理论与个案研究价值，从学科角度而言，以往研究甚少，今后应该加强对该地区的关注与学术投入。

注释：

①张改课、李飞、陈聪：《贵州习水黄金湾墓葬考古汉晋时期赤水河流域先民生活风貌》，《大众考古》2016年第3期；张勇：《汉代西南属国考古学文化变迁及相关问题研究》，《郑州大学学报》2017年第4期。

②郦道元：《水经注》卷33《江水》，陈桥驿：《水经注校证》，中华书局，2007年，第772页。

③曹学佺：《蜀中广记》卷16《合江县》，文渊阁《四库全书》本。

④刘一鸣、雷鸿鸣、雷先均整理：《少师朱襄毅公督黔疏草》，中国文化出版社，2017年。

⑤刘一鸣、雷鸿鸣、雷先均整理：《少师朱襄毅公督黔疏草·酌议更置土司疏》，中国文化出版社，2017年，第194页。

⑥刘一鸣、雷鸿鸣、雷先均整理：《少师朱襄毅公督黔疏草·水蔺界址三覆会勘疏》，中国文化出版社，2017年，第301页。

⑦刘一鸣、雷鸿鸣、雷先均整理：《少师朱襄毅公督黔疏草·水西夷汉各自投诚措置事宜疏》，中国文化出版社，2017年，第307页。

⑧刘一鸣、雷鸿鸣、雷先均整理：《朱襄毅公督黔疏草·恳明疆界疏》，中国文化出版社，2017年，第343页。

⑨朱燮元：《分界酌议黔蜀两便疏》，陈子龙等辑：《明经世文编》卷487，中华书局，1962年。

⑩张铭、李娟娟：《赤水河在"南方丝绸之路"中的支柱意义研究》，《贵州文史丛刊》2017年第1期。

⑪郦道元：《水经注》卷33《江水注》，陈桥驿：《水经注校证》，中华书局，2007年，第772页。

⑫郭允蹈：《蜀鉴》卷4《李寿纵獠于蜀》，巴蜀书社，1984年。

⑬张铭、李娟娟：《赤水河在"南方丝绸之路"中的支柱意义研究》，《贵州文史丛刊》2017年第1期。南宋与蒙古战争中，播州土司杨文多次奉调派出精锐军队，救急驰援四川各要地，转战于四川南北，为南宋王朝立下了汗马功劳。而筑钓鱼城抗击蒙

军之策，也出自播州冉琎、冉璞兄弟的建议。

⑭裴恒涛、谢东莉：《赤水河流域川盐入黔的历史变迁及其开发》，《西华大学学报》（哲学社会科学版），2012 年第 3 期。

⑮崇俊等修、王椿纂：《光绪增修仁怀厅志》卷 4《盐政》，光绪二十八年刻本。

⑯中华书局编：《清实录·高宗皇帝实录》卷 239，中华书局影印本，1985 年，第 73 页。

赤水河流域四大土司土官历史概述

刘一鸣　雷鸿鸣[*]

导　言

　　赤水河为长江上游支流，因河水含沙量高、水色赤黄而得名。该河发源于云南省镇雄县，干流、支流在滇、川、黔三省接壤的崇山峻岭间穿行。干流上流称鱼洞河，向北流数公里后转东流，至洛甸小河口折向东北流，入地下为伏流至龙洞河口折东南流、至云贵川三省交界处折东北流称毕数河，至石关又折东南流至倮河口再折东北流，到茅台折西北流，至岩寨折西南流至古蔺河口，折东北复转西北，流经土城、元厚至大群，又东北流，至金沙折西流、至龙岩小河口折西南流，至大同河口折东北流经赤水城至链鱼溪入四川合江县，流至合江城东注入长江。源头支流和干流经云南省镇雄、威信，四川叙永、古蔺、合江，贵州毕节市七里关区、金沙县和仁怀市、习水县、赤水市，全长 444.5km（一说 524km）。

　　赤水河流域位于地球东经 104°45′～106°51′、北纬 27°20′～28°50′，干流茅台以上为上游，茅台至丙安为中游，丙安以下为下游，沿途汇入较大的支流有云南威信县扎西河，至水田乡渡口汇入赤水河；四川叙永有倒流水河、古蔺有古蔺河，贵州大方有二道河，有桐梓、遵义市汇川区及仁怀交界的桐梓河，古蔺、赤水市共有的大同河，还有流经习水、赤水、四川合江的习水河是较大的支流。有板桥河、沙沱沟、石梅寺沟、陡沼沟、金沙沟、闷头溪、葫市沟、鸭岭沟、荔枝榜、长嵌沟、丙安沟、狗狮子河、风溪河、仁友溪、磨盘溪、觉角溪、蒲村坝溪、鱼溪等二十余条小支流；全流域集雨水面积 2865 平方公里（还包括四川省泸州市纳溪区、贵州省黔西县和大方县），东南以娄山山脉为赤水河与乌江水系分水岭，北以雪山关东北走向山

　　* 刘一鸣，仁怀市历史文化研究会会长；雷鸿鸣，仁怀市历史文化研究会副会长。

脉为与永宁河水系分水岭，西南以乌蒙山为长江水系与珠江水系的分水岭，流域总人口约 450 万，上游较分散、中下游较集中，民族成分有汉族、苗族、仡佬族、彝族、布依族等，还有分布于上游川黔边未识别民族"羿人"。

赤水河流域是西南地区直接纳入中央政府流官王化管理较晚的区域之一。在漫长历史发展过程中，由世代统治这一地域的当地部族发展而成的土司土官制度却有上千年历史。本文拟就"赤水河流域大小土司土官"做一概要介绍，就教方家。

土司土官是指历史上少数民族大小首领及其官署。土司土官制度是指历史上封建王朝中央政府对少数民族大小首领授予官职并准予世袭的制度。秦汉时期在边疆少数民族地区设置的"道"或因部落归降而设置的"属国"，乃其制度之滥觞；三国时期魏、吴两国对少数民族首领赐"王""侯""蛮夷君长"及蜀授今川、滇、黔结合区域的孟琰"辅汉将军"、孟获"御史中丞"等，乃土人治理的萌芽；两晋南北朝，统治者在少数民族聚居区设"左郡""左县""僚郡""俚郡"，以当地首领任太守、县令，是土司土官制之肇始；唐宋时期，统治者先后在少数民族地区设置羁縻府、州、县、峒，是为土司土官制度形成之雏形；元明时期，统治者对少数民族首领授予宣慰司使、宣抚司使、招讨司使、安抚司使、长官司长官及土知府、知州等，以领军事或兼主民政，并在其辖境内设总管或府、州县等文职；不论文武职位，均可世袭，大小土司首领均为奴隶主或农奴主，他们对辖境的民众有生杀予夺之权，形成一种有别于中央政府王化管理的半独立性的地方少数民族政权。明代初期，中国土司土官制度进入鼎盛时期，全国有大小土官、土司三千余家。这一制度是中国历史上封建中央王朝为适应少数民族区域社会经济发展阶段的产物，在维护多民族国家大一统的过程中起到了积极作用，对中国疆域的形成奠定了政治基础；但到明代中后期，大小土司土官多为争夺领地彼此混战，甚至举兵反抗中央政府而叛乱裂国，给国家的统一与稳定和社会经济发展造成了不可低估的危害，消极作用也日益明显。明初开始"改土归流"，灭思南、思州田氏土司，以其故地改流官并设贵州省；明末又消灭播州杨氏，将其领土分设遵义、平越两府分隶川黔二省以流官领之；明于天启、崇祯年间消灭永宁奢氏，以其地设叙永厅和古蔺州，削弱了贵州安氏，使其失去雄长一方的权力。清初吴三桂消灭安坤，将安氏领地设平远、黔西、大定府，并派流官治理；到清末，全国土官土司仅剩四百余家，民国年间剩三百五十余家；中华人民共和国 1956 至 1959 年在川康滇藏少数民族地区实行民主改革后，中国土司土官制度方不复存在。

赤水河流域在历史上曾分布着大小土司土官，他们在中国历史上产生过重大影响。今川江泸南至宜宾南和黔北及黔西南地域，古濮人（仡佬先族）建立过鳖国、鳛国，楚、秦为争夺巴蜀之地，经过一番角逐后，最终由秦吞巴灭蜀，曾一度控制赤水河中下游，设县治之；西汉武帝时，朝廷在赤水河流域设符县、平夷县等（时全国行郡县制、县域大于唐宋县域）。东汉末中原黄巾之乱、军阀割据，中央政府无力顾及边地郡县，土族豪强势力割据赤水河流域形成若干互不相属的僰人政权。氐羌语系的古代部族在迁徙中与僰人（爨）争斗，开启了历史上四大土司孕育形成的序幕。

一、古芒部与镇雄陇氏土府

古芒部与镇雄土府，根据清末民初彝族学者余达父（1869—1934）《通雍余氏宗谱》和《西南彝志》记载：相当于中原虞夏时居川西"邛之卤"的彝人始祖孟趖（齿者切，音哆马韵，又译希幕遮）的后人经三十世传至祝明（彝书记为隆穆，又译为笃幕前），娶三妻生六子武、乍、糯、侯、布、默，则分支为六部（六祖）。默部在乌蒙山东南麓建立部族政权。今镇雄陇兆麟、陇贤君考证默部始祖慕齐齐的统治中心在今云南东川，传至25代妥阿姆（又译芒布），因影响大增，原部族名称由德施氏改称芒部（布）。唐代文献记该部族为"阿孟部"、宋朝封其为西南番部大巡检司、元代文献记为"茫部"。

该部族发展的第一历史时期称德施氏时期。即第一代慕齐齐到二十五代妥阿姆（芒布）。其时相当于春秋时期周简王至周灵王（前585—前571）到蜀汉后主刘禅在位时期（223—263），累计约800年。在第十一世默雅德（又译默阿德）时期，该部族统治范围扩大到今贵州威宁一带；第二个历史时期叫芒部（布）时期。从妥阿姆（芒布第25代）到菲弄阿陡（陇庆侯，芒部第75代），相当于从蜀汉刘禅到清雍正年间（1722—1735），时间约1500年。这一时期芒布将统治范围扩大到今云南彝良、威信和贵州赫章、毕节、威宁部分地方，与威宁记俄格家联姻、与东川阿于歹家联盟，妥阿者（济火）和妥芒部（妥阿姆）两部都帮助过蜀汉丞相诸葛亮征伐南中（今滇东北、川南、黔西北地域）。这一时期，西汉武帝建元六年（前135）在其境域内设过南广县，属犍为郡。东汉献帝建安十九年（214）设置南昌县属朱提郡，三国蜀汉后主延熙元年（238）设置南广郡，将其地划归益州朱提郡南秦县。东晋至南朝属宁州朱提郡，北朝同属南宁州。隋文帝开皇三年（583）设协州，属南宁州总管府，不久废。唐高祖武德元年（618）重置协州、属剑南道戎州管辖。南诏国扩张控制后改称芒布部，属拓东节度。宋为潼川府路芒布部，宋神宗熙宁七年（1074）置为西南番部都大巡检司。元世祖至元七年（1270）置芒部路军民总管府属云南行省。至元二十一年（1284）改芒部路属乌撒乌蒙军民宣抚司。至元二十四年（1287）改属乌撒乌蒙管军万户府。

明洪武十五年（1382）设芒部卫，旋改芒部府，隶云南行省，次年正月芒部府改隶四川布政司。洪武十七年（1384）升为芒部军民府。明世宗嘉靖五年（1526）改称镇雄军民府，升部佐寨置怀德长官司、母亨寨置威德长官司、彝良寨置归化长官司、却落角置安静长官司隶之。

明末在平播战事中，李化龙推行以夷制夷策略，发"牌票预行整备精兵听调""调建武、高拱等县招募惯战都蛮、羿兵三千名。调宜宾县石囤兵四百名；调马湖蛮夷长官司土兵一千名；调叙州马湖降夷五百名；调黄郎马氏土兵一千名；调永宁土妇下土兵各五千名、又添二千名，共七千名；调永宁卫左右二所杆子手三百名，调镇雄府土兵一千兵……共调兵三万名"参加平乱（参见《平播全书》卷八）；同书卷十载，"本年三月十六日，贵州宣慰使安疆臣同镇雄府土官陇澄（安尧臣）攻破洛濛关、大水田"，李化龙行奖称赞兄弟二人"持重有谋、量敌善战"。卷十一载"奖赏水西镇雄官兵白银一千两"。后因海龙屯发现安氏兄弟有通播杨之嫌，连发三牌、行令水西绝私用命，"查水西通贼""行北西兵不得全占屯后"；又卷十一记载李化龙又书"谕宣慰安疆臣"一道指明利弊，劝其"谨慎行事，保全名义"。明神宗万历三十七年（1609）平播州杨氏土司后，改称镇雄府，由陇氏世袭土知府。原因是陇澄即安尧臣，他趁机割据称雄，派人联络水西、乌撒、乌蒙、东川、沾益、镇雄等组织联军共同反明，至崇祯二年九月廿八日（1929年11月12日）朱燮元向朝廷汇报黔滇川结合部各土司顺逆情况说："查得乌撒女官禄祈，乃镇雄女知府陇应祥之女，颇晓文墨、明礼仪。自蔺变以来，并不发兵助逆，忠贞显著。""镇雄女知府陇应祥素感国恩、坚守臣节，自发难至今各目侯其开口使即启疆，而应祥誓不从遵，即近见西酋云集、上大跨囤以避之；其义甚烈，但主事绍雄原系水西人，其二弟法舍现为水西头目，而幼弟陇怀玉今为应袭者，则又奢崇明之婿也，情义牵连，每发兵暗助。近日逆彦等出入镇雄地面一月有余，已俨然为东道主矣。""遂寅授首，头目胡宗禄、朱大旺、朱国恩、麻老虎等躲入镇雄"，朱燮元行文责"陇怀玉献出胡宗禄等四贼"，"不然则三省移师擒缚"。崇祯四年四月廿九日（1631年6月初）朱燮元向朝廷奏报以招抚手段解决奢安乱后遗留问题的奏疏中说："由毕节而西为层台，则属镇雄……适四川抚臣督镇雄女知府陇应祥出层台通路，至于毕节。……陇应祥同安位建醮掩骼、诛茅以招难民。"在怀柔的同时将叙马泸道兵备副使移入永宁卫原宣抚司旧址，威慑乌撒、镇雄、乌蒙、东川四土府。在崇祯五年六月十三日（1632年7月）《夷情初定、议录忠顺疏》中说："据贵州按察司分巡毕节道按察使郑朝栋呈：着得镇雄府土知府陇应祥，土府中一妇人耳。当水、蔺交讧之日，非但不肯从叛，且与伊女陇孝祖协谋效顺，即两贼屈以威武，曾不少挫，又能谕安位投款、缚献逆酋，不难以开道复城故，奔走于峦烟瘴雨间，竟积劳成病，殉命途中也。此真劳王事以死者，并其女乌蒙陇孝祖，自酋叛以来，并未助一兵，宜亟为表扬，以风异域等因。"朱燮元荐评肯定道："陇应祥与其女陇孝祖并矢忠顺，应祥保全毕节难民数千人，又复城道路并客死于途，情属可悯，其女乌蒙陇孝祖，夷叛十年不助一兵，尤见大节"，朝廷褒封"正议大夫"以奖之。后朝廷"奖恤施行"，陇怀玉承袭土知府，因功加升四川布政使、晋太仆寺正卿。清初陇鸿勋袭土知府，顺治十六年（1659）加升四川按察副使，清雍正五年（1727）3月改土归流，设镇雄府划归云南省，雍正六年（1728）2月降为镇雄州划属乌蒙府。雍正九年（1731）始建州城，光绪三十四年（1908）1月升为云南省镇雄直隶州。民国二年（1913）改州为县，分设镇雄县、彝良县、威信行政区（1934年9月设威信县）。

附：镇雄土府承袭概要

①发绍（系本府已故土官安兹弟。明洪武十五年总兵官立嗣，次年四月实授知府）；②速感（女，发绍进京朝觐病故、妻速感袭职，洪武二十二年十月奉钦依着知府管事）；③阿伯（速感病故，男阿弟年幼，举保枝叶小土官阿伯暂署府事，侯阿弟长成袭职。洪武二十八年准令署事）；④阿弟（阿弟出绍，备马赴京告袭，永乐三年十二月准袭）；⑤香佩（女，阿弟病故，永乐二十年妹香佩袭职）；⑥奢贵（女，香佩故，兵部尚书王骥题阿弟无子，保阿弟庶长男密戴亦故，推保本人正妻奢贵，照本府女土官知府速感等缴部，准令就府冠带事例，正统七年五月袭职）；⑦陇寿（奢贵故，三司奏勘居宗系奢贵亲子应袭，要令就被冠带，天顺三年五月病故。成化四年勘得居宗正妻奢恧男陇慰应袭，行勘未报。嘉靖元年参将何卿保土舍陇寿应袭，及弟陇政争夺，先该布政司结勘奏保陇寿，在万里不毛之地，既该彼处官司会勘，准照边是例，就令在彼袭替。资料可参见《土官底簿·芒部军民府知府》。其后，嘉靖四年政诱杀寿，夺其印，政为官军擒于水西，追获芒部印信，前后斩首六百七十四级，生擒一百六十七人，五年兵部奏："芒部陇氏，衅起萧墙，骚动两省，王师大举，始可荡平，今其本属亲友已尽，无人承袭，请改为镇雄府，设流官知府统之。"以通判程洸为试知府）；⑧陇胜（嘉靖六年芒部沙保等复陇氏，拥陇寿子胜拥众攻陷镇雄城，执程洸、夺其

印，杀伤数百人，洸奔毕节。七年川贵诸军会剿，败沙保等，擒斩三百余级，招抚蛮罗男妇以千计。御使杨彝曰："芒部改土易流非长策。"四川巡抚唐凤仪言："乌蒙、乌撒、东川诸土官，故与芒部为唇齿。自芒部改流，诸部内怀不安，以是反者数起。臣请如宣德中复安南故事，俯顺舆情，则不假兵而祸源自塞。章下部复同、乃革镇雄流官知府，而以陇胜为通判、署镇雄府事，令三年后果所率职事贡，准复知府旧衔。时嘉靖九年四月也"）；⑨陇鹤书（《明史·四川土司传》载"万历三十九年命陇鹤书承袭镇雄土知府"）；⑩陇清（鹤书传子清）；⑪陇来凤（青传子来凤）；⑫陇应祥（女，来凤卒，妻禄氏更名陇应祥代理府事，水西酋叛，应祥有保固功，授贵西道，卒，封正议大夫）；⑬陇怀玉（应祥子袭职，授太仆卿）；⑭陇鸿勋（怀玉子袭职。清军平蜀，鸿勋投诚，仍受世职）；⑮陇天成（鸿勋子袭职）；⑯陇联岳（天成子袭职）；⑰陇联嵩（联岳传弟联嵩）；⑱陇庆侯（联嵩传子庆侯。清雍正五年乌蒙叛，庆侯以藏匿奸究削职，迁徙江西，改土府为州，设流官隶云南昭通府。）下属怀德长官司治所在今云南彝良县东南，归化长官司，治所在今云南彝良县城，威信长官司，治所在今云南威信县东南，安静长官司，治所在今云南镇雄县西北。四长官司均为明世宗嘉靖五年（1526）设置。世袭史料不详。

二、水西宣慰司（安氏）

水西宣慰司是明代形成的，领主姓安，是朱元璋赐的。其先人是彝人，六祖分支慕齐齐（布祖）、慕克克（默祖）迁入黔西北，发展为德布氏（布部）、德施氏（默部）。慕克克第七代孙阿德布为首领时攻伐征战，开拓疆土，故以德布氏为该支族名。德施氏后裔迁今黔省中部、西部和西北部。慕齐齐二十代孙勿阿纳（约公元25年左右）建立起以大方为中心，领有今赫章、毕节、大方、黔西、贵阳、黔南和黔西南一部的"方国"，彝文史籍称"慕俄格君长"，是后来汉文史籍所载的"罗甸国""罗施鬼国"的前身。慕齐齐二十五代妥阿哲（汉文史志记为"火阿济""济火"）。三国时蜀汉丞相诸葛亮征南中，济火组织人力通道运粮，协助蜀军擒获叛乱土著首领孟获，助其较短时间统一了南中地区，为蜀汉北伐曹魏建立了一个稳定的后方。蜀汉君相赐济火"镂银鸠杖"封为"罗甸王"，后来牂牁郡中普里革佬叛，刘后主诏济火率土兵讨平之，济火也乘机扩张领地向北占领了扯勒部控制的地区。魏晋南北时期中原王朝势力不及秦汉，汉时在水西故地设的鳖县、夜郎县、平夷县、汉阳县及蜀汉刘禅设置的犍为郡属国朱提郡（后部分划归建宁郡）为"东爨乌蛮"控制（汉文史册又称卢鹿部）。在唐朝中期被云南大理为中心的南诏国控制，但卢鹿部支系扩展到黔中（贵阳）、黔西南和黔南地域。宋太祖乾德五年（967）矩州（今贵阳一带）石人部王子若藏向朝廷贡方物，帝诏命其为"归德司戈"，在赐书中将"矩"写作"贵"（据《大定府志》卷五十一"文征一"记载文勒中有"惟尔贵州，远在要荒"），此为贵州一词之始。至开宝年间，石人部落在部族争斗中失利退居延江之南夹水一带，宋仁宗庆历时得盖王子得姚州刺史（姚州唐时所建，后废，至此始重建），其子则额自号"罗氏耿直"（汉译"罗氏鬼主"，即王的意思）。则额子仆夜为王时不能号令属下部族，晏子和斧望个恕两部逐渐强大，在今黔滇川结合的赤水河流域互相征战，兼并晏州（今四川兴文县）山外六姓、纳溪二十四姓。宋神宗熙宁六年（1073）派熊本（字伯通）为梓夔路察访使，全权处置，晏子部长宁等十郡八姓以及武都夷先后归附；次年王宣、贾昌为将带兵讨伐，恩威并用，仆夜、晏子、斧望个恕均表示入贡，接受皇命；晏子未接廷命亡故，朝廷命仆夜为姚州刺史，个恕知归徕州，乞弟和宴子儿沙取、禄路分别任"把截将""西南夷部巡检"。个恕年迈将权力交给乞弟，他元丰元年（1078）兴兵袭归来州（今古蔺），元丰三年（1080），宋廷命还庆副总管林广率兵征讨，三年不获乞弟，只在其地筑乐共、江门、梅岭、席帽溪四城，又将归徕州赐罗施鬼主控制，乞弟失地穷困而死。晏子孙鳌弊袭任，宋徽宗政和五年（1115）获朝廷"西南夷界都大巡检"封号。仆夜死后，历额则、陇构、主载、额归、普色等袭替，额归、普色活动于宋朝末年，重据今贵州中西部，形成水西、水东。水西罗施鬼国，其地为唐以降所设姚州、郝州、禄州、汤望州、犍州、龚州、义州、浑州八州地；水东为牂牁郡的矩州、靖州地。南宋理宗宝祐四年（1256），罗鬼国还将蒙军进屯大理国之军情报告朝廷。元代文献称水西为"亦溪不薛"，世祖至元十五年（1278），水东阿榨为罗鬼君主，内附，世祖命设罗鬼安抚司，阿榨为宣抚使，佩虎符。两年后改顺元路宣慰司，又两年置顺元宣慰司，立亦溪不薛、阿笮、窄龙三路达鲁花刺。元成宗大德元年（1297），亦溪不薛总管阿糯死，妻奢节袭职，值世祖派刘琛率兵征八百媳妇国（今缅甸），刘军在水西、水东强征科派，土官宋隆济于1301年率众反，六月，破贵州城（今贵阳）；八月，奢节起兵响起。十一月，元廷急调湖广、云南、四川官兵三万，思、播土兵一万，由湖广行省平章政事刘国杰统领征讨，历时两年多，大小战斗八十次，才将宋氏与奢节土司联军击败。

元成宗大德七年（1303），设顺元宣抚司，以阿画为宣慰使居水西、宋阿重为同知居水东。元明宗至顺年间（1330），加阿画"帖木儿不花"、资善大夫、云南省左丞，后因功授龙虎大将军，封罗甸侯，卒赠"济国公"。元在全国设军马场十四处，亦溪不薜为其中之一（水西马）。元时水西为湖广通云南所开辟的从中庆经普安到黄平的新驿道，另在乌蒙、乌撒等地采铜并开始军屯。刘国杰在三千里地域置屯戍三十八处，加强统治。西南边疆史专家方铁先生指出：元廷对今贵州地域的经营，为明朝单独设省奠定了基础。

1368 年朱元璋称帝后，兴兵北伐、征南征西，消灭元朝残余势力和边疆割据势力。1371 年 6 月，汤和大军攻占重庆，大夏国君明昇降，8 月，傅友德军入成都后兵临"亦溪不薜"。1372 年，元顺元宣慰司宣慰霭翠（慕齐齐氏六十六世袭位者，后洪武帝赐姓安氏）携同知宋蒙古歹（帝赐名宋钦）归顺大明帝国。次年，升贵州宣抚司为宣慰司，任霭翠为宣慰使、宋钦为同知，诏翠居各宣慰之上，设治所于贵州城内（今贵阳），无特殊事不得擅自回居水西。洪武十七年（1384），在水西所辖陇居地置毕节卫，领五个千户所，隶贵州都指挥使司；另有威清卫，亦领千户所五。每卫五千六百人，每所一千一百二十人，屯田守隘。贵州都司统二十卫又两所，防范各土司叛乱。洪武十六年（1383），霭翠年老病多，委妻奢香与代宣慰同知的刘淑贞一同入朝贡方物，后奢香亦代宣慰职。贵州都指挥使马烨欲推行改土归流，在公堂上"烨又叱壮士裸香而笞其背"，欲激水西反而加以兵威；四十八部诸罗咸集香军门，声言愿死力助反；奢香以冷静态度与刘同知商议，并前往南京告御状，以"愿刊山通险、世给驿使往来"换取朱元璋对马烨的处理，奢香返回开"龙场九驿"。明洪二十一年（1388），霭翠死，香摄职两年后派儿子去南京太学学习汉文化，帝赐名安的。洪武二十九年（1396）"香卒，朝廷遣使祭之"，以开九驿功，赐号"顺德夫人"（参见《大定县志》卷二，第 66 页）。奢香卒，子安的袭职；安的卒，安卜葩袭职；卜葩卒，安中袭职；中卒，安聚袭职；聚卒，安陇富袭职；陇富卒，安观袭职；观卒，安贵荣袭职（明成化十年，1474）。明廷宦官刘瑾专权，贬上疏为直臣喊冤的大儒王阳明为贵州龙场驿丞（今修文境）。安贵荣以武功得袭，渐生骄傲，但十分敬重王阳明，常派人为王阳明送去生活必需品，遇事书信请益，后请王阳明到贵州开书院讲学论道，推动了贵州文化教育的发展。明正德六年（1511）贵荣去职，子安佐袭；佐卒，贵荣复任职；贵荣卒，安万钟袭。万钟无道，被亲信害死，无子，弟万镒应袭，但因未抓住杀兄凶手，遂不就职，土目乌桂等将其疏属普者更名安万均，诈称万钟亲弟上奏，朝廷派人调查，又受乌桂贿赂，决定由万均袭职，因均年幼由万钟妻奢播摄职。万镒怒，向云南女土官奢爵借兵拟攻乌桂，二人分别疏告后，朝廷又派员审勘，仍由安万镒袭职。万镒死，子阿写年幼，明廷命安万全借袭宣慰使，阿写长成更名阿仁，万铨还职退位，个人出资修今大方马场路启坡道路。安仁病逝，子国享年幼，部民仍请万铨代袭职；至明世宗嘉靖四十一年（1562），国享长成，万铨还职国享。铨子安智居织金阿魏，安信留居宣慰府城辅佐国享。享庞幸吴琼、吴珂又与琼妻私通，1570 年信以此谏，享反厌之，并借故杀信。安智知变，报永宁宣抚主奢效忠和贵州巡抚王净，水西、永宁互相攻战，国享、王净官军在宣慰同知宋一清协调下，由国享赔白金三万五千两、赎主谋者费六千两并割地安置安智母子，朝廷将国享与安智同时革职，享子安民暂行宣慰事，智子安国贞行夷目事。不久，国享部下四人又杀死、杀伤安智部卒二十人，朝廷派按察使林廷章查处，国享割的都、朵泥两则溪十四寨地赔安智。国享晚年改过自新，万历二十五年（1597）拟准复职时亡故，次年，子安疆臣继位。先是，为壮大势力，安尧臣更名陇澄得袭镇雄土府，安氏兄弟联合，成为黔滇川土司中一大势力。神宗万历二十六年（1598），安疆臣杀土目安定，贵州巡抚江东之弹劾并指责其有谋反之可能，因播州杨应龙反状明了，新巡抚郭子章、监军杨寅秋秘报朝廷：宽疆臣罪以免水播联盟，命其杀贼立功自赎。朝廷接疆臣上书辩白后，万历皇帝优诏褒答，疆臣于是与尧臣联合出兵配合明军进击播州；郭子章为鼓励水西，答应播平即归还安万铨时从播州取得，后被杨氏占去的水烟、天旺等地。1600 年 6 月 6 日，明军与拥明土兵攻下海龙囤，播乱得平。次年，李化龙将播土改土归流，设遵义府属四川、平越府隶贵州。四川总督王象乾清理川黔疆界也没兑现郭子章诺言，但朝廷给疆臣加官为贵州布政司左参议、拜怀远将军、封定远侯、赐飞鱼服。1608 年疆臣卒，陇澄还水西袭职，复名尧臣。他奉调率土兵征铜仁苗，与头目阿乾擒苗长阿由蒲立功，加布政司参政、授威远将军加安远侯。万历四十一年（1613），乌撒土舍安云翔谋逐土官安效良，劫掠、焚烧，为争印互斗；安尧臣不报上司，自行决定追印，率兵数万入滇境，直薄沾益州。滇黔巡抚上疏，朝廷下诏以越境擅兵罪追究。尧臣已死，子安位年幼，妻奢社辉（永宁奢崇明妹）摄职任事。时为万历四十四年（1616）。朱燮元在崇祯九年（1636）"题清水、蔺界址"中说："水蔺界址一事，自万历初年，二夷即争迁仇杀、绵延不休，非始于今日。"早在崇祯七年五月，朱燮元在《查明蜀省二界疏》中说："先年自奢崇明袭授宣抚，即与水西奢社辉争正西里，以腻里屡屡仇杀。"这些地域经实地考察，东至黎民，西北至龙场，北至赤水河沿岸，南到今仁怀市后山乡；遗存文物有黎民"永宁宣抚主奢"铸铁大钟，遗迹在习水瓮坪、鲁班沙坝河、文政玉车囤、茅坝九仓、小湾，金沙县清池等地尚有奢家坟或奢宣谕坟遗址。

首先，明末万历、天启、崇祯年间，统治机制腐败，社会矛盾突出，边疆土司兼并成风，势力强盛者认为中国历史上改朝换代的机遇来了，都想趁中央政府皇权衰落，中原内地农民起义此伏彼起之机扩充势力。东北有努尔哈齐（赤）后金与大明争斗，西南播州杨氏、水西安氏也想乘机扩大势力。杨应龙被剿灭改土归流后，永宁、水西等土司、土官心存疑虑，不自安。其次，奢安两土司在灭播杨中都立有战功，抚按官中有人承诺播平后水西、永宁均可收回被播杨土司侵占的领地，但事后又成镜花水月，两土司对明廷怨恨之心难以释怀。奢崇明及子奢寅广揽人才，在何若海、刘明选等鼓励下于天启元年（1621）9月利用抽兵援辽之机，以壮士夹杂老弱兵丁两万人开赴重庆，在川抚徐可求点验颁饷时趁机杀抚按、兵巡、知府等官二十余人并攻占重庆，树起反明大旗，分兵占遵义、泸州等川省四十余州县。三路大军于农历十月十八日起围成都至次年正月廿八日，计103天。

掌握水西军政大权的奢社辉为一妇人，其子安位年幼，位叔贵州宣慰同知邦彦自称"罗甸王"，联络乌撒（今威宁）土知府安效良于天启二年（1622）二月癸酉攻陷毕节，杀死都司杨明廷，屠杀驻防官军及亲属数百人，又分兵攻陷安顺、平坝，安效良攻陷沾益。黔滇土司大小土目多数响应。邦彦率数万人马渡六广河进击省城，二月初九日围贵阳，遣头目王伦分兵下瓮安，袭偏桥，以断明援兵之路；洪边贵州宣慰同知宋万化率苗仲九股陷龙里。贵州巡抚李枟、巡按史永安在驻军主力出守铜仁、增援遵义、城中文武无几人的情况下，组织布防四门，学官率诸生分督市民兵卒分堞守城。邦彦兵先攻北门不克，转攻东门亦败。为久固计，邦彦扫清周围明屯兵据点，又多次击败援军。是年9月，新任巡抚王三善至沅州，旋率兵赴镇远，12月朔分三路进兵，初七日抵贵阳城下，水西军方退走。"城中户十万，围困三百日，仅存者千余人。"（参见《贵州通志·前事志》第647页）王三善率兵追击水西军，天启三年（1623）正月，安邦彦、奢崇明、安效良土司联军于陆广、鸭池败官军，战事呈胶着状态。至10月，王三善率兵渡陆广河击溃叛乱土司军，斩首一万八千余级；邦彦退守大方，三善军进击，安奢偕位社辉走火灼堡，邦彦逃织金。三善军次年正月食尽退兵至内庄，被安邦彦叛军及诈降部将陈其愚里应外合夹攻，三善及百余官佐俱战死，所部被歼上万人。朝廷以昆明人傅宗龙任巡抚兼总督，经鏖战年余，在兵部侍郎蔡复一统一调度下，官军11月攻入织金，邦彦逃入深箐。天启五年（1625）正月，邦彦叛军趁明军退走，追击歼其数千人，不久明军击败反叛土司水外援军，焚一百七十余寨，杀其将帅、兵丁二千四百余人。傅宗龙在攻占地分兵屯田，解决军食。

天启三年（1623）5月，明军攻下奢崇明老巢古蔺，崇明与寅奔水西龙场，借得水西莫得、波卧、得额、得查四目地，重振兵马，收复故土。天启六年（1626）2月，安邦彦兴兵西进云南，东进遵义，支持奢寅向北攻永宁（奢寅在滑石洞被亲信苗老虎和阿引杀死）。水西土兵于是年3月杨家海大败鲁钦明军，挺进贵阳城郊麻姑、孙官堡等囤，傅宗龙调兵与之战于赵官屯，历四天，大败水西军，邦彦率部退回水西大方一带。

崇祯元年9月11日，明廷命丁忧回乡的朱燮元总督贵州、四川、湖广、云南、广西军务兼督粮饷，巡抚贵州、湖南、川东、偏沅等地，加少保、兵部尚书兼都察院左都御史主政贵州。朱离家起程后，于次年3月方抵贵阳军民府视事。朱对黔滇川土司采取分化瓦解，对水西取剿抚兼施策略，命胡从仪驻安庄统上六卫：威清（今清镇）、平坝（今平坝）、普定（今安顺市区）、安南（今晴隆）、安庄（今镇宁）、普安（今盘县）；周鸿图驻平越统下六卫：都匀卫（今都匀）、龙里（今龙里）、新添（今贵定）、平越（今福泉）、清平（今凯里）、兴隆（今黄平），切断水西与黔南、黔东、黔西南各族联系；又派杨明辉持节往水西招抚，宣读诏书，只招抚安位不及其他人。邦彦怒杀杨明辉，西南事不偕。燮元调云南兵攻乌撒，四川兵由永宁攻毕节，许成名、郑朝栋率兵由永宁攻下赤水（今四川叙永赤水河镇），自己亲率明军主力经六广捣大方。次年春夏，安邦彦自号"四裔长老"，与大梁国王奢崇明率十万大军攻下赤水卫城，许成名率军退往永宁。奢安联军乘胜追击，朱燮元遣总兵官林兆鼎率部从三岔河、副总兵王国桢从六广河、副总兵刘养鲲从遵义围攻大方，遣罗乾象率部机动，奢安联军陷入被动。邦彦拟先破永宁再回救大方，岂知八月初九日被永宁总兵侯良柱、许成名部围歼于红土川、鹅颈岭一带，崇明、邦彦均授首，联军主力被杀数万众，仅数千人被俘（对崇明、邦彦死否，为谁斩杀，川黔将领争功，争论两年多。按许成名上报材料云：邦彦与水西大都督莫得，均由仁怀籍参将赵国玺斩杀）。不久，乌撒土知府安效良死，妻适沾益土司安边，明军进击边退走，效良子安其爵得袭知府。燮元檄安位许归附，位不能决而手下把目谋合兵拒战，明军搜得水西岩穴储粮，刘养鲲又派人入大方烧安位庐舍，四川巡道卢安世于崇祯三年（1630）设镇南、底水、沙崖、吴马口、乌江等十三隘防水西余党。安位于是年3月派人乞降，朱燮元约定：一、安位贬秩，二、削出水外六目之土归朝廷，三、献出击杀王三善者，四、重开九驿。安位承诺后率四十八部土目出降。如是，安位为水西宣慰使。水外阿戈（安顺、平坝交界处）、龙尔（龙场）、龙夜（清镇小蛇场）、底飞（修文）、化那（大小化那）、遮勒（镇西卫）六目地由明廷直接控制。燮元置镇西及濯灵、修文、赫声、柔远五千户所，又在原占有的水西地设诘戎、定南两所；宣慰同知宋万化子殷助邦彦，被剿灭后所属十二码头地置开州；对水西与四川争正西、腻乃两里及沙溪、天旺两里地的矛盾，经勘界后分划而定。崇祯八年（1635），安位未婚无子便死，土目化沙、卧这、阿乌密等争袭，朱燮元在崇祯九年（1636）9月25日所上《勘明水西分土置官疏》中对所余十一则溪之安排如下：

一、化沙头目安良辅，首矢忠义，众口扰之，坚持不摇。先即令子安重抱献宣慰印信、并献囤积，今八月二十日，又视亲献"罗甸国王"大银印一颗，乌蒙总管府铜印一颗，毕节卫千户所铜印一颗，忠款杰出，深应嘉赉。

一、卧这头目安世，具呈献土，一片忠诚。迥越俦伍，且通汉音，绝不妄为。以上二官，应授土知州世袭。

一、头目安陇璧，其子安祚远，先已献土与蜀。本官与子一心，今安祚昌已归谷里，应将陇璧发回原业，亦应授土知州世袭。

一、木胯宅吉，东至阁鸭驿，南抵女农革河，西连镇雄界，北挽蔺界，南北一百里，东西一百八十里。公地计五庄，人民共二十七寨，户口二百四十五房。秋粮每年共该仓斗米一千三百一十一石；目地大小头目共六十二处，秋粮每年共算该仓斗米六百五十八石六斗一升。阿五夷目安知，粮马众多，献印有功，应授正长官；阿户夷目安宁，粮马多于众目，应授副长官；阿腿夷目安时，献印有功，应授副长官；阿底夷目禄承天，粮马众多，素怀忠顺，应授土千户；木革以堵补窝者夷目安良佐，羽翼献印，应授土千户，莫德夷目安然，粮马众多，应授土千户；得扎夷目安庶，羽翼献印，应授土百户；以庶夷目安部，护印有功，应授土百户；补富舍夷目安良，辅协谋献印，应授土百户；喇内夷目安玉，粮马虽少，而献印之功多，应授土总旗。

一、火掌宅吉。东至里朵河，南止归宗目，西联乌撒挖穴楪，北交女农河、木胯界，南北二百六十里，东西二百四十里。公地计六庄，人民共二十一寨，户口二百二十房。秋粮每年共该仓斗米一千二百八十石。目地大小头目共六十处，秋粮每年共该仓斗米八百六十五石一斗七升。卧这安世已拟授土知州，补虑夷目安良相，献印献囤，积功苦最著，应授土指挥；归宗夷目安正，素怀忠义，应授正长官；朽佐夷目安良知协，筑署仲城有功，应授副长官；以支夷目安良能，粮马数多，应授土指挥；以腻夷目安糯国粮马数多，应授土千户；以列夷目安于仁，粮马数多，应授土千户；阿毋遮夷目安义，献印有功，应授土千户；慕德业夷目安白则，粮马数多，应授土千户；总机夷目安逸，粮马数多，应授土百户；怕那夷目安于礼，粮马数多，应授土百户；麻陇夷安菊，粮马数多，应授土百户；土毋夷目禄糯卧，赞勤献印，应授土百户。

一、架勒宅吉。东联毋革大菁，南抵巴朗小河，西联沾益州界，北联乌撒界，南北一百五十里，东西一百八十里。公地计二庄，人民一十三寨，户口共一百户，秋粮每年该仓斗米五百五十五石二斗，目地大小头目共一十一处，秋粮每年该仓斗米二百六十八石九斗，得素夷目沙国忠，粮马多余众目，应授正长官。

一、安架宅吉。东止怯里目，南至普安界，西联沾益界，北抵架勒巴朗河，南北一百五十里，东西一百七十里，公地三庄人民，共计十一寨，户口二百一十房，秋粮每年该仓斗米五百九十九石三斗，且地大小头目二十处，秋粮每年该仓斗米一百九十六石三斗。归集夷目禄承恩，献印有功，忠义素著，应授土指挥；比怯夷目禄承宪，首纳粮马银两，并献私记银关防，应授土指挥。

一、的都宅吉。东至鸭甸河，南抵思蜡河，西联朵你宅吉，北抵擢革河，南北八十里，东西一百二十里，公地共计八庄，人民计四十九寨，户口七百一十房，秋粮每年该仓斗米一千二百二十四石五斗，目地大小头目三十一处，秋粮每年该仓斗米二百五十七石六斗二升五合。阿傀夷目安云鹏，粮马数多，应授土千户；阿阻夷目保元，粮马数多，应授土百户；陇革夷目安陇革向化出力，应授土百户。

一、朵你宅吉。东至思蜡河，南联三岔河，西至六革河，北抵六归河；南北八十里，东西二百六十里。公地计八庄，人民共七十七寨，户口一千三百五十余房。每年秋粮该仓斗米五千三百八十七石五斗七升五合，目地大小头目四十二处，每年秋粮该仓斗米四百零六石二斗六升。织金夷目安朝祚，献地设所，纳恩夷目安朝佐，首先归顺，献地筑城，应授副长官。

一、则窝宅吉。东联水西驿，南抵六归河，西至西溪驿，北至渭河。南北四十里，东西一百二十里，公地计十庄，人民计五十寨，户口共八百六十余房；每年秋粮该仓斗米四千一百九十三石四斗五升；目地大小头目共三十八处，每年秋粮该仓斗米四百一十五石六斗九升。察架喇、以这、以朵夷目安如鼎，粮马数多，应授正长官，白沙夷目安伯，粮马数多，应授副长官。

一、以著宅吉。东至擢河，南抵虐革，西联则窝，北抵罴色河。南北一百二十里，东西一百里，公地计六庄，人民共一十九寨，户口二百一十余房，秋粮每年该仓斗米八十四石七斗五升，又旱粮一百石；目地大小头目，共三十六处，每年秋粮该仓斗米六百三十三石八斗五升。永则夷目安陇卧粮马数多，应授土千户，傀傍夷目安陇智，粮马数多，应授副长官；纳勒夷目安普德，首出投顺，应授土百户，度这夷目安朝俸，粮马数多，应授土千户。

一、化角宅吉。东至西溪河，南抵里朵河，西至阁鸦，北上杓箐；南北六十里，东西四十里。公地计三十寨，户口五百六十四房。秋粮每年该仓斗米一千四百五十八石七斗五升，又旱粮八十石。目地大小头目共十七处，每年秋粮该仓斗米三百五十五石三斗五升。化沙安良辅已拟授土知州，得初夷目安荣，羽翼献印，应授正长官，得额夷目安底额粮马数多，应授土百户。

一、雄所宅吉。东至镇南关，南抵黄沙渡，西至渭河，北联蔺界，南北一百四十里，东西二百四十里；公地计四庄，人民共一百三十九寨，户口二千五百九十房。秋粮每年该仓斗米六千二百四十四石九斗一升。前地已经四川议割目地大小头目，共一百二十处，每年秋粮该仓斗米二百三十六石七斗。阿乌谜、安陇璧已拟授土知州，谜杓夷目安燕，粮马数多，应授土百户。

一、陇胯宅吉。东至的都，南至三岔，西联归宗，北止架勒。南北一百二十里，东西三百二十里。公地计二庄，人民共六十寨，户口一千二百房，秋粮每年该仓斗米五百石；目地大小头目一十五处，秋粮每年仓斗米二百四十三石七斗。白麻女夷目白麻粮马数多，应授土千户，比得夷目禄阿土，粮马数多，应授土千户，六威陇胯夷目禄妈特，粮马数多，应授土百户。

以上十一宅吉，公地秋粮，每年共该仓斗米二万二千八百三十九石六斗三升五合，目地秋粮，每年该仓斗米四千五百三十八石一斗五升五合，二项通共，每年秋粮仓斗米二万千三百七十七石七斗九升；又旱粮仓斗米二万七千三百七十七石七斗九升；又旱粮一百八十石。其各目酌减，共设土知州三员、正副长官共十一员；土指挥六员、土千户十二员、土百户十八员、土总旗一名；正副长官俱请颁给印信世袭，不给官俸。土指挥、千百户，俱请给扎世袭。附大方、比那二卫，听道镇提调节制。

一、镇雄土知府陇怀玉发兵护送安良辅献印，忠诚最著，应加衔一级。

一、汉把加衔副总刘光祚，自安邦彦授首，诸夷目愈肆愤恨，谋动干戈，光祚独排众论，谕安位听抚，及位死而众目争继，光祚力主安良辅献印。忠顺之心，百折不回，其功其伟，应荫指挥使，以凤夷汉。

一、汉把加衔参将杨启銮，安位死，夷目争立，干戈互起，銮督率夷汉诸人民拥安良辅献印，功亦不勦，应荫授指挥佥事，以奖忠义。

一、汉把陈国是、李时芳、陈国基、杨启祥、周廷鉴、李奇芳，以上六名，安良辅与安陇壁互争，众皆分左右袒。独六人坚持一心，怂恿献印，招夷万众，应荫土百户。

一、汉把杨启连、刘显祚、杨启凤、胡珽、陈万选、陈国本、黄朝凤、周士顺、吴道瑞、吴道弘、杨淮、黄德、李先春、陈国荣、黄恩、杨德、顾龙真、吴楚汉、孙应奇、杜应林、曹一龙、高中正、高明盛、高明旺、丁志明、赵廷宣、高仲文、罗土夔、万镇禄，以上共二十九名，俱效劳化谕，备殚心力，应各纪录，候别效有功，再为题叙。

以上夷汉各目把，当分设之初，纷纷求荣，此正良心鼓动之时，可借官爵以示激励。臣等再三酌议，不能曲狗，只据公论，应与者采访的确，方敢议叙。伏乞勒部核议，行臣等遵奉施行。无任悚息待命之至。为此具本谨题请旨。

朱燮元为军事上镇慑水西，规划修筑大方、水西（今黔西）、比那（今织金）三城和谷里、规划二堡：以副总兵方国安率二千兵守大方，刘镇藩带兵六百、赵国玺带兵二百、郑载勋带兵三百守比那；袁桂芳带兵三百，拨镇西卫六百兵，又王自贵带二百兵与原任游击赵文进合守水西城。崇祯十年（1637）三月，邦彦死党化沙、杓佐、阿乌蒙借祭鬼为名入大方城，杀方国安等夺城。朱燮元自行贬官爵一秩，率兵进剿、抚定杓佐等，又恢复水西宣慰司，命安万铨之孙安世为宣尉使、任延恩知府；世死，子安承宗袭职。南明永历帝时任安承宗为御营都督，宗卒，子安坤袭职，永历帝授坤光禄寺少卿。

崇祯十七年（1644）3月19日思宗煤山自缢，李自成大军入北京，因明山海关守将吴三桂降清，引导多尔衮率清军入关，遂败大顺军，于5月上旬入北京。满人三百万君临大明三亿多人之天下！明遗臣各处抗清。顺治十五年（1658），安坤向吴三桂投降并协助清军攻灭水西地区南明兵将。次年，安坤又将南明遗臣搜捕送贵阳处死。康熙三年（1664），水西境活动的南明遗臣只剩皮熊（平奢安将领罗联芳更名）。吴三桂知安坤有"体香而美"之小妾，索要未果，便诱所抓南明遗臣常金印举报安坤参与反清活动，坤惧，与安重圣商议对策。时在西南有生杀大权的吴三桂于三月率驻滇十余万大军进攻水西，交战到是年腊月，坤妻禄氏携子逃乌撒，三桂军俘坤与皮熊。康熙四年（1665），三桂军扫荡乌撒，消灭了抵抗的土司官兵后奏报朝廷，在水西、乌撒境设大定府、黔西府、平远府、威宁府。康熙十六年（1677），吴三桂反清，坤妻禄氏带儿子安胜祖联合昔日土目起兵展开抗击吴三桂军的游击战，从康熙十六年（1677）到十九年（1680），安胜祖兵击杀吴三桂大周官兵四千一百八十四人。清云贵总督蔡毓荣率大军入贵阳，知安氏冤情，派员抚慰，授安胜祖乌撒土知府衔，胜祖组织人力送军粮四千石，并率土兵在川黔边作战，到十九年（1680），所部又击杀吴三桂军两千五百零九人。康熙二十二年（1683），诏安胜祖袭水西宣慰使，但不允许干预军事、民政。三十七年（1698），安胜祖卒，无子，贵州总督王继文上疏请将水西故地改流，仍按吴三桂所行之大定、平远、黔西三府州由流官治理。但四十八部土目依然存在，享有特权。水西土司前后近1500年的历史终于结束。

附一 《大定府志》载《安氏谱》：（父子连名制·男性世系）

①慕齐齐→②齐齐火→③火阿得→④得乌沙→⑤沙乌穆→⑥乌穆菊→⑦菊阿糯→⑧糯阿罗→⑨罗阿杓→⑩杓阿脉→⑪脉阿得→⑫得阿舍→⑬舍脉乌→⑭乌莫得→⑮莫得堕→⑯堕阿委→⑰委乌所→⑱新比额→⑲比额勿→⑳勿阿讷（始至水西）→㉑纳阿纵（分扒区）→㉒纵阿卜→㉓卜阿勺→㉔勺阿妥→㉕妥阿乍（水西、镇雄分驻）→㉖乍比五（分阿五）→㉗五莫翁→㉘莫翁说→㉙说阿歹→㉚歹阿瓦→㉛瓦额你→㉜你阿扯→㉝扯阿住→㉞住阿特→㉟特阿沮→㊱沮阿叶→㊲叶阿都→㊳都阿扎→㊴扎阿朵→㊵朵阿塔（分得额）→㊶塔阿趣→㊷趣六叶→㊸叶阿风→㊹风纳志→㊺纳志主色→㊻主色阿更→㊼阿更阿妥→㊽阿妥阿是（分那额）→㊾阿是陇那（分归宗）→㊿陇那阿阔（分波卧、黔西阿户）→51阿阔额叶→52额叶沮区→53沮区则额（分以世）→54则额普额（分密妥）→55普额额则→56额则陇杓→57陇杓主载（分阿乌迷）→58主载额归→59额归普色→60普色阿腻→61阿腻阿糯→62阿糯阿画→63阿画乍俄→64乍俄陇内→65陇内陇赞→66陇赞霭翠→67霭翠陇弟→68陇弟普者→69普者那科→70那科白则→71白则课至（主妻奢志乏嗣，以龙铺为子，铺乃志妹之子，今黔西四方井阔波是也）→72课至龙铺（明赐姓安）→73安祚→74安贵荣→75安万镒→76安万钟→77安仁→78安国亨→79安疆臣→80安尧臣→81安位→82安世→83安承宗→84安坤→85安胜祖。

附二：贵州（水西）宣慰使承系

①霭翠→②奢香（女）→③安的→④安卜葩→⑤安中→⑥安聚→⑦安陇富→⑧安观→⑨安贵荣→⑩安佐→⑪安万钟→⑫奢播（女）→⑬安万镒→⑭安万铨→⑮安阿写→⑯安国亨→⑰安民→⑱安疆臣→⑲安尧臣→⑳奢社辉

（女）→㉑安位→㉒安承宗→㉓安坤（吴三桂灭水西）→㉔安胜祖（乏嗣绝。仅四十八目存，不掌军政）

三、永宁土司（奢氏）

永宁土司始祖为彝人六祖之恒部首领穆阿卧的十九世孙德赫辉（又译德额奋），他于东汉桓灵时由于受到南方部族攻击，便率九千部众从威宁草海向东北迁徙，一路征服当地居住的僰人，到今毕节与大方交界的赤水河龙场一带，见地形险要便建立部族政权称撦（音扯）勒部或鳛部。他们在龙场营（彝文记为乍者俄姆）修了宗庙，形成君、臣、师（参谋）为中心的部族政权。"君"夷语称"趣幕"（且慕）；二级机构为则溪（又叫"宅吉"），是专管钱粮兵马的机构，执掌者称"慕濯""慕魁"；再下级的组织为"玛裔""奕续"。撦勒部经过十一代君主至墨者撦勒受东晋朝廷封为平夷令长之职（彝语以大宗支为蔺）。汉曾在赤水河上游设过平夷县、东汉王莽改为平蛮县（大多学者考证在赤水河上游赤水河镇到毕节层台这一带为中心，禹明先生认为平夷在赤水河下游，中心在土城）。从东汉桓灵时到南宋，撦勒部经过二十多代君主努力，先后立了大摆则溪（赤水河南龙场营北毕节市七星关区境沿河区域，东汉末设），达佐则溪（赤水河北古蔺县东南境，三国蜀汉时设），茅坝则溪（赤水河南金沙县清池至仁怀市南部，西晋初设），果部则溪（赤水河北古蔺县南境，西晋中期设），隆文则溪（古蔺县东南龙山一带，东晋初设），杓朋则溪（古蔺东部地区，东晋中期设），赤水则溪（赤水河北叙永县东南境，唐朝中期设），海坝则溪（叙永南境后山至黄泥一带，唐朝末年设），阿糯洛则溪（叙永县落卜、震东一带，唐末设），益朋则溪（叙永县新店子至白腊一带，五代时设），纪络则溪（今叙永东境天堂坝至桂花一带、北宋时设），永宁则溪（叙永县兴隆、水尾一带，南宋初设）。在北宋时建立了随部族中心转移的总仓库（奢崇明反明占重庆等地，扩至十八个则溪）。

宋太祖乾德三年（965）平定蜀地，规取蜀境，刘光义请置永宁路节制诸蛮，又置蓝州，不久废州。神宗熙宁七年（1074）派熊本招抚长宁等十郡八姓及武都夷、宴子、斧望个恕，以个恕知归徕州（今古蔺），次年个恕子乞弟率众叛，朝廷派林广率四万人马讨平之，乞弟乞降未获允许，宋军大将王光祖率部追击，杀乞弟之弟阿宁，乞弟逃至鸦飞不到山。神宗元丰五年（1082）宋军筑乐共、江门、梅岭、席帽溪西达淯井、东至纳溪的城寨，朝廷将归徕州地赐罗氏鬼主仆夜。在蒙军与南宋的争斗中，罗氏鬼主向思播首领通报军情。入元，世祖至元十年（1273）立永宁路置蛮夷宣抚使、以咎顺任职，至元十三年（1276）诏咎顺招谕戎州（今四川兴文县）酋得兰纽、得贡卧，率领苗民归附（余达父考证说，"至是扯勒各部始去王号"）。世祖至元十七年（1280），宣抚使咎顺等朝见，遂设大坝总管府，得兰纽授总管，得贡卧授同知。是年九月初二，罗施鬼国阿察（水西）、阿里（扯勒）向元安西相李德辉投降，便有顺元宣抚司之设。元成宗大德六年（1302）正月，刘国杰经永宁等处征宋隆济，乌撒、乌蒙、东川、芒部、武定、威楚、普安诸部蛮皆起兵攻掠州县，惟永宁独靖；也速带儿率师至庆符。进兵后，反蛮土族大部投降，元军移师永宁，要求供应军粮，阿永首领雄挫及芒部起兵反抗，也速带儿率军讨伐。雄挫派阿大乞降、本人赴京，成宗赏衣服、弓矢、鞍辔等。成宗大德八年（1304），朝廷以平奢节、宋隆济功赐永宁等宣慰使银钞。元武宗至大四年（1311）五月，永宁宣抚司同各部向大都进献方物。元顺帝至正元年设永宁宣抚司，扯勒首领那垮本托为宣抚使；至正二十二年（1362），明玉珍据四川，设永宁镇边元帅府，辖永宁宣抚司。至正二十三年（1363）明玉珍称帝后，派李芝麻率大夏军攻云南，为大理总管段功所败，1365年大夏军退守永宁。

明洪武四年夏秋，明军攻占重庆、成都，大夏国主明升降，永宁宣抚司奢禄肇（《明史》作"照"）归附明廷，朱元璋置永宁卫，改宣抚司为永宁长官司，设扯勒安抚司，任禄肇为宣抚使。洪武五年（1372），安抚司奢禄肇同卫都指挥使杨广修筑永宁城（今叙永）。次年筠连州编张等反叛，成都卫指挥袁洪率永宁土司兵讨平，筠连由州降县，属叙州；另，其地土人编为九姓长官司隶永宁宣抚司，奢禄肇举土人任福为九姓司长官。洪武七年（1374），升奢禄肇为永宁宣抚司宣抚使，秩正三品，次年升宣慰司，以禄肇为宣慰使。洪武十六年（1383），禄肇使人向南京进贡水西马、帝赐钞币冠服，确定三年一贡的朝贡制度。是年明户部定乌撒、乌蒙、东川、芒部赋税，永宁率先内附，获得比其他少纳一半的优待。洪武十七年（1384），禄肇派弟阿居进京反映明军征云南，部民受战乱影响耕种失时且疫病流行的情况，朝廷蠲免永宁粮赋。洪武十八年正月己卯（1385年2月21日），廷诏罢四川永宁茶马司；二十年七月丁未（1387年9月12日），帝命户部自永宁至云南，每驿储米二百五十石以供谪戍云南者；二十一年二月辛亥（1388年3月14日）普定侯陈桓报禄肇堡（今古蔺城）成、帝命由禄肇权驻，桓报去年冬天已派明军驻屯，永宁土兵与驻屯军冲突，肇被逮押往南京。二十三年，置普市守御千户所，屯兵镇守。肇长子阿摄及次子阿智（又译阿世）均在南京太学求学，由妾奢尾袭宣慰使职，奢尾于洪武二十五年（1392）向朝廷贡马，次年又贡方物；禄肇因事坐逮京师，归还途中病卒，葬茅坝则溪九仓三星坝。洪武二十六年正月戊辰（1393 年 3 月 5 日），奢尾入朝奏准由阿摄袭父职，帝从之。同年冬月初九（1393 年 12 月 12 日），西平侯沐春奏报：永宁宣抚司招徕土官禄肇所部蛮民四百六十五户，诛其逆命者七十余人，至是边患始平。次年二月置永宁中左千户所，是年秋免除积年无征税粮一千三百三十余石。洪武三十年二月丙午（1397 年 3 月 22 日），明廷同意立四川永宁宣抚司九姓长官司儒学。

成祖永乐七年六月乙卯（1409 年 8 月 11 日），设四川赤水宣抚司经历司，置经历知事各一员。次年十月阿摄卒后，袭职者妻奢书赴京城贡马。永乐六年正月（1408 年 12 月），革除赤水宣抚司、经历司。永乐八年冬月壬辰（1410 年 12 月 25 日），设置四川永宁宣抚司医学、阴阳学、僧纲司。次年，永宁宣抚司同知代亮，九姓长官司土官任福各遣人贡马。从永乐十二年冬月（1414）到明宣宗宣德八年（1433），永宁奢书六次派人到北京朝参。宣德九年十二月甲辰（1434 年 12 月 31 日），奢书奏"本司儒学生员，俱土獠夷人，朝廷所授教官语言不通，难以训诲"，建议授本地监生李源为宣抚司儒学训导，"帝纳言命之"。明宪宗成化元年（1465）三月底，山都掌、大坝等寨叛攻江安、永宁等处，汪浩等率明军及永宁土司兵讨伐。次年贵州总兵李安派永宁宣抚使奢贵赴大坝等处招抚。成化四年（1468 年 5 月），任韩忠为右军都督佥事充参将，总理四川永宁卫所兵马。成化十七年正月乙未（1481 年 2 月 18 日），永宁宣抚使奢贵卒后子奢龙袭职，龙卒奢效忠袭职。效忠明隆庆中（1567—1572）出兵支持安智与水西安国亨互相攻击厮杀，至万历五年（1577）镇雄土舍陇清到毕节调解，在叙州判官朱充、贵阳判官高珍等协调下，双方按彝礼讲和。万历十年冬月（1582 年 12 月），奢效忠卒，两妾〔正妻世胤死、胤子崇礼于万历八年（1580）亦死〕世统、世续争权；世统无子，世续生崇周及罗哥，世续为崇周请袭，总兵刘显赞同，但效忠弟沙卜与世统通奸，想赘丘嫂而掌权，勾结唐朝坝长官司袁初等兴兵攻下落红（古蔺城），两土妇分别勾结水西安国亨、播州杨应龙出兵混战，水西趁机夺占正西、腻乃原永宁地，播杨占玉车囤、石宝寨、瓮坪等；两妇混战中奢崇周死，世统养子奢崇明得袭，故奢世统掌印。在万历二十八年（1600）平播战争中，李化龙行令均交世统施行。次年播平，李化龙改播土设流官置遵义，平越西府分属川黔，另设威远卫驻兵防水西与永宁。四川总督王象乾对川黔疆界组织的地方官进行清理，万历三十三年（1605）置黎门镇，由蔡鹏霄以副总兵职衔坐镇督屯，与永宁土兵屯守千把总交错驻扎，以防水西与永宁造乱。时水西助奢世续攻世统，演变成奢崇明得袭宣慰后与水西的混战。先是，奢崇周得袭，世统将印奉归，崇明得袭后，奢世续匿印不出，崇明与

编　后

　　《赤水河流域历史文化研究》第一辑编印出版，首先要感谢中共仁怀市委、市政府的主要领导张翊皓、汪能科、杨英、赵洪、罗小军、胡杰、母进雄、甘霖等对历史文化研究工作的重视与支持。2015年底，本会将历史文化工作报告呈市委后，张翊皓书记批示由宣传部冉世勇部长、罗阳副部长等及文联领导具体指导，本会成员备受鼓舞。在整理出版《少师朱襄毅公督蜀疏草》并于遵义师范学院图书馆学术厅举行出版发行仪式及学术研讨会后，又于2017年整理出版了《少师朱襄毅公督黔疏草》，并拟夏日准备在仁怀市举行出版发行仪式及学术研讨会，再将会上交流讨论的文章结集出版。后因其他原因未果，故先编出论文集。因此，特别要感谢滇、川、渝、黔关注赤水河流域历史文化研究的专家学者，在百忙中撰文赐稿支持，本会才有能力将《仁怀历史文化》升格办为《赤水河流域历史文化研究》并正式出版，供各级党政领导和学者文士阅读参考。我们县级市民间社团力量单薄，不能产生较大的社会文化效应，但是，我们在文稿中选出较高学术价值与研究水平的十余篇论文及研究水平一般但有较高史料价值、能发前人之未发的一般文章二十余篇，宏观的也有，微观的也有，均予收入文集。当然，作者的观点、引文、注释，本着文责自负精神，我们也无精力去一一查清出处。本刊只是一个研究赤水河流域历史文化的交流平台，欢迎各位读者撰文批评指正。

　　本研究论文集我会拟每年出一辑，敬请各位关注赤水河流域历史文化的专家学者继续就以下课题撰文投稿：

1. 赤水河流域地质地貌变迁史
2. 赤水河流域古代州、县考释
3. 赤水河流域民族关系史考辨
4. 赤水河流域行政建置变迁史略
5. 赤水河流域科举人物考述

6. 赤水河流域民俗文化史考释

7. 赤水河流域土司关系史考释

8. 赤水河流域文化成就考述

9. 赤水河流域酿酒史综述

10. 赤水航运研究、盐运研究、木政研究

11. 红军在赤水河流域的重要会议、重要战役战斗的综合研究

来稿请拟出内容提要、关键词、作者简介，引文附规范注释。本会人手有限，来稿一律不退，一经录用，即付薄酬。本刊所刊用文稿之观点、引文、注释一律由作者自负文责，编辑部不负连带责任。

我会每年 9 月 30 日截稿，随即进行该年度论文集的编辑工作，请有意撰稿的专家、学者，注意截稿时间。

投稿邮箱：

1918357299@qq.com

145267842@qq.com

861739080@qq.com

仁怀市历史文化研究会

二〇一七年十月五日

世续为印争战，川黔地方抚按和屯军长官均想从中获利，都司张神武、参将周敦吉合谋用兵攻下古蔺世续新旧二居、掠积蓄数万金，又俘奸其子女，拘世续；阎崇传得讯，以救主母为名兴夷兵劫杀永、赤二卫和普、摩二所，引发大乱。摩泥、普市千户张大策等上书主张将永宁宣抚司改流而兵部不许，直到万历四十二年（1614）五月，贵州御史潘濬调查后对抚按官、土司各打五十大板，调和息事。

万历四十六年五月（1618 年 7 月 14 日），朝廷调查奢社辉与奢寅争正西、腻乃地方和奢寅将兄弟奢辰等五百余家驱逐躲居水西事。尚书薛三才主张处置奢寅，革去冠带，派员查勘划界，不许再构争端；贵州巡抚张鹤鸣主张勒令奢崇明父子吐退所占军屯田土，如不遵从，即行改土归流。先是，奢氏父子称雄土司，广揽人才，有仁怀土城人罗乾象、遵义府城人诸生何若海、四川一带白莲教首刘明选等投奔其门下。时后金东北兴兵反明，中原内地农民反抗事件不断发生，江南沿海反矿监税吏斗争此伏彼起，大明王朝危机四伏。何若海为奢氏父子条陈取天下之三策，奢氏取中策施行；刘明选用幻术魔镜让奢寅看自己穿皇服戴皇冠之幻象鼓动其造反。奢寅联络水西、乌撒、乌蒙、东川、芒部六司府共铸大梁国"丞相之印"，于龙场坝歃血结盟，授何若海执掌兵权，并颁有金刀铁券。

明熹宗天启元年四月戊寅（1621 年 5 月 27 日），奢崇明上疏愿出兵二万归朝廷指挥，赴东北抗击后金收复辽沈，贵州巡按沈珣反对乃止。后川抚徐可求又催各土司兵援辽，崇明父子策划发老弱兵二万人，由攀龙、张彤率领先赴渝城，农历 9 月 17 日（十月三日）巡抚徐可求在重庆校场坝点验中主张裁汰老弱再颁饷，黑逢头等乘机击杀徐可求及巡道等官二十余员并占领重庆府城，打出大梁王旗号；旋分兵攻合江、纳溪，破泸州及富、内、资、简，奢寅率兵占仁怀、攻遵义。奢氏父子兴兵反明，崇明犹豫，奢寅异母弟奢震苦谏无果，遂抱宗器遁迹以义（今水潦），更名余化龙隐居。崇明父子拥大军势如破竹，近月下川省四十八州县，十月十八日起围成都 102 日，奢军多次攻城均被布政使朱燮元、按察使林宰等率兵击退。拥明石柱宣抚司土兵在秦良玉等率领下，与其他明军及拥明土司军内外夹击，奢崇明得力将领罗乾象降明，里应外合，奢军溃败，成都围解。官军乘胜收复资阳、内江、简州、泸州等四十余州县，大梁军主力退回永宁。天启二年二月二十八日，官军收复重庆，春夏间，交战区域移入赤水河流域中下游，奢寅、金保亲率永宁兵配合水西军进攻遵、桐，在遵义府城进行了三次争夺战；朱燮元策划五路官军合攻永宁，天启三年（1623）四月十四日克之，生擒叛将周邦泰等，招降叛军两万余众。五月，在官军追击下，奢氏父子败走蔺州。五月廿九日，罗乾象部克蔺州，奢氏父子败逃水西龙场客仲坝，得安邦彦支持，重整旗鼓。天启三年腊月廿四，官军总兵李维新、监军副使李仙品、佥事刘可训等五路军合击龙场，擒奢崇辉、蔡金贵（崇明军师）等二十余员，斩大梁国将相及官兵首级千余颗。天启六年（1626）秋，朱燮元丁父忧返里，蔡复一接任朱燮元后集中精力对付安氏，奢、安联合后军势复振。崇祯元年（1628）九月中旬，明廷又起用朱燮元挂帅，于次年秋川黔明军将奢安联军主力十万聚歼于永宁五峰山桃红坝，崇明、邦彦均授首。崇祯三年（1630）春，水西安位降，奢安之乱结束。是年废永宁宣抚司，分其地为永城、宁静、凤凰、忠义、青化、顺德、太平、平定九里又四十八屯。每里编九或十甲，设一同知总领，隶叙州府（宜宾），又设管屯军的叙永军粮厅，隶属不变。清光绪三十四年（1908），叙永厅与永宁县调整辖地，形成后来叙永、古蔺二县。

附三：扯勒部世袭表

①德赫辉（妻奢谦，东汉桓灵时人。）→②辉阿达（妻奢登）→③哒喏武伯伯（妻嫩更）→④喏武伯（妻宜乌）→⑤伯阿都（妻要额赫）→⑥都查渠（妻伦）→⑦查渠底（妻奢着）→⑧底阿喜习（妻米额）→⑨喜阿碟（妻熊珠）→⑩蝶阿穆（妻熊突）→⑩穆墨者（妻熊通）→⑪墨者扯勒（晋未受令长职，妻宜赫）→⑫扯勒莫武（妻伦额）→⑬莫武隆何（妻额海）→⑭隆何阿穆（妻赫珠）→⑮阿穆阿（妻雄普）→⑯阿珠思点（妻奢松）→⑰思点哔启（妻突苏）→⑱哔启脱（妻奢姥）→⑲脱麻洗（妻米能）→⑳洗阿琚（妻奢葸）→㉑琚阿弄（妻米浓）→㉒弄阿逢（妻赫璞）→㉓阿逢那知（妻弥露）→㉔那知伊（妻禄接）→㉕枝伊补杰（妻伦亨）→㉖补杰补德（妻苏只）→㉗补德乡裕（妻宜祖）→㉘补裕阿（妻妈根）→㉙阿喜更宗（妻伦枯）→㉚更宗托宜（妻武弥）→㉛托宜赫特（妻奢伊）→㉜赫枝阿额（妻苏已）→㉝包阿额普（妻姥兄）→㉞普屈兹楚（妻登珠）→㉟兹楚阿枯（妻苏苦）→㊱阿枯兹起（妻苏安）→㊲兹起拉枯（奢枝）→㊳阿估蒲衣（妻更素）→㊴蒲衣普古（妻奢穹）→㊵普古龙迁（妻奢布）→㊶龙迁龙更（妻奢节）→㊷龙更龙之（禄肇，妻奢花、妾奢尾）→㊸龙之阿举（汉名阿聂，弟阿智、又译“世”；妻奢苏、又译“书”，明永乐时人。）→㊹阿举蒲守（妻奢通）→㊺蒲守宣乐（妻奢哺）→㊻宣乐兹豆习（妻奢赛）→㊼兹豆禄克（妻奢载）→㊽禄克那可（妻奢卧）→㊾那可哺托（妻穆智龙格）→㊿哺托龙智（妻奢和）→(51)龙智龙格（妻奢乐）→(52)龙格诺宗（妻奢嫩）→(53)诺宗阿玉（妻赛塞）→(54)阿玉阿枯（妻陇氏）。

（据《且兰考》《通雍余氏家谱》《西南彝志》编写）

附四：

1. 永宁宣抚司奢氏宣抚使承袭

①禄肇（又译"禄照"。洪武四年，宣抚司禄肇内服，改永宁长官司，七年升永宁等处军民安抚司为宣抚司，秩正三品，八年以禄肇为宣抚使；十七年禄肇贡马，诏赐钞币冠服，定三年一贡如例；十八年禄照遣弟阿居朝贡，陈情税粮、诏难交蠲免。禄照有事逮至京，得直还，卒于途）→②奢尾（女，禄肇妾。因禄肇子阿聂与弟阿世皆在京城入太学，奢尾以庶母身份署司事）→③阿聂（洪武二十六年奢尾入朝，请以阿聂袭职获准。永乐四年免永宁荒田租）→④奢书（女，阿聂妻，宣德八年入朝进贡，九年为永宁监生李源求得儒学训导职）→⑤奢贵（成化元年，山都掌大坝等寨蛮分劫江安等县，总督尚书程信于四年奏闻："永宁宣抚贵开通运道，擒获贼首，宜降玺书奖之。"帝从之）→⑥奢禄（女，嘉靖二十五年永宁宣抚司女土官奢禄献大木，给诰如例）→⑦奢效忠（万历元年川抚曾省吾奏：调永宁土官奢效忠参平都掌蛮之叛。）→⑧世统（女，效忠继室，妻世胤死，统为妻）、世续（女，效忠妾，生崇周及罗哥）→⑨奢崇周（被沙卜子白卜派白春芳以饮盅毒死）→⑩奢崇明（效忠弟苠忠子，幼孤，依世统，抚养十三年，崇周死得袭宣抚使职，天启元年到崇祯二年号大梁王，兴兵反明，败，死于永宁五峰山桃红坝。奢震未参加反叛，居水潦更名余化龙。奢寅后裔更姓杨氏，隐走他乡，奢辰隐居龙场卧泥阿。清顺治十七年，总兵严自民具题奉旨，奢保寿安置卧泥河、与齐民例当差。余氏延续到民国尚有特权，遗有大屯土司庄园）

2. 九姓长官司长官任氏承袭

①任福（江南人，随傅友德入蜀，屡积功勋，招抚生拗羿蛮有功，洪武五年福引夷使土人赴京进贡，明太祖敕谕实授九姓司正长官职，随颁方印一颗）→②任爵（洪熙元年袭职）→③任孟麟（景泰二年袭职，成化三年加宣抚使衔）→④任琛（成化二十一年袭职）→⑤任钰（正德十五年贡生、嘉靖九年袭职）→⑥任统（嘉靖四十年袭职）→⑦任云凤（嘉靖四十三年贡生，隆庆元年袭职）→⑧任世藩（万历二年袭职，天启三年奢氏父子陷城，世藩抗拒捐躯）→⑨任祈禄（天启三年袭职，崇祯三年获赏四品职衔）→⑩任长春（崇祯十四年袭职）→⑪任功臣（顺治二年投清，十六年袭职）→⑫任宗项（康熙十九年袭职）→⑬任绍项（康熙三十四年护理）→⑭任嗣业（康熙

四十一年袭职，雍正七年督粮，军功加安抚司使职衔）→⑮任启烈（乾隆八年袭职）→⑯任履度（乾隆三十五年袭职）→⑰任履肃（履度弟，乾隆四十一年袭职）→⑱任启秀（履肃胞叔。履肃年幼，乾隆四十五年护理）→⑲任履方（乾隆五十五年护理）→⑳任清（乾隆五十八年袭）→㉑任灏（道光四年护理）→㉒任思缓（道光十七年袭）→㉓任奎鋡（道光二十七年护理）→㉔任光阆（咸丰六年袭）→㉕任大观（岁贡、捐升知县、光绪十六年袭）→㉖任谦（附生，光绪二十九年代理）→㉗任大亨（附生，光绪三十年护理）。

另据清嘉庆《直隶叙永厅志·土司》记载：明成化三年，大坝都掌蛮叛命，总兵官襄城伯李瑾等讨平之，奏改大坝为太平，置长官司，举永宁土人黄琪为长官，与九姓司同属永宁宣抚司管辖。迨奢崇明叛讨平之，改土为叙永厅，设同知一员，以资弹压。太平司遂废为太平里。

四、播州杨氏

播州，唐贞观九年（635）始建，初名郎州，十一年（1637）废，贞观十三年（639）改置播州；州治在今绥阳县，初领恭水、高山、贡山、柯盈、邪施、释燕六县，后领遵义、芙蓉、带水三县。唐乾符三年（876），杨端趁南诏袭扰西川节度使高骈并将其击败于大渡河及西川军将作乱和内地战乱、无暇顾及边疆之机之际，与八姓族人兴兵入播，交结土豪，征服当地部众不服势力，武力据有播地，其势力北达绥阳旺草，将播州所领遵义、芙蓉、带水三县归入统治范围，开创了杨氏统治播州之基业（关于杨端何处人，史载与说法不一）。到北宋时，朝廷用土官治蛮夷之地，各边地土官出于对中原经济、文化的仰慕，也"乐慕圣化"而献地内附，朝廷以其地置州县，长官皆以"番夷酋长为之"。北宋徽宗大观二年（1108），播州土官杨光荣及其侄杨文贵争相献地，朝廷以光荣领地置播州，文贵领地置遵义军，播州土官领播川、琅川、带水三县，遵义军领遵义一县。北宋宣和三年（1121）废播州为城，废遵义军为寨，皆隶治所在今重庆綦江境的南平军。北宋宣和六年（1124），改播州城置播川县。南宋理宗端平三年（1236），以白锦堡置播州。南宋嘉熙三年（1239），改播州城为鼎山县。南宋初，杨氏经征战将领土拓展北至今贵州桐梓夜郎坝、南至乌江、东至与今湄潭接壤的三渡关，西北领有今仁怀和习水部分区域。南宋宁宗嘉定年间（1208—1224），杨璨兼并洪江以东杨焕所领"下州"之地，北击"南平夷僚穆永忠"和"南平闽酋伟桂"，辟地七百里，据有今贵州桐梓、重庆綦江部分及南川县地。杨氏势力东至今贵州沿河县，南至今贵州都匀、贵定县，以贵州黄平为中心成为播州"下邑"，也就是乌江以南和以东大部分地区纳入了杨氏领地范围；向西趁罗施鬼国内乱又兴兵占乌江北到赤水河流域地七百里；西北部领有儒溪（今习水醒民）、沙溪（今播州区金沙县内部）、天旺（今播州区鸭溪石板等）、缉麻山、李博垭（今仁怀市坛厂，鲁班一带）、仁怀（今赤水市城区一带）、石宝（今四川古蔺县石宝、水口一带）、瓮平（今习水县西习酒镇回龙一带）。南宋度宗咸淳末年，以珍州及其所属之绥阳、乐源两县隶播州，形成四县一寨。播川县即今播州区南北镇，遵义寨治今遵义老城，绥阳县治今洋川镇，乐源县治今正安县城。

元代设行省区划，省下为路、府、州、县，对宋置于边境少数民族区域的土官，只要其归顺便设置宣慰司、宣抚司、安抚司、长官司或蛮夷长官司等分置行省或路、府之下实施统治，正式确立了土司制度。元世祖至元十四年（1277），播州土酋杨邦宪纳土降元，授播州按抚使隶湖广行省，四年后（1281）升为播州宣慰司，又四年（1284）降为军民按抚司隶顺元等处宣慰司。至元二十八年（1291），朝廷从播州等处管军万户杨汉英所请，将该地改隶四川行省。元顺帝至正年间（1141—1368），播州杨铿袭播州宣慰使。据《元史·地理志》所记：播州军民按抚司领黄平一府，三十二长官司，即平溪、上塘、罗骆家等处，水车等处，石粉罗家永安等处，六洞柔远等处，锡乐平等处，白泥等处，南平、綦江等处，珍州思宁等处，水烟等处，溱洞涪洞等处，洞天观等处，葛浪等处，寨坝垭、黎焦溪等处，小姑单张、倒柞等处，乌江等处，旧州草塘等处，恭溪杳洞水囤等处，平伐月石等处及下坝、寨章、横坡、平地寨、寨劳、寨勇、上塘、寨坦、石奔、平卧龙、林种密秀、沿河祐溪等。播州宣慰司本土因地在乌江以北，习惯上称"江内"；其地东抵沿河祐溪等处（今贵州沿河县）、南迄乌江北岸容山等处（今贵州湄潭县）、乌江等处（今贵州遵义市沿州区南境）、西至水烟等处（今贵州遵义市播州区与金沙县结合部）、北包播州县（今贵州桐梓县境）。把乌江以南所领地称"江外"，包括黄平府（今贵州黄平县），白泥等处（今贵州余庆县），旧州草塘等处（今贵州瓮安县），平伐月石等处（今贵州福泉、贵定间）；统治中心在黄平。把川黔交界区域称"沿边溪洞"，包括南平綦江等处（今南川、綦江等地）、珍州思宁等处（今贵州正安、道真、务川、凤岗部分）、石粉罗家永安等处（今贵州习水南、仁怀北部和四川古蔺县石宝等地），绍庆等处（今重庆市彭水、黔江等地）。即史书所载"西连僰道、南极牂柯"，"土地旷远，跨接溪洞"，地介川湖贵竹之间，广袤二千余里。

明承元行省制度。洪武五年（1372）播州宣慰使杨铿、同知罗琛、总管何婴、蛮夷总管郑瑚等进贡方物并交纳元颁印符等，诏令仍置播州宣慰使司隶四川行省并官其四人。洪武七年（1374）置黄平按抚司、十一年（1378）

改黄平按抚司为黄平千户所。洪武十五年（1382）改播州宣慰司隶新设置的贵州都指挥使司。洪武十七年（1384），置草塘、余庆、白泥、瓮水四长官司，并将真州置为真州长官司。洪武二十七年（1394），诏令播州宣慰司隶四川布政司。永乐九年（1411）置重安长官司。明宪宗成化十三年（1477）设安宁宣抚司及怀远、宣化二长官司。明世宗嘉靖元年（1522），改安宁宣抚司为凯里安抚司，八年又将其置隶清平卫。至此播州宣慰司领一宣抚司（草塘），七长官司（余庆、白泥、瓮水、真州、重安、怀远、宣化），其领地相当于今贵州遵义市播州区、红花岗区、汇川区、桐梓县、正安县、道真县、绥阳县、仁怀市大部、习水县、赤水市及湄潭县、余庆县、瓮安县、黄平县、凯里市、丹寨县一部分。万历年间，播州土司杨应龙趁水西和永宁争领地征战不休、内乱不已的机会，将夹于播州和永宁两土司间的仁怀里王氏、上下赤水里袁氏、唐朝坝长官司袁氏、安罗里安、罗二氏均纳入播州宣慰司治下，原属罗闽水西的水烟天旺，应龙父杨烈逐其父杨相，相病死水西，贵州水西宣慰使安万铨答应以杨相尸身换回被播州占据的水烟、天旺故地，烈用盐渍纸写下协议、得父尸归葬后，水西所得协议纸烂，杨烈不归还二地，双方交战十年。明总督冯岳调总兵官石邦宪率兵讨伐，水播战乱始息。杨应龙时仍控制着水烟、天旺大部分关隘。《大明一统志》载播州宣慰司疆域为："东至贵州偏桥卫界四百八十里，西北至泸州合江县界一千五十里，南至贵州养龙坑长官司界九十里，东北至重庆府綦江县界三百五十里。"

　　明穆宗隆庆六年（1572）十二月，杨应龙报袭播州宣慰使，神宗万历元年（1573）二月承袭，万历十五年四月（1587年5月）进献楠木七十根、升都指挥使衔（正二品），十月应龙遣何汉良贡马两匹，颇得朝廷信任，但其为政，"用诛罚立威，所属五司七姓不堪其虐"，多所怨恨。万历十八年（1590），贵州巡抚叶梦熊上奏应龙凶恶诸事，巡按陈效历数其"二十四大罪"，力主查办；川抚李化龙因对松潘用兵之需，疏请暂免勘问，俾应龙戴罪立功。两省剿抚意见不一。应龙对不附己者诛杀抄家，连嫡妻张氏及岳母都被罗以莫须有罪名杀戮，妻叔张时照及所部何恩、宋世臣等均上告应龙谋反。朝廷命川黔两省会审，万历二十年（1592）会勘前，应龙派人向川省官府行贿并表示"赴川不赴黔"。是年十一月，应龙诣重庆府对簿公堂，坐法当斩，但请求以两万金赎，被御史驳问期间，正值日寇朝鲜，应龙表示率五千兵征倭自赎，帝下诏许之。应龙获释，征倭大军已行。重庆府收拿应龙次子杨可栋羁押追索赎金，而可栋死于狱，杨应龙遂调遣土兵造反。《贵州通志·前事志》说杨应龙："分遣土司，置关据险，厚抚诸苗。"其实他在万历二十四至二十七年间（1596—1599）就兴兵肃清异己的内部势力，时势力南达余庆、石阡、草塘，乃至兴隆、都匀各卫所及重安长官司，北及江津、南川、綦江等地，他在连续用兵中皆操胜算，又建立以海龙囤为中心的四十八囤防御工事，一面派兵驻防，一面组织十五至二十万兵力反明。万历二十七年（1599）二月，贵州巡抚江东之派都司杨国柱、指挥李廷栋率兵三千讨伐播杨败绩，杨应龙用武之心大振，三月陷綦江。万历二十八年（1600）二月，"五道并出，破龙泉司"。明廷决定任李化龙为总督，集十三省官军及土司兵24万，于是年正月十五日汇聚进剿播杨。次月十二日，二十四万大军分八路、每路三万进击播地，还得到水西、永宁、镇雄等土司兵的支持，仅交战两月余，便将杨应龙所剩余一万七千多人包围在海龙囤上，六月六日囤破，应龙自缢死，亲戚23人、部属58人，俱被俘处死。统治七百二十五年的播州土司因此结束。朝廷将宣慰司地划为遵义、平越二府，分隶四川、贵州。遵义府领有遵义县、桐梓县、绥阳县、仁怀县（今赤水市、习水县及仁怀市北部）和正安州（包括今务、正、道三县），又设威远卫留兵万余镇慑之。平越府辖黄平州及湄潭、余庆、瓮安、龙泉四县，隶属贵州。清雍正五年（1727）以四川遵义军民府一州四县改隶贵州省，至今未变。

附：播州杨氏土司世袭传承表

①杨端［唐德宗乾符二年与舅谢子仁率乡人令狐、成、赵、犹、娄、梁、韦、谢八族占播，结交土豪史、蒋、黄三姓，解除依附南诏的罗氏鬼国（罗闽）的侵凌威胁。得以世守其土］→②杨牧南（名晔，随父入播，世袭其职，痛九溪十八洞未服，忧愤而卒）→③杨部射（名溥，好武功，选练将卒伐罗闽，深入其境被断后路，力战死）→④杨清（号三公，随父出战罗闽，父死被俘。得阿永蛮名黑定者帮助，遁回播土袭父职）→⑤杨实（袭父职，北宋赵匡胤即位遣使入贡，得世领州地。在平定内部部族作乱中被流矢所创，后发病死）→⑥杨昭［世袭职，弟杨先据白锦东，遵义军号下州；另弟杨蚁据白锦南，号杨州。昭势薄，往见名将杨延朗之孙杨充广（太原人），适逢充广使广西，联络后得助，击溃助杨蚁的罗闽军，巩固了统治地位。无子，以太原人杨文贵更名杨贵迁承嗣］→⑦杨贵迁（杨业曾孙，袭职安抚使、官至武功大夫、德州刺史，宋仁宗皇祐四年率兵入泸，驻南州，得暴疾，被族叔杨照弟杨先派南州人赵隆截杀，葬红江）→⑧杨光震（袭安抚使。宋熙宁六年入呈，获三班奉值，参与平罗乞弟，有功，升从议郎、沿边都巡检）→⑨杨文光（袭职。年少，叔父光荣谋篡位，众不与。光荣奔高州，依凭蛮兵以危宗国，文光奉书及币迎接光荣回归。讨平蛮獠叛乱，民怀其德，疆土日广而户口日增。惜三十六岁殁）→⑩杨惟聪（七岁孤，母舅谢

石迎养之，长，叔祖光荣摄理疆堡事。光荣深忌，欲加害而来成。北宋元祐四年即1089年春三月，以播地二县一千七百里献朝廷，光荣为礼宾。后朝廷知实情，光荣惧亡闽。宋授惟聪修武郎、左班殿直。宣和七年卒）→⑪杨选（袭职。值宋靖康之难，务农练兵，以待征调，建炎三年献马上书出兵抗金，后官至武经郎。生十三子，中有杨舟者官六合令，后人居江苏）→⑫杨轸〔袭职。授弟杨轼理政。宋淳熙三年（1176）徙治所于穆家川。初无子，养轼子粲为后，晚生三子；己筑室万泉，优游以终〕→⑬杨粲（袭土官，南宋开禧二年贡战马三百匹，金银百万，上书愿为前驱讨伐金人。三年十月复珍州遵义军；十年输战马三百匹于蜀，宋宁宗嘉之。讨平穆永忠、韦桂，斩级千余，辟地至川南马湖一带，七百里。修先庙，铺路建桥，设学养士，作《家训十条》以诫子孙；寓兵于农，拥兵二万；官终武翼大夫、累赠右大夫、吉州刺史、左卫大将军，忠州防御史。赐庙忠烈、封武威毅侯）→⑭杨价（宋绍定年间袭职，在抗蒙斗争中屡立功勋，无疾而终，获赠开府仪同三司、威武宁武忠正军节度使、右武大夫、文州刺史，赐庙忠显，封威灵英烈侯，庙在贵州桐梓虎峰山）→⑮杨文（袭职，抗蒙屡立战功，留心文治，建孔庙，宋咸淳元年卒，赠全州观察使。墓在遵义市汇川区高坪镇地瓜堡）→⑯杨邦宪〔袭职归附元朝，得授龙虎上将军、绍庆、珍州、南平等处沿边宣慰使、播州安抚使。在元讨伐罗猓反叛中助官军平定立功。至元二十年（1283）四十三岁卒，获赠推忠效顺功臣、平章政事、播国公，谥惠敏。妻田氏封贞顺夫人〕→⑰杨汉英（五岁父卒，七岁随母赴大都晋谒元世祖，袭父职，获帝赐名赛因不花，十二岁再晋谒世祖，得授宣抚使，在平亦溪不薛宋隆济、蛇节叛乱中立功，进资德大夫，四十岁卒。获赠推诚秉义功臣、银青光禄大夫、平章政事，左柱国，追封播国公、谥忠宣。遗著有《明哲要览》《桃溪内外集》。无子，以弟子嘉贞承嗣）→⑱杨嘉贞（杨延里不花，袭土司，元顺帝至正十二年得授湖广左丞）→⑲杨忠彦（承嗣。为资德大夫、播州军民按抚使）→⑳杨铿（袭职宣慰使，洪武四年归顺明朝，得保世职）→㉑杨升（袭父职。从永乐二年起九次入朝，卒于正统五年，任内平定草塘反明起事）→㉒杨纲（袭侄子杨炳职，莅政八年，民安如一。正统十四年卒）→㉓杨炳（袭祖父职，正统三年升有疾，朝廷命炳代职，正统六年升卒，炳袭职后夭亡，叔父杨纲袭职）→㉔杨辉（炳老疾代职。平贵州苗乱，成化十五年卒，获赠昭勇将军。有正妻俞氏生次子爱、继妻田氏生长子友，造成嫡庶之争）→㉕杨爱（以嫡子得袭，镇压米鲁反有功，得授昭勇将军。明正德十二年卒）→㉖杨斌（袭宣慰使，父在位时已大权在握，正德二年升四川按察使，仍领宣慰事。父丧主理播事，尚道学，法名道凝，自号颠师。

正德十六年卒）→㉗杨相（袭宣慰使，嘉靖元年得朝廷赐《四书集注》一部。宠庶子杨煦，欲使袭位，原配张氏知之，与嫡子烈于嘉靖九年举兵驱逐相，相外逃，客死水西）→㉘杨烈［与母谋逐父得袭职。父客死为求尸归葬，许水西宣慰安万铨归还水烟、天旺故地，以盐浸纸写约，及得父尸后食言不与，水西纸烂无凭，双方交恶十年。总兵石邦定讨平之。明穆宗隆庆五年（1571）卒］→㉙杨应龙（明穆宗隆庆六年袭职，数从征调，加封骠骑将军，献大木七十，得授正二品都指挥使。后兴兵反明，于万历二十八年六月六日被攻灭，仅朝栋子葵幼，由奶妈背负缒海龙囤崖下逃居贵州绥阳，后迁居遵义河溪坝，葵子景昌生七子，分房，散居遵义境，子孙不衰）

参考资料：

①镇雄县政协文史资料工作委员会：《镇雄县文史资料》第十三辑，镇雄县政协文史资料工作委员会印行，2011年。

②云南省镇雄县志编纂会：《镇雄县志》，云南人民出版社，1987年。

③云南省威信县志编纂委员会：《威信县志》，云南人民出版社，1999年。

④四川省叙永县地方志编纂委员会：《叙永县志》，方志出版社，1998年。

⑤四川省古蔺县县志编纂委员会：《古蔺县志》，四川科技出版社，2008年。

⑥王运权编：《西南彝志》（1—8册），贵州民族出版社，2004年。

⑦王明贵：《水西简史》；贵州民族出版社，2011年。

⑧王正玺等修：《同治毕节县志稿》，南京大学图书馆藏抄本。

⑨朱燮元：《少师朱襄毅公督蜀疏草》，清康熙五十九年朱人龙等刻本。

⑩刘一鸣、雷鸿鸣、雷先均整理：《朱襄毅公督黔疏草》，中国文化出版社，2017年。

⑪邓镕：《叙永永宁厅县合志》，光绪三十四年刻本。

⑫黄宅中、邹汉勋：《大定府志》，道光二十九年抄本。

⑬郑珍、莫友芝：《遵义府志》，巴蜀书社，2013年。

⑭周恭寿、赵恺、杨恩元：《续遵义府志》，巴蜀书社，2014年。

⑮贵州省文史研究馆点校：《贵州通志·前事志》，贵州人民出版社，2004年。

⑯余达父：《通雍余氏家谱》，稿本。

⑰余达父：《且兰考》，贵州大学出版社，2011年。

⑱贾大泉：《四川通史》（1—6册），四川人民出版社，2010年。

⑲顾诚：《南明史》，中国青年出版社，2003年。

⑳政协贵州仁怀市委员会：《仁怀历史文献资料辑存》，内部印行本。

㉑贵州省仁怀县地方志编纂委员会：《仁怀县志》，贵州人民出版社，1991年。

㉒瞿九思：《万历武功录》（1—6册），中华书局影印本，1962年。

㉓白寿彝主编：《中国通史》（6—9册），上海人民出版社，1996年。

㉔龚荫著：《中国土司制度史》（1—3册），四川人民出版社，2012年。

㉕贵州省地方编纂委员会：《贵州省志·地理志》（下册），贵州人民出版社，1988年。

㉖遵义市汇川区政协教科文史委编：《播州杨氏土司资料辑编》，内部印行本。

㉗曾祥铣：《遵义简史》，贵州人民出版社，2014年。

㉘复旦大学历史地理研究所《中国历史地名辞典》编委会：《中国历史地名辞典》，江西教育出版社，1986年。

㉙贵州民族研究所：《明实录贵州资料辑录》，贵州人民出版社，1983年。

㉚蔡东藩：《明史演义》，文化艺术出版社，2014年。

㉛谭其骧：《中国历史地图集》（第七辑），中国地图出版社，1982年。

㉜口碑史料与实地考察资料。

《少师朱襄毅公督黔疏草》点校记

刘一鸣

缘 起

不才耳顺之年而学无所成，一教书匠终身耳！生于城镇，长于农村，幼年饥饿，营养不良，体弱多病；少年求学遭遇"文化大革命"，背语录度完小学光阴；稍长，习农活以求果腹，早晚忙割猪牛草而忙奔；雨天得闲看书学习，略通文墨，但推荐政策下无缘深造，算有自知之明，十三岁起读家传中医入门书，总想学点本事成社会有用之人。"文化大革命"后期上中学，学农学工混完五春。高考恢复，历史误会，考上文科大学，穿着胶鞋念四年书，从教三十五个春秋。退休拟返老家种中草药，带重度脑外伤致残儿子从医以济世人，但故园微少祖业被人设计占据，应了命书所说"虽然祖业微须有，来得明时去不明"之谶！彷徨中，文史学人龙先绪君劝余将所学撰述以惠世人，亦为积德行善之举，最好写部仁怀历史读物以饷当世与来者。于是系统阅读《遵义府志》《续遵义府志》《仁怀直隶厅志》《续仁怀直隶厅志》《仁怀草志》《大定府志》《黔西州志》《永宁厅县合志》《续永宁厅县合志》《同治毕节县志》《贵州通志·前事志》《足本万历武功录》《西南夷志》（汉译本）、《水西制度》（汉译本）、《南明史》等专书，并涉猎仁怀县（市）、习水县、赤水县（市）、金沙县、黔西县、遵义县（市）、古蔺县、叙永县、毕节县等方志和乡贤之作品，发现部分著作之史实概念含糊不清或错杂相混，甚至有谬说与胡说，上有愧于古人，下有负于来者，是无史德、史识、史才之伪劣精神产品。这些历史说法之存在，将会出现为善不足、导欺有余之恶果！不才不顾人微言轻，决定从收集历史资料入手，重新审视关于赤水河流域及仁怀县（市）历史，考辨真伪，撰一本史家认可、读者欢迎、执政者放心的仁怀历史读物。职是之故，为团结同道、募集经费，成立了仁怀市历史文化研究会，获得党政新老领导的关怀支持，并受到亲友中热心文化事业者如安怀略、张方利、张钊、刘筑、吴光才、刘一烽、刘增达等人之经济资助。有了资金，不才便通过各种途径搜购历史文献资料，2014 年起陆续购得《少师朱襄毅公督蜀疏草》《少师朱襄毅公奏疏钞》《少师朱襄毅公督黔疏草》等明清古籍复印本。读后方知，从郑子尹、莫友芝编纂《遵义府志》起，朱燮元留下关于平定明末天启、崇祯年间奢安之乱的珍贵史料就被打入冷宫了。清末民初大文士家梁启超先生又赞誉《遵义府志》为"天下第一府志"，再加之世人对子尹先生名气的景仰，造成对奢安之乱的危害也极少有人去研究，偶有言及者也是东拉西扯，张冠李戴。如《遵义简史》将"平播"写了上万字，而于遵义府戡平长达七八年的奢安战乱叙述仅五百字，且将"李仙品"写成"李品仙"，"万全"写成"万金"（参见《遵义简史》第 159 页）。我会经费为无源之水，在雷鸿鸣、龙先绪等鼓励和帮助下，决心与雷先均联手点校、整理并出版朱燮元留下的珍贵史料供史学研究者参考，弄清奢安之乱的历史真相。雷鸿鸣先生既参与点校，又靠自身影响力筹资出版费用，使这项工作顺利进行得到保障。2014 年我们点校出版了《少师朱襄毅公督蜀疏草》和《蜀事纪略》，之后发现还有《少师朱襄毅公督黔疏草》十二卷，是《续修四库全书》也没收入的康熙五十五年朱燮元曾孙朱人龙雕版印行本。在网上与北京的藏书者联系，得知系残本，便花八千元复印一套，读后令人惊喜称奇。《贵州通志》到《贵州通史》的编纂者们都忽略了这些史料，对奢安之乱给贵州造成的危害也叙述得含混不清。雷鸿鸣先生极力筹资，再次使该书出版得到保障。故我们花一年时间，又整理出版了《少师朱襄毅公督黔疏草》。

做　法

我们读明清古籍，碰到很多缺笔画的避讳字和异体字很费解。为解决这一问题，我们通读南炳文、汤钢先生《明史》和王力先生《古代汉语史稿》，又学习有关避讳的文史知识，因此，在具体工作中，我们不是去逐字查字典辞书，而是联系上下文作出判断。如"夷"字，我们知道是对少数民族之蔑称，是"夷"字少一撇。对方言同音字有的做了统一，如"郑应显""郑益显""郑一显"，在《少师朱襄毅公督蜀疏草》中均与"犹朝炳""游朝炳"同时出现，我们认定"郑应显"与"郑一显"是一人，因赵邦清、卢安世、刘养鲲等将领汇报军情时口音相似而用字不同，朱燮元汇总时照录上报所致，我们把"应""益"统一为"一"；再有如地名"陶洪""陶宏""乐洪""乐宏""乐红"均保持不变，只将"陶安"改成"陶宏"（在仁怀二合至合马河赤水河边，至今地名尚存）；将"在在无烟"改成"寨寨无烟"、"仝行"改成"同行"、"建竖"改为"建树"等。在《少师朱襄毅公督黔疏草》中，

对"夷"改成"夷"、"遶"改成"绕"、"筲"改"扎"、"犺狼"改"阳郎",
"搀"改"搜"、"併"改"并"等。我们尽量化繁为简、个别不常用且无简
化字的繁体字则保留。对脱文,我们无其他版本可勘校,就用《少师朱襄毅
公奏疏钞》中相同篇目拿来核对,对脱文进行增补,把繁、难、偏的文字按
现代规范汉字整理并改竖排为横排再断句标点。奢安均彝族,他们有语言文
字,很多人名、地名均是彝语音译,为用准确或通行的人名、地名,我们阅
读了《西南彝志》汉译本并用之加以核对,同时对赤水河流域作了实地考
察,对朱燮元疏草中提到的地名做了文献资料与口碑史料的比对,大多数地
名今日尚存。比如怀南的绩麻山、滥泥寺、大锣坝、大路乡、水仙寨、鄢家
渡等。每次都由伤残儿子刘本宇打印第一稿,经罗梅梅编校整理成定稿,再
交出版社出书。幸运的是两本书均由雷鸿鸣先生筹集资金,两书出版经费加
上在遵义师范学院图书馆学术厅举办《少师朱襄毅公督蜀疏草》发行仪式及
学术研讨会共耗资十万元。这对一个县级市民间社会社团而言,此举可说是
前无古人的。

感　悟

撰述乡土历史尤其是古代历史,务必在掌握中国通史、大区域史的前提
下去发掘史料,研读前人的作品不盲从,要在全面把握历史文献资料的基础
上,以实事求是的态度去对待历史事件和名家说法。于我们自身,不要一知
半解便自命不凡、盛气凌人,应虚心向掌握史料的人学习了解、平等地交流
讨论,从中获得历史真相。譬如关于播州杨氏研究,一次土司文化研讨会上
一专家说杨应龙反明应定为起义,理由是明朝腐败且民族歧视严重。我在会
上讨论中反驳道:杨应龙是大土司、是封建领主,他是想趁明朝衰落之机扩
张势力、分裂国家,他的土司制度比中原封建制更残忍落后,他反明是不能
定为起义的;如果我们史学工作者不维护多民族国家大一统,去讴歌地方割
据的封建主,实质是为"藏独"势力和东突厥斯坦分裂分子张目!这位名教
授当场顿悟了。不过他在播州研究中把杨汉英率土兵与刘国杰一道讨伐宋隆
济和蛇节列为"奉命征外国",实为学术功力不够的表现;又将明代贵州赤
水卫和清代才有的赤水厅、民国才有的赤水县混为一谈,把赤水卫扯进播州
和遵义府则闹了笑话。总而言之,愚见是:不论你在政界混了个什么官衔、
在学术界混了个什么头衔,不要骄狂自大、目中无人,在历史长河中,只有
默默无闻、脚踏实地的做人做事做学问,百年后作品才会受后人称赞;如果
你自以为是、孤芳自赏,后人会辨别出你制造了一堆文化垃圾!你留在历史
上的是臭名!那时,则悔之晚矣!

《少师朱襄毅公督蜀疏草》序

顾　久[*]

　　有明三百余年，是中国历史上战争较多的朝代。自明初洪武到明末崇祯年间，几乎平均三年一次。在今贵州的土地上，也发生过数次较大而有名的战争，如万历三大征战之一的平定播州杨应龙之役，天启中及崇祯初年平定奢崇明、安邦彦之役。前者变更了贵州版图，后者维护了国家的安定统一；前者让世人记住了一代名帅李化龙，后者则造就了一位儒将朱燮元。可能是两次战争的结果和意义之不同吧，人们差一点忘记了朱燮元。他在平定奢安事件中的功绩并不亚于李化龙，这可以从战争胜利后明廷对他的封赐看出：加兵部尚书，进少保，加少傅兼太子太傅，后加少师、左柱国。

　　最近，三位热爱地方文化、看重历史典籍的文史工作者，仁怀的刘一鸣、雷鸿鸣、雷先均，甘为他人先，在浩如烟海的史籍中，发现朱燮元所遗《督蜀疏草》《蜀事纪略》两种著述。是书记述当年朱燮元统兵征战川渝黔赤水河一带史事，为目前大多数记载平定奢安事件史料中所无。为使更多的人能了解这段历史，研究川黔边地历史文化，他们不辞辛劳，整理点校上述两种古籍付梓，为研究者和爱好者提供参考，也为贵州的古籍整理工作做出了一点贡献。

　　朱燮元（1566—1638），原名懋赏，字懋和，号恒岳、冲岳、石芝，明山阴（今浙江绍兴）人，万历二十年（1592）进士。历任大理寺评事、苏州知府、川南道台、陕西按察使、四川右布政使、四川巡抚。后以平定奢崇明、安邦彦功进少保，加少傅兼太子太傅，后加少师、左柱国。崇祯十一年（1638）卒于官。初谥襄毅，后改谥忠定。著述有《督蜀疏草》十二卷、《蜀事纪略》一卷、《朱襄毅督黔疏草》十二卷、《朱少师奏疏》八卷。朱燮元刚

---

　　[*]　顾久，男，贵阳人，贵州省人大常委会原副主任，贵州省文史研究馆馆长，贵州省文联主席，贵州历史文献研究会常务理事长，贵州师范大学教授、硕士生导师。

正不阿，孤忠大义。时太监魏忠贤擅权，满朝臣工，多数竭尽奉承。督抚奏事，大小功劳也要算上魏忠贤。但朱燮元则不然，他上疏从不这样，故史书赞其"宁失封侯而决不归功权阉"。

天启元年（1621），永宁土司奢崇明举兵反明，杀死四川巡抚徐可求等军政官员二十余人，占重庆，攻合江，破泸州，陷遵义（今属贵州）。后与其子奢寅率军数万向成都进发，先后攻陷富顺、内江、资阳、简州（今四川简阳）、新都、龙泉（今四川成都东南附近）。十月十八日，包围成都。时任四川布政使的朱燮元急调石柱宣慰司（今四川石柱）、龙安府（今四川平武）等地官军与拥明土司军入援固守。不久，朱燮元升四川巡抚，率各路军兵从十月至十二月，经大小百余战，消灭叛军万余，收复遵义、绥阳、湄潭、桐梓、乌江（今属贵州）等地。二年（1622）正月，朱燮元在成都城下，大败奢崇明，成都围解。官军乘胜追击，收复资阳、内江、简州、泸州等四十余州县，奢崇明父子退往永宁（今四川叙永西南）。二十八日，朱燮元收复重庆。三年（1623）春，朱燮元集中兵力，直捣永宁，连战皆捷，攻克永宁、蔺州（今四川古蔺），崇明父子率余部败退水西龙场（四川叙永东南，今属贵州毕节）客仲坝，勾结安邦彦，复犯遵义、永宁，被官兵击败。

先是，奢崇明叛乱，贵州水西土官安邦彦素怀异志，乘机以援川为名，于天启二年（1622）二月，率军两万，攻占毕节（今属贵州）。四川东川（今云南会泽）、云南沾益（今云南宣威）、贵州洪边（今贵州开阳）等地土官纷起响应。叛军先后分兵攻陷安顺、平坝、沾益、龙里、瓮安（今均属贵州）、偏桥（今贵州施秉）、沅州（今湖南芷江）、普安（今贵州盘县）、安南（今贵州晴隆）等地，切断了官军援路及滇黔通路。二月初九日，安邦彦率军包围贵阳，朝野为之震动。贵阳被围，援绝粮断。十一月底，贵州巡抚王三善率军分兵三路，出敌不意，连战皆捷，斩叛军万余人。十二月，贵阳解围，安邦彦退守陆广河。王三善进军水西。三年（1623）一月，安邦彦联合永宁奢崇明和乌撒土官安效良，在陆广、鸭池大败官军，双方再战至十月，王三善率军渡陆广河，斩叛军一万八千人，直捣大方（今属贵州）。安邦彦之侄水西宣慰使安位弃城走，安邦彦逃窜织金（今属贵州）。四年（1624）正月，王三善因后援不继，粮饷断绝退兵，遭叛军追击遇害。十一月，安邦彦率兵再与贵州巡抚蔡复一、王箴作战，屡败。六年（1626）三月，安邦彦率军数万入犯威清（今贵州清镇），威胁贵阳，结果大败，回到水西。后经两年多休养生息，蓄积力量，兵力发展到十万余人。

崇祯元年（1628）六月，明廷起用朱燮元为兵部尚书，总督云、贵、川、湖、广西军务兼贵州巡抚，招流移，广开垦，恢复经济；据险要，立营垒，充实军伍。二年（1629）四月，朱燮元遣兵收复赤水卫（今四川叙永县赤水河镇），揭开了与奢崇明、安邦彦决战序幕。八月，安邦彦分兵守陆广、鸭池、三岔等要地，并进逼遵义，与奢崇明合兵十万进击赤水。朱燮元利用安邦彦恃勇好胜的弱点，采取"四面迭攻，渐次荡涤"的作战方针，设计将其从易守难攻的水西地区诱至永宁一带进行决战。朱燮元授计诱其至永宁一带，经过百多天的围剿，大败叛军，安邦彦、奢崇明败死。此役，共击毙叛军两万七千九百余人，俘获一万二千六百余人；官军阵亡二万六千八百八十八人，伤者一百九十四人，史称"永宁之战"。奢崇明、安邦彦叛乱的平定，消灭了明末西南两大地方割据势力，维护了国家的统一。

朱燮元《督蜀疏草》十二卷、《蜀事纪略》一卷，清康熙五十九年由其嫡孙朱人龙刊刻行世，后收录入《四库全书存目丛书》史部诏令奏稿类。现有中国科学院藏本和齐鲁书社 1996 年影印本、上海书店 2004 年影印本。《督蜀疏草》前有四川等处承宣布政使司左布政使清漳林宰、四川等处提刑按察司提督学政布政司右参议兼佥事三原来复二序，共收入朱燮元各种奏章一百八十九道，时间起于天启二年（1622）二月，止于天启五年（1625）九月，记其在任总督四川时经理苗疆事宜及举劾僚属等疏，皆出于其亲手撰写，所谓"军书络绎，不假手幕佐"是也，应属信史。《蜀事纪略》前有朱燮元自序、引各一，记平定奢崇明、安邦彦中十二件事之梗概，其自言："余身在事中，颇谙情实，故为叙梗、概要，以宁漏毋饰，矢之白日。"亦为可信。刘一鸣诸君，遵循古籍整理原则，对原书不作任何增删，仅作断句、分段和少许纠错，改竖排本为横排本，改繁体字为简体字，为阅读方便，在排版上做了一些简单的技术处理，不失一部质量较高，能让"中等文化程度的读者阅读"的精致书籍。

自天启元年（1621）至崇祯二年（1629），明军用八年时间，平定了奢、安叛乱，四川、贵州两省官员如王三善等竭尽全力，甚至牺牲性命，取得先期胜利。最后由朱燮元统率大军，于永宁一战，彻底大败叛军，奢、安战死而结束这一战事。此役，朱燮元居功甚伟，其以文官而统率士卒，用谋略而击败顽酋；此役，成就一代儒将，伟绩名垂西南。现阅读经刘一鸣诸君整理过的朱燮元所遗《督蜀疏草》《蜀事纪略》两书，可谓重温当年战事，为朱燮元其人而击节！且又为刘君一鸣等所作而感慨！

现今国运昌隆，社会安定，文化繁荣，但仍有一些浮躁之情景出现在学术界。可贵的是，亦有一些有志之士默默地进行着诸如古籍整理、文史研究等这样一些较为枯燥、少有功利之事，如刘君等人。所幸的是，贵州省文史研究馆及所属贵州历史文献研究会的领导、学人，还有高等院校、社会科学研究院所的研究者，自 20 世纪 80 年代起，就开始从事古籍整理类工作，经近三十余年努力，已初步形成一支老中青相结合的队伍，整理出数千万字的历史文献和古籍，为贵州的传统文化历史研究做出积极贡献。时代需要传统文化，文化也需要得到传承，所谓"薪火相传"即是这个道理。真希望在这个领域内，有刘一鸣等这样甘坐"冷板凳"的文史工作者不断出现，有更多的历史文献能整理出来，传之子孙。

朱燮元《督蜀疏草》《蜀事纪略》能顺利付梓，还要感谢仁怀地方上企业界的一些热心人士，他们靠辛勤的付出，办成功了经济实业，挣得了属于自己的那"一桶金"。他们很愿为地方文化做一点事，便慷慨资助出版了这两种古籍，做到了我们有些部门不能做的事。这样的事，与他们的事业，可说是风马牛不相及，但一种热爱中国传统文化的执着思想和一颗愿意奉献的心使他们参与了这件事。

捧着还散发着浓厚油墨味道的一册精致书籍，不由得如此感慨，真感谢这些热爱生活的人们。

是为序。

《少师朱襄毅公督黔疏草》序（一）

李世安[*]

古代贵州曾被视为蛮荒之地。明代以前，历朝历代的中原王朝对贵州或实行羁縻政策，或册封土司直接管理，并未对贵州进行直接统治。更令人遗憾的是，正史和野史对明末以前贵州的政治、军事、经济、文化和社会等状况，均没有详细记载，在许多方面都是空白，致使研究贵州古代历史的史料极其匮乏。

贵州省仁怀市著名学者刘一鸣、雷鸿鸣、雷先均整理、点校的《少师朱襄毅公督黔疏草》一书，首次提供了关于明末贵州历史发展的权威、可靠和全面的第一手资料，填补了这些方面的空白。该书的出版，标志着我国明末历史和明代贵州史的资料发掘工作取得了巨大突破。[①]

贵州历史与水西历史密不可分，明代水西位于今贵州鸭池河（古称六广河）以西，除遵义、铜仁、黔东南之外的贵州大部分地区，均为水西土司管辖，其中包括省会贵阳。[②]水西的居民主要是从中国西北移民过去的少数民族彝族。三国时期，水西首领火济被诸葛亮封为罗甸国（即罗施鬼国）国王。此后，罗甸国王统治水西千余年。

宋朝开宝十年（974），水西土司普贵归顺宋朝，宋廷赐普贵姓"安"。由于普贵领"矩州"（即今贵阳），而"矩"与"贵"同音，故宋廷之敕书中有"惟尔贵州，远在要荒"一语，贵州因之得名。

到元初，元军兵进贵州，水西首领归顺。至元十六年（1279），元廷在贵州设八番罗甸宣慰司。至元十九年（1282），元廷把贵阳命名为顺元府。至元二十九年（1292），元廷把顺元、八番两宣慰司合并，设八番顺元宣慰

　＊ 李世安，男，贵州贵阳人，留英博士。中国史学会顾问、中国世界近代现代史研究会会长、中国世界现代史研究会会长、中国社会科学院世界历史研究所学术委员会副主任、国家社科基金评委。中国人民大学历史学院教授、博士生导师，原历史系主任。

司都元帅府于顺元。后来又以乌江上游的鸭池河为界分为水东、水西。水西由安姓土司统治，水东由宋姓土司统治。

明永乐十一年，朝廷设贵州布政使司，贵州正式成为省级行政单位。不过虽然明廷在贵州设省，委任了布政使，与先设的都指挥使司及卫所等军事机构进行管理，但仍设土司（土官）实际统治贵州各地。由于贵州地处边远地区，朝廷对贵州的控制松散，当地土司时有叛乱。

明天启元年（1621），四川永宁土司奢崇明发动叛乱，其影响很快波及水西。奢崇明叛军连破 41 州县，包围成都。蜀王朱至澍命四川布政使朱燮元率军平叛。朱燮元受命后，不辞辛劳、百战疆场，终于击溃奢崇明叛军，解成都之危。收复重庆等数十座县城、迫使奢崇明逃往贵州水西。

水西土官安彦邦，心怀叵测，早有反意。在奢崇明叛乱开始后，即于 1622 年 2 月发动叛乱，攻占贵州毕节、四川东川（今云南会泽）、云南沾益（今云南宣威）等地，继而又攻陷贵州广大地区，兵围省会贵阳十个半月，占领湖南沅州（今湖南芷江），并切断了滇、黔之间的交通要道，对明朝边疆地区的安全和国家统一构成巨大威胁。明廷命贵州巡抚领兵镇压，但叛军声势浩大，双方互有胜负，战局呈胶着状态，叛乱难于平息。

为平息叛乱，崇祯帝于 1628 年起用朱燮元为兵部尚书，总督云、桂、川、湖、广西军务兼贵州巡抚入黔平叛。朱燮元不负所托，入黔后一年即扫灭安彦邦叛乱，平复贵州。因平叛有功，朱燮元被加封为少保、太傅、少师、左柱国，成为崇祯帝所倚重的镇守西南的重臣。

朱燮元在入黔平叛中给朝廷上了大量奏章。这些奏章汇集成册，即为《少师朱襄毅公督黔疏草》。《少师朱襄毅公督黔疏草》共 12 卷，131 疏，内容丰富，包括贵州概况、平叛韬略、平叛经过和战后治黔方略、具体措施等各方面的奏章。可以说，该书是揭示当时贵州历史的系统史料，反映了平叛前后贵州政治、经济、文化和社会等方面的基本状况。

关于贵州概况，他在第一卷《直陈黔省情形机宜疏》中写道："自历黔境，乃知万山皆苗"，反映了贵州居民的构成。[③]接着，他描绘了叛乱给贵州带来的灾难。他说，由于战乱，交通要道被阻隔，"省城归业者不满五百家，败址残阡、萧条满目，只有营哨各兵略为装点"。省城情况如此，其他县城和地方，更是人烟稀少，满目萧条。

在平叛策略上，他主张军事和政治手段同时并用。建议在"讨逆"的同时，应该"抚顺"。他强调，"逆则必剿""顺则共抚"。只要如此，那么"一二年间或可灭此妖气"，可定贵州。这种思想既表现出对参加叛乱的少数民族人性化的关怀，又体现了分化瓦解叛军的策略。他说："夫黔皆苗，安能杀尽？御以威信。总是良民。"崇祯皇帝非常赞同他的看法，下旨强调："抚顺讨逆，孤贼党援。克奏肤功，一二年可灭。朕以卿言为左券。"后来的平叛战争，基本上是按照他的"剿""抚"并重的方针进行。这种方针，瓦解了叛军，最大限度孤立了土司及其帮凶，赢得了战争的主动权。这是他入黔后仅一年即平息叛乱的重要原因之一。

在平叛中，他提出了重建黔省的各种设想。这些设想，包括在新占领的贵州土地上设立州县、安抚土司、安顿难民、修新城筑道路等。他建议，在黔省新辟之地建卫所，久任世守，"留宿将弹压新疆"，安抚归顺的土司和更置土司，以杜争端，重划四川、贵州（包括与贵州交界之部分云南土地）疆界，以利于治理，清田亩，科赋税，定官制、军制，以达到正纲纪、安疆域等目的。他在《洪边议改州治疏》中说："黔省连年百战，拓地上自盘江三岔，下至六广乌江"，"皆筑城宿兵设卫置所、而无州县。"他强调，新拓宽之地得而难守，不能马上治之，必须切实管理。他建议在这些地方各"设知州一员，兼寄军民或直隶或属贵阳府"，"理赋税以实边、理辞讼以息事，兴学政以敷教"。

他的这些建议，得到崇祯帝的赞赏，下旨命在贵州切实施行。这些建议的施行，奠定了贵州近代的城市格局和交通布局，把明代政治体制推广到贵州，开启了贵州历史发展的新时代，形成了近代贵州的社会雏形，给贵州带来了翻天覆地的变化。

关于如何治理贵州，他在《勘明水西分土授官疏》中说："凡宣慰公地俱归朝廷，其各目私土悉以世守，责以催办粮马、供应邮驿。"他明确指出，朝廷要直接管理所设的"宣慰司公地"，虽然允许土司制度存在，但要给他们规定为朝廷办事的领域和应尽的义务。他的建议，为朝廷采纳，明朝对贵州的管理得到加强。

为了政治稳定，他在《勘明水西分土授官疏》中主张论功行赏、安抚没有参加叛乱和无罪的土司，以稳定政局。他上奏说："卧这头目安世咋、具呈献土，一片忠诚"，"应授土知州世袭"。他认为参加叛乱的沾益土知州安效良，虽"杀乌撒一卫，攻沾益破交水，直反滇省，作逆颇重"，但其子安边没有参加，并无大罪，"因奉公而竟受从逆之罪，情尚可原"。不过，他认为应该调动安边的职务，以防不测。因此他上奏说，安边不宜为沾益土知州，"应改授乌撒知府（土官）"。

贵州和四川边界长期交错，难于管理。为了长治久安，他建议重划贵州与四川的边界。在卷之五《地方灾忌书》《洪边议改州治书》等奏章中，他都谈到这个问题，并明确要求重新勘定黔蜀界址。在奏章中，他论述了重新划定黔、蜀边界的重要性，即不仅对治理蜀省有好处，而且更有利于黔省政局的稳固。他说，有关土地，"是黔还黔，是蜀还蜀，则公道昭而人心自服也"。在《分界酌议黔蜀两便疏》中，他提出应"尊祖制、清分界"、以期"黔蜀两便、以昭法守事"。

他特别要求就黔省东北与蜀壤界相错的问题进行整顿。在《题清水蔺地界疏》中，他说，奢崇明所辖之地本在四川，而安邦彦管辖之地在贵州，两地相邻，有土地争端，不利于官府管理，需要重新划界。在《查明黔蜀两省二界疏》中，他提出如何具体划界的一些建议，如关于遵义沙溪地区，应划归贵州等。通过这些举措，就可"化夷为汉"，长治久安。

叛乱结束后，为了发展生产，恢复经济，他在卷之四《汇报剿洗两江》中提出，需要修复残卫，修城通路，发展生产、安顿难民。在《勘明水西分土授官疏》中，他讲述了从秦汉到明代开发贵州的过程，强调了崇祯二年开发贵州，"割其水外各地六百里建设三十六城"所取得的成绩。

在《西土分设酌议善后疏》中，他提出要"议版筑"即修建城池、"议学"（兴学校、建孔庙等）、"议驿递""议驻守"等方面。他的奏章，无所不包，甚至涉及汇报贵州发生的灾异情况，包括火灾和疫病等。

当时明廷在贵州有屯田和科田之分。屯田，即军垦之田，向不征税；而科田为民田，需要科税。平叛之后，朱燮元建议对贵州名存实亡的科田进行清查，以获得赋税。例如，在《议清通省新旧田赋以佐军需疏》中，他认为贵州地理位置极其重要，"南通云南，西通四川"。虽然明初朝廷建立了一十八卫，"及后渐次经略剪除叛逆，灭一土司打一屯寨，即建立府治或设州县"，逐步扩大了贵州的版图。但长期以来，"全省科田之粮最轻。既无册籍可稽，亦无垧亩数可考"，必须进行清查。

由于科田名存实亡，朝廷为了增加税收，要把贵州的屯田改为民田，以科赋税。朱燮元认为这不妥当，屯田作用重大，驻贵州卫所的军官和士兵，都依靠屯田，一旦改科，军心必乱。为了贵州的稳定和"万世治安"，不宜改科。他说："盖缘设立黔省之初，止置卫所而无郡县，止有屯堡而无村落，及后来渐次允拓添设府州县治。所谓民者皆苗也，苗各隶属于土官，土官性嗜仇杀，消长靡常，局面屡变"，在经过十年战乱之后，"官恋冠长、军恋田土，设法整顿尤可粗成纲纪，若议改军田为民田，则粮额反轻而卫所之制尽失，事属未便"④。从这段话中，不仅可以看到屯田和科田问题，而且有利了解贵州社会当时是什么情况。

在朱燮元的奏章中，还有关于整顿官僚队伍，反对贪赃枉法的内容。例如，在《题参大帅不职疏》中，他纠参了参加入黔平叛，但渎职腐败的四川总兵官侯良柱，历数了他的罪状，要求查审其罪恶，明正国典，以正纲纪、以安疆域。又如，为了肃清贵州吏治，在《回奏苏院被讦落网疏》中，他参奏了奉旨巡按黔省，但却贪赃枉法的御史苏琰。

在朱燮元的奏章中，关于兴学校、传礼教、育人才的内容颇多。在《议建新学疏》中，他指出："贵州草昧初开，新城环设，非兴起庠序，教以诗书礼义不可。"为了鼓励读书，他建议要增加贵州参加科举考试中榜的人数。他说："云南乡试中额四十八名，黔省独缩其十，颇似不均"，建议增加名额。

在《回议建新学疏》中，他阐述了建新学的重要性，指出这是前无古人的壮举，他说"诸葛亮之定南中，不留兵不置镶，惟取纲纪粗定、夷汉初安而已。今乃能设卫建学，其经略岂不度越前人远甚？"

他的奏章，还涉及少数民族文化。例如在《囤积器物疏》中，把囤积的器物造册上报，其中有少数民族的各种金银制品、丝织品，还有 6 面铜鼓。这些器物，对研究贵州古代文化史，特别是研究贵州的铜鼓文化，是非常有价值的。

崇祯帝对朱燮元非常信任，对他的建议，非常赞赏，一一恩准。朱燮元年老多病，曾数次请辞，但崇祯都不允，一再挽留，并给他加官晋爵。这些在《少师襄毅公督黔疏草》中有大量记载。崇祯帝对他的有些奏章，做了批示。这些批示，对研究贵州平叛和重建贵州，特别是对研究崇祯皇帝的思想和明末政治是很有帮助的。

作为封建官员，朱燮元的奏章流露出大汉族主义思想。例如在《酌议更换土司疏》中，他写道："夷岁犬羊，处分宜当。"但在封建时代，这些想法是不可避免的，对朱燮元不应苛责。

《少师朱襄毅公督黔疏草》是全面反映明末贵州历史发展的一部珍贵史料集，但迄今为止，还在尘封之中。在《明史·朱燮元传》《绍兴市志》《绍兴县志》和《安昌县志》等著作中，虽都提及朱燮元著有《朱燮元疏草》十二卷，但却没有具体收录这部疏草。目前问世的所有权威古籍类丛书，包括《续修四库全书》等著作，也都没有收录《少师朱襄毅公督黔疏草》。为了挖掘明末贵州史料，生活在基层的刘一鸣、雷鸿鸣、雷先均付出了巨大努力，经长期探寻，终于发现此书，并用重金购得，整理点校，使这本珍贵的史料得以面世。刘一鸣是我大学时的同窗，文史功底与余伯仲之间，惜不懂外文、无缘深造，但他在中师教学之余，数十年如一日地潜心治学，令人钦佩。《少师朱襄毅公督黔疏草》和 2014 年整理的《少师朱襄毅公督蜀疏草》的出版，是刘一鸣、雷鸿鸣、雷先均学术生涯中的亮点，也是我国明末史料，特别是明末贵州史料发掘取得的辉煌成就，必将推动贵州古代史研究的深入。

注释：

①2014 年，刘一鸣、雷鸿明、雷先均等人曾整理、点校，并出版了《少师朱襄毅公督蜀疏草》（中国文化出版社 2014 年版）一书，该书主要记载明廷平定四川永宁土司奢崇明叛乱的情况，是研究明末四川和黔北历史的珍贵资料。

②贵阳古称"俖"，彝族人所建；东晋设为普乐县；唐代称矩州；宋敕名贵州；元代改矩州为顺元，明初恢复宋名"贵州"。明代隆庆三年（1569），明廷设贵州行省，为区别起见，以贵州为黔省之名，而把作为省会的贵州改名为"贵阳"（因此城在贵山的南面，即在贵山之阳面，故尔得名）。贵阳曾为明水西金筑司旧地，故又被称为"筑"。

③明代人有大汉族主义，对少数民族并未细分，笼统地把贵州少数民族称为"苗"。水西人并非今人所说之苗族，而是古代迁移到水西的我国西北地区的彝族。而当时的苗族，是宋代及其后从广西、湖南等地迁往贵州的民族。

④朱燮元著，刘一鸣、雷鸿明等整理：《少师朱襄毅公督黔疏草·题黔省田赋重不便改易疏》，中国文化出版社，2017 年。

《少师朱襄毅公督黔疏草》序（二）

赵永康[*]

贵州四川，疆土相连。播州永宁，隔河相望。河者何？赤水河。河来自滇，蜿蜒百折，界我川黔。天汉使者唐蒙之所以通夜郎，而我红军二万五千里长征之四渡者也。河水甘甜，美酒所出。汉夷杂处，代起干戈。前明天启，奢、安发难。糜烂黔蜀，祸延千里。发川桂滇黔湖广五省之兵，付朱燮元总督进讨，大小数百余战，八年而始平。乃安定夷汉，恢复经济，改土归流，更定黔蜀疆界，重建社会秩序，以迄于今日。地覆天翻，影响西南，四百年来所未有者也。居安思危，究其所以乱、所以平而又复归于治者，固当道之所必欲知之以为鉴，而或又犹未得而知之者也。

一鸣刘君等，生长河上。为学一方，卓然有成。师表堂堂，美誉乡梓。乡连生界，旧属彝区。历见亲闻，谙熟前事。因毅然以为己任，研读志乘，细察往事，而又考史诂经，田野调查，穷搜远绍，勘讹正谬。既点校朱燮元《督蜀疏草》梓行，佳惠史林，又编次该边臣《督黔疏草》十二卷四十八万有余言，汇为一册，八百里就予求序。观其整理，义理谨严。体例森然，编排有序。标点断句，得当规范。校勘详明，有据有理。正音识字，明其训诂。字有异体，概为辨正。而又弃繁从简，以简化汉字印刷，虽非专业人士，亦轻松可读。灯前展卷，当时史事，便在目前。读之诵之，喜之爱之，不觉舞之蹈之。诚乎其为善本也。

刘雷等君之功，伟矣。然予复犹有望。何望？赤水河古往今来，其可搜于古而鉴于今者，固自多多，又岂止于奢崇明、安邦彦一时一事者哉？河上县、市，并是乌蒙山区。今者，国家编制《乌蒙山区扶贫开发规划》，连年大力组织实施。继司马子长、君实并郑樵之遗意，从自然地理、历史地理、人文地理切入，就其山川物产、地貌地形、地质构造、气候土壤、方物资

---

  [*] 赵永康，泸州人，西南大学历史地理研究所客座教授。

源、水陆交通，以迄乎民族构成，人情风俗，并历代兴亡更替、政治、军事、经济、宗教、文化艺术诸元，综合考究而论次之，以成一方之书，为当道战略决策提供历史借鉴、学术理论支撑，是岂非有力之助推耶！

成此一方之书，刘雷诸君其有意乎？此盖今日赤水河流域之所亟需，而乌蒙父老民人之所厚望者也。成此一方之书，存史、资政、教化，不才厚望于刘雷诸君。当仁不让，刘雷诸君其有意乎？

滇黔川省比邻相望，"鸡犬之声相闻"，其无"老死不相往来"而增进交流，各展长才，共襄盛举，成此立德、立功、立言之伟业，经世致用，造福一方，则又不才之所厚望于三省学人、乌蒙诸县（市）主官者也。临文太息，不知所云，勉以为序，寄期厚望，且就教于大方之家。

简评朱燮元平定"奢安之乱"的历史建树

翁家烈[*]

十七世纪后期，明王朝腐朽不堪，已步入衰败。建州女真兴起，其首领努尔哈赤在创建"八旗"制的基础上，统一女真各部，建立地方民族政权"后金"，并向明之辽东都司（辖今辽宁省大部，简称"辽东"或"辽"）进攻。努尔哈赤败伤殁后，其子皇太极继位，对辽东的攻战更为频繁、猛烈，严重地威胁着都城北京的安危，导致朝野不安。天启元年（1621），久蓄异志的四川永宁宣抚奢崇明，"请调马步兵二万援辽"。获朝廷应允后，奢崇明之婿樊龙领兵进驻重庆，"久住不发"，并以增行粮为名，乘机反明。叛军杀巡抚、道、府、总兵等官二十余员，遂据重庆。奢崇明进围成都，百日方解。次年二月，贵州宣慰安尧臣死，安位承袭。安位年幼，为叔父安邦彦挟持叛明，响应奢崇明，举兵围困贵州省省会贵阳十月有余，致"城中军民四十万"的贵阳，"饿死俱尽，仅余二百人"。"奢崇明自号大梁王，安邦彦自号四裔大长老，其部众悉号元帅"。"安邦彦反于贵州，崇明遥依为声援"，蜀黔局势亦危。崇祯元年（1628）九月，朝廷启任在家守制的朱燮元为总督贵湖云川广五省军务、巡抚贵州。次年八月，安、奢共集兵十万进攻赤水河，朱燮元"计授总兵许成名佯败，安等追至永宁五峰山桃红坝，于晨雾中被袭没，奔至红土川鹅项岭毙"，奢安乱平。

后金之攻占辽东，奢安之袭据西南，成为当时震惊朝野的两大事件。"奢安之乱"虽最终被平定，但如《明史·土司传》所言，"而明亦旋亡矣"。崇祯九年（1636），皇太极于沈阳改国号为清。李自成领导的农民起义军于崇祯十七年（1644）三月十九日挺进北京城，明亡。驻守山海关的总兵吴三桂降清，李自成与之激战于山海关，遭清军突袭，于四月三十日败弃京城。其后，李部由反对明王朝的斗争开始转为抗清斗争。

---

* 翁家烈，贵州民族研究所所长，研究员，省文史馆研究馆员。

土司制是我国中央王朝对民族地区实行的一种政治管理的职官制度。它兴于元，盛于明，而衰于清。土司有文职、武职之分，分别隶于吏部、兵部。"以劳绩之多寡，分尊卑之等差"，"袭替必奉朝命，虽在万里之外，皆赴阙受职"，属于朝廷制定的一种职官制度。它是我国封建王朝对边远民族地区由间接统治到直接统治的一种有效的政治管理过渡形态。朝廷对"叛服不常者"，则"诛赏互见"。身为朝廷封疆大吏的朱燮元，在应对突发的"奢安之乱"中，其作为与作用均有着一定的历史意义。

一、坚守成都平定"奢安之乱"

重庆被攻占后，四十一处府、州、县、卫、所连续被叛军攻陷。奢崇明集十万之众，于天启元年（1621）十月十八日进围成都，成都乃"全蜀根柢，为秦楚滇黔之藩蔽。成都存而蜀存，蜀存而省内不致骚动，所关系匪浅"。因"承平日久，成都军政悉废坏，器具、资储、堠堞、斥侯，一无可恃"。布政使朱燮元临危不乱，率城中"饥军馁卒"坚守，调秦良玉等土兵来援，分化、利用敌之悍将罗乾象等为间，主动发起大小百余战，终于在天启二年正月二十八日使被围百日的成都围解。升任四川巡抚的朱燮元乘胜收复所失各州县及重庆，并直捣永宁（今四川叙永），奢崇明败奔龙场（今毕节县境），与实际掌控水西的宣慰同知安邦彦勾结，继续作乱。天启二年（1622）二月，安邦彦自称"罗甸大王"，率土兵二万攻占毕节、安顺、龙里、普安等诸多府、州、县，并于初七日以十万众围困贵州省会贵阳。贵阳为西南交通枢纽，战略地位极重，朝廷命王三善为贵州巡抚，督其领兵解围。十二月初八，贵阳围解时，原十万人口之省城，仅存两百余人。王三善率部跨鸭池河追击安邦彦，入驻大方，因兵粮不继而返。天启四年（1624）正月，王三善被安部袭杀于内庄（今黔西县境）。安、奢勾结，复扰袭黔、滇及遵义（时属四川）各地。崇祯元年（1628）九月，明朝廷任命在家中守制的朱燮元总督贵湖云川主管五省军备、巡抚贵州。朱燮元赴任后，布置滇、黔、川三省军分袭叛军。崇祯二年（1629）八月，"击斩奢崇明、安邦彦于红土川，水西贼平"。在奢、安危乱川黔的十年岁月里，朱燮元均肩负重职，身当其冲。正如他自己所言，"盖安奢合谋造叛，实在重庆。发难之时，流毒延蔓遂至十年。臣始终在事，稍习颠委"。其留存于今的《少师朱襄毅公督蜀疏草》《少师朱襄毅公督黔疏草》，是我们回顾、研究这段历史极为丰富、真实而珍贵的历史资料。

二、善后对策

川黔两省历经十年战乱，社会残破，人心惶惑。兵燹之后，社会的稳定，生产的恢复，通常是当权者必须应对的问题，而应对水平之高低、结果之好坏、效益之长短，则因人而异、因势有差。朱燮元于乱平之后，对贵州的善后措施，重点有二，即水西宣慰司的保留，水外六目地的设建。

（一）水西宣慰司的保留

贵州土司众多，在思州、思南、播州、水西四宣慰司中，以水西势力最大，辖区最广，政治、军事实力最强。前三者已于永乐、万历时先后或因不听朝命或因反乱而废，改土设流。奢崇明、安邦彦授首后，水西宣慰使"（安）位大恐，崇祯三年春遣使降"。受降后，朝廷关于土司的存废，引发了争议。朱燮元在其《题袭安位疏》中则极力为之请袭："念位乳臭无辜，不忍失其守宇……酿祸有魁，位实无与；垂恩有明，位亦位沾……今位渐次成立，深知豢养，投诚纳款……合请敕部给位冠带，承袭祖职噎噎……边徼自此可冀宁谧矣"，但须划交其所辖"水外六目"地，并将其地"授诸酋长及有功汉人，咸俾世守……可为长久计"。天启二年（1622）安邦彦反时，贵州宣慰同知宋万化从其反。宋万化死后，其子宋嗣殷袭位，旋废，以其所属洪边十二马头地置开州。朱燮元对于同属反乱的两土司，事平后采取一存一留的政策，这除了情、理、法的区别外，还取决于朱燮元对两土司历史与现状客观而清晰的考察和判断后的准确定夺。他认为"旧宋宣慰分地，田土肥饶，夷汉杂居，教化可兴，富足可恃，且沿河粮运皆此仰给"；"宜设知州一员……使之理赋税以实边，理讼诉以息争，兴学政以敷教，用夏变夷"，故当改土归流。而水西"陡临苗穴，四面孤悬，中限河水，不利接应。筑城守渡，转运繁费"，"且内激蔺苗必死之争，外挑水西扼亢之嫌，兵端一开，未易卒也"，故保留其土司制，仅取其"水外六目"地。

（二）"水外六目地"及开州的设建

崇祯三年春，水西宣慰使安位遣使乞降时，朱燮元"与约四事"。其中一事为"削水外六目地归之朝廷"。"水外六目"所指为阿戈、龙尔、龙夜、底区、地那、引棻遮勒等6个土目领地，原属六慕则溪。水外六目地收归国有后，将其"授之酋长及有功汉人，咸俾世守"，"不设郡县置军卫"，"野军民愿耕者给田，且耕且守，卫所自实"。设置敷勇、镇西二卫。敷勇卫领于襄、息烽、濯灵、修文四千户所；镇西卫领威武、赫声、柔远、定南四千户所。明代中期后，黔地卫所屯田制，因地主经济的兴起，人民反抗斗争的不断暴发，致使民源流失，体制松弛，至明末朱燮元治黔时，"旧集兵将已十去八九"，针对其时贵州相关的历史与现状，朱燮元提出"制苗之法，必先固本"的善后决策，即拓展军事防区以拱卫省会贵阳，将水西宣慰献纳之"水外六目"地不置郡县而安设卫所，以"不易其俗"而致"苗汉相安"。使长年赴黔争战的官兵于战后依级别分到田土以"自赡"，而身经百战的将士，"咸愿得尺寸以长子孙"，分水西之壤授诸酋长及有功汉人，"咸俾世守"。即如《明史·列传》卷一百五十贵州巡按傅宗龙所言："盖黔不患无田，患无人。客兵聚散无常，不能久驻，莫若仿祖制，尽举屯田以授有功。因功大小，为官高下，自指挥至总旗、小旗，畀以应得田为世业，而禁其私买卖。不待招徕，户口自实。臣所谓以守为屯者如此"。

朱燮元认为，"黔省处处山箐，节节苗蛮，故往时村屯易于剽掠者，无郭限之也……一遇苗贼窃发，则防御不固；建城不广，则援应无资"，主张于扼要之处，"建城以通往来，又或距险，多建城垣以制贼苗出没"。建城所需费用不求朝廷调拨，亦不向民间索取，而是由各级军官"自捐薪俸，责成兵将完工"。至崇祯七年（1634）底，共创建镇西、敷勇两卫城，定南、息烽、柔远、诘戎、濯灵、威武、赫声、修文八所城池，以及于襄、簸箕陇、安普、有嘉、靖氛、恬波、奏肤、平黔、清丰、舞广、顺化、怀仁、驯象、连云及开州、广顺州各城共二十六座。所建新城"棋布星罗，成犄角之形。合之则声势依倚，为指臂之用"，使"边隘各军民，或栖山巅，或潜深洞，弃田土而不垦，闻风鹤而皆惊，总由居无城郭，不能保聚"的状况有所改变。其实，城池的多寡在一定程度上影响着该地域军事、政治的稳定，经济、文化的发展，但其稳定与发展的根本不在于城市的多寡或大小，而在于其社会制度是否顺应民心，是否合乎社会历史的发展规律。《弘治贵州图经》卷一载，"宣慰安氏亲领夷罗四十八部，谓部长曰头目；宣慰宋氏亲领夷汉民十二部，谓部长曰马头"。即谓"水西"安氏所领的四十八部的民族成分为倮罗（即彝族），水东所领十二部属民则少数民族、汉族皆有。朱燮元针对两土司辖区民族构成的差异，在平乱后采取不同的管理形式，对原"水外六目"地建卫所屯田，行军事管理制，对水东的"十二马头"，则行"改土归流"，废除水东宣慰司，改设开州行流官治理。崇祯四年（1631）十月初三，朱燮元在《洪边议改州治疏》谓，"惟是开科十二马头，系旧宋宣慰分地。田土肥饶，夷汉杂居，教化可兴，富足可恃。且沿粮运皆此仰给……谓宜设知州一员，兼寄军民，或直隶，或属贵阳府……使之理赋税以实边，理词讼以息争，兴学政以敷教，用夏变夷，修文偃武，内巩省会东北之藩篱，外通遵义辅车之咽喉，殊为胜着……伏乞题请赐名开州"。将所废水东土司，设置为州及其所定州名的缘由均予说明。《明史》卷四十六载："前助邦彦故宣慰宋万化之子嗣殷亦至是始剿灭，乃以宋氏洪边十二马头地置开州，建城设官"。据何先龙同志《千年水东贵阳史探集》所载，"宋氏十二马头具体地名为：葛马、巴香、洪边。陈湖、清江、马场、底窝、开科。纳坝、谷龙、羊场"等十二处。

三、结束语

现辑《少师朱襄毅公督黔疏草》中有关文句，将士临危态势、女土司们的立场及朱燮元的民族意识等借以简评"奢安之乱"的起因及其为害的严重性：

"朝廷设立土司，原以藩卫内地……嗣后，内地军政不饬，一遇有事，则行调拨，致各司妄自尊大，渐图不逞，纠集汉奸为之谋主……自逆寅启疆而蜀地千里为墟；迨彦继起而黔疆九年未靖。养痈至溃，势所必然。""地方本无事而宗祥（指四川巡抚刘宗祥）必欲扰之，夷本安静而宗祥必欲激之"，成都、贵阳两省会长时段受围困时，城中"官衙食草饮糠，大臣目蒿色菜，所以军民亮其苦心，将士遵其血誓，虽饮骨食人而无异志，用同心协力以保孤城……约军民指天誓曰：固城存与存之心，合官兵饮血殉忠，白大义大节之锐"。

"乌蒙女官禄祈，乃镇雄知府应祥之女。颇晓文墨，明礼仪。遥自蔺变以来，并不发兵助逆，忠贞显著……镇雄女知府陇应祥，素感国恩，坚守臣节。自发难至今，各目侯其开口便即启疆，而应祥誓不从逆。"

朱燮元"御苗一以恩信，未尝妄杀一人。故所至为人归附。既没，皆罢市巷哭"。

参考资料：
①张廷玉等：《明史·土司传》，中华书局，1974 年。
②谷应泰：《明史纪事本末》，中华书局，1977 年。
③张廷玉等：《明史·土司传》，中华书局，1974 年。
④朱燮元：《少师朱襄毅公督蜀疏草·司道全城叙功录》，清康熙五十九年朱人龙等刻本。
⑤朱燮元：《少师朱襄毅公督蜀疏草·原序》，清康熙五十九年朱人龙等刻本。
⑥张廷玉等：《明史》卷二十三，中华书局，1974 年。
⑦刘一鸣、雷鸿鸣、雷先均整理：《朱襄毅公督黔疏草》卷五，中国文化出版社，

2017 年。

⑧张廷玉等：《明史》卷二十四，中华书局，1974 年。

⑨朱燮元：《少师朱襄毅公督蜀疏草》卷六，清康熙五十九年朱人龙等刻本。

⑩刘一鸣、雷鸿鸣、雷先均整理：《少师朱襄毅公督黔疏草·洪边议改州治疏》，中国文化出版社，2017 年。

⑪张廷玉等：《明史》卷一百三十七，中华书局，1974 年。

⑫刘一鸣、雷鸿鸣、雷先均整理：《少师朱襄毅公督黔疏草》卷六，中国文化出版社，2017 年。

⑬倪元璐：《恒岳朱公行状》，载邵廷采之《思复堂文集》，浙江古籍出版社，2011 年。

⑭刘一鸣、雷鸿鸣、雷先均整理：《少师朱襄毅公督黔疏草》卷十，中国文化出版社，2017 年。

⑮刘一鸣、雷鸿鸣、雷先均整理：《少师朱襄毅公督黔疏草·亟议各土司顺逆疏》，中国文化出版社，2017 年。

⑯刘一鸣、雷鸿鸣、雷先均整理：《少师朱襄毅公督黔疏草·纠疏再至剖陈疏》，中国文化出版社，2017 年。

⑰刘一鸣、雷鸿鸣、雷先均整理：《少师朱襄毅公督黔疏草·会议旧督抚功罪疏》，中国文化出版社，2017 年。

⑱刘宗周：《叶恒岳朱公墓志铭》，载《刘宗周全集》，浙江古籍出版社，2007 年。

读《播州杨氏土司研究》与李良品先生商榷

刘一鸣

  《播州杨氏土司研究》是李良品教授等七位高校学者从理论和历史两个方面对播州杨氏土司的相关题材展开研究所取得的成果，该书总结了唐、宋、元、明时期中央王朝经略西南民族地区的基本规律，完善了国家治理理论体系，提高国家与地方治理能力等问题。因此，该书是具有突出现实价值的第一部研究播杨土司的学术著作。该书从国家制度、地方社会、土司制度的相关理论作了探讨，概要综述了唐、宋、元、明时期播州杨氏土司概况。以李良品先生为首的研究团队参考了 89 种图书、参阅了 109 篇论文，在此基础上撰著了 42 万字的文集，第一次系统地为世人提供了全面了解土司制度，了解播州杨氏兴亡的专著，其功不可谓不大矣！鄙人拜读后，看到该书有两大问题，特提出与李良品先生商榷。

  该书 110 页有"奉命远征外国"一目，该页顺数第七行写道："大德五年（1301）十一月，元朝中央政府遣刘国杰率师讨伐宋隆济与蛇节诸土司，播州土司杨赛因不花亦与元军一起剿讨'反元'土司。大德七年（1303）四月，播州土司会同刘国杰在墨特川（笔者注：今贵州赫章县境内）战役，数日命杨赛因不花分兵先进，大军继之。贼兵溃乘胜逐北千里、杀获无算，遂破之于墨特川（原注：明代陈邦瞻《元史纪事本末》卷六，中华书局 1979 年版，第 36 页）。由于播州杨赛因不花等土司与其他地方官军联合进剿，亦溪不薛土官于大德六年（1302）七月归降，蛇节于大德七年（1303）四月被诛，土官宋隆济被拿。"

  李良品先生认为元世祖至元十九年（1282）"诏令亦溪不薛（水西）及播、思、叙三州军征缅国"，二十一年（1284）"夏四月，忽都铁木耳征缅之师为贼冲溃，诏发思播田杨二家军助之"，至元三十年（1293）"遣使督思、播二州及镇远、黄平发归宋军八千人从征安南（今越南）"及明万历二十年（1592）调杨应龙土司兵抗倭，均为远征外国和抗击外来侵略。笔者认为，李先生将征讨亦溪不薛（水西）纳入外国范围，则极不妥当。理由是：水西既亦溪不薛，其先是古羌人发展而成的彝人。彝文史书《西南彝志》载，约在中原王朝周简王至周灵王时期（前585—前545），六祖分支慕齐齐（布祖）、慕克克（默祖）进入滇东北与黔西北地区，发展为德布氏（布部）和德施氏（默部）。慕克克第七代孙阿德布为首领时攻占了濮人的许多地方，以德布氏为支系族名，其后裔迁黔省中部、西部和北部部分地区。慕齐齐二十代孙勿阿纳（约公元25年左右）建立以大方县为中心，领有今赫章、毕节、黔西、贵阳、黔南、贵定、龙里至黔西南北部的"方国"（部族政权）。是彝文史籍称"慕俄格君长"、汉文史籍称"罗甸国""罗施鬼国"的前身。三国蜀汉诸葛亮征南中时，帮助通路运粮的济火就是勿阿纳第五代孙妥阿哲（又译济火、火阿济）。从秦汉起中原中央王朝在其地设过鳖县、夜郎县、平夷县、汉阳县等。魏晋南北朝，因中原王朝衰弱，该地遂为"东爨乌蛮"（即汉文史册所载的"卢鹿部"）控制。唐朝中期，被以云南大理为中心的南诏国（后称大理国）控制。云南大理，我们近代史学家均不视其为外国，而是把它看作多民族国家形成过程中的方国，与八百媳妇国（缅甸）是有区别的。历史上，元代文献称罗施鬼国为"亦溪不薛"，主要是指罗鬼国分成的水西、水东，即唐以降所设的姚、郝、禄、汤望、犍、龚、义、浑八州之地（牂牁郡的矩州、靖州等地称水东）。元世祖至元十五年（1278），水东阿榨做君王时内服，世祖命设安抚司，任阿榨为宣抚使，佩虎符，又置顺元宣慰司，分设亦溪不薛、阿窄、窄龙三路达鲁花剌（路长官）。元成宗铁穆耳大德元年（1297），亦溪不薛总管阿糯死，妻奢节（蛇节）袭职。元世祖忽必烈时，派湖广行省刘琛率兵经水西、水东征八百媳妇国，刘琛军在两土司地内强征科派，1301年土官宋隆济率众反抗，六月破贵州城（今贵阳），八月奢节（蛇节）起兵反抗，乌蒙等地土司亦起兵响应。次年正月，宋隆济将征缅军遮杀殆尽。1302年11月，元成宗急调湖广行省平章政事刘国杰统领湖广、云南、四川官兵三万，思、播土兵一万征讨，历时两年，大小八十余战，大败宋隆济，又于墨特川击败奢节（蛇节）。刘国杰扶持归附的阿画为宣慰使居水西，宋阿重为宣慰同知居水东，又在三千里地域设置屯戍三十八处（参见《贵州通志·前事志一》）。这样一件民族区域自治状态下播州土司杨汉英率土兵参与元朝攻打反叛的另一土司首领的军事行动，是怎么也不该定性为远征外国的。

二、该书255~256页统计分析宋、元、明时期播州科举人才，将明贵州省赤水卫（今四川叙永南赤水河镇到贵州毕节层台等地）与清末才有的贵州省赤水厅、民国赤水县混为一谈，就大错特错了。

赤水卫明弘治（孝宗朱祐樘，在位时间 1488—1504 年）沈庠修、赵瓒纂《贵州图经新志》卷七十七"赤水卫指挥使司·建置沿革"说："《禹贡》梁州之南境，天文井鬼分野。秦为蜀郡地、汉为益州地、晋为李特所有，宋周隋皆为夷地，唐为蔺州地，宋为泸州地。元属永宁路。洪武二十二年（1389），置赤水卫指挥使司，领千户所八、左右中后四所在外，前所为白泥河、阿落密隶贵州都司。东至永宁卫界七十里，南至毕节卫界一百一十五里，西至四川乌撒卫（注：今威宁）界四十里，北至永宁卫（注：今叙永）界六十里，东南到禄肇界五十里，西南到四川芒部界七十里，东北到永宁卫界十里，西北到四川永宁宣抚司界二十里。自卫治至南京五千一百一十里，至京师八千六百八十里。铺舍曰：赤水、清水、阿永、阿落、板桥、层台、稀、寅宾、威镇、毕节。""人物"条载：本朝张伯安，赤水卫人，读书好义，以孝友亲俭为时所重，后以子官封监察御使。张谏，字孟弼，伯安子也。富文学，有才思，登正统己未（1439）进士，授监察御史，风裁凛然，累官顺天府尹、升太仆寺卿，所至以廉能闻。陈迪，字元吉，赤水卫人，景泰七年（1456）举人，天顺元年（1457）进士，授监察御史，侃侃应朝，弹劾不避权要，寻卒于官。朱谦，字益能，赤水卫人，景泰七年（1456）年举人，天顺元年（1457）进士，任监察御史，升江西按察佥事，贞度修举，人畏之不敢犯。同书载赤水卫科甲人物还有：饶驸，赤水卫人，正统六年（1441）举人，任本卫儒学训导。陈义，赤水卫人，景泰七年（1456）举人，任湖广茶陵州知州。王恕，赤水卫人，景泰七年（1456）举人，沅州知州改云南水州知州。茅铣，赤水卫人，天顺三年（1459）举人，成化八年（1472）进士，未仕卒。倪铖，赤水卫人，天顺三年（1459）举人，未仕卒。沈琮，赤水卫人，天顺（1462）举人，任云南归化县知县。徐谏，赤水卫人，成化元年（1465）举人，任云南通海县知县。冯箎，赤水卫人，成化七年（1471）举人，未仕卒。吴文佐，赤水卫人，成化七年（1471）举人，任四川温江知县。文达，赤水卫人，成化七年（1471）举人，未仕卒。杨让，赤水卫人、成化七年（1471）举人，任西川西充知县。马经，赤水卫人，成化十年（1474）举人，任广东肇庆府通制。陈表，赤水卫人，成化十年（1474）举人，任云南呈贡县知县。叶渊，赤水卫人，成化十三年（1477）举人，任四川庆符县学教谕。翁谏，赤水卫人，成化十三年（1477）举人，任直隶六合县知县。徐纪，赤水卫人，成化十六年（1480）举人，任江西南城县学教谕。张憓，赤水卫人，成化十六年（1480）举人，任湖广黄州府通判。路玺，赤水卫人，成化十六年（1480）举人，任江西布政司理问。刘恺，赤水卫人，成化十九年（1483）举人，任广东布政司都事。文轨，赤水卫人，成化二十二年（1486）举人，任湖广宜都县学教谕。赵俸，赤水卫人，成化二十二年（1486）举人，任湖广县学教谕。韦瑛，赤水卫人，弘治二年（1489）举人，任湖广孝感县学教谕。叶夔，赤水卫人，弘治八年（1495）举人（补注：任职不详）。这些材料说明，赤水卫在明正统到弘治五十六年间举人、进士共27人，其中进士4人，举人23人。也不是李良品先生统计的明赤水进士1人，举人9人啊！

根据清乾隆七年壬戌岁五月湖南平江进士、任赤水河分县知县的张志和纂辑的《赤水备考全志》记载："赤水石城一座，周围九里三分。计八百一十一丈，门六，南北东西，水东小南流。传小南门系城中风水所关，经久堵塞，实共五门。明洪武十二年（1379）建。天启辛酉（1621）酉叛，毁坏殆尽，尚存东北三门洞。""明设掌印指挥使一员，管屯指挥一员、管操指挥一员、卫镇抚司一员、卫经历一员、儒学教授一员、八所千户八员、八所镇抚司八员。""国朝（清）顺治十八年（1661）改设赤水县，掌印守备一员、千总一员、经历一员、教授一员、外委站官四员、所官八员。乾隆四年（1739）移驻守备一员、把统一员。"清代由永宁县丞驻节称赤水河分县，辖长乐里（喇捌堡、马蹄滩、三渡水、白沙所、九王保、庙岭、烂田沟、马岭堡、转塘堡、峰岩、尚后沟、杨柳湾、土地关等地），大康里（摩泥、石关、吴家沟、猓猡坡、下岩口、安旗屯、水潦、阿丞堡、波罗所）。康熙三十年（1691）毕节知县方瑞合主持修建鹤山书院。乾隆七年（1742）张志和撰《赤水备考全志》载明进士还有：茅鋐、庚辰（1460）科吴宽榜进士，官御史。举人有正德庚午科（1510）周鼎，官通判；正德癸酉科（1513）吴曾，官知府；陈庚，嘉靖壬午（1522）科，官侍读；欧纂，嘉靖壬午（1522）科，官知县；韦时雍，嘉靖乙酉科（1525），官训导；赵忠，嘉靖壬午（1522）科，官教谕；潘龙，万历辛卯（1591）科，官学正；韦玄，万历癸卯（1603）科，官不详；唐维龙，万历丙午（1606）科，官不详；卢安世，万历丙子科（1576），官布政使；赵国祯，万历戊午（1616）科，仕履不详；把《弘治贵州图经新志》加上，仅明代赤水卫就有进士、举人40多人，也不止李良品先生等统计的仅十人之数（还有清代乾隆中期后的不计）。李先生的资料不知源于何处？弄得如此玄乎难解？

《叙永宁厅县合志》载：赤水河分县一直存在到民国年间。我们2014年5月去该地调查贵州军阀周西成、侯之担控制赤水河流域期间，得知仁怀名士母重光先生曾受委该地知县，且治理有方，离任后邑人为其竖有"母公德政碑"。

简言之，赤水卫、赤水河分县均与播州杨氏土司、四川遵义府、贵州遵义府从无隶属关系，其教育在明清也较发达。不是李先生等分析的状况。贵州省黔中道的赤水县、民国遵义督察专署（第五督察专署）的赤水县，明清两朝是没有的。请看下面的史实。

明万历二十八年（1600）平播前，赤水河下游除合江外无县建置。历史上北宋大观三年（1109）泸南赤水河流域土酋杨光荣等"乐慕圣化"献地，宋廷诏建磁州于今习水土城，辖承流、仁怀二县，仁怀县治在今赤水市复兴场，但宣和三年童贯、蔡京等认为管理不便、财政负担过重，便降仁怀县为堡，只设把截将由土酋治理。在宣和三年（1121）到明万历二十九年（1601）480年间，这一带元朝设有唐朝坝长官、古磁长官司、石彩粉罗家永安等处长官司等土官土司管辖，明代因之。在播州与永宁两大土司的争夺中，这些土酋首领在夹缝中求生存，播杨在领有区内将领地按内地基层治理法分为五十四里，其中有以今赤水城为中心的仁怀里、以今土城至二郎为中心的郎城里、今仁怀北部的安罗里等。播杨又在辖区沿袭三十二长官司，仁怀里王氏，郎城里袁氏、石氏，安罗里安氏、罗氏等均为土官。播州杨应龙反叛势力被剿灭后，李化龙推行改土归流，将播杨领地分设遵义、平越两府，分隶四川、贵州。遵义府辖真安州、遵义县、桐梓县、绥阳县、仁怀县（含今赤水市、习水县全部和仁怀市北部），李化龙在《播州善后事宜疏》中说"仁怀滨播枕永，襟合带泸，为怀阳县故地，当复一县。"怀阳县是元末明玉珍在重庆建大夏政权后在今赤水市、习水县、仁怀市北部所置。明玉珍1363年正月占重庆称帝，改元天统，1366年二月病逝、子昇继位，改元开熙。1368年，朱元璋于南京定都，建明王朝，年号洪武。1371年（洪武四年）正月，朱元璋遣汤和、傅友德分道攻取大夏政权，六月，汤和下重庆、明昇降；七月，傅友德下成都；八月，明军略定川地，兵临亦溪不薛（水西）地界。大夏怀阳县十分短暂。李化龙复仁怀县后，大致辖仁怀里、上下赤水里、河西里、郎城里、安罗里、坛厂里（或称绩麻里。笔者考证李博里是平奢安后坛厂里首迁李博丫办公才称李博里的）。清嘉庆年间禹坡等纂《仁怀草志》两卷，道光年间陈熙晋撰《仁怀直隶厅志》，以及郑珍、莫友芝纂《遵义府志》，都没有赤水厅、赤水县的记载，也清楚赤水卫不在播州杨氏范围内。《仁怀草志·选举》载进士只有康熙五十一年（1712）壬辰科王世琛榜郑之桥；乾隆五十五年（1716）庚戌恩科石韫玉榜卞云龙。仁怀复县后，明末讫清，文进士仅两人，文举人仅30人。李先生等在没弄清历史地理区位的前提下分析播州教育，于史实显然是不符合的。明万历二十九年（1601）四月，李化龙荐曹一科为仁怀知县。时仁怀治所确实在留元坝（今赤水市区）。天启崇祯年间，平奢安之乱后，仁怀县最南的坛厂里演变成李博里。清康熙二十六年（1687），将黔西州属后山、茅坝、九仓、小塆、龙井、黎民等地划归仁怀县李博里编为六至十甲。仁怀县从东北到西南沿赤水河达八百里，县城在留元坝给治理带来诸多不便。雍正八年（1730），迁县城于李博里生界坝驻节办公，知县杜诠领帑选址于安罗里亭子坝修新县城，两年后迁入办公。民国二十九年（1940），定名中枢。清雍正八年仁怀县城南迁后，留元坝将旧县城改为仁怀厅，由遵义府粮捕通判驻节治理仁怀里、河西里及下赤水里部分和郎城里部分地方。乾隆二十五年（1760），通判赵沁请款修缮厅城，四十一年（1776）改驻贵州省直隶厅同知，属贵州粮储道。道光二十六年（1846），厅城因雨水溺塌，同知陈熙晋捐款葺修，之后同知沈西序又组织力量培补。宣统三年（1911），始改为赤水直隶厅，仍驻六品府同知，隶于贵州粮储道。民国三年（1914），刘显世任贵州护军使才报北洋政府民政部改置赤水县。

以上史实说明，李良品先生这个团队的学术成果还存在部分值得商榷的地方，不才冒昧订正。欢迎李先生团队批驳！

参考资料：

①贵州省文史研究馆点校：《贵州通志·前事志》，贵州人民出版社，2004年。

②沈庠修、赵瓒纂：《弘治贵州图经新志》，国家图书馆出版社，2009年。

③张志和纂辑：《赤水备考全志》，《叙永旧志辑存》本，国家图书馆出版社，2015年。

④黄宅中、邹汉勋：《大定府志》，道光二十九年抄本。

⑤陈熙晋纂辑：《仁怀直隶厅志》，道光刻本。

⑥崇俊修，王椿纂：《续仁怀直隶厅志》，光绪二十八年刻本。

⑦郑珍、莫友芝：《遵义府志》，巴蜀书社，2013年。

⑧周恭寿、赵恺、杨恩元：《续遵义府志》，巴蜀书社，2014年。

⑨余达父：《通雍余氏宗谱》，稿本。

⑩余达父：《且兰考》，贵州大学出版社，2011年。

贵州赤水河流域考古工作的回顾与展望

张改课　左云杰　许国军[*]

　　赤水河流域主要涉及云南、贵州、四川三省，这一地区的考古工作，以贵州省已发现的考古资料最为丰富，研究成果最为丰硕，对于周边省区在该流域开展工作有重要的借鉴意义。贵州省赤水河流域的科学考古工作始于20世纪70年代，迄今已有四十多年的发展历程。期间，无数文物考古工作者披荆斩棘、深入田野，埋头陋室、倾心钻研，取得了许多重要成果，为研究赤水河流域的地域文化、推动赤水河流域的文化繁荣，做出了重要贡献。本文拟对贵州省赤水河流域考古工作的发展历程进行回顾，并就研究现状略作分析，以明晰今后工作的主要方向，借以抛砖引玉，以期推动赤水河流域考古工作的进一步发展。

一、赤水河概况

　　赤水河为长江上游右岸一级支流，发源于云南省镇雄县，流经滇、黔、川三省交界地区，于四川省合江县注入长江，干流全长445.5千米。干流主要流经云南省镇雄、威信，贵州省毕节七星关区、金沙、仁怀、习水、赤水，四川省叙永、古蔺、合江等市县。总流域面积20440平方公里，其中云南占9.33%，贵州占57.43%，四川占33.24%。

　　一般以四川省古蔺县二郎镇以上为上游，贵州省赤水市复兴场为中、下游分界。上游地势整体西高东低、山势陡峭、水流湍急；中游山峦纵横、河

---

　　* 张改课（1983年生），西北大学考古学专业毕业，历史学硕士。贵州省文物考古研究所副研究员，考古研究二室副主任，赤水河流域考古工作站站长。主要从事史前考古和西南地区区域考古研究；许国军（1989年生），四川大学考古学专业毕业，历史学学士。贵州省文物考古研究所助理馆员，主要从事西南地区区域考古研究；左云杰（1990年生），西北大学考古学专业毕业，历史学学士。贵州省文物考古研究所助理馆员，主要从事西南地区区域考古研究。

谷渐宽、台地发育良好；下游地势平坦、河谷开阔、水势平缓。赤水河主要支流有二道河、桐梓河、习水河等。在历史上的不同时期，赤水河有着不同的称谓，据考证，她从早到晚大致经历了"鳛部水"—"大涉水"—"安乐水"—"赤虺河"—"赤水河"等名称的演变，这些名称有的包括了现在的整个赤水河，有的可能仅仅指的是现在赤水河的某一段。

二、贵州赤水河流域考古工作的历史回顾

早在 20 世纪 40 年代，因工农业生产活动，当地群众在习水县土城镇附近的赤水河沿岸就陆续发现有磨制石器，但当时尚未进行相关的科学考古工作，正式的科学考古工作起始于 1971 年桐梓岩灰洞遗址的调查与试掘。通过梳理贵州省赤水河流域科学考古工作的发展历程，可将该流域的科学考古工作大致分为开创期、发展期、繁荣期三个阶段。

（一）20 世纪 70—80 年代：贵州赤水河流域考古工作的开创期

这一时期，贵州省博物馆、中国科学院古脊椎动物与古人类研究所等单位在贵州赤水河流域，特别是赤水河支流桐梓河流域，调查、试掘、发掘了一批史前洞穴遗址，成果较为丰硕。同时，一些地方文史学者对贵州赤水河流域的汉晋时期墓葬进行了调查和清理，对相关遗存的年代、性质做出了分析，其中不乏一些具有独到见解的成果。这些工作开启了贵州赤水河流域的科学考古工作，许多工作影响深远，具有代表性的有以下一些。

1971 年冬，桐梓县岩灰洞在地质调查中被发现，中国科学院古脊椎动物与古人类研究所张森水、吴茂霖，贵州省博物馆曹泽田等先生，对洞穴做了短期的试掘。1972 年冬，对遗址进行了较系统的发掘，发现古人类牙齿化石一枚，打制石器数件，用火痕迹以及相当多的动物化石[1]。在以后的工作中，又有多枚古人类牙齿化石被发现，这些人类牙齿化石的主要性状与直立人，尤其是北京猿人接近，部分性状已具有早期智人的特征[2]。原思训等先生测定遗址第 4 层骨化石的铀系年龄为距今约 11 万或 18 万年[3]，结合人类牙齿的特征，认为该遗址距今约 18 万年更为可信。沈冠军等先生测定遗

---

① 吴茂霖、王令红、张银运等：《贵州桐梓发现的古人类化石及其文化遗物》，《古脊椎动物与古人类》1975 年第 1 期。

② 吴茂霖：《硅质桐梓新发现的人类化石》，《人类学学报》1984 年第 3 期。

③ 原思训、陈铁梅、高世君：《华南若干旧石器地点的铀系年代》，《人类学学报》1986 年第 2 期。

址碳酸岩样品的铀系年代为距今 20.6—24.0 万年[①]。结合动物化石、古人类牙齿化石的特征和年代测定结果，一般认为岩灰洞遗址富含动物化石、石制品、人类化石的第 4 层的地质时代为中更新世晚期。岩灰洞遗址是继黔西观音洞遗址之后贵州考古的又一重大发现，中更新世晚期人类化石的出土在当时贵州尚属首次，活动于该遗址的人群被命名为"桐梓人"，他们与人类化石同层位出土较多哺乳动物化石、石制品和用火证据，对研究云贵高原人类进化和环境演化有着特殊的意义。

1980 年，贵州省博物馆曹泽田先生等调查发现了桐梓马鞍山遗址。1981 年 10 月，中国科学院古脊椎动物与古人类研究所张森水先生等对遗址进行试掘，1986 年又进行了系统发掘，将遗址的文化遗存分为早晚两期[②]。最近的年代测定数据显示，马鞍山遗址早期遗存距今约 53000 年，属旧石器时代中期后段；晚期遗存距今约 15000～18000 年，属旧石器时代晚期前段[③]。

1982 年，遵义地区文化局黄泗亭、习水县文物管理所罗洪滔、仁怀县文物管理所蔡永德等先生在习水县三岔河乡的赤水河支流习水河上游岩壁上发现岩墓 5 座，其中一座岩墓旁题刻有蜀汉"章武三年"的摩崖题记，另有双阙、鲤鱼、捕鱼图等，这是贵州境内首次发现的具有明确纪年的崖墓，为相关研究提供了重要参照对象[④]。

1983 年，禹明先先生对习水县土城地区赤水河沿岸历年来发现的磨制石器及出土点进行了调查、整理和分析，公布了相关信息。自 20 世纪 40 年代至 1981 年，考古工作者已在十余处地点发现磨制石斧近 20 件，石斧多呈梯形，均无段、无肩[⑤]。这批磨制石器的发现，为在赤水河干流沿岸探寻新石器时代至汉晋时期遗址提供了重要线索。

20 世纪 80 年代初，席克定等先生对黔北地区的岩葬进行了较为系统的调查，并于 1986 年公布了调查成果，其中涉及赤水河流域的赤水官渡岩墓、习水红旗岩墓、习水程寨赵村岩墓、习水三叉岩墓等，这些岩墓的年代为东汉晚期延续至明代[⑥]。这一工作，有力地推动了赤水河流域汉晋时期岩墓

① 沈冠军、金林红：《桐梓人遗址岩灰洞的铀系年龄》，《人类学学报》1991 年第 1 期。

② A. 张森水：《桐梓马鞍山旧石器文化遗存》，《中国考古学年鉴 1987》，文物出版社，1988 年；B. 张森水：《马鞍山旧石器遗址试掘报告》，《人类学学报》，1988 年第 1 期。

③ 张乐、Christopher J. Norton、张双权等：《量化单元在马鞍山遗址动物骨骼研究中的运用》，《人类学学报》2008 年第 1 期。

④ 黄泗亭：《贵州习水县发现的蜀汉岩墓和摩崖题记及岩画》，《四川文物》1986 年 1 期。

⑤ 禹明先：《土城发现新石器线索》，《贵州文物》1983 年 3、4 合期。

⑥ 席克定：《黔北岩葬调查纪要》，《民族调查》之四，1986 年。

（崖墓）的研究。

1985 年，仁怀市茅台镇出土铜鼓一面，黄泗亭、王胜利两位先生对其进行了初步研究和报道，认为其属于石寨山型的晚期铜鼓，铸造时间在东汉前后①。这一发现，为在赤水河沿岸探寻汉晋时期遗存提供了新的重要线索。

1985 年，仁怀三合镇两岔河宋墓被盗，文物工作者对其进行了简单清理，出土铁钱多枚，买地券 2 块，其中荣昌坝宋墓出土一块有确切纪年的买地券："时以庚寅绍定三年孟冬吉旦置造"，绍定三年即 1230 年，为南宋理宗时期。这是当时遵义境内发现的为数不多的宋代纪年墓②。

1988 年，贵州省博物馆王新金研究员调查发现金沙县大宝洞遗址并试掘。遗址堆积较松软，呈灰黄、灰褐色，厚约 1.3 米，分 3 层。出土有疤砾石、石核、石片、砍砸器、刮削器等石制品 80 余件，磨制石器的残片 1 件，螺、猪、牛、羊等 6 种动物遗骸和部分碎骨、烧骨。判定遗址时代为新石器时代③。

1989 年，桐梓县气象局黄光荣先生调查发现马鞍山南洞遗址，1990 年冬，中国科学院古脊椎动物与古人类研究所、遵义地区文化局等单位对其进行了试掘，获得大量哺乳动物化石和 63 件石制品。又从早期被清理至洞外的洞内堆积中筛选出大量的哺乳动物化石、139 件石制品和 4 枚晚期智人牙齿化石，其中包括 2 件磨制石斧。遗址原生地层中出土有中国犀、巨貘化石，表明其上限尚未超出更新世，下限至少可到更新世晚期，而回收所得的磨制石器则表明更晚的时期仍有人类在此活动④。

（二）20 世纪 90 年代至本世纪初：贵州赤水河流域考古工作的发展期

这一时期，因工农业生产，以贵州省考古研究所为代表的专业科研机构，陆续在赤水河河谷地带发现并清理了多座汉晋时期古墓葬，并发现有商周时期洞穴遗址、汉代阶地遗址，使得该流域的考古工作持续发展，为相关

---

① 黄泗亭、王胜利：《茅台出土古代铜鼓》，《贵州日报》1985 年 7 月 26 日。

② 翁泽坤：《仁怀两岔河荣昌坝宋墓》，载《2003—2013 贵州基建考古重要发现》，科学出版社，2015 年。

③ 王新金：《金沙县石场大宝洞新石器地点》，载《中国考古学年鉴 1989》，文物出版社，1990 年。

④ 黄泗亭、龙凤骧、安家媛：《马鞍山南洞旧石器文化遗址试掘报告》，《人类学学报》1992 年第 1 期。

的研究工作奠定了良好基础。具有代表性的工作有：

1991年，贵州省考古研究所于仁怀县（今仁怀市）合马镇罗村梅子坳清理竖穴土坑墓1座，出土陶罐、陶碗、陶甑、陶钵、陶盒，铁刀、铁釜、铁锯、铁锸，铜釜、铜弩机，大钱五十、大布黄千、宣帝五铢等遗物，墓葬时代初步定为西汉末期①。

1991年，仁怀县（今仁怀市）合马镇大渡口村村民进行坡改梯发现砖室墓1座，贵州省考古研究所对其进行清理，墓葬位于赤水河西岸一级阶地上，为长方形券顶墓，出土陶碗、陶俑（含抚琴俑、听琴俑、抚案俑、立俑、女佣等）、模型明器（含陶雏鸡、陶母子鸡、陶猪、陶狗、陶屋等）、铁剑、铁刀、铜五铢钱等遗物，墓葬时代为东汉中、晚期②。

1992年，遵义地区文管会办公室、赤水市文物管理所等单位在赤水市文华街道办事处望城村水王塘清理宋墓一座，系夫妇合葬墓，女室残缺。墓壁、墓顶有装饰雕刻，内容为人物、动物、花草、器具、几何形图案与仿木构建筑图案等③。

1993年，贵州省考古研究所、遵义地区文化局、仁怀县文物管理所等单位在仁怀合县（今仁怀市）合马镇大渡口村砖室汉墓附近，调查发现卢缸嘴汉代遗址，遗址位于赤水河西岸一级阶地之上，面积约1万平方米，采集到许多板瓦、筒瓦等遗物，这一发现填补了当时黔北地区汉代遗址分布的空白④。

1994年，习水县土城镇红花村范家嘴一带因村民修路在赤水河西岸发现2座崖墓，贵州省考古研究所对其进行清理，并在周边地区调查再发现2座崖墓，共在范家嘴、袁家坳、儒维等地清理崖墓4座，墓葬系带墓道的单室弧形顶崖墓，出土陶罐、陶甑、陶钵、陶杯、陶房屋模型、陶鸟、银指圈、铜指圈、铜五铢钱、野猪牙饰品、熊牙饰品等遗物，墓葬时代为东汉中、晚期或稍晚⑤。

1994年，仁怀县云仙洞风景区在进行旅游开发时，于赤水河支流东门河畔的一处石灰岩洞穴内发现陶器、石器等包含物，贵州省考古研究所、仁

① 张合荣：《从考古资料论贵州汉代的交通与文化》，《贵州文史丛刊》1996年第1期。
② 顾新民、汤鲁彬、蔡永德：《仁怀合马东汉砖室墓清理简报》，《贵州文博》1993年1、2合期。
③ 周必素：《赤水市水王塘宋墓清理简报》，载《贵州田野考古四十年》，贵州民族出版社，1993年。
④ 周必素：《仁怀发现汉代遗址》，《中国文物报》1993年7月18日。
⑤ 贵州省文物考古研究所：《贵州习水县东汉崖墓》，《考古》2002年第7期。

怀县文物管理所现场确认为一处洞穴遗址，并对其进行了抢救性发掘。出土缸、壶、杯、器盖等陶器，刮削器、尖状器、锤等打制石器。遗址时代初定商周时期①。该遗址出土有数件完整和可修复陶器，弥足珍贵，该遗址也是贵州赤水河流域及遵义地区首次确认的商周时期遗址，是当时整个贵州境内仅有的两处商周时期的遗址之一。

1998年，赤水市在修建截角至复兴公路时，在复兴镇长江村马鞍山发现崖墓群，贵州省文物考古研究所、赤水市文物管理所等单位对墓群进行清理。墓群位于赤水河东岸崖壁上，共清理21座，出土较多陶、瓷、铁、铜、石器，墓葬分属东汉晚期、蜀汉至两晋、南北朝等不同时期，个别墓葬可能还晚到隋唐②。这批崖墓是贵州省境内迄今经过系统考古发掘的规模最大、延续时代最长的一处汉晋时期崖墓群，为相关的研究提供了重要的资料。

2001年，贵州省文物考古研究所、遵义市文化局、习水县文广局等单位在习水县隆兴镇陶罐乡小沟清理砖室墓1座，墓葬位于赤水河东岸，出土陶钵、陶罐、陶器盖、银手镯、铜发钗、青铜蛙、铁斧、环首铁刀、铁剑、铜五铢钱等遗物，墓葬时代为东汉时期③。

2003年，遵义市文化局、习水县文广局等单位在习水县双龙乡发现打游洞遗址，采集较多打制的燧石石制品，以及石钻、石斧、石锛等磨制石器，遗址时代为新石器时代，下部堆积中可能包含旧石器时代遗存④。

（三）本世纪初至今：赤水河流域考古工作的繁荣期

在主动性科研工作继续开展的同时，以配合大型基本建设工程为契机，贵州省文物考古研究所与赤水河流域所涉市、县文物部门密切合作，有计划地在赤水河流域开展了区域调查，发现大量古遗址与古墓葬，并进行了相关的发掘或试掘工作，取得了许多突破性的发现与研究成果，贵州赤水河流域的考古工作进入到一个繁荣发展的新阶段。具有代表性的工作有：

2008年、2009年、2012年和2013年，中国科学院古脊椎动物与古人类研究所、贵州省文物考古研究所、贵州省博物馆等单位在毕节市七星关区

---

① 贵州省文物考古研究所：《贵州仁怀县商周遗址的清理》，《考古》1998年第9期。

② 贵州省文物考古研究所、赤水市文物管理所：《贵州赤水市复兴马鞍山崖墓》，《考古》2005年第9期。

③ 贵州省文物考古研究所、遵义市文化局、习水县文广局：《习水县陶罐乡小沟汉墓清理情况》，《贵州文物工作》2003年第2期。

④ 2003年7月地质专家考察溶洞时发现，2003年10月遵义市文化局周必素等同志调查确认为一处旧、新石器时代遗址；2009年贵州省文物考古研究所张改课等复查，资料现存贵州省文物考古研究所。

团结乡麻窝口洞开展了四次野外工作，获得大量哺乳动物化石，并发现了三颗"早期现代人"人类牙齿化石，年代为距今 11.2～17.8 万年①。

2009 年，为配合仁怀至赤水高速公路建设，贵州省文物考古研究所、习水县文体广电新闻旅游出版局等单位在赤水河流域石灰岩地区的习水县东皇镇发现渔溪洞遗址，采集石制品、动物化石、陶器残片等遗物百余件，初步认为该遗址的文化遗存分属旧时期时代晚期和新石器时代②。

2009 年，为配合仁怀至赤水高速公路建设，贵州省文物考古研究所等单位在土城至元厚段的赤水河沿岸开展了系统调查，新发现习水土城黄金湾、官仓坝，赤水元厚板桥遗址等 3 处新石器时代至汉代遗址，以及黄金湾汉代墓群③。确认 1994 年土城镇清理的部分崖墓处于黄金湾遗址区内。

2010 年，为配合赤水市人民武装部新营区建设工程，贵州省文物考古研究所、赤水市文体广电新闻出版旅游局等单位在赤水市文华街道办事处万友号发掘了 3 座崖墓，墓葬位于赤水河南岸缓坡崖壁上，系带墓道的单室弧形顶崖墓，出土陶罐、陶房屋模型、陶俑、陶盆、陶案，铜羊、铜五铢钱，铁斧等遗物，墓葬时代为东汉晚期④。

2011 年，为配合仁怀至赤水高速公路建设，贵州省文物考古研究所、习水县文体广电新闻出版旅游局等单位发掘了赤水河西岸的习水县土城镇官仓坝遗址，发现一批新石器时代至汉代的文化遗存，新石器时代、商周时期遗迹主要为灰坑，汉代遗迹主要为汉文化墓葬。同时发现习水土城方家坝汉晋时期遗址⑤。

2011 年，为配合仁怀名酒工业园区建设，贵州省文物考古研究所、仁怀市文物管理所等单位对仁怀市三合镇卢荣坝村两岔河荣昌坝宋墓进行了清理，全面提取了墓葬资料⑥。

① 赵凌霞、张立召、杜抱朴等：《贵州毕节发现古人类化石与哺乳动物群》，《人类学学报》2016 年第 1 期。

② 张改课、王新金、陈聪：《贵州省习水县渔溪洞遗址发现的石制品》，文化遗产研究与保护技术教育部重点实验室等编：《西部考古》第 12 辑，科学出版社，2016 年。

③ 张改课：《习水土城地区的考古调查新发现及其意义》，载贵州省文物局、贵州省文物博物馆学会编：《文博与发展——贵州文化遗产保护论文集（一）》，贵州科技出版社，2010 年。

④ 贵州省文物考古研究所、赤水市文体广电旅游局：《赤水市万友号崖墓清理》，载《贵州田野考古报告集》，科学出版社，2014 年。

⑤ 张改课：《习水官仓坝遗址》，载《2003—2013 贵州基建考古重要发现》，科学出版社，2015年。

⑥ 翁泽坤：《仁怀两岔河荣昌坝宋墓》，载《2003—2013 贵州基建考古重要发现》，科学出版社，2015 年。

2013 年，贵州省文物考古研究所、桐梓县文物管理所等单位在桐梓县城东南侧马鞍山观音寺大殿内清理了 4 座石室墓，出土釉陶碗、釉陶瓶、瓷碗、瓷盏、银发钗等器物（注：2000 年因施工发现，桐梓县文物管理所工作人员曾在其中一个墓室内清理出一批文物），其中 M1、M2 两座墓葬年代为南宋中晚期，M3、M4 两座墓葬具有宋末向元明时期过渡的风格特征[①]。

2014 年 12 月至 2017 年 7 月，为配合习水土城红色文化旅游创新区建设，贵州省文物考古研究所、遵义市文物局、习水县文体广电新闻出版局等单位对习水县土城镇黄金湾遗址进行抢救性发掘，发现大量新石器时代、商周、汉晋等不同时期的遗迹和遗物，取得重要突破。其中，新石器时代遗迹有灰坑、陶窑、房址等；商周时期遗迹多见灰坑；汉晋时期遗迹包括房址、灶坑、灰坑、灰沟、墓葬（含竖穴土坑墓、砖室墓、崖墓、瓮棺葬、瓦棺葬）等，发掘成果入选国家文物局"2015 中国重要考古发现"。[②]

2015 年 3~4 月，为配合赤水河谷旅游公路建设，贵州省文物考古研究所联合遵义市文物局，以及仁怀、习水、赤水等县（市）文物管理部门，在赤水河沿岸（茅台至赤水段）开展了系统考古调查，新发现了仁怀市茅台镇太平场、大园子、鲤鱼滩、德庄、二合镇关寨、杨家岩、罗锅扁、金台坝，合马镇蔡家弯、下沙坪、平坝；习水县隆兴镇黄果岩、庙坝、福禄台、庙子坝、瓦厂头、瓢儿滩、大沙坝，醒民镇千江寺、新滩、河坝，土城镇新田湾、宝寨、渔溪；赤水市复兴镇打鱼坝，大同镇坝中间等新石器时代至汉晋时期古遗址 26 处，多处遗址中发现汉代墓葬，早年清理的一些墓葬亦位于遗址区范围内。此次调查比较全面地厘清了赤水河干流沿岸的新石器时代至汉晋时期遗址分布情况，是贵州省近年来区域考古调查的重大收获[③]。

2015 年 7 月—2016 年 9 月，为配合赤水河谷旅游公路建设，贵州省文物考古研究所对习水县隆兴镇福禄台、庙坝、黄果岩，土城镇宝寨、新田湾等遗址进行抢救性发掘或试掘，在福禄台、庙坝、黄果岩等遗址发现有典型的商周时期遗存，在宝寨遗址发现有商周时期、汉、魏晋时期遗存，在新田湾遗址发现有商周时期和汉代遗存，这一系列的考古工作，获得了大量可靠的第一手实物资料，为赤水河流域古文化的研究奠定了坚实基础[④]。

---

① 贵州省文物考古研究所、桐梓县文物管理所：《贵州桐梓县马鞍山观音寺宋墓清理简报》，《江汉考古》2013 年第 4 期。

② 张改课、李飞、陈聪等：《贵州习水黄金湾遗址》，载《2015 中国重要考古发现》，文物出版社，2016 年。

③ 笔者调查发现，调查资料现存贵州省文物考古研究所。

④ 笔者主持发掘，发掘资料现存贵州省文物考古研究所。

三、贵州赤水河流域考古工作的研究现状

经过众多学者四十多年的不懈努力，贵州赤水河流域的考古工作取得了诸多成果，特别是近年来新的考古资料和研究成果迭出，引起了人们的高度关注。现依据考古学年代的划分，就不同时段的考古研究现状分析如下。

（一）旧石器时代考古发现与研究现状

1. 考古发现概况

包括赤水河流域在内的黔北地区是贵州省旧石器时代遗存的主要分布区之一，文化类型自成体系、特色鲜明、别具一格。20 世纪七八十年代桐梓岩灰洞、马鞍山、马鞍山南洞等遗址的发掘和研究，起点较高，成果卓著，奠定了该地区旧石器时代考古研究的良好基础。遗憾的是，自 20 世纪 90 年代以来，直至 21 世纪初近 20 年的时间内，相关的调查、发掘与研究工作进展缓慢，明显滞后于省内其他地区。近年来该区域的旧石器时代考古工作逐渐恢复，新发现了习水打游洞、渔溪洞，毕节麻窝口洞等遗址或化石地点，取得了一些新的进展。

2. 研究现状

该区域的旧石器时代考古研究工作，主要取得了以下成果。

首先，初步构建起了贵州赤水河流域旧石器时代遗存的基本年代框架和文化发展脉络。旧石器时代中期前段遗存以桐梓岩灰洞遗址为代表，地质时代为中更新世晚期，年代大致在距今 18 万年前后，是目前本地区已发现的时代最早的旧石器时代遗存，以燧石为主的原料、锤击法打片为主、块状毛坯居多、存在一定数量的陡向加工的标本、以刮削器为主体的石器类型等地域性特征已经显现，这些特征和贵州境内属于中更新晚期的黔西观音洞、盘县大洞文化面貌有所不同。旧石器时代中期后段遗存以桐梓马鞍山遗址下文化层为代表，地质时代为晚更新世早期后段，年代大致在距今 5 万年前后，文化面貌上与岩灰洞遗址具有一脉相承的特点，并且有所创新和发展，出现比较明确的砸击技术。旧石器时代晚期前段遗存以桐梓马鞍山南洞遗址、马鞍山遗址上文化层为代表，地质时代属于晚更新世晚期，年代在距今 5 万至 1.5 万年前后；文化面貌上与中期后段的马鞍山遗址下文化层具有较为明显的传承性，与此同时，磨制骨器和锐棱砸击法等新的文化因素开始出现。旧石器时代晚期后段遗存以习水渔溪洞遗址为代表，地质时代属于晚更新世晚期，绝对年代在距今 1.5 万年至 1 万年前后，文化持续进步，石器制作趋于

精细。整体而言，这一区域的旧石器时代遗存从旧石器时代中期前段到旧石器时代晚期后段连续发展，呈现出一脉相承的特点，属于同一文化系统，有别于省内其他区域的旧石器时代遗存，是一个独立发展演化的文化系统。另外，毕节麻窝口洞发现的早期现代人化石非常重要，但目前尚未有关于人类文化遗物的报道，文化面貌尚不清楚。

其次，基本明晰了旧石器时代晚期区域文化类型的分布和内涵，提出了"马鞍山文化类型"或称"马鞍山上层文化"的命名。这一文化类型主要分布在黔北地区，即武陵山以西，大娄山脉及其以北的地区，以赤水河流域发现为多，已知的遗址有桐梓县马鞍山（上文化层）、马鞍山南洞，遵义市风帽山、绥阳县营盘洞、叉口洞，习水县渔溪洞、打游洞等7处，全系洞穴或岩厦遗址，其中马鞍山遗址（上文化层）发现最早，且最具代表性。其主要特点特征有：石制品原料以燧石岩块为主，质地不佳，砾石少见；打片方法以锤击法为主，砸击法辅之，锐棱砸击法少见或不见；制作石器的毛坯，块状者占重要地位，在一些遗址中甚至是占主要地位；石器修理方式多样，但相对而言，复向加工占比例最大；陡向修理的器物占一定的比例；石器类型方面，以刮削器为主体，同时包含少量的尖刃器（尖状器）、砍砸器等；存在一定数量的使用石片；存在少量的磨制骨器。可以认为，至迟在旧石器时代晚期，包括赤水河流域在内的黔北地区已经形成了一个较为独立的区域性文化类型，许多特征在黔西北、黔西南、黔中、黔东地区均较为少见，该文化类型亦包含在贵州省内广义的以小石片为主要特征的文化类型之中。

最后，远古人类体质演化研究取得重要进展。赤水河流域多年来的工作，发现了一批珍贵的古人类化石，桐梓岩灰洞中发现有7枚人类牙齿化石，其主要性状与直立人，尤其是北京猿人接近，部分性状已具有早期智人的特征，属于早期智人阶段的化石。毕节麻窝口洞中发现有3枚人类牙齿化石，可归入"解剖学上的现代人"，或称"早期现代人"，这一发现不但为赤水河流域和贵州人类体质演化提供了新的资料，更为东亚地区现代人的起源问题增添了证据。马鞍山南洞中发现的4枚人类牙齿化石，在形态方面比较明确的属于晚期智人。这些人类化石的发现和研究，不但使学术界明晰了不同阶段赤水河流域和贵州高原远古人类的体质特征和演化特点，更有助于东亚地区现代人起源这一重大课题的研究，意义十分重大。

（二）新石器时代考古发现与研究现状

1. 考古发现概况

长期以来，贵州赤水河流域新石器时代遗存的发现十分稀少，虽在金沙大宝洞、习水打游洞的遗址中发现有一些属于新石器时代的遗存，但因遗存数量少，年代判定困难大，文化面貌亦很不清晰。由于基础资料的匮乏，相关的研究工作举步维艰。近年来，随着习水官仓坝遗址、习水黄金湾遗址等的持续考古发掘，获得了一批地层关系明确、文化内涵清晰、年代数据确定的新石器时代遗存，为相关的研究工作提供了良好的基础材料。

2. 研究现状

由于本区域的新石器时代遗存整体发现较少，且又以近年来的新发现为多，相关研究工作尚处于起步阶段。总体来看，这些新石器时代遗存内涵较为丰富，文化面貌清晰，更难能可贵的是在黄金湾遗址中修复了一批贵州境内难得的典型陶器，提供了一批进行文化面貌对比的绝佳材料。贵州赤水河流域的新石器时代遗迹有房址、灰坑、陶窑等，房址发现较少，确认存在干栏式建筑；陶窑为篦孔式窑，与中原和西北地区同时期陶窑具有较多相似性。遗物以陶器为主，兼有少量打制石制品和磨制石器。陶器陶质以夹砂陶为主，泥质陶较少；陶色以红褐、灰褐、灰等色为主；纹饰以细绳纹、细线纹，及细绳纹、细线纹交错构成的菱格纹为主，还见有少量附加堆纹、箍带纹等与菱格纹的组合。典型器物有折沿深腹罐、折沿鼓腹罐、喇叭口高领壶、花边口沿罐、敛口小平底钵、杯等。打制的石制品多以石核、石片等为主，少见成型石器，特点不甚鲜明；磨制石器以斧、锛、凿等工具为主，皆无段、无肩。

这些新石器时代遗存的文化面貌与峡江地区和川南地区的新石器时代晚期遗存具有较多的共性，绝对年代在距今 5000 年前后。这批新石器时代晚期遗存的发现，填补了本区域内新石器时代晚期遗存的空白，对于认识赤水河流域和黔北地区新石器时代晚期的制陶工艺、文化面貌及与峡江地区、川南地区的文化交流意义重大。

（三）商周时期考古发现与研究现状

1. 考古发现概况

在相当长的一段时期内，商周时期考古是贵州赤水河流域乃至整个贵州考古最为薄弱的环节之一，2009 年以前本区域的商周时期遗址仅有仁怀云仙洞遗址一处。近年来，该流域新发现了一大批含有商周时期遗存的古遗址，其中通过对习水福禄台、庙坝、黄果岩、宝寨、新田湾、官仓坝、黄金湾等遗址进行较大规模的科学考古发掘，获得了大批商周时期的遗迹和遗物，使之一跃成为贵州境内商周时期遗存分布最为集中的区域之一，为研究贵州和赤水河流域商周时期古文化遗存面貌提供了重要的基础材料，相关的研究工作也在积极推进，有望产生重大的学术影响。

2. 研究现状

初步研究表明，本区域已发现的商周时期遗存，大体可以分为五类。

第一类遗存主要发现于仁怀云仙洞遗址。其遗存的陶器多见泥质陶和夹细砂陶；陶色不均匀，以灰褐、红褐等色较为常见；纹饰多见细绳纹，附加堆纹；典型陶器有缸、寰底壶、绳纹杯、器盖等。其中器盖与成都平原三星堆遗址所出商代同类器相似，其他器物的器形与纹饰特点主体上也显示出商代的风格，并表现出一些本区域新石器时代晚期文化遗存的影响，因缺乏测年结果，绝对年代不详，但大致可以确定为商代遗存。

第二类遗存主要发现于习水福禄台遗址。其遗存陶器以泥质陶为主，夹细砂陶亦占较大比重；陶色以灰、灰褐、红褐等色较常见；陶器多素面，带纹饰者以细绳纹和附加堆纹为主；典型陶器有高柄豆（较多见竹节状高柄豆）、灯形器（或称高柄器座）、小平底罐、细绳纹深腹罐、细绳纹鼓腹罐等。其中高柄豆、小平底罐多见于成都平原的三星堆文化，特别是竹节状高柄豆多常见于三星堆文化第三期之中，小平底罐口径明显小于腹径；绳纹罐类与赤水河流域固有的新石器时代晚期陶器风格接近。从年代测定结果看，年代范围集中在距今 3200 年前后，树轮校正后集中在公元前 1500—公元前 1400 年之间，校正后的年代略早于未校正年代，结合陶器形态分析，大体相当于中原地区的商代晚期、成都平原的三星堆文化第三期。

第三类遗存主要发现于习水庙坝遗址，习水黄金湾遗址、官仓坝遗址等也发现有少量该类遗存。该类遗存陶器以泥质陶为主，夹砂陶少见；陶色以灰、灰褐为主；素面陶占绝大多数，带纹饰者较少，且以中绳纹为主，细绳纹者也有发现但数量较少；典型器陶有高柄豆、灯形器（或称高柄器座）、小平底罐、尖底杯、尖底盏、钮呈"8"字形器盖、器座等。其中的灯形器、小平底罐、尖底杯、钮呈"8"字形器盖等器物，多见于成都平原十二桥文化早期阶段。从年代测定结果看，年代范围集中在距今 3100 年前后，树轮校正后集中在公元前 1400—公元前 1300 年之间，校正后的年代略早于未校正年代，结合陶器形态分析，大体相当于中原地区的商末周初、成都平原的十二桥文化一期早段。

第四类遗存主要发现于习水黄果岩遗址，习水宝寨遗址、习水福禄台遗址也发现有少量该类遗存。该类遗存陶器夹砂陶与泥质陶并存，夹砂陶稍多；陶色以灰、灰褐色为主；陶器多素面，带纹饰者多为中绳纹和粗绳纹；典型陶器有寰底小釜、小平底罐、尖底杯等，基本不见高柄类器物。其中的寰底小釜、小平底罐、尖底杯、尖底罐等器物形态，整体面貌与成都平原十二桥文化一期晚段至二期早段比较接近。年代测定方面，多集中在距今2800年前后，树轮校正后集中在公元前1000至公元前800年之间，结合陶器形态分析，大体相当于西周前期。

第五类遗存主要发现于习水福禄台遗址，宝寨遗址也有部分发现。该类遗存中夹砂陶与泥质陶并存，整体上夹砂陶较多；陶色以灰褐色为主；带纹饰者较多，纹饰以粗绳纹为主；典型器物有釜、罐、尖底杯等；整体上造型粗犷，器体胎壁普遍较厚。该类遗存较缺乏典型的可对比器物，但从陶器整体风格看，与峡江地区的东周时期遗存比较接近。年代测定方面，仅有一个数据，为距今2160±25年，树轮校正后为公元前356BC（42.1%）284BC或235BC（47.7%）148BC，结合陶器形态分析，大体为战国晚期至秦汉之交。

这五类遗存陶器风格既存在差异又有延续性，体现出随着时代变化，文化不断发展的态势。第一类遗存与以黄金湾为代表的新石器时代遗存具有较多相似性，又见有少量三星堆遗址的影响，体现出主体脱胎于本地文化系统，又受到少量成都平原古文化影响的特点。第二类遗存中，除见有本地文化的特点外，更多见三星堆文化的影响，体现出随着时代的变化，来自成都平原的三星堆文化的影响在不断加强。第三类遗存中，本地固有的那套细绳纹深腹罐类器物已几乎不见，取而代之的更多是十二桥文化的影响，这种变化几乎与成都平原和峡江地区十二桥文化的快速扩张是同步的。第四类遗存，应由第三类遗存发展而来，更多地体现出文化连续演进的特点。第五类遗存，虽缺乏典型器物，但从陶器风格看，与第四类遗存的差异性显得较大，明显受到了峡江地区古文化的较大影响。

（四）汉晋时期考古发现与研究现状

1. 考古发现概况

赤水河流域的汉晋时期考古遗存数量众多，类型多样，是贵州境内汉晋时期遗存的五大主要分布区之一，考古工作开展相对比较充分。目前已在贵州赤水河流域发现明确的含有汉晋时期遗存的古遗址近20处、古墓葬百余座。其中习水土城官仓坝、黄金湾、庙坝、庙子坝、宝寨等遗址进行过正式考古发掘，以黄金湾遗址发现最为丰硕；在仁怀市合马镇梅子坳、大渡口；习水县隆兴镇小沟，土城镇范家嘴、儒维、官仓坝、黄金湾；赤水市复兴镇马鞍山、文华街道办事处万友号等地发掘汉晋时期墓葬近百座。

2. 研究现状

初步研究表明，本区域内的汉晋时期文化遗存，可分为西汉早期、西汉中晚期至东汉早期、东汉中晚期、三国两晋南北朝等不同时期。

西汉早期遗存，主体上是对本区域战国晚期至秦代遗存的继承，兼有少量汉文化因素，这些汉文化因素的出现，更多的是民间交往的反映。

西汉中晚期遗存，以中原地区板瓦、筒瓦、大底罐、壶、盒、甑、耳杯、熏炉等典型汉文化因素为主，并含有较为浓厚的以陶圜底器、青铜鍪等巴蜀地区文化因素，兼有少量本地区、西北地区和楚地文化因素，成人墓葬流行竖穴土坑墓，儿童墓葬流行瓮棺葬和瓦棺葬，其中在黄金湾遗址发现的该时期墓葬中，普遍随葬兵器。自西汉中晚期开始，贵州赤水河流域突然出现大量汉文化、巴蜀文化因素，与汉王朝开发西南夷地区具有重要关联。古文献记载，汉武帝时期唐蒙出使夜郎自符关而入，现代很多学者也认为赤水河曾作为汉王朝开发西南夷地区的重要通道之一，是当时从古巴郡到夜郎地区的重要交通线。而赤水河流域考古遗存的特点也与汉王朝以巴蜀地区为基地和前沿依托，"募豪民田南夷"，移民屯垦的史实高度契合[①]。赤水河谷地带大量汉代遗址和墓葬的发现，也反映出汉王朝开发西南夷地区，是以迁募军民屯垦驻守据点为点，以修整道路驻军保障交通线路为线，以点、线为基础逐步扩展为面的点、线、面相结合的方式，逐步形成扩展的态势。

东汉中晚期遗存，仍以典型汉文化因素为主，巴蜀文化因素逐渐减弱，本土文化因素有所上升。反映在墓葬形制方面，即同全国其他区域一致，经历了由竖穴土坑墓向砖室墓的转变，与此同时，基于赤水河流域的自然地理环境，崖墓普遍流行。反映在出土遗物方面，即是以模型明器、陶俑等为代表的中原汉文化因素持续增强，以圜底器物为代表的巴蜀文化因素逐渐减弱，以手镯、指环、发钗、扣饰、串饰、动物牙齿饰品等为代表的本土文化因素有所上升。这些现象的出现，首先是与东汉中晚期汉王朝在本地区的控制力继续加强息息相关，与此同时汉民与土著居民长期相处，在土著居民被汉化的同时，汉民也存在土著化的倾向，民族融合逐渐加强。

三国两晋南北朝时期的遗存发现相对较少，且多为墓葬材料。出土遗物方面，传统汉式遗物逐渐减少，本地遗物逐渐增加，整体上反映了汉文化阵营的萎缩和本土文化的回流。本土文化的回流，在外因方面，是当时割据政权并立，战乱连绵，赤水河流域处在蜀汉、两晋、南北朝政权边地，中央王朝统治力量减弱；内因方面，是本土文化自身与环境和谐相生的顽强生命

---

① 张合荣：《从考古资料论贵州汉代的交通与文化》，《贵州文史丛刊》1996 年第 1 期。

力，区域性文化是当地人对环境适应与改造而形成的，经历了长期的历史积淀，人、地关系处于和谐中，这一时期本土文化的回流更是一种无意识的、自然的回归①。

（五）宋明时期考古发现与研究现状

1. 考古发现概况

贵州赤水河流域是贵州宋明时期遗存的重要分布区之一，这里南邻水西土司核心统治区，东邻播州杨氏土司的核心统治区，腹心地带今土城一带又存在袁氏土司，历史上留下了众多的考古遗存。虽然在野外调查中发现的宋明时期遗存以墓葬为多，数量众多，但因多系石室墓葬，易暴露于地表，大多人为破坏和盗扰严重，保存状况不佳，加之一些高等级墓葬往往被当地群众追认为其祖先，难以进行考古发掘，却屡遭盗掘。因此，经过考古发掘的墓葬非常有限，仅有赤水水王塘宋墓、仁怀市三合镇两岔河宋墓、桐梓观音寺宋墓等寥寥数座。

2. 研究现状

本区域的宋明时期的墓葬取得了不少研究成果，初步表明这一地区的宋明时期墓葬以石室墓为主，与四川地区的宋明墓葬具有较多相同特征，而与贵州省内除黔北地区以外的其他地区发现的宋明墓葬不尽相同。宋元墓葬又与明代墓葬差异明显。宋代墓葬多见双室并列墓，普遍开凿通魂孔道，少量为单室或三室并列，较多地体现了夫妻合葬的丧葬思想。墓室往往设置有侧壁龛、厚壁龛、墓顶藻井等设施，墓内雕刻图案精细繁杂，多见动物类（如青龙、白虎、朱雀、玄武、凤、鹿、狮等）、仿木构建类、家具类、花草类、器物类、装饰品、文字类（如寿山、福海等）、人物类（如文官、武士、侍女、墓主、宾客等），雕刻技法多以浅浮雕为主，亦用阴刻。出土遗物多见日用生活器具、装饰品、陶俑、钱币等。② 丰富的墓葬雕刻和随葬器物，是事死如事生观念的体现，一方面寄希望死者在地下世界，仍旧能够享受人间烟火；另一方面，作为守门神将的武士，驱邪神兽的镇墓神怪、祥瑞，表现运送仙草灵芝的图案，道教驱邪法物（符箓、八卦）等频频出现于墓内，又反映了当时人们受道教思想影响，希望通过雕刻达到阻止妖邪恶鬼进入墓

---

① 李飞：《夷汉之间——从考古材料看贵州战国秦汉时代的文化格局》，《贵州民族研究》2009年第6期。

② 周必素：《贵州遵义的宋代石室墓》，《江汉考古》2008年第4期。

内，以及对现实生活的热爱，幻想长寿成仙，想延年益寿的思想①。明代墓葬墓室数量多寡不一，更多地体现了聚家而葬、聚族而葬的丧葬思想。墓葬结构和雕刻内容逐步简化，明代早期尚有一些墓葬存在仿木构建和少量人物、花卉雕刻，至明代晚期多数墓葬已不见雕刻。

四、未来的展望

（一）旧石器时代考古研究展望

基于贵州赤水河流域旧石器时代遗存的考古发现和业已取得的成果，我们认为这一区域工作基础良好，工作潜力较大，通过持续的工作，有望在旧石器时代人类文化、人类体质、人地关系等方面取得新的突破。

1. 整体而言，本区域旧石器时代遗存的发现依然偏少，虽然各个时段的遗存均有发现，但相对而言遗址数量和所获材料仍显得比较有限，遗存分布范围、分布特点、文化内涵等问题尚不十分清楚。通过今后继续加大工作力度，对贵州赤水河流域的洞穴进行全面系统的调查，选择若干工作潜力好的洞穴遗址进行发掘或试掘，有望取得新的突破。

2. 贵州赤水河流域旧石器时代遗存的一个显著特点是古人类化石屡有发现，已在桐梓岩灰洞、桐梓马鞍山南洞、毕节团结麻窝口洞等多处遗址发现有古人类化石，这在全省范围内是不多见的。古人类化石是研究人类体质演化的关键材料，特别是晚更新世的人类化石对于研究现代人起源与演化这一国际热点课题意义重大。贵州赤水河流域在古人类化石方面仍具有较大的工作潜力，应该成为今后旧石器时代考古工作的重点关注方向。

3. 因旧石器时代人类改造自然的能力还非常有限，这一时期的人地关系，主要研究立足于当时的人们的生活环境、气候变迁，以及人类利用动植物资源的方式。动植物化石，特别是相对容易形成的动物化石，对于研究这些问题有重要价值。贵州赤水河流域已发现的洞穴遗址，或多或少均发现有动物化石，无疑已为这些研究提供了必要的基础材料，而通过今后更多的工作，获得更多的材料，将会在这些方面取得更多的研究成果。

（二）新石器时代考古研究展望

新石器时代考古是贵州赤水河流域相对薄弱的环节，还有许多空白亟待填补。主要有以下几个方面。

---

① 张合荣：《黔北宋墓反映的丧葬心理与习俗》，《贵州文史丛刊》1998 年第 6 期。

1. 旧、新石器时代过渡的研究。旧石器时代向新石器时代的过渡，既是人类居住方式的变革，也是人类生产方式的变革。这一过程实现了人类由穴居或露天居住方式向稳定的人工建筑居住方式的转变，人类以采集渔猎为主的攫取型生产方式向以农业生产为主的生产性生产方式的转变，表现在考古学资料上，主要体现在植物种植、动物饲养、磨制石器、陶器制作和人工建筑五个方面。贵州赤水河流域的一些洞穴遗址中，既发现有旧石器时代的遗存，又或多或少的发现有磨制石器、陶器这些新石器时代的遗物，甚至包括新、旧石器时代的地层叠压系列，通过对这些洞穴的深入发掘与研究，对于研究西南山地区域旧石器时代向新石器时代过渡的方式具有重要价值。

2. 新石器时代文化谱系的建立。文化谱系的建立，是一个地区考古学文化研究的重要目标，目前贵州赤水河流域仅发现有比较明确的新石器时代晚期遗存，其面貌与峡江地区古文化接近，而新石器时代初期、早期、中期的遗存尚未有发现，探寻这些时段的遗存，在相当长的时期内仍是文物考古工作者肩负的巨大责任。通过长期艰苦的调查、发掘与研究，获得更多的实物资料，首先建立贵州赤水河流域新石器时代遗存的年代框架，进而通过与周边地区遗存的深入对比与分析，逐步地建立起本区域新石器时代的文化谱系，将是一项长期而艰巨的任务，也是一项具有重大学术价值的事业，需要、也值得我们共同努力。

3. 新石器时代生业模式的研究。从贵州现有的考古资料初步分析，采集渔猎经济长期占有较大比重，种植农业出现较晚，这是当时居民适应贵州高原动植物资源丰富的特点而形成的独特生业模式，与中原地区、长江中下游地区等地同时代的经济生产方式形成鲜明对比，这对于研究中华民族文化的多样性具有重要价值。尽管在生业模式的主要方面，目前已有一些初步的认识，但这种认识还缺乏更多实物资料的支撑，需要更加谨慎和可靠的研究，这也将是今后一个时期内贵州赤水河流域新石器时代考古需要重点关注和有可能取得重要突破的方面。

（三）夏商周时期考古研究展望

贵州赤水河流域夏商周时期考古资料相对比较丰富，这主要得益于近几年较大规模的持续性考古工作。然而，毋庸讳言的是，考古资料仅仅是研究的基础材料，相关的研究工作开展还不充分，研究潜力依然巨大。

1. 夏商周时期文化谱系的建立。目前贵州赤水河流域夏商周时期遗存的基本年代框架已经初步建立，考古工作者辨识出商代晚期、商末周初、西周前期、春秋战国等阶段的遗存，尚缺乏夏至商代中期、西周后期阶段的遗存，仍需继续探寻。即便是已辨识出的遗存文化内涵也不十分清晰，其与四川、重庆、黔中地区遗存的关系也有待继续梳理和深化。这一问题的研究，基于考古材料较为丰富，短期内有望首先取得突破。

2. 夏商周时期人地关系的研究。从已有考古资料看，夏商周时期居民在赤水河流域的河谷地带的人往往存在迁徙性的特点，即在一个遗址内仅存在一个或两个特定时期的遗存，人们占据遗址的时间较短，而且遗址内往往发现大量的动物类遗存，这似乎反映出人们占据遗址后，对周边的自然资源依赖性较强，随着遗址周边自然资源的逐渐消耗，遗址便不再适宜居住而不断迁徙；而随着迁出地资源环境的自然修复，又会有新的人群迁入。这样一种人地关系的模式，在贵州和西南地区的其他区域也有一定的反映，因此以贵州赤水河流域商周时期遗址群作为区域个案的深入研究，将会对探讨西南地区河谷地带居民的人地关系问题提供范式。

3. 夏商周时期赤水河流域古代部族与国家研究。依据古代文献的记载和史学家考证，贵州赤水河流域部分区域处在古巴国统治范围内，部分区域处在文献所载的鳖国、鳛国的统治范围内，将考古资料与文献史学相结合，研究这一区域夏商周时期的部族与国家，已经具备了一定的基础条件，研究前景良好。

（四）汉晋时期考古研究展望

贵州赤水河流域汉晋时期遗存异常丰富，既有的研究也基本揭示了该时期文化发展的基本态势和背后动因，但仍存在一些亟待补充和完善的方面，需要进一步的探索。

1. 各时段遗存发现不均衡。目前考古发现最丰富的是西汉中晚期至东汉晚期阶段的遗存，西汉早期，三国两晋南北朝时期遗存发现较少，这种情况的出现是多种因素造成的。一方面，在西汉早期本区域的文化依然是战国以来的地域文化，主体处于一种自然生长的发展方式；西汉中期开始随着汉帝国的大规模扩张和开发西南夷的举措，汉文化以植入的方式大量涌入本区域，中央政权的政策导向起到了至关重要的作用；三国两晋南北朝时期，战乱连绵，中央王朝式微，难以顾及西南边地，汉文化处于萎缩的状况。另一方面，考古学界对于西汉早期、三国两晋南北朝时期遗存的辨识还不充分，许多这些时段的遗存因为缺乏可对比的参照，难以识别。因而今后通过更加广泛和细致的工作，努力辨识西汉早期、三国两晋南北朝时期的遗存，仍是一项需要长期坚持的工作。

2. 汉代开发西南夷的考古学资料反映。汉代开发西南夷地区是贵州历史上的一件大事，是贵州历史上的一次大开发进程，同时也开通了南方丝绸之路，促进了西南夷经济、社会、文化的繁荣与发展。这方面的研究，以往的学者多关注文献资料的梳理，考古资料虽然有所涉及，但讨论还不充分和细致，一些考古资料的引用，也存在问题。强化这方面的研究，既需要更多基础考古资料的补充，也需要对考古资料进行细致的对比分析，确定精细化的年代序列和文化内涵，更需要将考古资料系统地与文献资料进行更加严密的逻辑联系，避免以偏概全。

3. 土著文化与汉文化的互动研究。这方面的研究虽已取得了不小的进展，但整体上仍是一种宏观上的把握，在微观和动因方面还需进一步的审视、研究和补充。通过对各种具体材料的个案辨析，从单个遗址、单个墓葬入手，具体分析，层层递进，积累更多的个案材料，将宏观研究与微观研究相结合，无疑将更加有助于这一问题的研究，更加接近历史的真实。

（五）宋明时期考古研究展望

从考古资料的总体数量来看，贵州赤水河流域宋明时期文物古迹的存量巨大，但从考古资料的科学层面来看，其存量又过小。如前所述，这一区域经过科学发掘的墓葬数量非常有限，且多遭盗掘，出土遗物不甚丰富，使得人们对于宋明时期墓葬的研究，往往不得不更多地关注墓葬的石刻部分。同时对于宋代墓葬、元代墓葬、明代墓葬的区分还不甚清晰。今后的工作在以下两个主要方面，应该予以更多重视。

1. 土司考古的系统分析。以往的研究多以墓葬为基础材料，研究墓葬结构的特点、变化，及其所反映的当时人们的丧葬观念，较缺乏系统的综合研究。近年来，遵义海龙囤、新蒲杨氏土司墓地、杨辉墓及墓祠的考古工作，取得了一系列令人瞩目的成果，既得益于自身考古资料的完整，也得益于对于土司遗存的全方位考察，从墓葬本体的发掘与研究扩展到了墓祠、墓园的整体结构，从单个居址（城址）的发掘与研究扩展到了居址、防御体系、交通系统、水利系统的通盘考察，从而提出了土司考古的概念。贵州赤水河流域是贵州宋明时期多个土司的统治区域，山城、堡寨、居址、墓葬、碑刻、文献资料十分丰富，今后的工作，应该、也需要沿着土司考古的工作方法，进行多方位的综合考察和系统分析，以期取得更多的成果。

2. 墓葬资料的系统研究。墓葬既是人们丧葬活动的实物体现，也是社会生活的实物反映，某种程度而言，随葬器物相较墓葬结构更加客观和精确，尤其是在判断墓葬时代方面更是如此。如前所述，这一地区的许多墓葬盗掘严重，出土遗物少，但仍有一些遗物的出土，但相关的系统研究比较缺乏。今后应该更加重视这方面的工作，一方面加大文物保护力度，避免更多的破坏；另一方面，有计划地对保存情况较好的墓葬进行考古发掘，获得更多具有科学价值的随葬遗物资料。对这些遗物进行仔细的年代学、类型学研究，首先确定墓葬的时代，继而进行不同规模、不同时期墓葬的具体特点分析，最终总结出不同规模的墓葬形制演变规律、各时期不同规模墓葬所反映出的人们社会生活、丧葬活动等多方面的综合信息。

五、结　语

综上所述，贵州赤水河流域是贵州考古资源最为富集的区域之一，在贵州地域文化研究方面占有重要地位，贵州赤水河流域的考古工作也走在了赤水河所涉省份的前列。显而易见的是，该流域已经积累了较多的基础考古资料，取得了较为丰硕的研究成果，同时随着近年来一大批新资料的发现，在许多领域又开辟了新的研究方向，前景广阔、潜力巨大、未来可期，值得更多的人关注赤水河流域的文物考古研究工作，也需要更多的人加入到保护和研究赤水河流域历史文化遗产的行列。

仁怀僚族探迹

王国祥[*]

汉代，今贵州、重庆、四川、云南的少数民族称"西南夷"。川南及滇的少数民族称"南夷"，仁怀属"南夷"，文献上记作"蛮"。例如光绪《增修仁怀厅志》卷8王昌平诗《磨刀溪》云："路接牂牁郡，人多莋僰僮。"用《史记·西南夷列传》"取其莋马、僰僮"之典，是说当地人多是"夷""蛮"（少数民族）。傅同形《顺江铺》诗云："建置元和事已遥，至今古坝号'唐朝'。蔺州谁立沙沱庙？却使蛮儿说射雕。"查行慎诗有"蛮嬢论口红"句、"蛮酒钓藤名"句。那么，"蛮"属哪个或哪些民族呢？仁怀的本土民族，文献无确切记载，以愚见：主要是百越系统的濮僚，属壮泰语族；次为氐羌系统的彝族，属藏缅语族。这里，仅就史籍和现今犹存的遗迹，试作探析。

一、仁怀建置述略

史载：仁怀秦时隶巴郡地。汉为符县（今四川省合江县），地属犍为郡。晋分符县，置安乐县（治所在今合江县安居场）。隋隶泸州郡。唐隶播州。

北宋徽宗大观三年建滋州，在今四川省合江县南，赤水河两岸，治所在今习水县土城镇，地当今仁怀市、赤水市，隶于梓州路（治所在今四川省三台县）。滋州设承源县（州县同治）、仁怀县（治所在今赤水市复兴场）。是为仁怀建县之始。

仁怀建置历经变动，辖地有伸有缩。不过，始终在古代"西南夷"的范围内。

---

[*] 王国祥，男，重庆綦江人，1937年6月生，云南省社科院研究员，云南省文史馆研究馆员，中国僚学奠基人。

二、仁怀地处葛僚分布区

《新唐书》卷 222《南蛮传下》："戎、泸间有葛僚，居依山谷林箐，逾数百里。"指明葛僚主要分布在渝南、黔北、川南地区，即今宜宾市和泸州市南部与贵州毕节地区、遵义市相连接地带。

这个相邻地带，包括长江南岸的"五河"和黔北的"三河"。"五河"（五条支流）指：南广河、淯水（长宁河）、纳溪水、赤水、僰溪（綦江）。长江南岸的"五河"与仁怀有关的是其中的清溪河、习水河、赤水河。发源于习水县（原仁怀县）的清溪河，入綦江县境后，经永新、沾滩至清溪口，汇入綦江，流经江津地，在僰溪口入长江。与綦江邻近的习水河和赤水河在四川省合江县汇入长江。长江南岸的"五河"和合江至涪陵这段长江，以及黔北的"三河"（即芙蓉江、洪渡河、乌江）构成的流域，都是僚人聚居地。

分言之，从戎州（叙州）流入长江的南广河流域，《太平寰宇记》卷 79谓"并是诸獠"。光绪《增修仁怀厅志》所云"夷牢水"，夷牢即"夷僚"。《太平寰宇记》卷 79 谓淯水流域"杂种夷獠散居溪谷中"。赤水河至合江县与长江会合，唐时隶属泸州的羁縻州能州、浙州，"连接黔府及拓在生蛮"（《寰宇记》卷 88）。吴昌裔《论湖北蜀西具备疏》："泸之仁怀、绥远寨尝出播州之境。"仁怀、赤水是泸州所属羁縻州之最边者。《宋史》卷 496《蛮夷四》："南广蛮在叙州庆符县以西（按：疑当作'南'），为州十有四。大观三年，有夷酋罗永顺、杨光荣、李世恭等各以地内属，诏建滋、纯、祥三州。"三州在泸州合江县南的赤水河流域。建州时间和地点不同。滋、纯二州建于大观三年，祥州建于宣和四年（1122）。滋、纯二州属泸州，均在泸州合江县南的赤水河两岸。祥州在南广溪中上游。罗永顺内附为"纯州北面管界同巡检"。杨光荣于宋绍圣四年（1097）内附，任"播州夷界都巡检"。

关于杨氏的籍贯和族属在此略述。宋濂《宋学士文集》卷 31《翰苑别集》说："泸夷"杨贵迁于庆历皇祐年间（1041—1053）"由泸次于南川（今綦江）"。《宋史·蛮夷传》又载，元丰（1078—1084）时，杨文贵之次子杨光荣献地，建播州。《宋史·地理志五》记的是："大观三年（1109）南平（今綦江）夷人杨文贵等献其地建为州（按，指播州）。"《宋会要辑稿·蕃夷五》《宋史·蛮夷四·渝州蛮》记的是："播州夷族"杨光荣于绍圣四年（1097）内附，任"播州夷界都巡检"（其时播州即今桐梓）。杨光荣与杨贵迁原为"泸夷"迁播者，或即发端于相邻之滋州地（今仁怀）。因为滋、纯、祥三州族类相同，都是僚人，故史书连类并说。

北宋徽宗宣和三年（1121）七月撤销滋州，承流并入仁怀，属地改设仁怀堡（治所在今赤水市复兴场），以巡检驻治，属潼川府路泸州。南宋绍定六年（1233），总制袁世明奉命率军入蜀，在过境地方征讨唐朝坝（今习水县同民乡）、古磁（今习水县土城）、仁怀（今赤水市复兴场）等处的僚人。后袁世明奉命镇守仁怀、古磁等地。元至元十四年（1277）播州安抚使杨邦宪归附元朝，仁怀、古磁等地随之归附，属播州军民安抚司，隶湖广行省。至元二十八年（1291）改隶四川行省。明代隶四川布政使司播州宣慰司。清雍正年间，随遵义府划入贵州省。乾隆年间设仁怀直隶厅，后改为赤水直隶厅。民国三年改为县。

宋代祝穆《方舆纪要》言及仁怀附近的地域：唐代芙蓉县，仁怀县南，在正安、绥阳之间，以芙蓉江得名。唐代琊川县，在仁怀东南，宋宣和三年降为琊川城，隶南平军（治所初在今綦江赶水）。光绪《增修仁怀厅志》：夷牢水，胡刀县界。注胡江，夷牢水即今安乐江。安乐溪水从牂牁"生獠"界来。"夷牢水"，夷牢即"夷僚"。安乐溪在合江县西南，自仁怀县界流入，在合江为安乐溪，在叙永为赤水。今之赤水即昔之鳛部水。带水亦至胡刀县界，注胡江。带水即今洪江。湖江即今乌江。上述各地皆昔日僚人聚居区。

这里说说仁怀与綦江的僚人。渝南黔北的葛僚，在魏时已见其名。葛僚的先民是濮、僰。古无轻唇音，濮僰同音，实乃同一民族。綦江古称僰溪、葛溪、夜郎溪，沿岸及山野居住僚人。《通典》：溱州西接合江县东北。东南取珍州（今道真、正安）、播州路。在今綦江溱溪河流域，包括扶欢、郭扶等地。北宋大观时建的溱（属綦江）、播（今遵义）、珍（今道真）、滋（今赤水、仁怀、习水）和遵义军等州、军，其地在唐代均属江南道黔州观察使领地。西北面沿汉、唐旧制，以赤水河为界。其中西北端的赤水、仁怀两县唐时为溱州地域。大观三年溱州西部（仁怀地，今习水县土城）夷酋杨光荣、罗永顺纳土归宋，以其地建滋州，辖今赤水、仁怀、习水三县赤水河以东地域。政和三年（1113），以"降德音"划綦江河以西、桐梓河以北（唐宋溱、滋二州）入梓州（治所在今四川省三台县），播州和遵义军入夔州路。南宋嘉熙三年（1239）划入南平军（今綦江、南川）、遵义军、滋州（今仁怀、习水）地域，创立播州路和播州宣抚司。《太平寰宇记》载宋初泸州户口："皇朝管汉户主二千四十七，獠户二千四百一十五。"僚户过半。

唐代《通典》称的南平蛮，《新唐书》称南平僚，是指南平地区的僚人。南平地区之名，有：南平州、南平郡、南平县、南平军。南宋祝穆《方舆广记》卷60"郡名"下记："南平、渝南、牂牁。"其地望大体在今渝黔毗邻地区，即綦江、江津、万盛、南川、桐梓、仁怀、赤水、习水。它们之间的行政区划几经变动，相邻地区在不同时期产生隶属关系。这些地区都有南平僚人聚居或散居。民国四年（1915）从仁怀县划出习水县，1965年11月25日仁怀县划北三区给习水县。习水县未划出之前，仁怀县与綦江县接界。道光《綦江县志》卷1《五里图》：县北的附里与巴县、江津、仁怀接壤。清溪河有二源，皆自仁怀迤来。县南的安里，西接仁怀，南交桐梓。夜郎溪，其源有三：一自仁怀李汉坝来；一自桐梓松坎来；一自坡头河来，而皆趋会于南平军（今綦江赶水）。条台冈、牛栏沟持两界（仁怀、綦江）毗连。笆箕穴等处为伸入綦江县境的插花地（飞地）。现今习水县（原仁怀县）的寨坝、蔡寨镇与綦江区的丁山镇、中峰镇毗连。仁怀与綦江地缘紧密，綦江是南平僚大本营，仁怀的南平僚应当不在少数。因为民族的区分线与地域的分界线不是等同的。类似的情况恩格斯就曾说过："没有一条国家分界线与民族的自然分界线即语言的分界线相吻合的。"

仁怀除有南平僚外，还有羿子（史籍上也写夷子、蚁子）。川南珙县、古蔺、叙永等地和黔西北、滇东北一带都有羿子。永宁宣抚司所属有"羿蛮"凡四十八寨。乾隆《毕节县志》卷4："羿子错处汉（族）彝（族）间，惟毕节、川南有之。"光绪《增修仁怀厅志》卷4、《贵州图经新志》卷17永宁卫指挥使司《题咏》："白崖南去半罗鬼，赤水北来多羿蛮。"是说，彝族扯勒部（即永宁部的祖先）向川南迁徙时，曾经到过羿子山脚。《云南通志》引《伯麟图说》："羿子，一名沙兔。"乾隆《镇雄州志·种族》："沙兔，一名仲家。"仲家即布依族。仁怀现今仍然有布依族。"布"是汉藏语系壮泰语族的词头，"人"的意思。"依"或许是羿的对音。"布依"就是羿人，与僚同类。"布依"符合壮泰语族的构词法：中心词在前，作为修饰语的名词在后。布依族的先民是濮，与南平僚的先民濮是同宗同族。

三、僚与彝

唐、宋时期，泸州地区的少数民族称"泸夷"。泸夷包括两类民族：僚和乌蛮（彝族）。

《宋史》卷496载："自黔、恭以西至涪、泸、嘉、叙，自阶又折而东，南至威、茂、黎、雅，被边十余郡，绵亘数千里，刚夷恶獠，殆千万计。"宋代，南广溪一带（南广河流域）的民族主要有两类，即被诬为"刚夷恶獠"的乌蛮和僚人。南广蛮为其泛称。南广蛮地域在叙州庆符县以南，即今宜宾、泸州以南地区。

僚人是泸州地区主要居民。自晋、唐以来，一直活跃。唐代所置泸州14个羁縻州都是僚人聚居区。宋代所置18个羁縻州，除姚州（今贵州大方）外，也全是僚人活动区域。

泸州僚人在宋代一直受北面宋王朝的征讨，南面乌蛮部落的侵逼。他们生活在乌蛮和宋王朝两大势力范围之间，成为双方争夺的对象。

僚人族群的社会形态是：以家庭为单元，血缘为纽带，实行"寨老制"，以社区为范围，以自然经济为基础，组织分散，既无力阻碍乌蛮部落向北发展，更无法阻挡宋王朝统治势力向南进逼。熙宁年间在泸州所属羁縻地南州设南平军（治所在綦江铜佛坝）。大观年间，南平僚首领赵泰以地内属，诏建溱州（今綦江扶欢、郭扶）；还建滋州（今习水仁怀）。这些都表现出宋政府在泸州及邻近僚人地区的纳降强势。处于家长奴隶制社会发展阶段的泸州僚人，无力抵御外部势力的进入，大部分纳土投于宋政府的直接统治之下，少部分长期处于乌蛮部落势力范围内。

熙宁年间泸州南部边境的乌蛮宴子部和甫望个恕部已成"外蛮之强者"。宴子部所居达长宁、宁远以南（今滇东北角）；甫望个恕部聚居于纳溪河上游以及河源地带，其先势力曾一度抵达纳溪水的下游地区。"甫望个恕近纳溪，以舟下泸不过半日。"（《宋史·地理志》）势力已北抵长江南岸。甫望个恕部先祖扯勒部迁居川南时，击降属于僚人系统的都掌、羿子、土僚。宴子、甫望个恕二部长期活动于今西南三省川、黔、滇交界地区。甫望个恕之孙、乞弟之子阿永的部落与播接，而泸之仁怀、绥远寨尝出播州之境。

泸叙地区的僚人村落上百个。《宋史》卷496载："二酋（指宴子、甫望个恕）浸强大，擅劫宴州山外六姓及纳溪二十四姓生夷。夷弱小，皆相与供其宝。"所谓"生夷"是指生僚。大量的僚人部落被乌蛮部落征服。到明代，这些村落的僚人大部分逐渐融合于汉族或其他民族（例如彝族）之中。

在宋代，中央王朝、僚族、彝族三方关系错综复杂。举例说，熙宁七年（1074）宋政府把归徕州（今叙永、古蔺）授予援助官军攻击其他泸夷的甫望个恕。熙宁八年（1075）渝州僚（南平僚）酋首阿讹率众攻击南州（今綦江），得到甫望个恕暗中支持。阿讹失利，投奔甫望个恕。熊本以重赏令擒斩阿讹。甫望个恕掩护。阿讹得领众攻击纳溪砦。元丰元年（1078）三月，南平军管下播州夷界巡检杨光震（杨光荣兄弟）斩获阿讹（《续资治通鉴长编》卷311）。元丰三年（1080）甫望个恕之子乞弟以索取旧税为名，围攻已在宋政府控制下的"熟夷"（僚人）。宋政府诱使乌蛮罗氏鬼主部和晏子——沙取部，并争取当地僚人配合，夹攻乞弟部。乞弟穷途末路，往来部落间，至死。

四、仁怀僚族的文化特质举隅

相同的生产方式和生活方式往往产生相同的习俗，形成共同的文化体系，产生相同的心理素质。于是，民族文化、民族认同就成了区别民族的一个方面的依据。这种区别民族的文化特征，就是文化特质（culturetrait）。文化人类学家列举越—僚系统的文化特质在 20 项以上。现今在僚人融入汉族的地区，许多文化特质已经消失，但是，文脉并未根绝，仍然有一些底层（民族文化底层）遗存。这里略举显而易见的几项。

1. 铜鼓

铜鼓为僚人礼仪重器、权威象征，每每用于祭祀和战争。宋真宗天禧三年（1019）十月南平军（治所在今綦江）僚人助宋军攻击乌蛮（彝族）乞弟部时，击铜鼓，全部族首领指天地为誓："不得助乞弟，唯助大朝。"（《续资治通鉴长编》卷 94）熙宁年间，宋军镇压南平僚人，缴获铜鼓甚多。有的铜鼓被僚人埋藏深箐中。仁怀曾在茅台出土铜鼓，为遵义鼓型。遵义鼓为唐宋时期的铜鼓。綦江博物馆收藏有铜鼓。这些铜鼓无疑是南平僚人的用品。使用铜鼓的地区，留下许多地名至今。光绪《增修仁怀厅志》卷 1《水志》："浑溪，其上源曰铜鼓溪，土人于其地掘得铜鼓大小各一，因以名溪。其溪由青苔坎合一小铜鼓溪，迄水渐坝入赤水。"《舆地纪胜》载仁怀大铜鼓滩、小铜鼓滩。与仁怀邻近的綦江有铜鼓殿、铜鼓园。巴县有铜鼓台。江津有铜鼓山、铜鼓箐。凡是曾经有僚人居住过的地方，就有铜鼓出土、发现和流传；反之，大约有铜鼓出土的地方，也就有古代僚人聚居的记载。

2. 干兰

《新唐书·南平僚传》："人居楼，梯而上，名为'干兰（栏）'。"南平僚语叫的"干兰"是一种高脚屋，即把底层架空，也叫吊脚楼。这种干兰式建筑，至今还可以在綦江、仁怀等渝南黔北的偏僻农村看到；有的虽然把底层围成屋，但干兰的制式尚可以看出。干兰建筑是越—僚人最早创造的特色建筑。壮、傣、佬、泰等越—僚民族的后裔至今仍然延续这种建筑模式。两相比较，可以看出仁怀在早确乎存在僚人。

3. 崖墓

俗称"蛮子洞"，是僚人先民的一种葬俗，就是在崖壁或石包上凿洞安葬。渝南、黔北、川南僚人分布地区都有崖墓遗存，以綦江河流域所存崖墓最多。今习水县（原仁怀）三岔河岩上村（地名桐半丘）有崖墓 5 座，刻有建光元年（223）买地约据，还阴刻双阙，浮雕鲤鱼、捕鱼图等，可见当时、当地的生产、生活、风俗状况。赤水市官渡马鞍山岩墓，当地人称"蛮子坟"，成十排列在赤水河岸。一座墓内阴刻人物。官渡一个叫"麻堑"的石壁上阴刻岩画，既有象形的刻画，又有抽象的符号，右下方刻一个横着俯卧的全身人像。现今仁怀市还存在鹿颈沟崖墓、观音河崖墓。

4. 服饰

《新唐书·南平僚传》："妇人横布二幅，穿中贯其首，号曰'桶裙'。美发，髻垂于后。竹筒三寸斜穿其耳，贵者饰以珠珰。"《太平寰宇记》卷74："女短衣左衽。"《蜀中广记》引《文献通考》："女子绾发撮发以饰簪。"就是挽发髻于脑后。綦江、仁怀等渝南、黔北、川南妇女的这种发髻叫"毛转"。《新唐书·南平僚传》："男子左衽，露发徒跣。"《蜀中广记》引《文献通考》："男子用白练缠头，衣尚青碧。"男子这种包白帕、穿面襟向左的黑色或蓝色短衣、大裤裆、打光脚板的装扮，一直到20世纪，在渝南、黔北、川南的农村还相当普遍。唐代《蛮书》（《云南志》）载：傣族男子"以红缯布缠髻，出其余垂后为饰"。所余头巾现今已折叠成花帽。綦江、仁怀等地在20世纪男子还有椎髻于头顶的。

5. 咂酒

朱辅《溪蛮丛笑》将咂酒取名为钓竿酒，意思是：饮酒时以藤管吸酒，状如钓竿钓鱼。遵义近年发现的仡佬文《濮祖经》曰："罐附多竹，众食庆安。"清代李慎行《咂酒》诗有句："蛮酒钓藤名。"是说，以葛藤管吸酒。后以竹管代藤管。咂酒是未经蒸馏浓缩过滤的带糟的生酒。这种酒是对所处郁热环境的最佳适应，因而这一饮酒习俗长期延续。

6. 婚俗

《新唐书·南平僚传》："俗女多男少，妇人任役。婚法：女以货求男。贫者无以嫁，则卖为婢。"《太平寰宇记》："夫亡，女不归家，葬之岩穴。"綦江东汉崖墓外多见"为夫作石"的摩崖题记。嫁女以重金陪嫁，所以重男轻女，此风在綦江、仁怀一带延续至20世纪50年代。

五、仁怀汉语方言中的僚语底层

仁怀汉语方言是属于北方官话西南次方言的一个分支——渝黔川话。

仁怀邻近重庆和川南，加之各省移民的影响，在语音、词汇、语法上，既有本地个性特点，又有渝黔话、川黔话的共性特征。

仁怀汉语方言与北方官话，出自一源，相承一脉。但奇怪，它又与北方官话有许多不同，而且这些不同竟然与壮泰语族（包括中国壮语、傣语、泰国泰语、老挝佬语等）的一些词汇同音（或近音）、同义（或近义），语法也有一些类似之处。为什么会如此呢？

如前所说，早先，仁怀处于"西南夷"地区，其主体民族是僚人。中古僚人属于远古百越集团，衍化出壮泰族群。其语言属于汉藏语系，渊源于越—僚语言。当仁怀汉族居于少数时，必然学习和使用僚语交际，造成语言转用和双语现象。仁怀经过几次移民浪潮，汉族逐渐成为当地主体民族，僚人降居于少数，乃至因为受封建王朝历次征剿和逼迫而逃亡国外，或者大部分融入汉族之中。僚人消失了，僚语也整体消失了，但是在一些边远地区，汉语当初的一些借词，仍然与汉语并用。例如父母，仁怀汉语方言叫"老汉""娘"，同时也有叫"波（父）""美（母）"的。这是因为文化的一贯性，习惯了，即继续使用，久之而成为底层词，沉淀于汉语中了。被融入汉族的僚人也会不自觉地把僚语的一些成分带进汉语中（即转用），并不断传下去，进入汉语方言结构里，形成僚语的一个积淀底层——"底层"（Substratum）。底层语言会以多种方式对上层（Superstratum）语言——汉语产生程度不等的影响。这些影响表现在"借用"（通常只见于词汇），还表现在底层成分渗入语言结构之中。后来的仁怀汉语中存在僚语底层就不足为怪了。又由于仁怀地处偏僻，遗存于仁怀话中的僚语底层还有一些保留至今。如何知道它是僚语呢？拿它与壮泰语族比较可知，因为僚语是壮泰语族的母语。

举个例子。鸭，仁怀话叫"瘪嘴子"。瘪，泰、佬、傣、侗（北部方言）都叫鸭为 Pet，龙州、武鸣壮语、布依语叫 Pit。仁怀叫公鸭为鸭青。广西武鸣壮语叫公鸭为 $Pit^{55} se\eta^{24}$（汉语译成"鸭青"）。仁怀话和壮语对鸭的雄性称呼"青"完全一样。仁怀方言中"鸭青"这种齐头式的"类名＋专名"的命名格式，正是僚语中心词在前、修饰语在后的顺序结构的语法特征的印迹。这个例子足以说明：仁怀话确有僚语底层一次存在！

探寻仁怀话中的僚语，不是用壮泰语族语言与之比较时简单地看其外貌是否与现代语音近似，而是要看有无共同渊源可溯；要看现实读音虽然差别很大，但是否为规律性的差异。所谓规律性差异，就是具有对应规律的差异，即语音变化不是发生在某个音上，而是发生在某种发音部位或方法上，所以总是涉及整类现象规则的变化。

仁怀汉语方言转用的僚语有两种形态：借词和底层词。以下用 A 代表僚语，用 B 代表汉语。《仁怀县志》中有一些方言词汇，我们就从中举例。

（一）借词

1. 借词借入的方式可分为全音译和半音译。
（1）全音译，A（＝B）式，音义皆同，例：波（父的音译）。也

（2）半音译，借入的方式有三种类型。

甲、A+B式。在修饰关系的合成词中，固有词为中心词，借入词为修饰成分。例：龙竹（大竹）。"龙"为僚语，大的意思。

乙、B+A式。在修饰关系的合成词中，固有词为修饰成分，借入词为中心词素。例：犟拐（脾气倔强的人）。犟，汉语，指犟人；拐，僚语，指一种牛，作为修饰语，即像牛一样倔强的人。

丙、A1+A2式。固有词作大类名，借入部分起注释作用，即类名+专名。例：麻柳（黄果）。麻是果子的类名，柳是黄果（橙）的专名。

2. 底层词是汉语受僚语影响而出现的同义词，也就是南平僚语被正在形成的渝黔方言吸收后保留下来的义同音不同的词汇。底层词在底层语言（僚语）中有意义相同或相近的词与表层语言（汉语方言）对应，即是在声母、韵母和声调之间存在规律性差异。

（二）底层词

底层词的构成方式有两种。

（1）对等式

甲、B=A式。即同义连文，同义复合，僚语音译与汉语词素对等，都是同一个意思。例：鲇巴朗。鲇是汉语：鲇鱼；巴朗是僚语：鲇鱼。巴是鱼的类名，朗是专名（鲇）。鲇＝巴朗。

乙、B+A式。即从僚语中引入原本为实词的A，并把它虚化成词缀，附着在B的后面。僚语成分起加注、说明、增强形容词生动色彩的作用。例：老革。也说：老革革。老是汉语，年迈之意；革是僚语，也是老迈的意思。老革、老革革，是同义连文。这种僚语成分作为叠词附后增强色彩的词语形式是很多的，仁怀话就有白皓皓，高耸耸，矮墩墩，胖嘟嘟……

（2）偏正式僚语音译词与汉语或偏或正组合成词。

甲、A+B式。即由汉语和僚语的各自意思组合成词。例：凌冰（薄冰）。凌是僚语音译，水凝冻的意思。冰是汉语。

乙、B1+（A=B2）式。即在多音词中，第一个词素是汉语，第二个词素是僚语与意思相同的汉语的结合。例：肚朗皮。肚和皮是汉语，朗是僚语，皮的意思。朗和皮同义，共同作为一个成分，与前一成分组合成词。

从壮泰语族对比探讨仁怀方言里的僚语底层与壮泰诸族语言的同一性，当然应该从语音、从词汇、语法三个方面来进行，需作专文论述，可参见拙著《南平僚族属证明法：探寻老挝僚语底层，并与壮泰语族比较》（载《僚学研究》第二辑，中国广播影视出版社）。

赤水河疏浚与川盐（仁岸）入黔

张祥光[*]

摘 要：张广泗上疏朝廷，于乾隆十年十一月至十一年闰三月，首浚赤水河，疏通 68 处险滩，使川盐由四川合江经赤水河到仁岸茅台村，运输路程大大缩短，盐价渐平，对黔人"斗米斤盐"之负担有所减轻，经济效益十分明显。文中还对赤水河源流及遵义知府陈玉璧是否与赤水河疏浚、吴登举之死有关等问题，均有论述与考辨。

清朝承袭汉唐以来食盐专卖制度，禁止私营，民间俗称"官盐"。同时，清代对于食盐产区之销售地域亦作了规定。《清史稿·食货志》"盐法"条下载明，除蒙古、新疆外，对内地产盐十一区（长芦、奉天、山东、两淮、浙江、福建、广东、四川、云南、河东、陕甘）做了销售划分。由于贵州不产盐，按"盐法"规定，由广东、四川所生产之盐，销售贵州。四川行销黔省之盐总称边岸，通过边岸四路，即所称仁、永、綦、涪四岸进入贵州，由仁岸进入贵州之盐，就由赤入河运输到仁岸再转入贵州各地。

张广泗奏请疏浚赤水河

赤水河是长江上游南岸的一级支流，它的发源地及在贵州境内的"河长"各书有不同的记载。仅举三书。1989 年贵州人民出版社出版的《贵州省地理》谓：赤水河"有二源：西源在云南镇雄境内；南源在毕节青场。在四川合江县汇入长江。干流全长 523.5 千米，其中，省内河长 450 千米"。2005 年贵州人民出版社的《贵州百科全书》谓：赤水河"发源于云南省威信县雨河乡，干流进入贵州西部毕节市后成为川黔界河，流经金沙县、习水

＊ 张祥光，男，贵州桐梓人，贵州师范大学历史系教授，原系主任、《贵师大学报》（社科版）主编。贵州省文史馆研究馆员、《贵州文史丛刊》编辑。

县、赤水市后，在合江汇入长江。全长 378 千米，其中贵州境内 299 千米"。2009 年上海辞书出版社出版的《辞海》（第六版）谓：赤水河"源出云南省镇雄县，经贵州省赤水市到四川省合江县入长江，长 523 千米"。《辞海》所载的发源地与干流长度，与《贵州省地理》一书略有差别但较吻合。在科学测绘发达的今天，《贵州百科全书》与其他两书这样大的差别，使人很难理解。

乾隆十年，时任贵州省总督兼巡抚的张广泗（当时贵州专设总督）派凯里营都司刘奇伟、威宁吏目王步云、遵义县县尉诸曜、镇远标外司张贵四人，就疏浚赤水河进行勘查，四人对赤水河道滩险进行勘查后，绘图向张广泗汇报，张广泗即上奏朝廷，请疏浚赤水河。当时张广泗请求疏浚赤水河的目的，还不是川盐入黔的问题，而是贵州所产之铜、铅如何运出的问题。乾隆十年四月庚申（1745 年 5 月 19 日）工部即答复：贵州总督张广泗疏称，"黔省威宁、大定等府州县，崇山峻岭，不通舟楫，所产铜、铅，陆运维艰，合之滇省运京铜，每年千万斤，皆取道于威宁、毕节。驮马短少，趱运不前，查有大定府毕节县属之赤水河，下接遵义仁怀县属之猿猴地方，若将此河开凿通舟，即可顺流直达四川重庆水次。委员勘估，水程五百余里，计应开修大小六十八滩，约需银四万七千余两。此河开通，每年可省脚价银一万三四千两，以三年余之节省，即可抵补开河工费。再黔省食盐，例销川引，若开修赤水河，盐船亦可通行，盐价立见平减。"很快得到批示："奉旨俞允。"（《清实录·高宗实录》卷二三九）朝廷同意了张广泗奏疏。赤水河 68 险滩疏浚工程于是年十一月一日开工，第二年闰三月一日竣工，时间约半年，用银三万八千六百余两。该工程完工后，四月，乾隆皇帝得知并没有用到原估价四万七千余两之银，便下旨查问："据张广泗奏称，开修河道工价，原估银四万七千余两，约以三年运铅脚价节省银两补还，不必另动帑项。今河工已竣，用过银三万八千余两，较之原估节省将及万金，所有开河工费，只须二年，即补苴还项等语。可传询问张广泗，此项节省银两，既系从前张广泗，改陆运为水运，通计铅、铜两项每年可节省一万三四千两之内，今河工告竣较之原估，又有节省，作何归结？并将来开河工费归还之后，所有节省，如何办理之处，令其具折以闻。"（《清实录·高宗实录》卷二六五）乾隆皇帝要求张广泗上折回答。张广泗即上奏，其余款"奏明归公"。乾隆皇帝对此事又下旨，"谕军机大臣等：贵州铜、铅余息一案，乾隆十一年，总督张广泗折奏，经军机大臣议复，准其留充公用。朕以黔省乃苗疆重地，以此项银两既已归公，恐将来遇有公事办理或致妨碍，因谕孙绍武令其察奏"（同上，卷三二二）。

张广泗在贵州任职期间所疏通河道，不只赤水河，还有清水江和都柳江。（乾隆）《贵州通志》晏斯盛《黔中水道考》载："清江，古曰剑河，又曰长河，旧陷苗境，舟楫不通。雍正七年，总督鄂公（讳）尔泰，巡抚张公（讳）广泗，奉旨清厘，夷人归诚，题请开浚自都匀府至湖广黔阳县总长一千二十余里，遄行无阻。"清江即清水江，为沅水上游，发源于贵定斗篷山南麓，流贯黔南州，经天柱县流入湖南，在常德附近流入洞庭湖。《黔中水道考》又载："古州江亦曰都江，旧陷苗境，雍正七年，总督鄂、巡抚张，奉命清厘，夷人归诚，黔粤舟行无阻。其上源有邦水河，出都匀府，东南合三道河，流入独山州，至滥土汛右合马肠水，左合滥土司西南溪水东流为都江。"都江即都柳江，是红水河左岸支流柳江的上游，源于独山县拉林乡，经从江入广西。

对清水江和都柳江的疏通，晏斯盛叙述为鄂尔泰、张广泗倡修。雍正时鄂尔泰为云贵总督，张广泗为贵州巡抚，应该说此两江的疏通具体负责的是张广泗。从上述可见，张广泗在雍正、乾隆任职于贵州期间，先后疏通了三条河流。

张广泗，汉军镶红旗人，由监生捐纳知府，康熙六十一年，选拔贵州思州；雍正五年初任黎平知府；雍正五年十一月为贵州按察使，雍正六年七月，升任贵州巡抚，乾隆元年，任贵州总督兼贵州巡抚（时贵州设总督），乾隆六年，完成了（乾隆）《贵州通志》。张广泗的结局是很不幸的，乾隆十一年二月，四川金川土司莎罗奔叛，命张广泗为川陕总督带兵征讨，乾隆十三年十二月，朝廷"以广泗在金川久无功，又与经略纳亲龃龉，逮至京，上亲鞫之，以广泗有功，意欲原之。而广泗供，有不逊语。命军机大臣会同刑部议罪。以失语，军机论如律"〔（民国）《贵州通志·宦迹志》〕，被处死。

三　知府与赤水河疏浚

负责赤水河疏浚具体工作和监督工程的，从史籍资料看，有大定知府王允浩、遵义知府陈玉壁，以及大定知府四十七。

王允浩，鄱阳（今江西鄱阳县）人。张广泗奏请疏浚赤水河时，王允浩时任大定知府。关于王允浩负责疏浚赤水河史实，（道光）《大定府志》载："（乾隆）十年，总督张广泗谓云贵二省官运铜、铅，悉由陆路，岭阪峻而脚费多，且贵州民食川盐皆负运而来，亦甚艰苦。川贵之间，有赤水河可通舟至仁怀之猿猴河鸡心滩，而自鸡心滩溯至赤水之天鼓岩五百余里，有巨滩六十八，若凿之以通舟，则官民咸利，乃具疏入奏，允之。遂借支闲款银三万八千六百四十二两有奇，招工开凿。下游自盐井至鸡心滩，凡四十一滩在遵义境者，令遵义知府陈玉壁。上游自天鼓岩至新滩，凡二十七滩在大定境者，令允浩监之。"王允浩时任大定知府，他监修是责无旁贷。

陈玉璧，山东历城（今山东济南）人，乾隆三年，任遵义知府。他在遵义知府任上，从山东引种山蚕成功，发展了遵义的丝绸业。

在《仁怀直隶厅志》《大定府志》《贵阳府志》《安顺府志》等有史料价值的志书中，都记载有遵义知府陈玉璧"凿赤水河"事。

陈玉璧是否参与赤水河疏浚工程的监修？赤水河下游四十一处险滩是否在陈玉璧监督下完成？上述若干志书的记载是否有错？这是值得考辨的大事。

一、若陈参与此史实，应该大书特书的，首先应是郑珍、莫友芝编纂的《遵义府志》。《遵义府志》成书早于上述的《仁怀直隶厅志》《大定府志》《贵阳府志》、《安顺府志》。对《遵义府志》，史学界一直认可梁启超"府志中第一"的评价，认为这是一部学术价值很高的史学著作。

《遵义府志》"宦迹志"中，详细叙述了陈玉璧其人，称颂他在遵义任知府期间，就山蚕从放养到缫、织，发展遵义蚕丝业的功绩。"迄今百年，遵绸之名，与吴绫、蜀锦争价。遵义视全黔为独饶，玉璧之力也。"郑、莫《遵义府志》在撰写陈玉璧的"传"中，无一字一句提到陈有关于疏浚赤水河之事。这难道是二巨儒的疏漏？不是。这只能说陈玉璧没有参与其事。同时查阅《遵义府志》中"水道"赤水条下，亦未有陈玉璧参与疏浚赤水河的记载。

二、最有说服力的史实是：在赤水河疏浚工程动工时，陈玉璧已经离任，不再是遵义知府了。《遵义府志》写得很清楚：陈玉璧于乾隆三年到遵义任知府，乾隆八年秋离任。而赤水河疏浚工程，张广泗是乾隆九年四月上奏章。到乾隆十年十一月一日开工，第二年闰三月一日完工。赤水河开工之时，陈玉璧已离遵义知府岗位两年了。上述《仁怀直隶厅》《大定府志》等志书记载陈玉璧参与监修事，说明志书编纂者不严谨。而《遵义府志》未抄录错误史料，正说明郑珍、莫友芝做学问的严谨，值得肯定。

陈玉璧早已离开知府岗位，这是最有说服力的史实。

三、郑珍是不是对赤水河疏浚事一无所知，所以才疏漏了陈玉璧参与此大事？史料回答是否定的，郑珍有多首诗涉及赤水河流域及赤水河疏浚。他的诗作《茅台村》《吴公岭》《仁怀厅》《放船百二十里至青龙滩，复山行十五里宿斤竹冈》《十五里下二郎滩岸遂宿》《宿猿猴滩岸》《牮牛船歌》《舟出合江》等都直接讴歌赤水河风光、沿河人们的生活、经济状况，以及为疏浚赤水河做出贡献的吴登举。他的名句"酒冠黔人国，盐登赤虺河"，最为国人称许。

可见贵州省一些志书记载陈玉璧作为遵义知府时参与赤水河疏浚事之史料，我们是不能全信的。

第三位知府四十七。四十七，他没有参与赤水河疏浚，但他提出"岁修之法"。赤水河疏通四年后，由于岩石崩落，航行不畅，有人建议仍走陆道。乾隆十四年，贵州巡抚爱必达，派大定知府四十七及毕节知县凌均，实地勘查通航情况，两人勘查以后，向爱必达做了汇报，四十七提出了"岁修之法"的建议。

四十七，满洲人，他勘查赤水河后写了一篇《赤虺河开通记》，该文对赤水河在张广泗疏浚后几年通航取得的成就做出了肯定，指出一些险滩影响通航的情况，最后提出如何才能保证通航的建议。该文是一篇有史料价值的资料，现录于下。

《赤虺河开通记》

赤虺河发源云南镇雄州，自万山中，一线溪流，由毕节经行黔西、仁怀，以达川江。中自天鼓岩至鸡心滩共六十八滩，总督张公因滇黔铜、铅，每岁陆路转输运艰费巨。又黔不产盐，率从川负运至猿猴转贩，议将河道开通，俱由水运，上既节省国帑，下亦利济民生，具疏入告，经部议准，随即勘估具题。动款三万八千六百四十二两零。天鼓岩至新滩二十七滩委大定府知府王允浩分办；盐井滩至鸡心滩四十一滩，委遵义府知府陈玉璧分办（作者按：前已指出此说不确）。于乾隆十年十一月初一日兴工，至十一年闰三月初一日工竣。张公亲行履勘题报。既蜈蚣崖滩复壅塞，乾隆十四年十月，抚部院爱公委予率同毕节县凌均往勘。自天鼓岩至白沙河六十余里，有张会、新亮、长滩、老虎滩等，水高石大，吊放艰难；毕节至老虎滩无陆路可通，须以白沙河为口岸，背负于此上船。自白沙河至鱼塘河，河身稍窄，红岩梁、猪圈、门庙、儿雄、碓窝等滩，乱石堆积，水势陡险，船户轮流吊放，一日行二三十里。自鱼塘河至新滩三百余里，河宽水平，舟行无碍。新龙虽名一滩，实则连接六滩，每滩相去一二丈，下又紧连上长、中长、下长三滩，九滩相接，中无停桡之所，每多失事。下又有殷胡子沱，大白汾、小白汾、文公上滩、文公下滩、螺蛳等滩。黔岸形如刀削；蜀岸文公庙一所，溶口窄狭，螺蛳滩亦甚危险，历台盘子，虎跳石、滋弯洞、黄连大洪至二郎滩，抵猿猴、鸡心滩一百六里，河宽水平，舟行无虞。总之，极险处须盘运次险及不险仍舟载。自乾隆十一年至十四年三月，运铅三百四十七万斤，每斤节省银二钱一厘四毫，计省银六千九百八十八两零。盐价亦渐平。详请增引者，多河中客船，名曰舟秋船，约一百余艘，每艘可载铅一千余斤，自鱼塘顺流至新龙滩，水脚银四两二钱二分，自二郎滩顺水至猿猴，每千斤水价银四钱，若载盐，每艘可载九千六百斤，自猿猴上至新龙滩，每包脚银二钱，新龙滩上至茅台村，每包脚银二钱五分。揆此日情形，于国于民，均有成效。但民耕种山上，人牛垦挖，石即滚下。有滩之处，旁有溪沟，山水陡发冲激，沙石填积，滩路难保，开者不复壅，通者不仍塞也，是必定为"岁修之法"，每年水涸之时，饬该地方查有淤塞之处，详细勘估，于节省项下动支雇夫检修，工完报销，立定章程，庶前功不致废弃而利赖及万世矣。

但是，四十七所提"岁修之法"，并未得到以后为政者之落实施行。

吴登举与赤水河疏浚

吴登举一个渡夫，一个很普通的劳动人民，为疏浚赤水河做出了很大贡献，后人永远纪念他。

吴登举是赤水河米粮渡的渡夫。《遵义府志·关梁》载："米粮渡，在（仁怀）城西二百余里，通永宁。当水落，可褰裳而济；及水斗至，候高百尺，时时溺人。"米粮渡在水涨时，突然高百尺，可见作为渡夫，其工作是很危险的。嘉庆二十一年编纂的《仁怀县草志》，离张广泗倡修疏浚赤水河不过七十年，是较接近此事件最早的志书，该志在卷五"人物"一目中，撰写的《吴登举传》，为我们描述了一个活生生的渡夫形象。传文谓：

> 吴登举，米粮渡渡夫也，上下赤水河数百里，于水道险易远近，尽得其要。乾隆八年，贵州总督张广泗议开赤水河，下其事于仁怀县。登举至县，具言开河状甚悉。县上之大府，檄登举至省垣，询以开河利弊。登举因言开河次第，皆确凿可行。刺指血书，一家兄弟子侄一十八人名：所开河不如其言者，一并连座。大府信之，奏闻报可。九年，而登举支白金，募众工。十一年开河工浚，广泗自省垣至仁履勘，沿河至两河口登岸，问登举，愿官否？登举曰："某未习诗书，荷公厚恩得免罪戾足矣，敢登官乎？"广泗悦，书"忠耿过人"四字赠焉，二十二年，卒。

一个渡夫，全家十八口，"支白金"招募一批工人，组织指挥参与赤水河疏浚，得到张广泗的敬重和称赞，一百多年后，郑珍写一首长诗《吴公岭》：

> 著蓰吴公岭，侧目吴公崖。飞狮落九天，脚插赤水隈。
> 奔湍撼不动，怒声天地迴。水怒石益静，万古苍岿岿。
> 蜀盐走贵州，秦商聚茅台。牵舟走狼滩，龙滩近可挨。
> 限此十里石，摩牙竞罢豺。两岸壁削成，自古白不苔。

越此三十里，驮负费其财。当年吴登举，力欲运道开。

凿此至崖下，下手即风雷。愤极仰天死，至今祠水涯。

谈者为叹息，民劳天实灾。焉知彼苍仁，正为斯民哀。

三代井法废，大利归贾魁。肥癃享厚息，锦绣挥舆侪。

生人十而九，无田可耕栽。力恶不出身，令力致无阶。

每每好身手，饿僵还裸埋。试令去此险，一钱谁气哉！

拔彼一牛毛，活我万叟孩。天心曲调济，人苦夸苏锤。

日出晓凉断，炎风吹面来。坐饱万山顶，茫茫感中怀。

郑珍对吴登举的义举十分称颂，以长诗赞之，纪念之。后人又将他开凿滩渡"殉难"之地，更名为"吴公岩""吴公岭""吴公岩隘""吴公岩渡"。并建祠祭祀他，《续遵义府志》卷六"关梁"写有一条"吴公岩渡"："在城西北百五十里，当赤溱二水合流，上十里，两岸狭迫，波涛汹涌，涸时缘藤可渡，到岸即古蔺界。长行舟楫上下不能通行。蜀盐至此，皆山癯材媪，椎髻鹑衣，屃赑负载，越岭易舟而行。昔有吴登举，欲开凿滩石，以畅舟行，甫通，而岩石崩颓者再，吴殉是滩，土人祠祀之。"

关于吴登举是正常病逝，还是凿滩时遇岩石崩塌而逝？郑珍诗中云："当年吴登举，力欲运道开。凿此至崖下，下手即风雷。愤极仰天死，至今祠水涯。"认为是凿岩石时，愤极而死。《续遵义府志》"吴公岩渡"条，认为是"岩石崩颓"，而吴"殉"是滩。光绪二十八年所编纂的《增修仁怀厅志》载："新龙滩，一名兴隆滩，相接为吴公崖，巨石横亘波心，不受斧凿。乾隆初，吴公思开此崖，未就，寻崖石崩颓蔽塞川路，吴公忿恚死。因以为名。""忿恚"而死，是指他自感到未完成任务，一时气愤而死，而"岩石崩颓"而"殉"是说他被岩石砸死。而《仁怀县草志》又在"吴登举传"中说他"二十二年卒"。"二十二年"指乾隆二十二年。卒，则是正常病逝。可见，吴登举之死因，就史书所记，即有三说。阅读《仁怀县志》所述吴登举之死，应是正常死亡，因为赤水河疏浚后，张广泗接见他还问他愿不愿"当官"，可见该工程完工后，他还健在，并没有砸死，亦未因为完工"忿恚"死。他是在赤水河竣工十一年后病逝的，至于由他疏通的险滩之地，后人冠以吴氏之名，应是后来为纪念他而改名的，这是很正常的，此种事我们现在可以举出十例，百例。

2013 年，贵州省文史研究馆举办"贵州省六百年历史人物画卷展"，邀请一批贵州省著名画家给一百个为贵州社会发展做出贡献的历史人物作画，其中就有吴登举，这是后人对他参与疏浚赤水河流域所做出的贡献表示再一次深深的怀念。

川盐（仁岸）入黔，道路近盐价减

仁岸是川盐入黔的四大口岸之一。

清廷盐法规定，贵州为广东、四川两省产盐的销售区，但实际情况并不是这样。近滇之威宁、毕节等地大多食滇盐，与楚相邻的黎平、镇远等府食淮盐。但从全省来看，以食川盐为主。《会典事例》载：贵州素不产盐，"由小贩担负四川、湖广引盐零卖。贵阳、安顺、平越、都匀、思南、石阡、南笼、大定、遵义以上九府食四川盐"。而从四川边岸四路进入贵州，又以仁岸距离最近。当时的交通情况是：

一、永岸。由纳溪溯至永宁小河二百余里（华里。下同），再有数百里陆路，才入贵州。

二、仁岸。由合江至贵州茅台村五百余里，从合江起运，即进入贵州。

三、綦岸。由江津至松坎（桐梓境）六百余里。

四、涪岸。由四川涪州至贵州境内龚滩，八百余里。

可见仁岸是川盐入贵州距离最近的。

张广泗疏通赤水河，疏浚河道约300里，茅台村仁岸，既是川盐入黔水运的终点，又是陆运的起点。由合江溯赤水河上行至茅台村，全长500余里，当时并不全是水运，如由猿猴滩至土城30里即为水陆并运。除涪岸以外，仁岸与永岸、綦岸三岸均属黔北或毗邻黔北，但其距遵义府、贵阳省会，仁岸茅台较叙永，松坎更近。赤水河疏浚后，"广泗谓：此河通舟，则川省盐斤可由仁怀县属之猿猴地方船载，通行大定等处食盐，可省陆运四站；贵阳、平越、都匀等府食盐，可省陆运七站；安顺、南笼等府食盐，可省陆运六站。仍请仁怀引额，并改永宁陆引，悉由仁怀水运。运费减轻，盐斤加多，则价目平"〔（民国）《贵州通志·食货志》〕。按《会典事例》所说九府，上述六府，加上遵义府，可见，即有七府之食盐由此而入。赤水河的疏通，使川盐入黔之运程大大缩短。在清朝前期，赤水河的川盐输入量占川盐入黔总量的30％。

赤水河疏浚后，当时有艒船一百余艘在赤水河航行，每艘载盐九千六百斤，每百斤比原人工马驮节省运输费一两银。《仁怀直隶厅志》载："川盐每岁由河运至仁怀县茅台村登陆贩卖，源源接济，至今盐价较平，开河之力也。"

从乾隆十一年赤水河疏浚后，有清一代，直至民国，茅台以下航道为川盐的主要通道，茅台村又是盐运的终点港，盐业的兴盛，带动了酒业的发展，使茅台村成了名酒之乡，国酒之乡。

明末万历三乱述评

王义全[*]

摘　要：万历年间，战事频发，先后爆发了宁夏之乱、朝鲜倭乱和播州之乱（史称"万历三大征"），三战虽取得胜利，但国家财政入不敷出，频频告急，神宗以国库匮乏为由，向百姓横征暴敛，激化了社会矛盾，明朝处于风雨飘摇之中，因此有"明亡实亡于万历"的说法。但同时明末万历三乱给明王朝的政治、经济和民族关系也带来了正面影响。西北哱拜的平定，虽然给宁夏带来了深重的灾难，但是西北贸易恢复，蒙汉民族的交流进一步加强。明军东征，无力顾及东北女真，导致女真日益强大，成为明朝心腹大患，但对外则奠定了三百多年的东亚政治格局。西南播州的平定，随着改土归流的实施，促进了该地区的进一步发展。因此"万历三大征"维护了中国西南、东北、西北地区的利益，一定程度上维护了大明王朝的统治。本文通过对明末万历三乱爆发的原因及始末，对明朝经济的打击，对明王朝政治的影响以及对少数民族的影响四个方面，来述评明末万历三乱。

关键词：万历；哱拜；倭乱；播州；述评

　　明末万历三乱，指明万历（1573—1619）年间，在明王朝西南、西北和东北地区展开的三次大规模的军事行动。它们分别是叶梦熊指挥平定的宁夏哱拜之乱；李如松、麻贵、邓子龙等入朝抗击日本关白丰臣秀吉侵略朝鲜的朝鲜倭乱；以及李化龙平定苗疆土司杨应龙的播州之乱。万历三乱的平定有着重大的历史意义，但也对明末社会的发展起着非常消极的影响，有"明亡实亡于万历"的说法。因此，要了解明朝末年的历史，就不得不全面剖析明末万历三大乱。

　　大多数学者是通过对明末万历三乱中的个案来研究明末社会的边境政治

　　* 王义全，男，贵州遵义市人，四川电子机械学院图书馆馆长，三级教授。

体制的矛盾、日本对封贡体制的挑战，以及西南播州土司与历史发展的相违背。这一研究思路代表性著作有鲁宏立《明末万历"哱拜之乱"原因新探》①，这本书对明朝政治重用文人，压制武将，造成以文制武的政治制度，家丁武装的广泛存在，以及哱氏集团与党馨的矛盾做了深刻的分析。王亮的《壬辰倭乱与明人抗日援朝》②一书，全面分析、介绍了抗倭援朝的经过。朝鲜国王李昖荒淫无道，国力衰弱，而日本结束了战国群雄纷争，走上了统一，国力蒸蒸日上，出兵侵略朝鲜，导致朝鲜大片国土沦丧，朝鲜国王被迫求救于大明出兵。明军东征援朝，光复平壤和开城，但在碧蹄馆功败垂成。日军退缩在釜山沿海一带，企图反击。入朝明军将士师劳粮乏，艰苦至极。日本第二次侵朝，杨镐临危受命，挫败了日军的进攻。战争后期，丰臣秀吉病死，日军全数撤退，东征战役宣告结束。刘利平的《明代"播州之役"军费考》③一文，对播州之乱军费的花费、筹措及来源做了深入分析。延边大学金洪培、黄文日《万历朝鲜役及其东亚政治格局的影响》④一文，认为抗倭援朝战争奠定了中、朝、日新的政治格局。还有本尼迪克特《菊与刀》⑤分析了日本对外扩张的岛国心理。此外，还有许多学者进行了其他的研究，如：王春桥的《边地土司与近代滇西边界的形成》⑥；路虹的《明代宁夏镇"哱拜之乱"述论》⑦；王雄的《关于哱拜之乱》⑧；王非《明代援朝御倭战争与朝鲜的"再造之恩"意识》⑨；著名的还有樊树志的《万历年间的朝鲜战争》⑩、李飞的《海龙屯考古揭示的土司军事遗址》⑪。他们大都将万历三乱作为个案分析，而没有对万历三乱进行完整论述。

纵观学界研究成果，明末万历三乱的研究主要是把各个叛乱置于各自的叛乱之中，忽略了把万历三乱作为一个整体研究其对明末所产生的影响。本文试图通过对明末万历三乱爆发的始末、原因，对明朝经济的打击，对明王朝政治的影响，以及对少数民族的影响四个方面，来述评明末万历三乱，望同行指正。

一、明末三乱的始末及原因

明万历二十年至二十八年（1592—1600），在西南、西北、东北地区接连展开了三次大规模的军事行动，称为明末万历三乱，也被称作万历三大征。分别是：西北哱拜之乱、朝鲜倭乱及播州之乱。哱拜之乱虽有偶发的因素，但实为边镇体制重大矛盾之折射；而日本早已对中国垂涎已久；西南播州之乱，则是土司制度违背了社会发展的潮流，其退出历史舞台是历史的必然。

（一）明末三乱发生的始末

哱拜之乱发生在万历二十年（1592）。《明史纪事本末》记载："拜，故鞑靼种也，嘉靖中，拜得罪其酋长，父兄皆见杀，拜伏水草中得免，来投守备郑印，隶麾下。"⑫哱拜因战功升为副总兵。明朝重文轻武，与巡抚党馨关系不和。双方矛盾不断激化，终成为叛乱爆发的导火线。万历二十年二月十八日，士兵刘东旸在哱拜的唆使下，杀死巡抚党馨及副使石继芳，胁迫总兵张惟忠以党馨"扣饷激变"谎报朝廷，并且索取官印，纵火烧毁公署，释放囚徒，发放府库中的财物，烧杀抢掠，无恶不作。哱拜并以宁夏镇为据点，出兵攻下广武、中卫、灵州等多座城池，企图割据西北。哱拜勾结河套部蒙古贵族著力兔，再许以花马池一带为条件，得到河套部蒙古大力援助，导致西北震动。随着叛乱势力逐渐强大，三月，朝廷下令平叛，特调名将麻贵率领其家兵前往驰援，并成功阻截河套部蒙古。四月，又调集辽东、宣府、大同、山西、甘肃等各镇士兵及东南浙兵及西南苗兵。七月，捣毁河套部蒙古大营，将蒙古势力尽逐出塞。叛军失去外援，各路军在叶梦熊的率领下，将宁夏城团团包围，引黄河灌城。与此同时，城内粮食物资匮乏，叛军发生内讧，哱拜自杀身亡，至此前后九个月，哱拜之乱全部平定。

16世纪末，日本战国三杰之一的丰臣秀吉初步统一了日本，结束了多年的战国纷争，为满足武士贵族掠夺的野心和转移国内各阶层矛盾，丰臣秀吉发动了"欲侵中国、灭朝鲜"的侵略战争。万历二十年，在关白丰臣秀吉的率领下，日本突袭朝鲜，横渡临津江，兵锋直逼王京（首尔）。不久又攻破平壤，朝鲜八道沦陷七道。朝鲜内部党争不断，政治腐败，二百多年不知战事，武备松弛，军纪涣散，军队望风而逃，国王宣祖李昖逃奔中朝边界义州。日军占领王京后，掠夺府库钱粮，毁坏陵墓，烧杀劫掠，无恶不作，激起了朝鲜人民的公愤。在这种形势下，明朝应朝鲜之请，为了维护东亚秩序出兵援朝，明军辽东总兵李如松率军渡过鸭绿江。中朝军队协同作战，进攻平壤，光复平壤，势如破竹，收复开城，扭转了朝鲜战局，把握了战争的主动权。但在距王京三十里的碧蹄馆因李如松轻敌，遭晖伏击，辎重物资损失惨重，导致功败垂成。明军包抄切断日军粮道，日军不得不放弃王京，退缩至釜山等地，以谈判为诱饵，暗中积聚力量，伺机反击。万历二十五年日军再次发动进攻，明神宗用邢玠为蓟辽总督，任命麻贵为备倭大将军，调集各镇兵马前往驰援。次年二月，明军兵分四路向釜山挺进，万历二十六年八月，丰臣秀吉忧病而死，日军被迫狼狈撤退，中朝联军乘势在海上截击，日军大败，全部撤退出朝鲜，战争结束。

播州位于今天的遵义，山川险要，广袤千里。自唐朝杨端入播平叛后，杨氏世代镇守斯土。万历初年，杨应龙承袭播州宣慰司使，此时播州强盛，物产丰富。贵州巡抚多次上奏要求把播州划入贵州的版图，导致了矛盾的激化，杨应龙于万历十七年公开作乱。旋即朝鲜倭乱爆发，明廷无暇顾及，杨应龙一面向明朝称愿领兵入朝抗倭，因此明廷对杨应龙之乱举棋不定，未采取有力对策；另一方面，杨应龙骄横跋扈，胡作非为，想通过向朝廷展示自己的军事力量，幻想朝廷对其进行安抚，实现"曲赦"。不久，杨应龙引苗兵围綦江，劫掠仓库，奸淫掳掠，屠杀无辜，导致西南震动。朝鲜倭乱结束，朝廷决心进剿杨应龙，任用李化龙兼兵部侍郎，节制四川、湖广、贵州三省兵事，并调刘綎及麻贵、陈璘等挥师西南。万历二十八年，在总督李化龙指挥下，明军兵分八路进剿。刘綎进兵綦江，巾帼英雄秦良玉与其丈夫马千乘率领白杆兵攻下金筑等七寨。杨应龙兵败如山倒，被迫退入海龙囤，做垂死挣扎。六月，明军诸路大军合围海龙囤，随后刘綎从后山攻破海龙囤。杨应龙知大势已去，与二妾自杀身亡，明军入城，播州平定。

（二）明末三乱发生的原因

此时的大明王朝已经开始走向没落，皇帝多年不理朝政，政治腐败，行政效率低下，官员贪污成风，军律废弛，无法震慑弹压内外。国库吃紧，银饷欠缺，边镇将士不满，加之制度缺陷，事变在所难免。刚统一后的日本对大唐（明）虎视眈眈，欲图四百神州。"半壁天子"的西南土司，嚣张跋扈。诸多矛盾终于在明朝万历年间集中爆发。明末三乱发生的原因值得我们深思。

1. 边镇体制制度的矛盾

明朝中后期，朝廷施行"以夷攻夷之法"的方针，主将拥有一支私人武装，这支军队一般战斗力强，给养十分丰厚，家丁对主将具有人身依附关系，具有很强烈的私兵色彩。这种制度带来了极不稳定的因素，容易造成拥兵自重的局面，在地方形成一个独立的军事集团，成尾大不掉的局势。哱拜就拥有一支强大的私人武装，有"真虏家丁二千余人"，成为宁夏镇一支重要的军事力量。在镇压哱拜之乱的过程中，私人武装也起到了非常重要的作用。当时任用麻贵为将的主要原因是因为"贵素以勇闻，且多苍头军"。因此无论是叛乱的一方，还是平叛的一方，都将私人武装作为战斗的主力来运用，充分可以看出私人武装在明代中后期军事中的重要作用。

明朝在吸收元朝军事制度的基础上，创立了卫所制，皇帝独揽军事大权，在边镇和军事要地设立卫所，士兵世代相继，给养依赖将士的屯田。但随着豪强地主的不断兼并土地，军队屯田制度的崩坏，士兵的生活日益贫困。国家虽然为边军提供粮饷，但是由于财政危机，因此军饷多有欠发，再加上贪官克扣，使得士兵的生活极其困难，容易造成军心不稳，兵变经常发生。当时正是冬天，宁夏巡抚党馨还找借口拖欠士兵"冬衣布花、草价银久不发"，这将士兵及其家属最基本的生计也都剥夺掉了，使得军心动摇，人皆怀怨，成为叛乱爆发的导火线。

明朝中后期，重文轻武。在这种制度之下，文臣的权力大于武将，武将往往受到文臣的压制。但在具体事务上，文臣一般不懂军务，导致文武之间矛盾重重。哱拜戎马一生，在疆场驰骋五十多年，以年老受党馨过分的裁抑和压制而怀恨在心，这也是导致哱拜反叛的重要原因之一。

2. 日本对东亚封贡体制的挑战

日本在地理上孤悬于亚欧大陆海外，文化发展相对亚欧大陆来说比较迟缓，但日本又是一个善于学习的民族，始终学习周边先进文化，并努力融合形成自己的文化，创造了独具特色的民族文化——"耻辱文化"。日本处于东亚儒家文明圈之中，虽时有间断，但始终是该文化圈中的一员，同时，他一直想改变自己在东亚国际秩序之中的地位。然而，和中国及其周边政权相比，由于日本的岛国地理位置，自然资源的匮乏，生产落后，迫切需要发展所需要的生产资料，东亚大陆便是其理想的进攻场所，因此表现出强烈的对外扩张的欲望。自唐朝中日白江口之战以来，这种对外扩张的战略方式导致了它与中国传统"华夷"政治体系之间出现了严重矛盾，但日本忌惮中国的实力，几个世纪以来，不敢轻举妄动。在明朝中后期，日本结束了多年纷争，企图席卷中国四百神州。

日本在战国后期，随着经济的发展，国内迅速膨胀起来的新贵族大商人，积极扩大对外贸易，并与一些政治势力相勾结，在朝鲜和中国沿海地区进行海盗行为。丰臣秀吉统一全国后，国内土地狭小，新兴军事贵族对分封不满，为了转嫁矛盾，丰臣秀吉试图用武力征服来满足封建主的欲望。军事贵族政权的最高统治者丰臣秀吉对外侵略之野心由来已久，曾说："图朝鲜，窥视中华，此乃臣之素志。"⑬丰臣秀吉因此发动侵略朝鲜的战争，企图假道朝鲜，攻占中国，成为东亚封贡政治体系中新的宗主国，这是中国难以接受的。因此，明朝出兵援朝御倭既是为了保护朝鲜，对藩属国负有道义的使命，更是为了维护东亚封贡政治体系，保家卫国。这场战争是日本挑战中国的"朝贡册封"体系的修昔底德陷阱，是一场封建争霸的战争。

3. 播州土司对历史潮流的反动

土司制度是顺应历史的需要诞生的，土司制度的建立是为了缓冲汉族与少数民族的矛盾，随着时间的推移，汉文化不断传入民族地区，文化融合加强，民族心理共同感强化，地区社会经济文化的联系加强，有力地促进了中国多民族国家的形成。在完成历史任务之后，土司制度又阻碍了社会的进一步发展，不可避免地要逐渐退出历史舞台。播州杨氏，历经唐、宋、元、明四个朝代，号称西南"半壁天子"。自唐朝唐僖宗乾符三年（876），太原杨端抵达南诏，占领播州，得到中央政府"永镇斯土"的承诺，建立起世袭土司的政权，经历了几个朝代的更替，一直屹力不倒，直到明朝明神宗万历二十八年（1600），才被明朝政府所灭，共延续了725年。明朝万历初年，播州29世土司杨应龙承袭播州宣慰使。"明永乐十一年（1413），贵州正式成为明帝国十三布政司（省）之一，但建省后，贵州政治、经济、文化的发展长期处于停滞不前的状态，大小土司势力控制着贵州境内的大部分地区，明中央政府对贵州的实际控制范围局限在驿道附近，20余个卫所、府州县等行政机构大都分布于此，以维护湘黔、滇黔驿道的畅通无阻。"⑭

在经济方面，贵州与播州三面接壤，播州土地肥沃，物产丰富。而贵州的财政长期靠邻省资助，"全省田赋收入不及中土一大县，黔疆贫瘠，故养兵之费取给邻省"⑮。因此，为了改善贵州的粮食和军饷匮乏的局面，贵州巡抚屡次向朝廷请奏，把播州草塘、余庆、白泥、重安五司划归贵州管辖。当然，这也会引起播州杨氏的不满，而杨应龙又桀骜不驯，嚣张跋扈，胡作非为，导致矛盾逐步升级并最终激化，最终引起了播州之乱的爆发。

二、明末三乱给明王朝在经济上造成的沉重打击

宁夏之乱（万历二十年二月十八日至九月十八日，1592）、朝鲜倭乱（第一次：万历二十年，1592；第二次：万历二十六年，1598）、播州之乱（万历二十七年至二十八年六月，1599－1600）三乱共历载八年，国库入不敷出，地方经济也疲敝不堪，财政日趋紧张，明朝因战争消耗而逐渐空虚。

（一）中央财政的疲敝

哱拜之乱和抗倭援朝战争前后相连，历时七年之久，消耗了明朝大量的人力、财力和物力。宁夏用兵，花费帑金二百余万。出兵朝鲜，历时七年，花费饷银约582.2万两，粮草花费银二百余万两。据初步估算、支出约不少于2400万两白银。当时，"全国民田、官田为710.3万余顷，政府所收田赋，夏税合米麦约460.5万余石，秋税2203.3余石，两税相加，年赋为2663.5万石，如按当时的公定比价，金一银五，黄金一两米20石、银一两米4石的折算计，援朝战争所花2400万两的军费，则需米6400万石，且机

械、马匹、火药尚不计算在内。"⑯《明史·兵志》也称:"朝鲜用兵,百万之积俱空。"万历二十七年,播州用兵,又花费帑金二三百万。三大征接踵而至,中央财政入不敷出,遂大肆搜刮民脂民膏,仍然填补不了财政的亏空。加之明朝皇室贵族大肆挥霍,财政更加捉襟见肘。

（二）地方财政的相互救济

随着哱拜之乱和抗倭援朝的平定,中央国库财政早已入不敷出,地方财政也比较疲敝。以辽东地区为例,朝鲜倭乱的爆发,前线军队供给,全落在辽东地区人民的身上。万历二十二年(1594)六月,朝鲜严重缺粮,向明求救,中国也无法解决。万历二十七年(1599)二月,朝鲜君臣请求明军驻军朝鲜时,朝鲜国王也说:"辽左一路困于东征之役,骡子车子,都已荡尽,民生嗷嗷,至于卖子而食者。且运米一万石才得六千余石,其费又不在此限,虽中国亦不可支矣。"⑮可见,当时辽东残破的事实连朝鲜人都是承认的。而西南地区更加疲敝,西南贵州库银仅有七千两,相当于东部的一个大县收入。四川人口较多,然而西部松潘土司年年起事,年年亏空。湖广的情况则在"川之下,贵之上"。而此时播州之乱的爆发,让财政更是雪上加霜。

俗话说,打仗打的是钱粮,在李化龙催促之下,各地开始左支右捂,艰难筹饷。随着中央财政的疲敝,政府只得将目光移往地方,把解往中央的钱粮直接发放到需要的地方,以减少中间的损耗。明廷先下令先让户部和兵部拨付六十万两白银,给养四川和贵州,不足的地方,就让地方协给。于是,户部又下令让广西、福建各动支十万两白银协济贵州以作征播之饷。万历二十七年十一月,明廷令湖广本色漕粮二十一万二千二百六十五石,并耗尖米十六万一千三百余石以充征播军饷,十二月,经"都察院会议,将凤阳应解马价十万两,又借支广西桂林、梧州二府库贮二十万,共足三十万,以十万饷四川,而以二十万饷黔"③。在地方财政的救济下,明廷才勉强平定播州之乱。

三、明末三乱对明王朝政治上造成的影响

明末三乱给明王朝造成了重要的影响。西北哱拜之乱的平定,给宁夏造成了严重的灾难。朝鲜倭乱结束后,使东亚保持了几百年的和平局面。随着明朝的衰落,女真的崛起,产生了新的藩贡体系,奠定了新的政治格局。西南播州的平定,进而改土归流,对播州政治、经济、文化的进一步发展有着重要的意义。

（一）宁夏的平定

哱拜之乱使得宁夏地区遭受了巨大的破坏。叛军在宁夏城中烧杀抢掠，无恶不作，到处搜刮民脂民膏，巧取豪夺，大兴土木，日夜聚众赌博狎玩，醉则杀人取乐，导致民怨四起。哱拜将所掠百姓财物除自己享乐外，为了满足河套蒙古贵族的需求，以便求得援助，"先是将尼僧乐妇尽配家丁矣。至是无以应房，乃括镇城美妇女，不论有夫无夫，尽行掠取送房，于是哭声震地，自溺自刭者无数"⑰。人民在叛军的统治下遭受着极其严重的灾难。宁夏城池坚固，久攻不下，石星向万历皇帝建议，提出掘开黄河大堤，以水代兵来灌城。明军将领也深知，如果用水灌城，会造成大量无辜民众的死亡，但是为了尽快结束战争，明廷不得已而为之。明军用水攻下宁夏城后，大水不仅淹没了农田，而且导致大量百姓死于战祸。哱拜之乱百姓不但要遭受城内叛兵的杀掠，还要被明军围困于城内多日，"城中乏食，士尽食马，民食树皮、败靴，死相属"①，其中病死者、饿死者、妇女受辱者，不计其数。而当明军攻入宁夏城中之后，"哱父子青衣，伏迎道左。如松赏承恩花红。送二王归。诛贼党五百人"⑱。但是杀戮远未停止。为了斩草除根，总督叶梦熊下令屠杀了与哱拜有关的所有家丁武装。李如松擒获哱承恩，派兵包围哱拜家，哱拜自知死罪难逃，自缢而死，其党羽降人二千尽数被杀死，尸骨到处示众。其后叶梦熊在给神宗皇帝的奏折中声称，哱拜的党羽，都是死士，非我族类，其心必异，宁杀降人，以绝祸害。

哱拜之乱的平定，对宁夏的社会造成了深重的灾难，大量百姓死于非命，建筑化为一片废墟，"兴，百姓苦；亡，百姓苦"。对朝廷而言，平定叛乱，人力、物力损失巨大，加重了对人民的搜刮，激化了阶级矛盾，加速了明朝的灭亡。

（二）新的政治格局

《明史》称万历抗倭援朝是"东洋之捷，万世大功"，但是对中、朝、日来说没有谁是赢家，反而导致政治格局重新洗牌，形成了新的政治格局。战争的胜利，明朝对朝鲜而言有再造之恩，朝鲜保住了国家，对明朝感恩戴德，从此奉行"事大主义"一边倒的外交政策。对于明朝而言，"壬辰战争的胜利进一步巩固了中国在东亚的核心地位，维护东亚封贡体系的稳定，为明帝国乃至其后的清帝国争取到一个较为安定的外部环境"⑲。这场战争无疑带给了明朝些许的感叹。可以说，中国的出兵对日本的打击是致命的，直接导致了日本的败亡。日本也遭受了巨大的损失，大量士兵死亡，后勤补给困难，国内农民抗租起义蜂拥而起，统治阶级内部矛盾不断。朝鲜倭乱结束后，德川幕府看清了中日之间的实力差距，在相当长的时间内打消了侵略东亚、对外扩张的野心。丰臣秀吉的嫡系部队损失惨重，在他死后，在战争中韬光养晦的德川家康轻而易举地将其取而代之，建立起了德川幕府。直到1853年美国佩里准将的黑船叩关之前，德川幕府鉴于前车之鉴一直实施闭关锁国政策，使整个东亚地区持续保持了两三百年相对和平的环境。万历抗倭援朝战争重新维护了东亚各国政治军事力量的秩序，对当时东亚的国际政治格局产生了深远的影响。

但也正是由于此役，"七八年间明朝朝廷动用了大量的人力、物力、财力，调集了明朝重要的军队、将领，明朝第一次出兵总数为七万八千七百人，损耗二万五千人；第二次出兵十一万七千人，损耗五万八千七百人"⑳。在援朝作战期间中，明朝将辽东精锐大都抽调到朝鲜，投入援朝之战，导致辽东军损失惨重，对后金的威慑力减弱，建州女真努尔哈赤乘机大肆发展。从此，来自辽东的威胁越来越大，直到明朝的灭亡。在此期间，明朝的政治、军事优势逐渐被清所取代，在清朝的军事威胁下，大清与朝鲜的关系发生了根本的改变，清朝取代了明朝成为朝鲜新的宗主国，直到近代《马关条约》的签订，这种政治格局才被近代国家关系所取代。

（三）播州的改土归流

播州七百年，见证了我国少数民族地区行政制度由唐宋时期的羁縻之治到元明时期的土司制度再到明朝开始的"改土归流"的完整变迁。羁縻土司制度是我国历史上曾经推行的"一国两制"的生动说明。这种制度在一定的历史时期有利于多民族的交流与融合，促进民族的进步发展，维护国家在多元政治格局下保持统一，有着不可忽视的历史贡献。但是随着经济的发展，社会的进步，这种制度逐渐与社会发展的潮流严重相违背，严重阻碍了社会的进一步发展，不可避免地要退出历史的舞台。

"播州之役结束后，朝廷于万历二十九年（1601）对播州实行改土归流，废除原来的播州宣慰使司，将播州析为遵义、平越二府，分别隶属四川和贵州布政司，遵义府下设真安州及遵义、桐梓、绥阳、仁怀四县；平越府下设黄州及湄潭、余庆、瓮安三县，二府及所属州、县官员均由朝廷委派流官充任。"㉑两军民府都纳入了封建中央集权的轨道，府、州、县派流官治理。原先属于杨氏的党羽者，统统卸任。同年，将各县基层政区划为里、甲。"改土归流加强了中央政府对西南少数民族的地区的统治，改变了当地落后闭塞和割据纷争的局面，促进了各民族之间的经济文化的交流，有利于统一多民族国家的巩固和发展。"㉒平播主帅李化龙在处理播州善后事宜时，推行新政，"主要措施为派官吏、设将领、开军屯、复驿站、丈田粮、定赋税、招抚流民入籍耕种，为恢复经济创造了条件。督道、府官员率州、县官划定各县疆域，在各界址刻石为碑，永为遵守，如'妄肆侵争，重行究治'"㉓。这对朝廷巩固播州地区的统治以及对播州地区日后的政治稳定、经济繁荣及社会进步无疑具有重大历史意义。

四、明末三乱对少数民族的影响

明末三乱或多或少都与少数民族有不可分割的联系。哱拜之乱，河套蒙古贵族支持叛乱，企图联通东西河套，叛乱平定后，又乞求恢复贸易；朝鲜倭乱的平定，导致辽东军民元气大伤，女真趁机崛起。西南播州的平定，随着改土归流的实施，加速了苗族由奴隶社会走上了封建社会。

（一）边境贸易的恢复

宁夏平原地处西北，东邻黄河，西邻贺兰山，土地沃野，物产丰富，有塞上江南的美誉，河套蒙古诸部早已对其垂涎已久。自明天顺年间，河套蒙古占据河套之后，逐步开始蚕食鄂尔多斯高原和贺兰山外的广大地区。而宁夏镇则为明朝九大边镇之一，像一个钉子楔入黄河东西两套之间，给蒙古诸部往来游牧带来了很大的威胁。成化年以来，明军在宁夏多次截杀往来于边境的蒙古军军队。明蒙自俺答汉和议后，宁夏也不准蒙古随便往来。万历十七年，蒙古贵族顺义王扯力克欲赴西海，想借道宁夏，最终未被获准，以此为憾。因此希望假借哱拜之乱，占据宁夏，使东西河套便连成一片，以宁夏为据点，往来西北，便捷自如，便是蒙古入援哱拜的主要原因。

谷应泰在《明史纪事本末》中说"拜之持套为命者也"。因此，明军在用兵的策略上也注意到了这点。朝廷最为担心的就是宁夏叛军与河套蒙古相勾结，以宁夏镇为根据地，长驱直入，威胁到周边的大同镇、甘肃镇，甚至威胁京师。而此时的这几个边镇的兵力被调往宁夏平叛，镇内无重兵把守，容易被蒙古乘虚而入。所以，由哱拜之乱而引发的明朝边境危机，给窥视宁夏已久的套虏以可乘之机。哱拜也认识到这一点，为取得蒙古外援，搜夺大量的美女相送。叛乱发生后，边境正常的贸易随之断绝，战争阻碍了人民经济文化的交流。随着哱拜之乱的平定，叛军幻想破灭，河套蒙古贵族损失惨重，得不偿失，于是前来请罪，乞求开市。明朝国库空虚，矛盾丛生，也想恢复边境贸易，各取所需。贸易的恢复又促进了民族间经济的互补、文化的融合、互信的增强，为边境人民生活的安定和和平创造了良好的环境。

（二）女真的兴起

明朝贱视女真，称其为"东夷"，迫使贡献东珠等特产，对女真人民任意欺凌，百般盘剥。为了加强对女真的控制，巩固对其统治，明朝政府采取扶持多股势力，挑起内讧，以至相互仇杀，使其彼此互相牵制，陷于混战不休的状态。万历十一年（1583），出身末代女真贵族的努尔哈赤，因祖、父被明朝误杀，以此发誓灭明，用祖上流传下来的"十三副遗甲"起事，开始了他雄霸伟业的道路。面对女真势力的不断发展，明朝感到了极大的威胁。朝鲜抗倭期间，明朝分身乏术，抗倭援朝结束后，就辽东地区而言，损失惨重，大量士兵牺牲，精锐尽损，因此辽东兵力严重不足。在万历二十一年（1593），正当抗倭援朝战争激烈进行之时，努尔哈赤统一了女真，"乘胜逐北，斩级四千，获马三千，车岂宵旰，并擒乌拉贝勒之弟布占泰，军威大振"㉔。此时朝鲜战事正酣，明朝分身无力，无力征讨，面对女真的重新统一，因此朝廷只想安抚，维护辽东稳定，不仅未予干预，反而对努尔哈赤加官晋爵。努尔哈赤依靠明廷所授予的官职来发展自己的实力，积蓄力量，表面称臣，韬光养晦，很好地利用有利时局，逐渐在大体上统一女真，并且降服东蒙古诸部，与中西部蒙古政治联姻。努尔哈赤还创建了八旗制度来凝聚人心。八旗制，实行兵农合一，不仅促进了经济生产，而且其促进了女真的封建化，也为胜利奠定了军事基础。女真在辽东遂日益强大，终成明朝心腹大患。

（三）播州苗疆再造

在西南地区，"随着汉族人口激增，为解决人口与土地矛盾，不断侵占苗疆，而苗人已经退无可退，守无可守，致使汉苗两族为争夺生存空间时时兵戎相见。苗族被一步步逼入西南山区的高寒地带，生存环境更加恶劣"㉕。由于苗族人民长期遭受剥削、压迫和屠杀，苗族社会经济受到严重的破坏，苗族人民挣扎在饥寒线上，生计十分困难，生产力发展极其缓慢，有时甚至停滞和倒退。经济基础决定上层建筑，也直接导致了苗族人民反抗。万历二十六年，播州土司杨应龙叛乱，当地九个生苗部落随之举旗反叛。播州地处云贵高原，地势险峻，山高水险，叛军依仗着海龙囤等堡垒和自然屏障，猖獗一时。但好景不长，随着抗倭援朝战争的结束，挥师西南，八路大军合力进剿叛匪，战乱给"苗疆"生产带来毁灭性的破坏。

播州的平叛，推动并完成了中华民族内部统一融合的进程，无论统治者的主观动机如何，其结果是顺应历史发展潮流的。随着杨应龙的叛乱的平定，随之而来的是改土归流的推行，废除了土司制度，政治秩序重新稳定，减少了叛乱因素，加强了中央政府对民族地区的管理，民族融合进一步加强。改土归流之后，苗族社会加快了从奴隶社会向封建社会的转变，社会转变既是苗族社会发展成熟的结果，也是受到外部社会破坏和冲击而改变的结果。改土归流有利于播州地区社会经济文化的发展，对中国多民族国家的统一和文化的发展有着积极的贡献。

参考资料：

①鲁宏立：《明代万历"哱拜之乱"原因新探》，浙江大学博士学位论文，2009 年。

②王亮：《壬辰倭乱与明人抗日援朝》，内蒙古师范大学博士论文，2011 年。

③刘利平：《明代"播州之役"军费考》，《中国边疆史地研究》2012 年第 3 期第 32 页。

④金洪培、黄文日：《万历朝鲜役及其东亚政治》，《东南亚研究》2013 年第 4 期。

⑤〔美〕露丝·本尼狄克特：《菊与刀》，武汉出版社，2009 年。

⑥王春桥：《边地土司与近代滇西边界的形成》，郑州大学博士学位论文，2006 年。

⑦路虹：《明代宁夏镇"哱拜之乱"述论》，《宁夏社会科学》，2005 年第 1 期第 117 页。

⑧王雄：《关于哱拜之乱》，《内蒙古大学学报》1988 年第 2 期第 27 页。

⑨王非：《明代援朝御倭战争与朝鲜的"再造之恩"意识》，延边大学博士学位论文，2005 年。

⑩樊树志：《万历年间的朝鲜战争》，《复旦学报》2003 年第 6 期第 96 页。

⑪李飞：《海龙屯考古揭示的土司军事遗址》，《土司遗产·探索发现》2014 年第 6 期第 102 页。

⑫谷应泰：《明史纪事本末》，中华书局，1977 年。

⑬赵建民、刘予苇：《日本通史》，复旦大学出版社，1989 年。

⑭张中奎：《改土归流与苗疆再造》，中国社会科学出版社，2012 年。

⑮任可澄、杨恩元：《贵州通志》（第十五册），文通书局，1948 年。

⑯金洪培：《万历朝鲜役及其对东亚政治格局的影响》，《东疆学刊》2007 年第 24 卷第 4 期第 35 页。

⑰薛正昌：《明代宁夏镇军事地理位置》，《宁夏大学学报》1994 年第 7 期。

⑱诸葛元声：《两朝平攘录》，德宏民族出版社，1994 年。

⑲燕山雪：《"露梁大捷"打出两百年和平》，《晚霞》2013 年第 4 期第 56 页。

⑳姜龙范：《明代中朝关系史》，黑龙江朝鲜民族出版社，1999 年。

㉑《明神宗实录》（卷三五八），"中央研究院"历史语言研究所，1965 年。

㉒陈伟国：《高考历史专题复习指挥棒》，《中学历史教学参考》2000 年第 9 期第 56 页。

㉓祥铣：《遵义简史》，贵州人民出版社，2014 年。

㉔魏源：《圣武记》，中华书局，1984 年。

㉕藤宵：《湘西土家族苗族自治州民汉双语教育的历史研究》，中央民族大学，2006 年。

美酒河探源

禹明先[*]

赤水河流域是我国名酒的重要产区，沿河流域有大小酒厂数百家，尤以茅台、郎酒、习酒等最为有名，人们因此赞誉赤水河为"美酒河"。探讨赤水河的发展历史，分析和解剖名酒区域形成的地理地质条件和历史原因，为弘扬黔北酒文化和开展旅游业等具有重要的现实意义。

赤水河流域名酒区域形成总概起来由两大因素所决定。一，悠久的酿造历史和丰厚的酒文化底蕴；二、适宜的土壤和气温。现就这两个问题进行深入的剖析。

一、悠久的酿造历史和丰厚的酒文化底蕴

（一）西汉王朝的酒政治推动了赤水河流域酿酒业的发展和酒文化的形成

赤水河北接欧亚，南接我国湖南、两广、云南和越南等地，是一条古代民族迁徙和经济文化传播的重要通道。这个问题可从贵州西北部（赤水河上游）的威宁、赫章、仁怀等地出土的部分甘肃"马家窑文化"类型的小陶瓶和陕西铜川"吕家崖新石器文化"类型的陶葫芦瓶中得到证实。此外，近两年贵州省考古所又在赤水河中游的土城南郊天堂口古村落和古墓葬遗址考古发掘中，发现该遗址中的墓葬分布状况，与陕西地区仰韶文化墓葬埋葬环境完全相同，均是夹杂在村落居住区内。而土城南郊天堂口汉代遗址出土的"瓮棺葬"，其葬具的多样性等，都与陕西临潼姜寨仰韶文化的墓葬埋葬用具形式一样，说明古代随着西北羌人的源源不断地向南迁徙，西北地区的古老文化也被传到了赤水河流域。汉、晋以后，土城地区的"瓮棺葬"文化又继

---

* 禹明先（铣），遵义市博物馆研究员。酒文化专家。

续向南传播，故今天黔西南地区布依族人仍在使用这一葬俗。

土城南郊天堂口东汉岩墓中还发掘出一批重要的陶制明器，其中一件身着左衽宽襟宽袖连衣裙，盘头曲蹲的成年妇女造型陶俑，其头顶前倾的盘结状发型与今天贵州威宁、赫章以及遍及云南全省的"盘头苗"发型完全一样！这对研究我国"盘头苗"的起源和早期头型、服饰以及后来的迁徙路线、定居范围等意义十分重大。以上这些出土文物足以说明，赤水河流域自古就是西北地区远古先民向南迁徙和文化传播的重要通道。

从历史上看，由于我国长时期处于大统一国家的状态，因此赤水河流域的社会发展和酿酒业兴衰与历代中央王朝的政治制度和国家兴衰密切相关。西汉初中叶汉武帝为了国家统一大业和开发大西南，开通南方丝绸之路，派遣番阳县令唐蒙作为特使，率领万余人的队伍从京城长安南下，经成都然后沿着沱江向东南行进，经泸州、合江后，顺着赤水河向南进入夜郎地区（今贵州遵义地区），以中原地区丝锦等贵重物品作为感情沟通的信物完成了对南夷地区的统一大业，并在赤水河中下游地区分别设立起符县、平夷和鳖（敝邑）等三个县，由此推动赤水河流域政治经济和文化的大发展。赤水河作为美酒河的历史就肇始于汉代。这可从赤水河流域的仁怀两岔炉缸嘴和习水土城天堂口汉代墓葬中出土的众多陶酒罈、陶釜、陶甑、陶耳杯和陶酒杯等器物中得到证实。土城天堂口出土两汉时期的陶制酿酒器和饮酒器等，其器型之大，数量和品名之多，制作工艺和造型之精美，远远超出史书记载和今人的想象，说明两汉时期赤水河流域的酿酒业和酒文化空前繁荣和发展。

两汉时期赤水河流域酿酒业为何如此兴旺发达？这还要从汉代统治者的"酒政治"说起。从战国经秦代到西汉初年，人们是把酒作为甜味食品和医疗保健品加以饮用的，称为"醴醪"（甜醪，简称"醴"或"醪"），即今天人们所称的"醪糟酒"，这是我国最早的酒种，由战国时秦国西部的仪渠国氏羌人发明，史书称其为"仪狄（氏）酿酒"，汉武帝因此在西北地区设置"酒泉郡"，作为对这一事件的纪念，目的是告诉后人，那里是"中华民族酒文化的源泉"。

西汉王朝建立后，刘邦推行儒家思想的"以礼治国"。特别是到汉武帝时推行"罢黜百家，独尊儒术"的政治措施，并组织人员整理《周礼》《仪礼》和《礼记》等儒家思想的礼仪法典，用政治手段把礼治思想固定了下来。《仪礼·士昏礼》说："醴曰：'子为事故，至于某之室，某有先人之礼，请醴从者。'""女子许嫁，笄而醴之，称'字'。"从这里明显看出，"醴"和"礼"两字在汉代是互为通用的。汉代婚礼中还专门设有"赞醴妇"，用觯盛醴来接待宾客，称作"醴宾"（后世称作"礼宾"）。《仪礼·士冠礼》说：

"宾出，主人送于庙门外，请醴宾；宾礼辞，许。"又："主人请醴，及揖让入，醴以一献之礼。"西汉末年王莽的大臣鲁匡对醴字的双重含义说得最为简单明了：若"绝天下之酒，则无以行礼（醴）"。由是不难看出：中国人之好酒，原本不是因为酒有营养或是好喝，而全在于封建礼仪政治需要"礼"与"醴"字。这便是"酒以成礼"〔酒即是醴（礼）〕和"无酒不成礼（醴）仪"的历史由来！

此外，酒在汉代还有一大政治功能，叫作"扶衰"。这是一个听起来很不吉利的名词。因此中国历史上酿酒业的兴旺发达与国家社会治乱成反比，酿酒业的发达多出现在朝代走向衰败的时候。这是因为封建王朝末期，由于政治腐败，吏贪官横，民不聊生，各种阶级矛盾和社会矛盾艰锐复杂，人们对日益衰落的封建统治者失去了希望，为了解除心中的烦恼和忧愁，于是人们就借酒消愁来解脱心灵的痛苦，这就为酒的生产和消费提供了社会环境；而一些贪官们借机大饱私囊后也无心为百姓办事，整天沉浸在酒色之中。朱元璋在谈到他为何要下禁酒令时说："朕昔（指元朝末年）在民间时，见州、县官吏多不恤民，往往贪财好色，饮酒废事。凡民疾苦，视之漠然，心实怒之……故今严法禁。"由于酒的兴盛对国家不是一个好的兆头，更不是人们所乐意享受的事，故中国历史上刘邦和朱元璋等几个英明国君都痛恶酒而禁酒。对于汉代统治者以酒治国的诸多政治用途，西汉末年的政治吹鼓手，王莽的大臣鲁匡是这样解释的："酒者，天之美禄，帝王所以颐养天下，享祀祈福，扶衰养疾，百礼之会，非酒不行"。可见酒在古代不仅可以"扶衰"（创税收整救朝代危亡），而且成为统治者治理国家的灵丹妙药。

但是，汉代的礼治是经过一场殊死搏斗才得以巩固下来的。因为刘邦礼治的核心是"尊君抑臣"。刘邦借助礼治在君臣之间构建起一个严格的等级关系。《礼记·礼运》说："礼之于人也，犹酒之有蘖也，君子以厚，小人以薄。"规定汉初"诸侯为国立五祀"之礼，"大夫立三祀"，"适士立二祀"，"庶士、庶人立一祀"，或祭灶或祭户。刘邦的这种礼治手段有力约束了诸王侯的政治权利。为此，西汉初期首先在统治集团内暴发了一场礼治与反礼治的政治斗争。斗争的结果是礼治获胜。据司马迁《史记》一书记载，汉文帝时，"孝文好道家之学，以为繁礼饰貌，无益于治躬化，谓何耳？故罢却之。孝景（汉景帝）时，御史大夫晁错明于世务、刑名数千，谏孝景曰：'诸侯藩辅臣子，一例古今之制也（要求恢复礼治）。今大国专治异政不禀，京师恐不可传后。'孝景用其计（恢复礼治），而六国叛逆（史称'七国之乱'），以（晁）错首名天子，诛错以解难。"这场反礼治的斗争虽以处死晁错，中央朝廷做出部分让步为结果，但获胜者的胜利只是暂时的，汉武帝刘彻上任后，"罢黜（除）百家，独尊儒术"。从此儒家的"礼""义"思想得以政治化和制度化，在我国延续了两千余年。

我国西汉时期的这场礼治和反礼治的政治斗争在酒文化发展史上意义十分重大。倘若反礼治斗争长久获得胜利，不仅"酒以成礼"［酒即是醴（礼）］和"无酒不成礼（醴）仪"的封建礼仪不能传承下来，而且连"酒"是什么东西我们都不会知道，更不要说有今天的茅台酒了！

（二）北宋王朝的茶马贸易和酒政治推动了赤水河流域酿酒业的第二次大发展

北宋王朝是继汉武帝后第二个进行西部大开发的朝代。北宋王朝为了振兴西部地区经济，用西南地区盛产的茶叶与西北地区换马，开展大西部的茶马贸易。为此，北宋熙宁七年（1074）夏四月，宋王朝在西南地区实行茶叶专卖，史称"榷蜀茶"。宋王朝"遣三司干当公事李杞入蜀经画买茶，于秦、凤、熙、河博马，以著作佐郎蒲宗闵同领其事"。宋廷因此在川南地区的叙州、泸州和南平军等地开设茶马交易市场，对黔北和黔西、滇东、泸南等少数民族地区开展茶马贸易，赤水河由此成为茶马贸易的主商道，酿酒业也随着茶马贸易的兴旺而发展起来。

与汉代一样，宋代赤水河流域酿酒业的兴盛其另外一大原因也是宋王朝的酒政治。宋朝统治者把酿酒作为国家财政的一项重要收入。特别是南宋时期，随着朝政的腐败，统治者更是发疯般地不遗余力地剥削人民。关于宋代的酒政治和酿酒业，据《宋史·食货志》记载，宋王朝在路一级行政机构中以漕司（转运使）负责酒政。漕司根据辖区内的具体情况制定出一路之课额，路以下的各州、府分别设立酒务坊场。酒务坊场是酿酒行政管理机构，其职能是执法和管理酒坊、酒场的工作，即："定课额酿酒收息"，并"以增亏为赏罚"。赤水河中下游地区当时隶属潼川府路，因此宋王朝的酒政治得以在赤水河中下游地区普遍推行。

宋代的酒坊、酒场是生产和销售酒的部门，规模小的称"坊"，大的称"场"（酒场后世称作"酒厂"）。坊、场初用买扑酿酒制度，熙宁二年（1069）王安石变法后，改为"实封投状"法（即"招标法"）。按照宋朝制度，坊、场中被选用的人役，须在其脸上或手上刺字，作为标识，以防止役人逃跑时追捕，其刺字内容为"××酒坊"或"××酒场"。宋代销售酒的方式是酒坊、酒场设店出售或由商人转销。

宋代酒政分为"民政"和"军政"两个部分。民政上，宋代国家榷酒只在州级及其以上城市中进行，州以下的县、乡、间允许人们自行酿卖，但需按年度向国家交纳酒税，"若有遗利，所在多请官酤"。为了保障酒的供应，宋朝统治者还在各地建起许多酒库来贮存酒。由于宋朝统治者始终把酿酒作为一项重要的财政收入，因此宋代酿酒风气很浓，城、乡、闾、里酿酒极为普遍，酒的品种和名目繁多，酒价因此也不统一。其酒价以升、斗、石为计算单位。"自春至秋，酤成即鬻，为之小酒，其价（每升）自五钱至三十钱，有二十六等；腊酿蒸鬻（煮），候夏而出，谓之大酒，自八钱至四十八钱，有二十三等。"

宋代酒政在全国范围内的施行是不统一的。宋王朝注意对少数民族地区人民酿酒业在政策上给以优惠，从而促进了赤水河流域少数民族地区酿酒业和社会经济的发展。据李心传《建炎以来系年要录》一书记载，南宋时居住在土城地区的阿永蛮，每岁冬至后即组成两千人的商队，带着风曲法酒等土特产品到泸州博易于市。

既然宋朝统治者对酒唯利是图，酒政腐败就成了宋朝统治者空前绝后的一大政治弊病，除了婚丧嫁娶时强迫人民酿酒饮酒以增加酒税收入外，还把酒作为一种贵重物品来行贿受贿，称作"馈赠酒"。宋朝统治者规定每逢重大节日，下级官员要向上级官员，以及地方向中央馈赠酒。到宋徽宗时，馈酒改为正俸，称为"俸酒"或"公使酒"。据《宋史·食货志》记载，北宋熙宁时，莫州知州柴贻范馈赠他州的贿酒一次就达九百余瓶，单是运送的兵夫就超过一百人。

由于馈酒的数量往往很大，受礼者消费不了，就强迫当地的酒坊和酒店为其出售，然后将卖酒钱挪为他用，为此宋王朝于宣和六年（1124）下诏："在任官员以俸酒抑卖坊户转鬻者，论以违制律。"宋朝统治者对公使酒的性质和使用范围都有具体的规定。宋代的《燕翼贻谋录》记载说："祖宗旧制，州郡公使库钱、酒，专馈士大夫入京往来与官罢任旅费，所馈之厚薄，随其官品之高下，妻孥之多寡，此损有余补不足，周急不继富之意也。其邀睦邻之好，不过以酒相馈。彼此交易，复还公帑。苟私用之，则有刑矣……"宋朝统治者开创了一个"以酒相馈而邀睦邻之好"的历史先河，至今仍被人们效仿。

由于宋朝统治者把馈酒作为法定制度和礼仪用酒，因此不仅馈酒的质量上乘，而且酒瓶、酒盏的颜色、花纹、式样等都很考究，当时全国许多著名瓷窑都烧制出许多精美的酒瓶和酒盏，甚至用金银和玉等来制作酒壶、酒杯。这方面的代表物是遵义新舟出土的宋代豪华馈酒瓶和杨价墓出土的金杯、银壶和玉杯，以及夜郎坝出土宋代六棱酒壶和遵义杨粲墓、金沙县城旁出土的宋代景德镇窑影青瓷酒盏等。遵义新舟出土的这个宋代陶质豪华酒瓶，应是宋代滋州行政当局向播州杨氏等馈赠"磁州风曲法酒"时用的酒瓶。由于宋代赤水河流域酿酒业的兴盛，瓷酒器等高档酒具销售量大，瓷器集市贸易在赤水河中游地区形成，滋州治所（今土城）作为专门销售全国名窑瓷器的集市在此产生，土城在宋代因此得名"磁城"（宋代尚未发明"瓷"字，当时称瓷器为"磁器"）。

本文前面讲到宋代酒政分为"民政"和"军政"两个部分。军队酿酒兴起于南宋时期，当时由于军费开支不足，各路帅司都自行酿酒销售，因此全国各地增设了许多"赡军酒库"，而地方上的州、县一级机构也巧立名目，增设了许多酒库，诸如"军粮酒库""防月酒库""月椿酒库"以及"省务寄造酒库""帅司激偿酒库"等，由此影响了国家的财政收入。

宋朝是中国历史上饮酒之风最为盛行的一个朝代，它的财政收入五分之一来自于酿酒，因此宋朝统治者视酒如命，酒税过重，许多酿酒户叫苦不迭，员工大量逃离，宋朝统治者便用残酷的手段在员工的手背或脸上刺上不同酒房标记，以便逃跑后按其标识抓捕回来，同时也不得不采取一些优抚措施，以减轻人们的负担和逃亡。但宋代榷酒优抚与历代不同之处是，因灾荒而蠲免的少，多为拖欠酒税无力偿还，或因受战争影响不能收税而蠲免的多。而为荒唐的是，宋朝统治者的优抚还有"真优抚"和"假优抚"以及"情感亲疏优抚"等。如乾道三年（1167）李焘从四川升任兵部员外郎后，就对其家乡四川的酒政采取优抚政策，并于淳熙三年（1176）促使宋孝宗下诏：以"四川酒课折估困弊，可减额钱四十七万三千五百余缗"，为地方官员中饱私囊创造了一次绝佳的历史机遇。

宋理宗赵昀上台后，蒙古铁戈直指南宋王朝。端平二年（1235）春，蒙古大军由北向南对四川发起进攻，南宋王朝西线战事蜂起，南宋统治者不得不在全国减免酒税以安抚民心。据《宋史·理宗纪》记载："嘉熙二年（1238）十二月乙卯，诏：四川诸州县盐酒榷额，自明年始更减免三年。"嘉熙三年宋王朝开始减免四川地区盐酒税时，适逢杨价升任"播州路安抚使"职，他把国家减免三年的盐酒税归为己有，拿来打造十分豪华的金杯、金盏和银壶、玉杯等。因是贪赃枉法得来的不义之财，因此死后不敢张扬，用秘密的土坑墓将其葬入夫妇墓葬之中，并为其子杨文留下一大笔钱，用整整八年的时间为其祖父杨粲建起一座十分宏大的土皇帝墓。

土城在宋代先是设立行政州，后改为武职的城，继之又恢复滋州行政建置和承流、仁怀两个属县。因此在宋代无论是民政或军政的酿酒业，它都如同一把双刃剑，一方面它促进了赤水河中下游地区酿酒业的发展，而另一方面它却极大地伤害了老百姓的利益，甚至说是一场旷日持久的灾难。我们今天很难想象，老祖宗们是如何从宋朝统治者的严酷酒政治中劫后余生的！

（三）清王朝的盐运业为赤水河流域的酿酒业和名酒厂分布奠定了根基

清代酒政与以往不同，统治者没有看重酒的利益，不禁也不榷。即便是到后期，也只把酒税作为杂税之一附带收入，没有专门的榷酒机构。顾炎武《日知录·酒禁》谈及清代酒政时说："至今代，则既不榷，而亦无禁令，民间遂以酒为日用之需，比于饔飧之不可阙，若水之流，滔滔皆是。"

清朝初期同明初一样，为了巩固政权和发展社会生产，清政府曾对酿酒严加禁锢。据《清史稿·太祖本纪》记载：天命十年（1625）八月，"上（清太祖）著《酒戒》颁于国中"。接着，康熙三十年（1691）和三十七年（1698），清政府又两次下令实行酒禁。迄至雍正、乾隆时期，国内社会经济有了长足地发展，湖北、江西和四川等省份粮食普遍增产。社会的稳定和经济的发展，为酿酒业带来了生机。加上乾隆时频繁地宴客和祭奠，中央开此风，全国转而相慕，清初濒于灭绝的酿酒业，于是很快被发展起来。

清代是我国酿酒史上又一个重要发展时期。据辽宁省社科院历史研究所潘喜廷教授研究成果和《绍兴酒文化》一书披露，东北和浙江的酿酒业在清代都有较大发展。清朝乾隆九年（1744），贵州总督张广泗为了解决入京铜铅的便运和川盐运黔销售，着手大规模疏修赤水河，并在泸州、土城、二郎滩和茅台村等地开设川盐运黔转输站和趸售站，赤水河沿岸的葫市、丙滩、元厚、二郎滩和茅台村等一批新兴商业城镇由此诞生，大量水陆运盐民夫和商人在赤水河沿岸各码头集结，为酒的消费提供了市场。起初一部分陕西酒商从四川富顺等地贩酒到赤水河沿岸各码头销售，如茅台村的"偈盛酒号"等一些大型卖酒商号在赤水河沿岸的几个大的码头产生。甚至有人还从浙江金华贩运黄酒到茅台等地销售。由于酒的销售量与日俱增，供不应求，加之金华黄酒路远价高，于是一些商人们便在茅台村和土城等几个大的水陆码头设厂酿酒，陕西商人便源源不断地从陕西略阳将所产优质大曲运到茅台等赤水河沿岸各码头销售。略阳大曲又称"白水曲"。陕西商人运销略阳曲对振兴清代西南地区的酿酒业贡献是很大的，据史料记载，剑南春、五粮液、泸州老窖和茅台酒等都是使用略阳曲。当时称酿制蒸馏白酒的作坊为"烧房"，其酒则称"烧酒""气酒"或"清酒"。贵州人通称其为"大曲酒"。资本小一点的用铁锅木甑蒸馏烤酒，资本大一点的则用锡锅大甑。由于茅台村是赤水河南端最大的盐运水陆转输站，因此清朝嘉庆、道光时期，茅台村的酿酒业在赤水河流域最为兴旺发达，有烧房二十余家，所用粮食不下二万石，产酒量跃居贵州全省第一位。但嘉、道时期茅台村的酿酒盛世没能延续多长时间，道光二十年（1840）第一次鸦片战争爆发后，国运不振，以茅台村为重点的赤水河流域酿酒业由是日渐衰退。

从郑珍《田居蚕实录》记载的茅台村酿酒工艺来看，清朝咸丰以前，赤水河流域普遍酿制的是一次性发酵蒸烤而成的优质浓香型大曲酒。至咸丰初年起，酱香型酿造工艺在茅台村产生，称为"回沙酒"，但当时的酒厂规模、产量都远不及嘉、道时期。直到光绪三年（1877）四川总督丁宝桢扩修赤水河后，赤水河流域盐运业开始复苏，川黔边由此商号林立，饮酒风气又开始盛行起来。《续遵义府志·物产》对此记载说："自同、光以还，时祭承平，民情习惰，乡俗渐浸淫奢侈，遂以清酒（烧酒）珍行，耻依内法，而谈故事者惟作屠门之嚼。"民国政府成立后，1915年为庆祝巴拿马运河通航，在美国旧金山举办万国博览会，茅台村的荣和、成裕两家烧房酿制的酱香型酒在博览会上获奖，给茅台村为重点的贵州酿酒业带来了又一次春天，"自是茅台之酒驰名中外，销路大有与年俱增之势。于是垂涎此种厚利，羡慕此项美名，继而倡导，设厂仿造者大有人在，所谓遵义龙坑场集义茅酒，川南古蔺县属之二郎滩茅酒（今郎酒），贵阳泰和庄、荣昌等酒，均系仿照茅台（回沙）酒之制法，亦称曰'茅台酒'（在黔南都匀则有张氏仿制的'匀茅'）"。20世纪40年代末，贵阳人赖永初因受茅台酒厚利的影响，也到茅台村开设一间恒兴酒厂仿制酱香型酒。赖永初是个精明的商人，他把自己的产品拿到上海这个国际大都市作大量广告宣传，从此酱香型茅台酒的声誉扩展到了上海及其周边省区，为茅台酒在全国和国际上扩大影响做出了重要贡献。据民国时期何辑五著《十年来贵州经济建设》一书记载，民国三十三年，茅台酒曾一度为苏联政府宴请外宾的珍品。继而美军来华，联合对日作战，茅台酒又为美军所喜好。茅台酒在印度之价值几与白兰地、威士忌并驾齐驱。国民党军远征印度时，其士兵所带之茅台酒，曾有以一瓶换两瓶白兰地者。抗战胜利后，在赖永初的经营下，茅台酒一度畅销沪地，盖以美军复员回国，大量收购运回以供诸同好。由是茅台酒所享之国际声誉益隆。当时茅台酒外销量达百分之四十，是国内任何一种酒都无法相比的。改革开放初期，贵州省政府弘扬贵州酿酒的传统优势，以茅台酒的历史知名度和"国酒"品牌为动力，大力发展贵州酿酒业，赤水河流域由此建起数百间酒厂，其酒厂数目、产酒量和知名度等远远超出历史上任何一个朝代，人们因此赞誉赤水河为"美酒河"。

二、土壤、水质和气温是赤水河流域名酒区形成的第二大要素

酒虽然算不上高科技产品，但是如果有了政策和资金的扶持而缺乏优越的土壤、水质和气温条件，任凭怎样发挥人的主观能动性，也是产不出好酒的。因为酿造类微生物的形成需要一定的地理地质条件和气候环境。这就是为何郎酒与茅台酒的生产工艺和用料一样，但质量却相差很大的关键原因。

酿酒发酵用的窖池是建在地下的，地下土壤质量的好坏直接影响到水质和窖池中酿造类微生物的生成比例，从而决定了酒的质量。而土壤又是由岩石风化而成的，不同化学成分的岩石经过阳光和雨水的侵蚀风化后形成不同的土壤。赤水河流域名酒区的形成，就是因为她具备了以上这些优越的酿酒条件。

赤水河全长 444.5 公里，流经云、贵、川三省，其中流经贵州境内的河段长 126 公里；流域面积 20440 平方公里。现代地理科学把赤水河自茅台以上一段河道称作上游，茅台以下至丙安（丙滩）一段河道称作中游，丙安（丙滩）以下至合江一段河道称作下游。而赤水河上游地形因受"古蔺山字型"构造体系的影响，致使河道改向，由西向东沿"古蔺山字型"前弧挤压褶皱带，经贵州仁怀市茅台镇西，然后折向北流。北岸东西向的雪山关，有"南来第一雄关"之称，海拔高度 1800 余米，是赤水河与永宁河和南广河的分水岭。

赤水河上游南岸的毕节、仁怀一带，系大娄山西南端北东向"华夏系"构造与"黔西山字型"构造体系脊柱南北向构造交互带，地形复杂，局部海拔高度 1500 余米，是赤水河与乌江的分水岭。

赤水河中下游茅台至合江一段，大体上是沿"古蔺山字型"构造体系脊柱南北向挤压断裂带，于合江东北隅注入长江。两岸崇山峻岭，河道峡窄。习水土城地区位于"古蔺山字型"东翼反射弧顶部扭性断裂盆地中，"赤水河于此山势稍开，河稍广"（《仁怀厅志》语）。从东至西由文农、土城、儒维（唐朝坝）、同民、乐用、古蔺等一系列中小型盆地构成整个"古蔺山字型马蹄形盾地"，是赤水河流域较为富饶的地区。

赤水河上游自万山中一线溪流，巨石巉崖耸峙；中游万仞之山，壁立两岸，滩高浪激，势险路迂。仅中下游的二郎滩至赤水城间 135 公里水路，就有险滩 183 个，平均坡降度为 1.5‰，流速 0.8 至 1.6 米/秒。河面宽度 50 至 130 米，横切面多呈"V"或"U"字型峡谷。河床中基岩裸露，极少河谷堆积阶地。有的地段河谷两侧为百米以上的悬崖峭壁，部分地段坡度在

50 度以上。而中、下游因处于溯源侵蚀后缘，常有零星分布的三级河谷阶地，如中游的土城一带。由于土城占据赤水河流域得天独厚的地理环境，因此文明开启较早，并成为几个朝代治理赤水河流域的政治经济文化中心。

由于赤水河流域处于云贵高原向四川盆地倾斜的斜坡面上，两岸海拔高度大多在 500 至 1000 米之间，属大陆性气候，冬季干寒，夏季湿热，最高气温为 39 度，最低气温为零下 5 度，年平均气温为 15 至 20 度。中下游地区夏季炎热，冬季温暖，为酿造优质酒提供了好的气温条件。

地层方面，赤水河沿岸分布有震旦纪、寒武纪、奥陶纪、志留纪、二叠纪、三叠纪、侏罗纪、白垩纪和第四纪等地层，除了缺失古生代的泥盆纪和石炭纪外，地球发展史上的大多数地层在赤水河沿岸都有分布。其中太平渡至沙滩以上河段以震旦纪、寒武纪、奥陶纪、志留纪、二叠纪等古生代地层为主，石灰岩分布较广，夹有页岩和煤系地层。土城至赤水之间为大量的中生代侏罗纪、白垩纪地层，由于该两种地层为红色粗碎屑岩岩层，内含多种铁、钙、钾等矿物元素，风化后土质疏松透气性好，故物产丰富，百万年前已有的梭椤树这一植物得以保留至今。而中游的习水酒厂和茅台酒厂所在地附近有奥陶纪灰岩出露；习水酒厂、郎酒厂和茅台酒厂三地有古生代的志留纪含钙质砂岩出露；赤水酒厂、习水酒厂和茅台酒厂所在地有中生代中、下侏罗世的暗紫色含钙质和长石砂、泥岩分布。其中茅台酒厂所在地有晚中生代的白垩纪紫色砾岩分布。茅台酒厂所在地的地层叠压层次为紫红色泥岩、粉砂岩与浅灰至紫红色细至中粒长石砂岩和长石岩、屑砂岩互层。

通过上面对赤水河流域岩石和地层的分析，从中可以看出：赤水酒厂、习水酒厂和茅台酒厂所在地为紫或紫红色含钙质和长石砂岩、泥岩地层，这种岩层风化后形成紫色土壤，内含游离的碳酸钙和钾元素。其中茅台镇的紫色土厚达 50 厘米。这种紫色土由于母岩中含有碳酸盐，在降雨季节土层不断被侵蚀和堆积，经常有许多游离的碳酸钙进行补充，从而阻滞了盐基的淋溶作用，延缓了土壤的形成过程，使其在相当长的一段时间内，达不到铅元素的富集。土层中保留和继承了许多母岩原有的特性，使得盐基含量较高（茅台镇为 80％左右）。此外，由于某些矿物的化学反应较慢，部分矿物甚至很少产生化学反应，如蓝铁矿和菱铁矿，从而使土壤保持了与母岩相近的颜色。长石和云母等易于风化，增加了土层中的钾元素。若紫色母岩中含有碳酸盐时，发育的紫色土为中性至微碱性；发育在酸性紫色砂页岩上的则为酸性反应。若地形环境坡度陡，雨水冲刷严重，则肥力不高（如在三叠纪暗紫色砂页岩上的紫色土）。若在低平处，属侏罗纪泥岩及老第三纪红色砾岩上的紫色土，则土层深厚，肥力也较高。紫色土上的植物较少，微生物活动旺盛，故有机质的积累较弱，其含量经常在百分之一左右（高时达百分之二）。另一方面是紫色土的矿物含量较高，土壤疏松，透气性好，有利于微生物的腐殖质化。

另一方面，赤水河中下游地区由于海拔低，气温高，为酒的发酵和贮存老熟起到重要作用。特别是茅台酒厂和习水酒厂等位于赤水河东岸，日照量充足，气温和地温对酒的老熟起着重要影响。而郎酒厂地处赤水河西岸半山之上，海拔偏高，加之地形坡度陡，下午两点以后失去日照，与茅台酒厂和习水酒厂等年平均日照量和温度相差很大，从而影响了酒的纯化和老熟时间，这就是为何郎酒是茅台酒的嫡传子孙，工艺和用料完全一样，但质量和风格却相差很大的原因所在。

洞藏酒原本是习水酒厂原厂长周素堂先生在赤水河东岸龟仙洞开创的酿酒试验，后经笔者加以系统地理论归纳后，以《酒与地理地质》为名，写了一篇论文在 2001 年中国（济南）国际酒文化论坛上发表，获得一等奖，从此便在全国范围内引来一股洞藏酒热，许多酒厂争相查询和传抄我的文章，奸商们竟然背着周素堂和我这两个洞藏酒的开创者和理论归纳者，在全国成立起什么"洞藏酒研究会"，开展起所谓的"洞藏文化工程"建设，并用报刊和电视等媒体来疯狂炒作。就连江苏无锡某高校生物工程学院院长某某（姑隐其名）也撰文参与炒作，推波助澜。许多二三流的酒厂等竟然厚颜无耻地说洞藏酒是他们当地的先民发明的。一下子，全国范围内发现许多几百乃至几千年前的藏酒洞。这股风吹得茅台酒厂也坐不住了，跑到织金去找洞贮酒。由于当时我和周素堂两人都只是开创性地试验和研究，没有条件对洞藏酒进行微观的理化检测。因此洞藏酒热在全国兴起后，笔者不断收集相关报道材料，经过酒鬼酒等大型企业的微观检测，其实酒经过洞藏后其物质成分并无丝毫改变，也就是说洞藏和不洞藏完全一个样，全国性地刨了许多洞，藏了许多酒都是白忙！但是洞藏酒作为我国酒业疲软时的强心剂和新理念，曾经立下过汗马功劳，时至今日，洞藏酒仍然是某些奸商们拿来欺骗消费者的最佳广告词。其实酒的关键是勾兑。无论你基酒多么好，贮存在什么地方，勾兑上不过关酒同样不好喝。酒的勾兑是个化合过程，勾兑成的新酒是口感最好的酒。陈酒则是质量差的酒，越陈越差。因为酒勾兑装瓶后，酒液在酒瓶中不断产生化学反应，水分不断挥发，酒精度不断浓缩，有害成分也不断增多，对人体的伤害也随着酒的贮存期增大而增大。因此陈放时间过长（5 至 10 年以上）的酒只能作为香精而不能饮用。但这个"秘密"酒类企业就是不愿向消费者公布，而去炒作什么"三十年""五十年"老酒。如果一瓶酒真的放了三五十年，那就不是卖酒，而是贩毒了！

而洞藏酒的弊端还在于：把酒存入洞中后，由于环境温度比外面低，从而影响了酒的纯化和老熟。特别是郎酒，贮放在海拔偏高的背阴山洞之中，本来温度就不够，而洞中湿度过大，加之地下水不断滴洒到酒坛上并渗入酒坛中，时间长后酒的质量就受到影响，这是郎酒洞藏的一大致命弱点。

综上所述，赤水河作为美酒河的形成，历史政治原因与地理地质条件的最佳结合是其最为关键的要素。

赤水河通航考述

龙先绪[*]

龙先绪[*]

一、河道概述

赤水河是长江上游南岸较大的支流，发源于今云南省东北角镇雄县安家坝罗汉林山箐的沼泽地，水积成溪后从高地流到板桥镇银厂村长槽滤水岩，在云南境内流经镇雄县坡头镇、威信水田乡，至云贵川三省交界处岔河后，一路向东流，至贵州仁怀市茅台镇，是川黔两省的界河。从岔河起南岸有贵州毕节县的团结彝族苗族乡、生机镇、清水铺镇、大屯彝族乡、田坎彝族乡；金沙县清池镇；仁怀市龙井乡、茅坝镇、鲁班镇、茅台镇。北岸有四川叙永县的水潦彝族乡、石坝彝族乡、赤水镇；古蔺县的马蹄乡、马嘶苗族乡、椒园乡、石宝镇、水口镇。又从茅台镇起赤水河转向北流，经仁怀市二合镇、合马镇后，又为川黔界河，东岸有仁怀沙滩乡、习水县习酒镇；西岸有四川古蔺县二郎镇、太平镇。太平镇以下东岸有习水县隆兴镇、民化乡、土城镇；西岸有习水县的醒民镇、同民镇；以下流经赤水市元厚、葫市、旺隆、丙安、复兴、大同等乡镇及文华、市中、金华三个街道办事处入四川，所经场镇有元厚、金沙、葫市、丙安与赤水市区。有大同河连接大同场。再赤水河在赤水境内从元厚至大同切角土丫南北岸皆为黔地，切角土丫往下约2公里与四川合江县九支镇交界，至此，南岸为黔地，北岸为川境。赤水市区往下至鲢鱼溪为赤水、合江界。合江县，东岸有车辋镇、实录乡，西岸有九支镇、二里乡、先市镇，于合江镇入长江，全河总长889里。

赤水河，清顾祖禹《读史方舆纪要·贵州四》云："赤水卫南，源自四川镇雄府，经城西四十五里之红土川东流经此，每遇雨涨，水色深赤……河

---

* 龙先绪，男，贵州仁怀市人，仁怀市政协文史委主任，贵州省文史馆特聘研究馆员，贵州历史文献研究会副会长，郑莫黎研究著名专家。

当川贵驿道，初以舟济，寻为浮桥。其南北近岸处水浅流阔，船不能及岸，人尤病涉。正统中增造小舟相维，始与岸接。"说明了赤水河河名的由来及上游赤水卫河水流量之大，"人尤病涉"。赤水河在古代称谓很多，秦以前不可考。前汉称大涉水，班固《汉书·地理志》"犍为郡南广县"（今宜宾兴文县等地）云："汾关山（今威信县治西），符黑水（今兴文南广河）所出，北至僰道（今宜宾）入江。又有大涉水，北至符（谓巴符关，今合江县）入江，过郡三（犍为、牂柯、巴郡），行八百七十里。"其长度与今天相吻合。"涉"字，《尔雅·释水》曰："由膝以上为涉。"许慎《说文解字》云："徒行厉水也。""厉"字，在中国文献中最早见于《诗·邶风·匏有苦叶》："深则厉，浅则揭。"方玉润《诗经原始》云："以衣而涉曰厉，褰衣而涉曰揭。"陈子展《诗经直解》、程俊英《诗经译注》均解"厉"字为连衣过河。由此可知古人过河，膝以下的水牵衣而过，膝以上之水，和衣而过。大涉水即是和衣也难过的水，说明赤水河当时水流量大，是很深的。在东汉称鳛部水，成书于东汉末年的《水经》云："江水又东过符县（今合江县）北邪东南，鳛部水从符关东北注之。"鳛部水，盖东周时期赤水河中游有鳛国而得名，清余家驹《通雍余氏宗谱·世系》云："吾余氏之先曰通雍氏……传至哦海德赫，少子曰德赫辉，其父爱之，命传以国，让于兄德赫隆去，居鳛部，为鳛部王，鳛部即蔺州。"而北魏郦道元注《水经》则云："符县，故巴夷之地也，县治安乐水会。水源南通宁州平夷縣县，北迳安乐县之东，又迳符县北入江。其鳛部之水，所未闻矣，或是水之殊目，非所究也。"郦氏未亲临考证，故不知也。东晋时称安乐水，因晋穆帝（司马聃）永和三年（347）割符节县（治所今合江县）置安乐县（治所今合江县九支镇安居坝）而得名。隋唐时称赤虺河，武则天《征云南檄文》、骆宾王《姚州露布》皆提到此名。"虺"字，《博雅》云："虺虺，声也。"《诗·邶风》："虺虺其雷。"传："暴若震雷之声。"故虺通豗。豗，《类篇》："相击也。"韩愈《元和圣德诗》云："众乐惊怖，轰豗融洽。"李白《蜀道难》诗："飞湍瀑流争喧豗。"《正韵》："喧豗，哄声。"赤水河水石相击，惊涛拍岸，中原人至此为之胆慄，以为是妖魔鬼怪所为，故骆宾王曰："川多风雨之妖。"随着对赤水河的开发利用，至宋元时期人们对赤水河有所认识，不再是那样的惊险，大略在元末明初已改称赤水河了。元成宗大德七年（1303）蔺州阿永蛮雄挫叛，《新元史·云南溪洞诸蛮传》云："雄挫东接罗鬼，西邻芒部，南进乌撒，姻亲相接，滋蔓力强，合以十月初，云南军入暮晖，湖广军自打鼓寨、会灵关入蛮地蔺州，四川军自长宁、鱼槽进讨，会于赤水河雄挫巢穴。"《明实录》洪武十四年十月戊寅（1382年1月22日）载："元右丞实卜闻都督胡海洋等兵进自永宁，乃聚兵赤水河以拒之。"《贵州图经新志》卷十七："洪武二十二年置赤水卫指挥使。"从此赤水河名流传到现在。赤水卫治所在今叙永县南的赤水镇，清代至民国二十三年（1934）均置叙永县赤水河分县。今天贵州的赤水市，原名仁怀直隶厅，光绪三十四年（1908）省裁粮储道，原由粮储道管辖的仁怀直隶厅隶遵义府。但遵义府属已有仁怀县，为避免厅县同名，乃以"赤水"代"仁怀"二字，遂改名赤水厅。赤水河还有斋郎水、之溪等名称。斋郎水，吴培《赤水考》认为赤水河源出仁怀界蒿枝里楚米坡（今桐梓县境），古有苗斋郎居此，故名。之溪是因为赤水河下游至合江段，河道弯曲呈"之"字形而得名。陈熙晋有《之溪棹歌》60首。

二、通航钩沉

赤水河的通航有狭义与广义之分，狭义指的是要津渡口的横渡，广义指的是从上游到下游的全程通航。赤水河的通航与赤水河流域的居民生活、军事行动（兵马未到，粮草先行）、行政建置密切相关。

赤水河流域的上古居民，据对仁怀市云仙寺的考古发掘证明在商周时期就已存在，属古濮人，其名见于《尚书·牧誓》，是当时周代西南方的八个诸侯国之一，其余七个是庸（今湖北省房山县境内）、蜀、羌、髳、微、卢、彭。楚与庸国相攻时，濮助庸，足知其为楚、巴之间大巴山附近地区之民族，尚停留在原始社会，甚为分散，故曰"百濮离居"，其停留故地的必当为楚、巴、秦所征服、融化，惟远徙以上强国势力未达到者乃能生存。其中有一部分西入云贵高原与川南地区势为必然。濮、僰古同音，巴蜀接界之僰道地区有僰侯国。即是濮族西迁，得巴蜀所不争之隙地，而建设成为粗具国家组织形式之部落，赤水河中游的鳛部即是，后来发展为鳛国，还有鳖国（今遵义境）。其南入贵州高原者，无异族势力侵扰，能在安静中顺利发展，逐渐形成夜郎大国。陈世松、贾大泉《四川通史》第一册第179页说巴国的居民中有很大部分属于百濮民族系统的各个支系，四川盆地东部地区多棺船葬，棺具做成独木舟形，两端由底部向上斜削，船头船尾呈上翘状，与水居的濮系民族有关。说明古老的濮人已用船这种水运工具。

常璩《华阳国志·南中志》云："周之季世，楚顷襄王遣将军庄蹻泝沅水出且兰以伐夜郎，植牂柯，夜郎又降，而秦夺楚黔中地，无路得反，遂留王滇池。"任乃强《枸酱考》认为夜郎国故址在今云南曲靖大平原北端，沾益县北之黑桥。清代贵州著名学者莫与俦《庄蹻考》，则认为庄蹻是经枳县（今重庆市涪陵县）溯乌江，至武隆之白马坝，再转溯芙蓉江进入今贵州正安、绥阳后陆行进入桐梓，至鳖县（时为楚国旧邑）后向西攻下鳛国，大军沿赤水河西上进入夜郎，随他而来的"荆蛮"留居黔西北，就是今天的苗族，他们与今天的黔东南地区的苗族在语言、服饰、风俗等方面均有所不同。

先秦时在赤水河上下游，都有官方开辟的交通路线。古巴国通夜郎商道，从赤水河入长江口处沿河而上，经平夷（今毕节北）至朱提（今云南昭通）转夜郎与滇。旁循赤水河支流桐梓河水道通于鳖国。故巴王于赤水河入长江口处设关，以稽查商贾税货物，验符而后放行，故称巴符关。公元前211年秦始皇统一中国后，开始了对西南夷各部的经营，《史记·西南夷列传》说"秦时，命常頞略通五尺道，诸此国颇置吏焉。"《索引》："谓栈道广五尺。"秦开五尺道是以巴蜀为基地，当起于当时蜀郡南部边境僰道（今宜宾），其中有一条经南广（今宜宾高县、珙县）、平夷入贵州境，过赫章、威宁，再入云南境走宣威到达曲靖。

汉武帝建元六年（前135）番阳令唐蒙在出使南越时，南越王食以枸酱。蒙问所从来，曰：道西北牂柯。唐蒙回至长安，问四川商人，曰：独蜀产，多持窃出市夜郎。夜郎，通牂柯江，江广百步，足以行船。南越以财物役属夜郎。夜郎又有精兵十万。武帝认为南越、夜郎的割据势力，不利于全国统一，便封唐蒙为中郎将，带领千人，用一万多人运送口粮，从巴符关赤水河进入夜郎，见到夜郎侯多同，"喻以威德，约为置吏，使其子为令"，夜郎大国就此瓦解。为巩固其胜利成果，唐蒙计划一面设郡，一面开辟交通。划出夜郎所控制的延江（今乌江）北岸地，割广汉郡（今川南部分地区）的一部分，合置为犍为郡，郡址在鳖县（今遵义），因境内有犍山，一名不狼山。犍，野牛，其山盖今遵义市之娄山，古以产野牛，称犍山。为，治也，置郡于此。为开南夷道，故因其山名曰犍为。汉武帝任唐蒙为都尉。领十二县，有七县在四川，有两县在云南。在今贵州的是存䣖（今威宁境）、汉阳（今赫章）、符县（主要在合江，辖有今赤水、习水地）。

《史记·汉兴以来将相名臣年表》记：元光六年（前129）"南夷始置邮亭"。《华阳国志·南中志》南秦县下有"自僰道、南广有八亭，道通平夷"的记载。平夷县，西汉置，治所在今贵州毕节北境。今四川叙永、古蔺，贵州仁怀、毕节地皆故平夷县境地。平夷县之硐津，即今赤水河上游赤水镇渡口。赤水河上游，大多绝峡崖岸，唯此沙岸平阔，津头开阔，能用船渡，故见独称。南秦县，原名南昌，后改南秦，意为世世为秦南徼之义，当在僰道与平夷县之间，即今四川高县与云南威信县接壤地界，故城在威信县附近，秦汉时，有商道循符黑水（今南广河），越汾关山（今威信县治西）入大涉水（今赤水河上源）河谷，至平夷县（明赤水卫故址），东通鳖县（今遵义）。汉魏晋时，自蜀入滇共有三道：东道自江阳（今泸州），经平夷、汉阳、朱提、味县至滇池。中道自僰道经南广、朱提、味县。西道自旄牛、越嶲渡泸。诸葛亮南征，大军由越嶲渡泸。李恢取中路向滇池。亮还则从汉阳、江阳取东道。东道险在七星关、赤水河两处。七星关，汉阳县治，与毕节相距90里，其北至江阳七百里，中间有平夷县，道通滇池，亦通鳖县。汉阳县，即今贵州西北之赫章县，是没有河道可供行船的内陆山区。但1975年在赫章出土的汉墓铜鼓，鼓面除有几何图形和马纹、车纹外，尚有船纹和立于船中人物，足以说明其邻近的平夷县赤水河的水运当时受到广泛重视。

蜀汉时期，先是东汉献帝建安六年（201），益州牧刘璋分犍为郡东部置江阳郡，治江阳县（今泸州），又领汉安、符节二县，符节县有今赤水市一带。刘备入蜀尚未称帝时，扩张犍为属国置朱提郡，领朱提、南广、南昌、汉阳、堂琅五县，朱提太守加庲降（为招徕降服者之义）都督称号，兼统南中各郡，驻南昌县。章武元年（221），庲降都督移驻牂柯郡平夷县。朱提郡五县中，汉阳县为今贵州赫章地。《华阳国志·蜀志》载："符县南有水道通平夷、鳖县"，水已为道，即上航道。《贵州航运史》又载："赤水河……上中游原生型石滩甚少，大量次生型石滩是近代形成的，古代河道条件也不太坏。这就为早期的通航提供了条件。"西晋永嘉五年（311）置平夷郡，治所平夷县。赤水河在今茅台上游属平夷郡，下游属江阳郡。愍帝建兴二年（314），李雄据蜀期间，曾派江阳太守侯馥在这一带"抚恤蛮僚，修缮舟楫"，打通至长江水道，说明赤水一带的航运及造船事业已具备相当规模。江阳郡在晋代隶益州，东晋穆帝时，割符节县地置安乐县（今赤水）。标志着中央统治向赤水河系深入，也是赤水河沿岸有县治的开始。

江阳郡在晋安帝时失土，寄治武阳县界，刘宋时又于旧江阳地置东江阳郡，隶益州，治原汉安县，改原江阳名汉水县，新置绵水县，绵水县辖有今习水、赤水之地。南齐时东江阳郡省汉水县，复置晋代的安乐县，为今赤水带有仁怀地，梁时东江阳郡地域不变，只把安乐县改为安乐戍。

隋代以江阳郡旧地置泸川郡，以赤水河仁怀市南境内之九仓河入赤水河处为界，下游两岸属泸川郡，上游属土著区。唐代泸川郡改置泸州，以今古蔺地为中心设置羁縻蔺州，赤水河仅复兴镇以下属泸州，以上属土著区。赤水河连接之相邻州府或地区，如《贞元州封南诏记略》云："贞元三年（787），南诏异牟寻遣使三道并发，一道出石山从戎州入。"南诏，辖今云南全部，贵州西部和四川南部地区。戎州，即今叙永县地。宋代仍置泸州，但疆域比原大，赤水河从今上游水潦乡起直到入江口，两岸均属泸州地域，在中游土城地设置磁州、武都城，下游有九支城。

元代以今毕节龙场营卧牛河入赤水河处为界，下游两岸属播州宣慰司，上游属叙州路。播州宣慰司设有仁怀古滋等处长官司行政机构。川盐经赤水河运输供应亦溪不薛（蒙语，即水西）。明代赤水河上游属永宁宣抚司，下游属播州宣慰司。

赤水河流域濮人之后是夷人占据，夷人原住贵州威宁草海边，约在东汉桓帝、灵帝（147—178）时遭到南方部族攻击，带领部族九千人北上，到达今贵州毕节邻赤水河一带，征服了当地濮人和羿人小部落后居住下来，在今毕节县赤水河南岸龙场营（夷语称乍者俄姆）修建宗庙，建立部族统治中心，经过 11 世代（德赫辉至墨者扯勒）的开拓，逐渐沿赤水河南岸东向至仁怀南境茅坝一带，并渡河北向古蔺南境，西向赤水河上游北岸叙永水潦，南岸毕节临口一带发展，奠定了部族统治基础，称扯勒部。夷语称赤水河中上游至今古蔺地区为柏雅妥洪。夷语称部族大宗支为"令"，扯勒部即为扯勒令，"令"与"蔺"同音，唐元和初置羁縻蔺州（宋乾德二年废）当系用为州名。扯勒部占据赤水河后，赤水河的航运，正如《西南夷志选》载：交租纳粮如蚂蚁行路，水道运输忙，木船飞驰过。

明代皇木运输是赤水河的一大任务。《遵义府志》卷十八《木政》云："永（宁）、播（州）产楠木，历代南中不宾，斧斤无得而入焉。明洪武初年，建置城郭都邑，营建藩府，皆取蜀材。""永乐四年（1406）诏建北京行宫，敕工部尚书河南宋礼督采，前后凡五入蜀，监察御史顾佐亦以采木至。而少监谢安在蔺州石夹口采办，亲冒寒暑，播种为食，二十年乃还。""嘉靖二十六年（1547）奉天殿灾，左副都御史李宪卿乃分派参政缪文龙入播踏勘播州楠木。有儒溪、天全、镇雄、乌蒙、龙州、蔺州之木，并属四川巡抚督率采运。"《仁怀直隶厅志》卷二十云："明贵州参议王重光嘉靖岁甲寅采木至赤水，羿蛮方争，重光率指挥十户至落洪，立诛一二人、余皆赉之。""明嘉靖中佥事吴仲礼入永宁迤西、落洪、斑鸠井、镇雄采木。"从以上提到的地名看，采楠木遍及赤水河上下游。木材大量在赤水河中漂放，十分热闹。明正德状元杨慎谪戍云南永昌，路过赤水河，见此情景作《赤虺河引》，其中写道："层冰深雪不可通，千寻建木撑寒空。明堂大厦采梁栋，工师估容穿蒙笼。此水奔流似飞箭，缚筏乘桴下蜀旬。"隆庆年间贵州提学使吴国伦《赤水河》一诗中也写道："筏趁飞流下，樯穿怒石过。"万历二十五年（1597）至三十七年，北京兴建"三殿"，贵州巡抚郭子章于万历三十六年的奏章中称：贵州采办楠杉大木、柏枋计 12298 根。播州宣慰使杨应龙，三次献大楠木 170 根，均由赤水河运输。明代几度采木之役，少者经历十几年，多者三五十年，木材成为赤水河水运的重要物种。

明代贵州开始建省，因明初战事未平，大量军队驻扎于此（设有 32 卫、24 所），食盐大量增加，赤水河的盐运量也在加大。川盐进入贵州的路线主要有四条：第一条是沿乌江上溯至沿河、思南，运销黔东地区；第二条是由綦江上运至松坎驿，转陆运至播州各地；第三条是经赤水河陆运至黔北、黔西北；第四条是由泸州经永宁河至永宁（今叙永县），陆运至毕节、乌散（今威宁）、乌蒙（今昭通）等贵州西部和云南东北部。此四条盐路中，赤水河的水运最长，舟楫增多，起岸后，道路上肩负背扛和驮马络绎不绝。

《贵州航运史》载，宋朝以来的茶马市到明代进一步扩大。洪武十七年（1384），规定每年从乌撒市马 6500 匹，每匹给布三匹，茶 1 斤（或盐 1 斤）。五倍子、生漆、桐油、茶籽、黑木耳、白蜡等特产以及麝香、牛黄、天麻、杜仲、艾粉等名贵中药材成为重要产品，外省行商前来采购，输出量增加。松、杉、柏、青杠等木材远销省外，黔北、黔西北木材经赤水河入川江。

明万历二十八年（1600）播州杨应龙叛，吴广率大军沿赤水河而上，进驻赤水河支流桐梓河下游二郎坝，曹希彬由永宁过赤水河鄢家渡，进入仁怀南部绩麻山。天启年间奢（永宁奢崇明）、安（水西安邦彦）之乱，战场遍及赤水河流域。赤水河航运主要为军队运输粮草。

三、航道整治

朱元璋建立明朝，以扯勒部本脱鲁宗（明史称禄肇）为永宁宣抚使，为了加强该地区的统治，洪武十三年（1380）明廷命景川侯曹震往四川治道路，凿石削崖以通漕运。十至二十吨的盐船可达沙湾塘（今赤水市文华乡沙湾村）。明代末年永宁贡生周焕文在《赤水赋》中写道："于是路接孔道，人歌要津。车驱原隰，舟泛江滨。倒映岑峦而泻翠，平铺锦浪以浮鹢。舳舻毕达，商贾遄征。鹢首鸭头，飞花喷雪。石鲸静而无事舟停，槩木浮而何忧楫折"，以致"开凿之功，至今利赖"。

清代康熙时贵州巡抚佟凤彩疏称："天下之苦累莫过于驿站，驿站之险远最苦者莫过于黔省。黔省在崇山峻岭中，上则登天，下则履壁，夫抬一站，势必足破肩穿，马走一站，亦必蹄疤脊烂，甚至力不能胜，中途倒毙者有之。"（《黔南识略》）陆行条件十分艰苦，沿河一带更加重视水运，促进了沿河集镇的繁荣。赤水河沿岸兴起的有猿猴、二郎、兴隆、茅村等码头，赤水河上中游出现了造船作坊，能制造适合航道特点的盐船。贵州西北部盛产铅，清初已大量开采并外运，供作户部与各省造钱币与弹丸的重要原料，朝廷额定每年运解京城及各省的数量为 2.34 余万吨。主要由威宁、水城、大定、赫章各铅矿产地向毕节集运，过赤水河入永宁，由永宁河口入长江，转运河，北上达京局。该线路又是滇铜入京的大道，每年运铜亦有几万吨。这一线路尽属山区，全靠人背马驮，雇马困难，致使人马劳瘁，大量铅铜积压待运，迫使贵州官员积极寻求利用水运的途径，就近开辟航道。

　　乾隆九年（1744），贵州总督张广泗，拣选凯里营都阃府刘奇伟、威宁州吏目王步云、遵义县县尉诸曜、镇远标外司张贵四人查勘赤水河并绘图，精心筹划开凿。《清实录·高宗实录》卷二三九云："贵州总督张广泗称，黔省威宁、大定等府、州、县，崇山峻岭，不通舟楫，所产铅铜，陆运维艰，合之滇省运京铜，每年千万斤，皆取道于威宁、毕节，驮马短少，趱运不前。查有大定府毕节县属之赤水河，下接遵义府仁怀县属之猿猴地方，若将此河开凿通航，直可沿流直达四川重庆水次，委员勘估，水程五百里，计应开修大小 68 滩，约需银 4700 余两。此河开通，每年可省脚价银一万三四千两。以三年余之节省，即可抵补开河之费。再黔省食盐例销川引，若开修赤水河，盐船亦可通行，盐价立见平减。大定、威宁等处，即遇丰欠不济，川米可以运济，实为黔省无穷之利。应如奏办理。"于是委遵义知府陈玉璧，大定知府王允浩，都阃府刘奇伟，遵义分府（驻今赤水市）胡国英总理河务。借动款 38642 两，上游自天鼓崖（今叙永县赤水镇）至新龙滩（今仁怀市马桑坪）27 滩，王允浩分办。下游自盐井滩（在今习水县习酒镇）至鸡心滩（在今赤水市元厚镇）41 滩，遵义知府陈玉璧分办。参与的文武官员有：荔波县县丞严文烈，威宁州吏目王步云，台拱营千总郑洪义，镇远镇把总张贵，候补守备刘朝栋、萧振统、曹思文、孔文秀、王太临、郭英，大定府司狱卫勖，黔西协千总施国元，安龙镇外委刘廷方，遵义县典史诸曜，长寨营千总刘太岳，绥阳县教谕周挺，抚标千总姚宗璧，仁怀县教谕薛凤仁，仁怀营千总周国柱，毕节营把总甘彦邦，桐梓县典史颜光刚，抚标把总张起敖，清江协外委郭元章，遵义协千总房育昆、邓士林，凯里营外委周朝贵，共 26 人。熟悉赤水河道的老百姓，如仁怀县两河口吴登举也积极参与献策出力，支金募众，张广泗自省垣踏勘，见之拟赏官，登举不愿接受，广泗书"忠耿过人"四字相赠。乾隆十年（1745）十月初一日兴工，至十一年闰三月初一日竣工。

　　自乾隆十一年至十四年三月底，赤水河经运铜铅 1.74 万吨，每百斤节省银二钱一厘四毫，计节省银 6988 两。盐运水程也延伸至上游天鼓崖，每年节省脚银数以万计，张广泗奏请增拨引额由赤水河输入，经调整以后的盐运岁额：乌江、綦江两路输入共计 2207 引，8.3 万吨，而赤水河输入 1811

引，6.8 万吨。张广泗离任后继任者是孙绍武，再后是爱必达，乾隆十四年
（1749）爱必达与大定知府四十七（满族人）、毕节知县凌均往勘赤水河，见
"有滩之处，旁有山沟，山水陡发冲激泥石，填积滩路，是必定为岁修之法，
每年水涸之时，饬该地方查有淤塞之处，即细勘估详，于节省项下动支，雇
夫修检，工完报销，立定章程，庶前功不致废弃"。这时金沙江上游疏河出
现问题，朝廷著落原办督臣等分赔款项，爱必达神经十分敏感，立即停止赤
水河的维修，并处理当时修河官员。《清实录》卷三五七云："贵州巡抚爱必
达新奏，该省赤水河工程，动过银 17000 余两，查自乾隆十一年试运至今，
统计节省运脚价 14000 余两，但原议二年抵补，迄今仅有此数，应著令原办
之人赔补。张广泗应赔缴六分，无可著追，请著落历任巡抚司道，并协理各
员代赔，将孙绍武等名下应赔之数，勒限开单进呈。"皇上谕曰："爱必达所
奏，必因金沙江上游无益工程，曾著落原办督臣等分赔，是以如此办理。不
思金沙江工费浩繁，上游各滩虚靡无益，自属应行著赔……赤水河非金沙江
可比，现在节省运脚银，既不能全抵，将来转运数年，亦即可抵完，何得概
令著赔？况已节省运脚一万余两，未完者不过七千，再展数年，即可全抵，
乃将动项全令作赔，于情理殊失其平。"并批评爱必达，"如此存心，将不克
胜封疆之任"。

自此以后，再没有地方官员整治赤水河，洪水强烈冲蚀，维修、养护跟
不上，上游船舶运行不正常，以致数年后铜铅停运。道光年间，盐船只能到
达天鼓崖下六十里之马蹄滩了。但其物资运输仍是繁忙的。仁怀的小溪、二
郎、土城、吼滩等处的茶叶色味俱佳，《遵义府志·物产》云："采叶压实为
饼，一饼厚五六寸，重者百斤"，经赤水河运出，"多贩至四川各县"。"茅台
烧房不下二十家，所费山粮不下二万石"，生产的茅台春，黔省第一，都由
赤水河输运。

盐税为川省税收大宗，后因川盐私销和粤盐、滇盐的影响，税收锐减，
四川巡抚丁宝桢于光绪三年（1877）倡导开通赤水河运输，实行官运商销，
重振贵州四大入口盐岸，光绪四年（1878）夏，赤水河总办运盐的唐炯，提
出治理赤水河，得到川督丁宝桢的支持，报请朝廷允准，由有关员司及盐号
作出部署，于次年（1879）初正式开工，补用知府罗亨奎、县令鲁堃、巡检
罗应琦、训导张书林等参与组织领导，招雇附近工匠和农民，实行以工代赈
的办法修河，历时三年，采取"就地分修""水路并作"的办法，耗用白银
两万余两，对上游茅台至下游合江段的重点险滩 33 处、一般险滩 40 余处，
零星沙渍多处进行了重点整治。竣工后，仁岸分局委员刘枢会同施工负责
人、商号代表及熟悉航运的船户，在吴公岩举行通船典礼，用尽人力将仅载

盐数包的三只木船拖过吴公岩滩。此滩因部分乱石被炸后，滩坎更陡，水流湍急，航行愈险，以后尚不能直接通航。茅台以上至天鼓崖航段虽未整治，但仍有小型的盐船航运。

民国年间，赤水河仍是川盐入黔的主要运道，进口除盐外，还有杂货、夏布、土布、砂糖、烟草等，销售于赤水河上下游沿岸及附近村落。输出竹、木、五倍子、牛皮、生漆、酒等物，盐船的回程货以牛皮、生漆等为大宗。由四川每年运入的糖价值 3 万元以上，土布大部来自合川、江津，年额约 2 万匹。仁怀的茶饼和珠兰香茶年产 50 余吨，行销重庆、泸州等地。赤水一带盛产楠竹、斑竹，沿河居民长于制作竹器，产品也是出口的重要货种。仁怀、习水、古蔺、叙永、毕节的木材东浮四川，每年价值上百万元。此外，纸、生漆的输出量也不少。

赤水河运盐量大，但河滩变化频繁，影响航运，盐务部门、盐商及盐船船民对河道维修比较重视，河工局管理人员由赤水县委派，岁修由仁岸盐商经办，范围包括上下游全境，1912 年至 1915 年，由仁岸永裕隆等四盐号直接负责。后由盐帮公所负责。1931 年赤水县政府向省报称："自前清设立河工局疏浚河流，一切悉归该局负责办理，民国以来仍旧……河流无不通舟楫之患。"1936 年赤水县上报盐船共 208 艘。

1939 年，日本帝国主义侵华战争不断扩大，当时还是"大后方"的贵州省，已有不少外地机构和人民迁移进来，由于人员陡增，食盐的需要量大大增加，贵州盐务处提请拨款整治赤水河航道，以求改善川盐的运输条件。具体整治工程由迁来西南的"导淮委员会"副委员长沈百先负责。他们于 1941 年底组成"赤水河水道工程局"，着手施工。工程进行了三年半的时间，直到 1945 年秋季抗日战争胜利，导淮委员会离开西南地区，工程才告一段落。三年多中，导淮委员会在茅台以下百余公里的河段上，对十几个浅滩、险滩作了不同程度的治理，抗战胜利后，川黔公路成为川盐入黔的主要运道，从仁岸输入的食盐逐年减少，两百多年来的繁忙盐运，逐渐萧条。

中华人民共和国成立后，1952 年冬，贵州省交通厅派员查勘茅台至合江段航道。1952 年赤水河有木船 450 艘。1953 年 8 月贵州省交通厅在茅台设立第五工程组。1954 年 7 月开凿马桑坪至二郎滩新航道，从仁怀、赤水、古蔺选调民工 200 余名参与修河，至 1955 年 2 月底，开凿工程全部结束，打通了历代治河者无法修通的吴公崖 18 里天险长滩。1955 年 7 月在赤水县设立赤水河道工程队，对全河航道进行常年整治和养护。

1956 年赤水河木帆船运输合作社成立，赤水有前进社、黔锋社、黔崇社、光明社；土城有胜利社；茅台有运输一社、二社、三社、四社、五社。

1956 年三月贵州省交通厅首次对赤水进行航道普查，从云南镇雄县鱼洞乡发源地至四川合江县止，全长 392 公里，通航河段 345 公里，仅 47 公里不通航。主要航道枯水期，最浅航深 0.4 米，最窄航宽 10 米。赤水河承担毕节、金沙、遵义、仁怀、习水等县的公粮、生猪及日用商品运输，距通航河段较近的县，人工或车辆集中到附近码头装载。1958 年赤水河第二航道工程队因下游整治任务已告段落，转移上游里千岩至马蹄滩段测量施工，改善大螺滩、女儿溪等十处险滩，新辟木帆船道 21 公里，于 11 月竣工，通航 2.5 吨木船。至此，上游马蹄滩至下游合江段航道共 357 公里。1956 年 5 月，遵义、四川泸州两专区订立运输协议，川境叙永、古蔺粮食经赤水河运输，由贵州船舶承运，合江航管站调木帆船 40 艘、运力 1200 吨支援。为减轻木帆船拉纤的劳动强度，1960 年，政府在赤水河干流上下游共设木质纹关 129 座，水力绞关船 3 只，安装船头绞关的船共 52 艘。1962 年赤水河上下游木船运输社共有木船 337 艘。1964 年贵州省交通厅规定赤水河木船运输价格，运价以每吨公里为单位，马蹄滩至茅台，上水 0.22 元，下水 0.18 元；茅台至马桑上水 0.18 元，下水 0.14 元；马桑坪至二郎滩，上水 0.52 元，下水 0.33 元；二郎滩至赤水，上水 0.18 元，下水 0.11 元；赤水至合江，上水 0.12 元，下水 0.06 元。1979 年贵州省交通局开展第二次全省航道普查和首次港口普查，赤水河航运起于仁怀县龙井乡白杨坪，止于赤水、合江交界的鲢鱼溪，通航船舶 8～80 吨，枯水期航道水深 0.3～0.7 米，宽度 4～15 米。港口从下游到上游有：赤水、切角、复兴、风溪、丙安、土城、岔角、茅台、中华。中华最大靠泊能力 15 吨。由此可见，白杨坪到上游马蹄滩已没有通航了。茅习公路、茅中公路修通后，中华至茅台，茅台至二郎滩便停止通航，仅有一些渡口的过渡船。

四、航运工具

江河航运工具，在黄帝、尧舜时就有共鼓、货狄二人制造船，《说文》云他俩"刳（挖）木为舟，剡（削）木为楫"。那时还未用木板做船，是用大木挖空做船。后来人们用绳索编竹渡水谓之筏，用绳索编木渡水谓之箄，从中得到启示，才用木板拼凑做成船。赤水河最早的航运工具应是竹筏或木箄（木排），这种简单的航运工具一直沿用到现代。后来才产生了船，但最早的年代无法考证。汉唐蒙从巴符关进入赤水河时运载许多财宝，赏赐夜郎王，应该用船了。赤水河支流习水河上游三岔河的岩壁上，保存有蜀汉时期镌刻的舟船图形和文字，构图虽较稚拙，多伪笔衍体，但清晰可见，船体以两个隔板分为三舱，既可稳固船体结构，又可分类存放物品或便于堵漏，船首尾两端高,有利于防浪,构造比现在一些较偏僻的地方(如泸沽湖)的猪槽船较合理。其中有一幅画,画面为一渔舟,舟内伸出长竿,驱鸬鹚下水捕鱼,一鱼仓皇逃窜。该画刻记的时间是蜀汉章武三年(223),这种船可能是用来捕鱼的。但从石刻船只图像,可以看到早期赤水河航运工具船舶的一个概貌。明代周文焕《赤水赋》也记有鹢首、鸭头两种船。

清初,据《仁怀直隶厅志》介绍:"蜀船由合江载盐至城东之沙湾上岸",主要行驶20吨左右的川江鳅船。大水季节还有"中元棒""舵龙子"船进入。陈熙晋《鳅船曲》序云:"鳅船每船载盐可九十包,乌篷画舻,坚固不如牯牛船。船虽水手六人,论单行船,每单或二十余船,或三十余船,上险滩必并众船水手牵挽始行,稍遇暴涨,舟子难之。"曲云:"猿猴以上饶险滩,鳅船结队行依单。蜀盐装不满二引,港窄载重愁峥嵘。土城里接二郎里,石如积铁船如纸。可怜未上黄泥滩,咫尺邮签难屈指。一缆赪尽千夫肩,雇直得钱能有几?水浅尚可过,水大将奈何。停桡坐食一月多,取盐准米事则那。"鳅船干舷较低,高水时需扎水停航。其《牯牛船谣》序云:"牯牛船每船水手十六人,载盐可一百八十包,蜀盐以五十包为一引,计三引余。其船朴而坚,自仁怀直隶厅城下至猿猴镇,载盐者皆此船也。"牯牛船,亦名梭耳船、艄船,此种船结构坚实,干舷较高,能经受急浪冲击。赤水至猿猴用大牯牛船,再上二郎滩用小牯牛船。故郑珍《牯牛船歌》云:"猿猴滩西凶滩多,船非牯牛不敢过。"乾隆十一年(1746),赤水河中上游航道开通后,但"路遥滩险,蜀中舟子不能至",下游船舶对上中游航道亦不适应。仁怀县生界张淳沿河察看水势,设计制造了适应航行条件的盐船,名曰"鳅船"。另有舵船者,分前、中、后、尾4舱,舵用直木,船中构小台,高约五尺,司舵者居其上,底皆夹板,有大小之别,大者拖纤不用桅杆,其余相同,再小者曰老鹳飞,惟去船上之台,其余与小牯牛船同。至乾隆十四年(1749)春,全河段已有船百余只,载量七八百吨,解决了中上游的运力问题。

1936年,赤水河上下游共有船300余艘,其中中园棒62艘、黄瓜皮17艘、麻叶鳅17艘,五宝船和南河船各一艘,牯牛船110艘,茅村船百余艘。茅村船行驶在上游马蹄滩至马桑坪之间,牯牛船行驶在中游二郎滩至赤水段,其他船舶多行驶赤水以下。当时赤水造船业相当发达,仅赤水县城东一地就有50多户以造船为业。另外,1924年周西城驻赤水期间,曾引进柴油机小汽船一艘,名曰"之江号",行驶赤水至重庆之间,运载军用物资,这是贵州水运第一艘机动船。

中华人民共和国成立初期,赤水河上游至二郎滩行驶茅村船,该船形若木梭，前梢似"关刀"，又称关刀船，利用前梢后橹操纵，十分灵活，吴公岩未打通前，这种船可结队通过，载重2至12吨。二郎滩至赤水行驶改进后的牯牛船，改后橹为舵，旁设边梢助力。赤水以下主要行驶舵船，按船头型式及结构，分为中园棒、五板船、小河船、黄瓜皮、麻叶鱿等，分设尖子舱、走舱、桅舱、货舱等7个舱，载重20吨至80吨不等，船用酸枣木、樟木、楠木制造。上水使用风帆，下水桅杆即作前艄。舵船可出驶川江，有的能达宜昌以下。

五、险滩、浅滩

贵州的河流多属邻省河流的上游或源流，具有典型的山区河流性质，不仅河槽深切，落差大，坡降陡，而且以石滩多为其主要特征。按其成因，可分为三类：第一类为原生型石滩，由原生基石如石梁、石盘等形成，对河道或成为礁石或成窄口，阻碍航行。它在史前已存在，十分稳固，不易发生变化。第二类是次生型石滩，即由山岩崩坠，山体滑坡，以及荒溪水涨冲出乱石，侵占河槽形成。第三类是冲积型石滩，即卵石和砾石，随水位的涨落变化，时断时续地向下游运动，淤浅河道。赤水河上下游基本没有原生型石滩，故便于疏通。《仁怀直隶厅志》卷二云"自镇雄州至合江县，行一千一百四十里，舟行六百五十里"即可知。

赤水河在清代，上游属大定府，下游属遵义府，故《仁怀直隶厅志》《续遵义府志》，对茅台以下至入江口的浅滩、险滩一一作了记录，但两书互有差异，今综合整理如下。

自茅台至新龙滩各滩：大银滩，烧火滩，小银滩，新开滩，青冈滩，罗村滩，崖滩儿，偷狗滩，铁匠滩，罐子口滩，三盆滩，令牌石滩，大坝寺滩，小新滩，老头庄，小浩儿滩，泥湾滩，母猪滩，皂荚树滩，陶公滩，极险，长十里。湾湾滩，鲤鱼滩，黄葛滩，三角滩，马蟥滩，黑蛮滩，大铜鼓滩，风丝渡，九子滩，马岩新滩，石楼夹峙（舟出入其中，最难行过）。小铜鼓滩，狗滩，笔架滩，大火镰滩，湾湾滩，小火濂，长滩，马尾滩（岸上为马尾岩，行路最险仄）。灯盏滩，豹子滩，新龙滩（一名兴隆滩，相接为吴公崖，巨石横亘江心，不受斧凿，乾隆初，吴公思开此崖，未就，崖石崩颓，蔽塞川路，吴公忿恚死，因以名，今有吴公祠）。上长滩，中长滩，下长滩（自新龙滩至此仅三里余，怒涛喷薄，霆击雷震。其间并无停桡之所，碍难行舟）。殷胡子沱，大白漬，小白漬，文公上滩（文公下滩，黔岸石山壁立，蜀岸立有文公庙，巨石怒排，巷口窄狭，水大浪高难行，水小则岸上无纤路）。螺狮滩，台盘滩，虎跳石，磁湾洞，黄连大洪。二郎滩（距新龙滩三十里，盐船于此滩起岸，贷人力运行至新龙滩上船）。白鱼口滩，大对甲，小对甲，盐房滩（一名盐井滩）。响水洞，岔角滩（入仁怀厅界，滩上出煤炭，盐舟至此，空回俱载炭煤至猿市）。干沟滩，顺江铺滩。草著滩，锅圈子，花滚滩，鱼锦滩，鸡扒坎，棕荐滩（滩不甚大，春夏间，无风自吼，声震十余里，天必旱，否则，必坏船，最险）。寒石梁（极险）。游魂三滩（一曰游洪滩，一曰牛困滩）。甘滩子，刺梨滩，大熬钵，小熬钵，淋滩儿，立石滩（在河之右岸，山上有悬岩欲坠，视之若飞鸟着地欲飞状）。新开滩，烧火滩，十八滩，宝塞滩，鱼溪滩，瓦窑滩，皮匠滩，牵塘滩，皮匠滩，落妹脑滩（一曰仙姑滩，昔有官家眷至此舟覆，溺二女于此，因以名滩，极险）。簸箕滩，大箕滩，大瓮滩，小瓮滩，九溪口滩，膏粱滩，太平渡滩（蜀货由陆运至此而就船）。棕背滩，牛困滩，蛇皮滩，洗脚滩，黄皮滩，瓢儿滩，岩滩，铁匠滩，土地滩，雁滩（极险）。虎脑滩，黄泥滩（乱石堆积，迅流如箭，每船须百余人方能牵挽以上，舟子必俟齐二三十船始发，以便于人力，土城下第一滩也）。落妹脑次之，雁滩又次之。板桥滩，小新滩，大新滩，石灰滩，铁匠滩，烧火滩，小心滩。

又猿猴镇至仁怀厅城各滩：猿猴滩（旧时舟不能上下，乾隆十年巡抚张广泗开修，盐艘乃可达茅台，厅城牯牛船至猿猴滩止，易鳅船上二郎滩）。小猿猴滩，石梅滩（滩陡，水急，凡商船至此，皆起载上滩）。小石煤滩，孔雀滩，上雷钵滩，下雷钵滩，金鼓子滩，斑鸠滩，牛背滩，小金驿滩，山牯庄，碓窝滩，鸡心滩，火燕子，半边滩，大五里滩，小五里滩，大螃蟹滩，葫芦脑滩（怪石排流，盐船必出载上滩）。土地滩，压领滩，上横梁，阿蔺滩（极险，盐船必出载上滩）。大横梁，小别滩，大别滩（滩甚险，俗云："大水阿蔺小水别。"）挂钩子滩，扶木滩，弥陀滩，欢喜滩，荔枝滩，新开滩，小丙滩，笔滩，大丙滩（悬流数丈，港路一线，盐船至此，必出所载上滩）。狗嘶子（相传滩有石如狗，两岸人或夜闻水中吠声，数日间必覆舟）。红石子，云滩脑，仁怀碛，鲁班滩，白梭滩，鱼井花滩，姊妹滩，猪鼻滩，白鱼浩，观音滩，神箭子，石牛口，夹子口滩，柴滩，瓦窑滩，东门沱（蜀船至此，易牯牛船上猿猴滩）。

又自仁怀厅城下合江入大江各滩：老鸦滩，铃铃滩（下入合江县界）。二郎滩，和尚滩，湾滩，黑蛮滩，白甲滩，大王溪滩，丁滩，水碓滩，水冰，香炉滩（极险）。夺功滩，走马滩，白叶滩（自铃铃滩至此，130里入大江）。

在以上诸多险滩行船时，船工和商人都是十分谨慎的，有首《放船歌》云："石梅打鼓闹喧天，擂钵三滩在眼前。鸡心滩上打筋斗，葫芦垴滩看本钱。鸭岭三滩三疙瘩，大别小别得留神。撞过大丙和小丙，恭喜老板赚大本。敬请太公不要夸，还有白梭鱼景花。"

茅台村以上险滩、浅滩，因不属遵义府、仁怀厅辖地，故府志、厅志均未记录，新编《仁怀县志》，也仅记录仁怀县龙井乡境内的滩名。今以《仁怀县志》、清代大定知府四十七的《赤虺河开滩记》及新采访所得资料整理如下。

茅台以上各滩：王家渡口，猪旺沱，下渡，中渡，上渡，太和号，金竹杠，大田坎，何家沱，推磨石，红石梁，黄桷沟，玉皇观，鸭滩，鱼窝，盐井滩（仁怀县城盐津河来汇）。小河，下纸厂，虎跳石，上纸厂。老妈牙齿，中坝滩，斯文滩，盘盘石，瓦厂滩（一名赵家坝）。草帘溪（古蔺县庙林有溪来汇）。猪儿滩，油盆口，石钱渡口，犁辕滩，乌龟石，二龙抢宝（亦名马湖营雷家坟）。沱湾，小滩，渡口坡，大螺滩，打鱼崖，小螺滩，乌龟石（河中有石如乌龟）。酸草湾，猪鼻孔，瓦窑嘴，沙湾，崖桑溪，马湖砌，犁辕滩，龙洞，老林岩，庄猪嘴嘴，河口（有仁怀五马河来汇）。沙湾滩，麻柳沱，大渡口，三层洞，老鸦石，大沟口，酸木叶，门坎滩，杨泗滩，扯水渡，野猫洞，滴水石，扁岩，黄桷沱，女儿溪（古蔺水口镇老江沟来汇）。河口滩，虎吼滩，古儿石，柑子坪，庙儿嘴，龙吟溪（古蔺石宝镇高家村土地坝有溪来汇）。黄牛儿，枇杷岭，犁辕滩（仁怀黎民镇笆竹沟来汇）。鄢家渡，岩头上，蚂蟥沟，打儿洞，牯牛滩，田坝、洋江河，母狗滩，断江河，象鼻子，菜板坝滩（有古蔺金星菜板河来汇）。雷打石，黑鱼洞，长沙坝，背跟前，柏杨坪，窄脚扁，新渡，茅草坪，小罗滩，饭粑洞，纳坡渡，倒挂刺，牛背石，新滩，母猪滩（大滩），老蛙石，水爬岩，酸草湾，挂鱼滩，老渡口，渔塘河，核桃树，耍霸滩，灯厂滩，里千岩，鱼背上，烧火滩，石灰窑，巴灰洞，碓窝滩，何家口子，下湾滩，上湾滩，猫猫石，上湾滩，庙儿滩（河中有大石）。牛困塘，钻山塘，指扁岩，板板石，铁匠滩，左相右，老虎滩，铁匠滩，鸡心滩，老蛙田，田坎寨，猪圈门，红石梁，滚滩，捡得累，枣子林，梭衣滩，黑竹林，白沙河，马蹄滩，黄家滩，巴蕉林，篦麻田，沙滩，徐家滩，对夹石，磨子塘，大水亮，头道河，二道河，下瓦窑，上瓦窑，老虎滩，长滩，新亮滩，张会滩，天鼓崖（《直隶叙永厅志·山川》云："赤水东，山皆岩石，壁立千仞，河水迅流，水石相击，其声若鼓，俗又号轰雷"）。

四十七《赤水虺开滩记》云："自天鼓崖至白沙河六十余里，有张会，新亮，长滩，老虎滩等，水高石大，吊放艰难。毕节至老虎滩，无陆路可通。""白沙至鱼塘河，河身稍窄，红石梁，猪圈门，庙儿滩等，乱石堆积，水势陡险，船户轮流吊放。""自鱼塘河至新龙滩三百余里，河宽水平，舟行无碍。"

六、船工号子

赤水河船工号子历史悠久，自从赤水河上出现最早的船舶从事原始的航运后，就有了船工，船工号子也就随之产生了。船工分为两类，一类是船上掌舵和撑篙的船工，另一类是在岸上拉船的纤夫，人员比较多。

赤水河船工号子的成因，年代久远，复杂多样。在明、清时期，大量川盐经赤水河运入贵州，上行木船每逢险滩，所需拉船纤夫较多，而每船自带纤夫只有十人左右，船遇险滩常常邀约数船结伴同行。按原来排列先后次序航行，每遇险滩，相邻两只船上的纤夫合拉一只船过滩。若是特大险滩，所有船上的纤夫集中在一起，二根或三根用竹篾经人工编制而成的纤绳系在同一只船上，一艘一艘地慢慢拉过滩。纤绳有座藤、飞子、二藤之分，规格各不相同，所选竹篾也不尽相同。由于纤绳多，纤夫多，用力不均，步调不一，就由领头人引吭领喊号子：

领：嗨哟喷来！	合：嗨也喷！
嗨呀喷来！	嗨喷！
大家出力！	嗨也喷！
才有劲哟！	嗨喷！
不出力的！	嗨也喷！
遭人咒哟！	嗨喷！
偷懒的人！	嗨也喷！
不得好哟！	嗨喷！
大家怨恨！	嗨也喷！
滚出去哟！	嗨喷！
领：嗨哟喷来！	合：嗨也喷！
嗨呀喷来！	嗨喷！
下力船工！	嗨也喷！
更磨难哟！	嗨喷！
老板船家！	嗨也喷！
像头猪哟！	嗨喷！
坐享其成！	嗨也喷！
整死人哟！	嗨喷！

天仓吃满！　　　嗨也唝！

现报应哟！　　　嗨唝！

领：嗨哟唝来！　　合：嗨也唝！

嗨呀唝来！　　　嗨唝！

众位船工！　　　嗨也唝！

要齐心哟！　　　嗨唝！

拉断纤索！　　　嗨也唝！

淹死老板！　　　嗨唝！

受苦船工！　　　嗨也唝！

才有出路！　　　嗨唝！

推倒船家！　　　嗨也唝！

才能出头！　　　嗨唝！

领：嗨哟唝来！　　合：嗨也唝！

嗨呀唝来！　　　嗨唝！

声声号子！　　　嗨也唝！

震山岩哟！　　　嗨唝！

回声响应！　　　嗨也唝！

有节拍哟！　　　嗨唝！

船已翘头！　　　嗨也唝！

就要松哟！　　　嗨唝！

齐心合力！　　　嗨也唝！

拉上滩哟！　　　嗨唝！

众合：嗨唝！　　　嗨唝！

领：嗨哟唝来！　　合：嗨也唝！

嗨呀唝来！　　　嗨唝！

众位船工！　　　嗨也唝！

要齐心哟！　　　嗨唝！

拉断纤索！　　　嗨也唝！

淹死老板！　　　嗨唝！

受苦船工！　　　嗨也唝！

才有出路！　　　嗨唝！

领：嗨哟唝来！　　合：嗨也唝！

嗨呀唝来！　　　嗨唝！

声声号子！　　　嗨也唝！

震山岩哟！	嗨喷！
回声响哟！	嗨也喷！
有节拍哟！	嗨喷！
船已翘头！	嗨也喷！
就要松哟！	嗨喷！
齐心合力！	嗨也喷！
拉上滩哟！	嗨喷！
众合：嗨喷！	嗨喷！

在阵阵铿锵有力的节奏中，所有纤夫同时脚步靠脚步，遇险滩时，身体佝偻，脸红脖子粗地使出吃奶的力气，将船拉上滩。若在纤道上遇到各种障碍，又喊出各种不同的号子。

1. 遇纤道在岩湾反背时，为防止纤藤勒人。

领呼：王三槐	众应：反起来
王三板	勒腰杆
王爷庙会	大家都累
大白天遭勒	倒霉要出血

2. 遇河流转弯处要"飞挽"，防止纤藤弹人下岩。

领呼：前头懒湾湾	众应：谨防梭滩滩
前松后松	腰头盘紧
一步一个，两个一双	双双对对，对对双双

3. 遇纤道在陡坡直岸。

领呼：头台头	众应：往上升
西千街头赶场	住上爬
陡上又加陡	上去就好走

4. 遇纤道下坡。

领呼：新姑娘拜堂	众应：低头望新郎
前头栽栽起	后头啄啄起

5. 遇纤道上有绊脚石或刺脚物。

领呼：前来一枝花	众应：两眼盯到它
脚下有毛	谁踩谁遭

满天星	盯倒蹬
天钉对地钉	各自长眼睛

6. 遇下雨纤道湿滑，纤夫脚下不统一。

    领呼：天上点点滴　　　众应：地下溜滑滑
           脚板要抓紧　　　　　　腰杆要挺起

7. 遇纤夫道上的鹅卵石上有潮泥。

    领呼：鱼鳅背　　　　　众应：滑得很
           滑得很　　　　　　　　踩得稳

8. 遇骄阳似火，河沙烫脚。

    领呼：太阳红似火　　　众应：地下炒泡果
           太阳热似针　　　　　　地下炒花生
           太阳正当顶　　　　　　沙坝烫得很

9. 遇纤道上的树枝、竹丫碍行。

    领呼：前面有树丫　　　众应：后防挑牙巴
           前头有竹丫　　　　　　后面防倒它
           树丫挂围　　　　　　　挂烂不赔
           竹丫绊脚　　　　　　　绊倒不说

10. 遇纤道危崖。

    领呼：天上盖张棚　　　众应：谨防碰脑壳
           照下不顾上　　　　　　提防挨一下

11. 遇纤道穿行于对夹石。

    领呼：两边高　　　　　众应：走槽槽
           两边矮　　　　　　　　手甩甩

12. 遇纤道高石。

    领呼：三月三的螃蟹　　众应：往上爬
           六月间的丝瓜　　　　　要上架

13. 遇纤道上的大石。

    领呼：当中有　　　　　众应：两边分开走

　　　　大石头　　　　　　　　撞倒血要流

14. 遇纤道上的宽水沟。

　　领呼：横沟一尺八　　　众应：两步当作一步踏
　　　　　横沟有点宽　　　　　　不要身子朝前蹿

15. 船抛西流时，纤夫跑步跟船，为防跌倒和挂断纤藤。

　　领呼：活摇活　　　　　众应：各照各
　　　　　手要捉得紧　　　　　　脚要踏得勤
　　　　　裁缝的灰包　　　　　　两头都得扯
　　　　　脚紧肩若松　　　　　　防止倒栽冲

16. 遇河沟或需踩水过。

　　领呼：不知深浅　　　　众应：淹过腰杆
　　　　　脚下稳住　　　　　　　力要用起

17. 遇纤道狭窄。

　　领呼：窄得很　　　　　众应：裹得紧
　　　　　路不宽　　　　　　　　身挨山

18. 纤道经过河边堡坎。

　　领呼：黄梁子，枸杞子　　众应：爬不上去打勾子（屁股）
　　　　　金牙合，银牙合　　　　　那个倒退砍脑壳

　　逆水行舟，全靠纤夫用人力拉着载重十吨或数十吨的木船前行，每天行程少则二三十里，每前进一步都凝聚了他们无数的心血和汗水。盛夏炎炎烈日，纤夫们穿着短裤，裸着上身，背顶如火的骄阳，脚踏滚烫的沙石，肩负沉重的纤绳，一步一步慢慢爬行。寒冬飞雪刺骨，纤夫们穿着疤上重疤的长衫，腰系绳子，裸着下身，时常顶风冒雪，脚踩冰冷刺骨的齐腰河水，匍匐前进，手脚常常被凹凸不平、荆棘重重的纤道划出千纵百横的道道裂口。

　　赤水河船工号子内容丰富，形式多样，有一二三号子、数板号子、倒板号子和嚓刀调、大小斑鸠调、开船调、下水调、平水调、推船调。总而言之，顺水逆水，船舶大小，滩险滩缓，滩大滩小，纤夫多少，载货轻重等号子均不相同。有的号子诙谐幽默，歌声高亢嘹亮，浑厚激越，反映出纤夫们粗犷豪放的个性，苦中作乐，对生活充满热爱的乐观向上精神。有的号子悲壮低沉，歌声如泣如诉，哀痛欲绝，则反映了纤夫们长期离家在外，历经磨难，吃尽苦头，思念家乡，怀念亲人，想念家人的痛苦、郁闷和无奈的心情。有的号子振奋激昂，气势磅礴，催人奋进，歌声似排山倒海，似战鼓声声，节奏铿锵有力，反映了纤夫们齐心协力、团结合作，使出全身的力一鼓作气勇往直前过险滩的动人拉纤场面。

七、重要津渡

渡口横渡也是赤水河通航的主要部分，早在《华阳国志》里就已经记录了赤水上游的硗津，现在属于上游北岸的叙永县赤水镇，是古代军事路线和商贸要道。

从上游到下游，古蔺县境内主要渡口有 15 个。即磨子塘渡，位于纳盘乡墙院村境，亦名岔河口，至贵州省毕节之火马、马鞍山要渡，清光绪三十三年（1907）建。初用木筏，1956 年后改渡木船。大河渡口，位于马蹄乡大河村境，至贵州省毕节之左泥、岩脚要渡。光绪四年（1878）建，初址大寨，后迁大河口，木筏撑渡，民国八年至二十一年，遇洪期，船频翻。牛困塘渡，位于观鱼乡牛困塘村境，为至贵州省金沙青杠、保安的必经之渡，系木筏撑渡，1952 年改用木船。渔塘河渡，位于椒园乡纳坡村境，至贵州省金沙清池、石场要道，清咸丰九年（1859）募资建。同治九年（1870）饬令川黔义渡，树碑志。后有沙福生捐产供渡口资用，历渡工 18 代，易船 29只。新渡，位于椒园乡高寨村境，至贵州省仁怀县岩寨、红山堡要渡，清咸丰八年（1858）闫姓建。光绪十七年（1891），黔绅铁匠坪陈焕章及陈王氏、陈彭氏捐产立义渡。民国二十三年洪险船翻，死 25 人。渡口易周姓，周复捐家产，立为公渡。柏杨坪渡，位于椒园乡水田村，至贵州省仁怀县龙井乡要道，清乾隆二十八年（1763）建，历船工 11 代，易船 28 只。鄢家渡，一名仙家渡，位于高家乡佘坪村境，明末清初建，古代播州、黔西至僰道的商道渡口，清康熙五十九年（1720）因私渡勒索商民，四川巡抚年羹尧批准改为公渡，命桐梓县典史崔行健前往监工置造新船。道光二十七年（1847）因年久被渡夫占为己业，勒索行人，仁怀县黎民镇柯道辉遂往川属绅士中募化钱粮，新造船只，另招渡夫改为义渡。光绪年间乡绅陈焕章以钟姓绝产禀报县立案作渡夫口粮，改为官渡。1935 年红军长征四渡赤水期间，萧锋率队曾于此 8 次渡河。该渡口为入黔仁怀县黎民镇、茅坝镇重要渡口。1988 年底，日渡 300 人。大渡口，位于古蔺九岭乡望江村，清光绪初王再兴捐资建，九岭乡至茅台要路。后改立官渡，年配租谷 8 石，历船工 29 代，易船 23 只。草帘溪渡，位于古蔺庙林乡天富村境，明末建，清光绪末，富翁刘凤翔捐产 8 石，供渡口用，后改立官渡，归地方团政，历船工 13 代，易船

25 只。小火连渡，位于古蔺土城乡五里村境，为至贵州省仁怀县罐子口（今合马镇）要渡。民国三十六年建，置有地产资用。历渡工 5 人，易船 6 只。新隆滩渡，亦名龙洞渡，位于古蔺新华乡龙滩村，为至黔省马桑坪、沙滩要津。清光绪初杨姓筹建，历渡工 3 代，易船 20 只。吴公岩渡，位于古蔺二郎乡与新华乡交界处，仁岸盐运咽喉，乾隆十二年（1747）建。1956 年吴公岩河段通航后，渡口迁沙湾，称沙湾渡。历渡工 25 代，易船 37 只。二郎滩渡，位于古蔺县二郎镇场头，清同治三年（1864）官建，置地产 48 石，供渡口资用，历船工 12 代，易船 26 只。岔角滩渡，昔称瓦翁滩渡，位于北岸岔角村岔角煤矿侧。清光绪五年渡工冯姓筹资建。鸡爬坎渡，位于古蔺县九龙乡沙庄村沙沟，清中叶渡工韩、王、蔡筹建。民国三年渡工吴先治迁渡鸡爬坎。历渡工 13 代，易船 16 只。九溪口渡，昔称下渡，位于九龙乡溪口村，清光绪四年设，历渡工 7 代，易船 17 只。

仁怀县境内二合镇有三岔河渡，元末明初怀德长官司安氏置，至民国改为公渡。二合树渡，清末二合监生张树本、庠生田荆等募置，民国时改为公渡。合马镇罗村渡，明末土旗主罗国选置，民国改为公渡。陶洪滩渡，明末土旗主罗国选置，民国改为公渡。

习水县境内有广厂、原滩子、太平渡、千江寺、瓢儿滩、塘房、范家嘴、断碑、麻柳滩、大白塘、两河口、五老滩、石嘴、浑溪口等渡口。

赤水市境内有堰滩、金蝉寺、沙沱、石梅滩、陡诏、碓窝滩、大金沙、关地上、燕溪子、小关子、鸭岭滩、欢喜滩、丙滩、狗狮子、风溪口、仁友溪、水合背、截角垭、观音阁、夹子口、县城北门、东门、庙沱、马村、鲢鱼溪渡口。

合江县境内渡口有白水溪、车辋、致公渡、黄桷湾、郑溪、先市、沙溪子、楚滩、实录、密溪子、醒觉溪，三江嘴等。

八、两岸邑聚

赤水河由于特殊的地理区位，是古代中原王朝统治者向南推进的必经之地，也是兵家必争之地，社会经济政治的发展，在上下游形成了一定数量村落、场镇和县治。

上游叙永县赤水镇，是东汉平夷县的治所，明朝置卫所，清代属永宁分县治所。按《水西制度》载：东汉桓、灵帝时，夷族首领在赤水河南岸毕节龙场营北境定居下来以后，建立宗庙，设立大摆则溪。蜀汉时在赤水河北岸古蔺东南境，设立达佐则溪。西晋初在赤水河南岸仁怀南部，设立茅坝则溪。西晋中期在赤水河北岸古蔺南境马蹄至石宝一带，设立果部则溪。东晋中期在赤水河北岸古蔺东部，设立隆文则溪。中唐时期在赤水河北岸叙永东南境，设立赤水则溪。唐末在赤水北岸叙永南境水潦、海坝一带，设海坝则溪。五代初在赤水南岸毕节一带，设立阿糯洛则溪。则溪是夷族部族统治区域内分设的基层单位，分派亲族任慕濯、慕魁，分别掌管钱粮兵马，其下又有祸衣、奕续，分别统领属地，任职者分给领地作俸禄，如不称职者被撤职，领地亦撤销。明崇祯时永宁奢震授水潦长官司，镇守吼西及堡洞关各隘，给土知府印。

赤水河北岸的马蹄是一个古老的聚落，河滩巨石上有凹痕形似马蹄。1954年在马蹄出土铜鼓一面，鼓身铸有精美的花纹图案，有对称的两耳，重20公斤，经专家鉴定为汉末之物，现存重庆市博物馆。明代奢氏屯兵于此。赤水河运输物资在此集散。故陈熙晋有诗云："茅台西望岭千盘，估客牵舟上水难。到底寻常行艓子，一篙直上马蹄滩。"南岸清池镇，元代水西土司置清水塘哨，明代属永宁土司领地，清属黔西州平定里三甲。明代开场，清初改建，街面扩大，是川盐运至金沙、黔西，以及贵州茶叶下四川的交通要道。现在存有石墁盐道、贡茶碑、万寿宫、禹王宫、节孝坊等古迹。鄢家渡南岸仁怀市的黎民镇，永宁奢氏建于明成化年间，至今存明嘉靖铁钟。它是播州、永宁、水西三大土司的交汇处，是历代兵事驻营重地。明代后期遵义军民府的指挥签事和贵州都司的永宁卫官等先后驻扎于此。南明时它是南方三十六个军事重镇之一，授予黎民镇总兵"蜀勋援剿北路左协总兵关防印"。茅台镇是古代濮人居住之地，由濮人筑台祭祀先人而来，1985年出土东汉铜鼓一面。在清代是黔西北商业重镇，称益商镇，以出产茅台酒闻名世界，1954年仁怀县政府迁驻茅台镇。赤水河东岸二合镇安村，是仁怀古老村落之一，元属怀德长官司，明为土目安氏所据，地跨赤水河两岸，地势平稳开阔，为赤水河舟楫云集靠岸停歇之处，田坝多。乃川黔交通重要通道，土目安氏兵营地，有安銮为威远卫土总旗，设有千户衙署。合马镇罗村，跨赤水东西两岸，地势平坦，田野开阔，为古代交通枢纽，明时罗氏为播州一目，拥有土兵扼其险隘，明后期罗国显任威远卫土总旗。沙滩乡马桑坪，清中叶是川盐运输的转送仓库，有集大成等盐号，依托盐业也酿酒。

赤水河西岸古蔺县的二郎滩，民房多集中于临河下街一段，民国年间有居民300多户，1500多人口，外地盐布商多于此设店，有惠川槽房、集义酒厂、裕华纺织厂和集大成盐号等。太平渡有顺河街、上街两条主街，另有中街和后街，中街"之"字形石梯238级连接上下街。有房屋410幢，建筑面积55664平方米，有船一年四季上行茅台，下驶长江，是个十分繁荣的水陆码头。

赤水河东岸的土城镇，其地北宋大观三年（1109）建滋州，管承流、仁怀二县。元代设古磁城千户所，明代设威远卫右所，《仁怀直隶厅志》记载："土城有商户五百余家。"赤水市的元厚，清代及民国时期名猿猿场，为赤水河食盐运转码头和竹木集散地，商业繁荣。复兴镇北宋年间曾为仁怀县治所。民国时期已成为重要农贸集镇之一，市场繁荣，竹器加工业发达。场期为农历逢二、五、八日。留元坝自明万历二十九年起，先后为仁怀县、厅和赤水厅、县的治所，民国二十一年时曾分设西城镇、中城镇、修文镇、崇武镇。清代及民国时期为川盐入黔仁怀口岸首镇，盐业、竹木业为当时主要经济支柱，民国时期全城大小商号百余家，外地商贾常云集县城，商业兴旺，为毗邻地区物资集散中心。赤水河入长江口的合江县，西汉元鼎二年（前115）即置符县，南宋嘉定年间（1208—1223），县城有大东门、小东门、大南门、中南门、西门、北门，有居民596家。街道以坊命名，城区划为本县坊、忠孝坊、观政坊、孝感坊、昼锦坊。明清划为十坊，计有孝女坊、仁寿坊、敦义坊、锦江坊、孝感坊、承恩坊、通仙坊、昼锦坊、文昌坊、文明坊，清末改坊为街巷。

九、多余的话

我出生在赤水河上游，青少年时代是在赤水河边长大的。家史记载，我的先祖乐于赤水河的水运交通，于清嘉庆初年卜居赤水河边柑子坪。我青少年时代犹见赤水河各种大木船上下行驶，络绎不绝，还有修河队、淘滩、筑坝、修纤道，一年四季十分热闹，给我们那时的生活增添了无限的乐趣。曾几何时，赤水河上游不见帆影，一片沉寂，我向人们讲述我当年所见情景，他们则认为是天方夜谭，赤水河上游是不毛之地，一条小河沟怎能航运。因此，我查阅地方历史文献并作实地考察，冒着盛暑放开其他文章不写而赶写此文，旨在引起有共识者的某些思考。

以盐运起家的仁怀张氏家族

龙先绪

贵州历来不产食盐，在民国以前皆仰食于川盐。川盐到贵州先水运，后陆运，有四条水运线。第一条：从泸州起经长江往上至纳溪进入永宁河，至叙永城起岸，叫永岸；第二条：从泸州起经合江向南折入赤水河至仁怀县茅台村起岸，叫仁岸；第三条：从泸州起经合江、江津，在重庆长江南岸进入綦江到桐梓县松坎起岸，叫綦岸；第四条：从泸州起沿长江而下至涪陵县进入乌江至思南县起岸，称涪岸。在这四大口岸中，仁岸最长，运输量最大，贵州三分之二的食盐都由此岸运入。居住在仁怀的张氏便以运盐赢利起家，号称"张百万"。

张氏原籍甘肃固原州，迁陕西咸宁县。值明末李自成、张献忠起义，川陕大乱，有张培成子张嘉能偕妻章氏携子张贵音避乱入黔，迁居遵义府仁怀县礼博里生界（今仁怀市鲁班镇生界村）。贵音，号尔玉，娶邓氏，生三子：张世治、张世泓、张世淳。

生界乃"生地"与"熟地"之分界。在明末清初"改土归流"之前，"生地"属少数民族自治区，"熟地"属中央王化区。这地方，原野空旷，弥望十里，土地肥美。与张氏同时由四川江津迁来的卞氏家族在此定居后，科第蝉联，至清乾隆年间，已有廪生 12 人，贡生 3 人，举人 2 人，进士 1 人。张氏与之同乡共里，颇受濡染，亦以耕读为本，奋志向上，其中张淳为佼佼者。

张淳，其族谱记载：贵音公之三子，号鉴华。始业儒，后以盐政起家，以子仕贵，封儒林郎，墓在今四川纳溪市大河边。妻祝氏，封安人，墓在仁怀厅城南门外狮子山。《仁怀直隶厅志》（下称《厅志》）云："张淳，字鉴华，国子生。其先本甘肃固原州人。国初，避乱迁于仁怀县之生界，后迁于厅城，遂为厅人。性质重，无浮华习气，居家以孝友闻。黔无盐，仰给于蜀。厅介黔、蜀之间，蜀船由合江载盐至城东之沙湾上岸，肩挑背负，半月余始达省会。黔人以盐来远而价昂，淡食者比比也。乾隆初开赤水河，自白沙至沙湾几七百余里，然路遥滩险，蜀中舟子不能至，而二郎滩至新龙滩三十里不可舟，水陆迁贸，行旅难之。以是官招商船行盐，仍无应者。淳精心计，乃相水势，规造盐船，以茅台村为总汇，而猿猴镇至二郎滩及新龙滩，均置有房屋，分遣人经理之，秩然有法度。由是蜀盐之边引大增，而其价较平，自淳之水运始也。淳自奉极俭，于邻里乡党不吝施与。延师教其子，读书奋志仕进，以子必琳贵，诰封奉政大夫，卒年七十五。淳三子：必琳其长子也。次必懋，幼必楚。"

张必琳，谱载：淳公长子，号璞庵，庠生，由布政司理问，分发浙江，署理绍兴府海防同知，旋告养回籍。后家道愈丰，加捐同知，不仕。嘉庆辛酉年移居四川重庆府天官街，以子仕贵，封朝议大夫。墓在仁怀厅城东石梁上。子四：大晟、大昌、大晖（更名炳南，承嗣必懋）、大暐。妻邱氏，封恭人。墓在四川江北厅凤居沱。《厅志》云："必琳，字璞庵，容貌甚伟，声如洪钟，补博士弟子。操盐策出入，洞悉利弊，人乐为尽力，倍助赢利焉。以同知分发浙江，署绍兴府海防同知，周览越中山水之胜，而吏事具整。官于浙，三年归。必琳素宽和，居家时，尝有犯以非礼者，必琳怡然引过，其人始愕眙，终乃大服其雅量，历年类此。必琳三子：长大晟，候选詹事府主簿；次大昌，云南陆凉州知州；幼大暐，刑部四川司员外郎。"张必琳作家训云："必孝友乃可传家，兄弟贰好无他。则外侮何由而入，惟诗书常能谕后。子孙见闻止此，虽中才不致为非。"

张大晟，谱载：必琳公长子，号婴垣，庠生，候选詹事府主簿，墓在四川巴县宝盖寺。先，公无子，以嫡堂弟大昭公四子方坼为子。公卒后，侧室王氏遗腹生子载型。女二，长为田太君所出，适四川涪州人、壬辰翰林、江南河库道陈曦。次适四川邻水县颜振诗。妻田氏，墓在巴县嵇家湾。《厅志》云："必琳长子，字婴垣，附生，候选詹事府主簿。"《增修仁怀厅志》（以下称《增厅志》）云："张王氏，候选詹事府主簿张大晟之妾。道光十二年，大晟身故，氏年十九岁守节。同治元年请旌。"

张载型，谱载："大晟公子，改名鸿绩，号春阶，一号药农，行二，大行十。陕西西安同知、候补知府，赏戴花翎。子一，少农。孙一，亮卿。"《增厅志》云："张鸿绩，陕西西安清军同知，调补佛坪厅同知，军功保举盐运使衔，升用知府，赏戴花翎。"鸿绩善诗词，其《枯桐阁词》入选叶恭绰编的《全清词钞》。宣统二年（1910）嘉平上浣，临桂邓鸿荃《枯桐阁词》序云："予嗜倚声，曩客京师，与乡人王佑遐给谏、况夔笙舍人相唱和。二子者，皆工词，负盛名，所著词久已流传海内。而佑遐尤嗜刻古今人词，搜秘阐幽，如恐不及。犹记临别语予曰：'他日见佳篇，毋吝寄予。'廿年游蜀，无以应也。庚戌，与邹瑞人大令榷盐釜川。一日，瑞人出其外舅张药农先生《枯桐阁词稿》见示，一见，惊为南宋人作。归而挑灯展诵，声出琅琅，一若先生之言，皆予所欲言而未言者，其契合岂偶然耶？瑞人为言，先生生有自来，负绝尘之才，早与胜流，不可一世。一官入秦，未竟其用而卒，是可悲矣。诸女皆工词翰，第四女痛先生不禄，不嫁，尤以孝称。兹稿乃其所手录而仅存者。观其寄慨身世，娴雅有节。酒边花下，一往情深。而忠君爱国之忱，亦往往于言外见之。洵风雅之替人，岂近今所易觏？惜乎与佑遐并世而不一遇也。今佑遐宿草矣。瑞人为先生佳婿，阐幽之责，非其责欤！瑞人属予序而付之手氏。予不敢辞，兼以词朕，窃幸有以慰先生于地下。复憾吾佑遐不及见，而夔笙浪游天涯，踪迹靡定，亦无从寄与，抑又增予离索之感已。"

民国丙子小满节，贵州安顺进士杨恩元《枯桐阁词》后识云："仁怀张药农先生，以同知筮仕于陕过班道员，未几遂卒。先生为黔北旧家，世居仁怀。其地紧接川疆，临赤水河，对岸即川之合江境。清初设直隶厅，凡川盐入黔，为必由之路。故仁岸居四岸第一。张氏以盐策起家，在乾、嘉间营业极盛。逮道、咸时，更称富有。其在重庆所营第宅，凡四五所，皆据奥区，崇楼杰阁，俯临街市，重庆以大公馆、二公馆次序呼之，其名震一时可想矣。药农先生生长富厚，独能耽玩文学，著述卓卓可传。余以光绪辛丑、宣统庚戌两过重庆，以戚谊住居先生嗣子绍农处，得见先生钞本诗集二册。风调清超，迥越流俗。此《枯桐阁词》甫经出板，盖其第五女适邹氏者，将原稿交婿瑞人君校印者也。诗集阅后，交还绍农，惟携印出之词还黔，故今以入《丛书》四集。民国来，军事迭兴，川中尤连年不靖。闻张氏已不复存在，而诗集更不知流落何所矣。由此观之，人生如寄，不过数十寒暑。至于势位富厚，亦皆过眼空花，转瞬即归乌有，惟托于文字者，尚能久延。以药农先生之家世渊源，凭藉深厚，而事迹销沉，惟留此一卷倚声，附《丛书》以传，亦可慨也夫。"

《枯桐阁词》有清宣统二年铅印本、《黔南丛书》本。原贵阳师院历史系教授、著名学者王燕玉在其《贵州明清文学家》中说《枯桐阁词》："尚有在光绪二十三年其友谢质卿于他死后在潼商道署双清斋作的序；又有生前请其友宜宾汪香祖所作的序，未落年月。细读《枯桐阁词》八十阕，无一阕无词味，才力和功力都已到了纯粹的地步。最难得是韵调口吻，不落前人窠臼，如《忆秦娥》之不似李太白，《菩萨蛮》之不似温飞卿，《浪淘沙》之不似李重光，《青玉案》之不似贺方回，《满江红》之不似岳鹏举，《金缕曲》之不似顾华峰，在明、清词人中实为稀罕。多数人填上述诸调，很难脱出那些名作调子，依样葫芦，令人生厌。张氏填以上词调，全词能否赶上那些名作是另一问题，优处在于绝不类那些口腔味道，而乃自己的吐属。这一整体上的特色，不但为贵州词家的第一，就在清代全国词家里面也应列入少数高超者的范围。现录其词四阕。《蝶恋花·登潼关城楼》：'浊酒难浇心上事。才说登临，又触新愁起。漠漠寒云千万里。长河落日天垂地。醉后阑干慵更倚。冷月楼头，谁会悲来意？莫听乌乌桥下水。几多未老英雄泪！'《高阳台》：'蕉剥愁心，桃分笑脸，碧天良夜沉沉。软意绸缪，不辞梦里追寻。平林烟月归来后，莽天涯，绿叶成荫。忍蹉跎，罗幕重重，人语深深。等闲漫掔相思子，便当时已误，何况而今！无限风华，供人冷醉闲吟。未妨眼底清狂甚，纵清狂，肯负初心！谅樽前，别泪无多，漫浣离襟。'《行香子·白帝城》：'祠屋松楸，滟滪江头，被风吹动行舟。怒涛遗恨，终古悠悠。便鼎三分，图八阵，已千秋。寝殿僧楼。霸业荒丘。怅连营壁垒芦洲。江山无恙，片月长留。望雁南飞，日西下，水东流。'《忆秦娥》：'纤月落，清光斜照阑干角。阑干角，有人携酒，对山闲酌。民穷不畏官侵虐，官清难疗民饥渴。民饥渴，且将愁苦，暗中摸索。'"

张大昌，谱载："必琳公次子，字子蕃，号五卿，原任云南陆凉州知州，著有《蕉月山房诗稿》行世，墓在厅城东石梁上首。子二：埍、坊。女一，适贵州平越县人、军功保举六品顶翎杨凤鼎。妻，四川合江县人、贡生罗洪纯之女，墓在巴县直里河高岩山地名小桥。侧室李氏，旌表节孝坊，墓在巴县小桥，坊建于仁怀厅城西郊外贡献坊包。"《增厅志》云："李氏，陕西长安人，李万成女，故云南陆凉州知州张大昌妾也。年二十六大昌纳为妾，奉大母邱氏及嫡妻罗氏惟谨。次年大昌卒，李氏依罗氏守节，抚嫡所出埍成立，今官三品衔候选郎中。道光二十一年请旌。"《厅志》云："张大昌，字子蕃，浙江候补同知，必琳子也。幼嗜学，博览经史，尤耽诗。由中书科中书，授云南陆凉州知州。陆凉州故蛮地，大昌以诚悃接士民，一境翕然。公余手一编，吟哦不辍。初，大昌官京师，即以诗知名长安公卿中，既而远历江山，崎岖绝徼，性情所至，辄以五七言字写之。著有《蕉月山房诗稿》。如《解悟》云：'大梦百年中，醒者能有几。'《送友》云：'阳春在两袖，敢恃三尺醒。廉吏不可为，子孙蒙其福。'《感怀》云：'身负人间多少恩，扪心都是怀惭处。'《浩歌》云：'我愿形醉毋心醉，醉里自吐胸中奇。'《巴陵舟次》云：'水势全吞楚，涛声半入吴。'《白帝城》云：'峡势撑中外，江声送古今。'《默坐》云：'未知生是梦，但觉日如年。'《早园》云：'种竹多还俗，吟诗澹转工。'《江景》云：'悬岩藏佛寺，深雪出江船。'《蟋蟀》云：

'一灯明灭夜，四壁浅深秋。'《有所思》云：'短笛一声刚入破，新愁压上玉阑干。'《暮春舟次》云：'啼鸟不知行客意，声声归去劝人多。'皆浏亮，饶有远致。其倩壻涪州侍御陈曦序其诗谓'清爽之气，如涤笔于冰瓯雪盎中。'信然。子埔，字春荃，候补郎中。"《厅志·艺文志》录其诗二十八首。

张埔，谱载："大昌公子，号春荃，行一。三品衔，候选同知。子五：树功、树荣、树纶、树勋、树琛。女十。三适陕西候补道徐辅清；四适四川泸州人、提举衔、贵州即补通判郭式楷；六适涪州人、候选光禄寺署正陈福埏；七适四川候补知府朱庆新之子；八适候选县丞徐明鉴；九适贵阳府开州举人、四川候补知县、咸丰五年署理合江县知县丁凤皋之子丁暹昌；十适山东人、候选员外郎杨奇。"《增厅志》云："张埔，三品衔，候选郎中，赏戴花翎。"张埔善诗，《增厅志·艺文志》录诗四首。《山居》："觅得山村好，园林傍水湾。窗前千树合，世外一身闲。花坞春常在，柴扉昼不关。此中足幽兴，那复忆尘寰。"《夏夜饮田家》："披襟把酒酌长空，清风飒飒松涛响。小桥流水暮烟生，杜宇一声山月朗。"《郊行》："春游那计路东西，酒瓮诗囊处处携。行过小桥时小憩，人家高树早莺啼。""才换春衫觉体轻，绿杨溪上任闲行。新晴恰喜东风暖，到处青山作送迎。"

张树功，谱载："埔公子，原名树銮，更名建烈，号稚荃，行一。四川候补布政司经历。"《增厅志》云："张建烈，四川候补知州。"

张树荣，谱载："埔公子，号小荃，行二，同堂行三。军功保举五品衔，赏戴花翎。妻，云南粮储道骆丞源之女；姜，四川巴县人、户部郎中萧本源之女。"

张树纶，谱载："埔公子，号少荃，行三，大行十六。候选县丞。"

张树勋，谱载："埔公子，号幼荃，行四，大行八。妻，四川长寿县人、云南特用道胡九龄之女。"《增厅志》云："张树勋，四川候补，未入流。"

张大暐，谱载："必琳公子，号松山，字□士，行五。原任刑部四川司员外郎。娶魏氏无出，以大晖公之次子坦承嗣，墓在城外十五里石道厂。魏氏，候选知府经历魏大璋之女，墓在窑罐厂。"《厅志》云："张大暐，必琳三子，字经田，刑部四川司员外郎，诰封朝议大夫。"

张坦，谱载："大暐公子，号季平，行一，大行四。候选同知，赏戴蓝翎。墓在窑罐厂魏太君墓侧。子四：树锟、树铿、树镁、树镔。女适四川重庆府人、陕西候补知县某某。"坦曾任《厅志》编纂采访。《厅志》云："大暐子，议叙盐知事。"《增厅志》云："张坦，蓝翎，候选同知。"《厅志·艺文志》载其诗三首。《偶作》："菊花天气雨丝丝，为怯新寒镇下帷。剩有瓮头残酒在，灯前莫负蟹肥时。"《春日杂咏》："山城一夜雨萧萧，襆被春寒晓

未消。窗外卖花人唤过，始知今日是花朝。""花气濛濛罨画檐，呢喃燕语者
番添。关心记得过春社，燕未归来不下帘。"

张树锟，谱载："坦公子，号侠卿，行一，大行二，同堂行五。监生。"

张树镁，谱载："坦公子，又名涵清，号花卫，亦号稚平。行二，大行
三，同堂行七。四川候补按察司经历。"《增厅志》云："张涵清，四川候补
按察司经历。"

张树锃，谱载："坦公子，名毓清，号菊贻，行三，大行九，同堂行十
一。监生。"

张必懋，谱载："淳公次子，号勉斋，候选同知。无子，以必琳公之三
子大晖承嗣，以子贵官，诰封朝议大夫。墓在厅城东郊外官坝。"《厅志》
云："必懋，字勉斋，嗜学，善书画，候选布政司经历，因足疾，遂绝意功
名，以子炳南官户部湖广司员外郎，诰封朝议大夫。"

张大晖，谱载："必懋公子，更名炳南，号午桥，行四。原任户部湖广
员外郎。子一：志源。女一，适四川犍为县监生□继光。墓在巴县冷水垭选
贡溪。妻，贵州思南府人，河南长垣知县、候补同知唐泰□之女；姜四川涪
州人、浙江萧山知县周兴隆之女。墓在巴县冷水垭。"《厅志》云："张炳南，
必懋子，字弁桥，户部湖广司员外郎。"

张志源，谱载："大晖公子，原名本基，更名景萱，号春谷，行一，大
行三。候选郎中，改捐陕西候补知府，署理佛坪厅同知。墓在巴县冷水垭。
子二：祥铖、祥铸。"《增厅志》云："张景萱，陕西候补知府，前署佛坪厅
同知。"

张祥铖，谱载："志源公子，号庚孙，一号少谷，行一，大行三，同堂
行四。监生。"

张祥铸，谱载："志源公子，号陵孙，行二，大行四，同堂行十三。监
生。"《增厅志》云："张祥铸，候选同知。"

张必楚，谱载："淳公三子，号蔚亭，候选知州，以子官贵，封朝议大
夫，墓在四川巴县冷水垭夜活湾。子大昭。"《厅志》云："必楚，字蔚亭，
貌温雅，修髯过腹，笃于孝友，不慕荣利。以必琳主家政，且有三子，而必
楚与必懋只一子，诸多推让，有薛包之风焉。以子大昭贵，诰封朝议大夫。"
《厅志》又云："张必楚，淳幼子，字蔚亭，候选知州，以子大昭贵，诰封朝
议大夫。"《增厅志》云："张江氏，四川巴县江正纲之女，候选知州张必楚
妾。必楚身故时，年廿七岁，守节卅四年卒。同治八年请旌。"

张大昭，谱载："必楚公子，号寔夫，行三。候选同知，墓在四川泸州
天马山。子六：廷塽、廷奎、方圻、廷筠、廷垲、廷埒。女一，适贵州思南

府人、道光庚子科举人、辛丑进士、刑部河南司主事、福建司员外郎郑于蕃。妻，贵州人，候选训导卢光□之女。墓在泡桐树。"《厅志》云："张大昭，必楚子，字实夫，候选同知，诰封朝议大夫。为人质讷，好善不倦，施槽施药，刻《胎产心法》医书。"《增厅志》云："张大昭，必楚子也。生平谦恭和逊，与物无竞，凡修桥、修路诸善举，莫不倡先乐助，并刻《胎产心法》医书传世。"

张廷墚，谱载："大昭公长子，原名廷均，更名益鋆，号春丞，行一，大行二。四川候补布政司经历。子二：书珍、蓉镜（承嗣廷奎公侧室黄氏）。女三：长适甘肃礼县典史沈某；次适四川叙永府人、候补布政司经历朱某；三适四川成都府附生陈某。妻，重庆府人、乾隆己亥举人龚有融之女，墓在松树湾。妾，四川涪州人、嘉庆乙丑进士、甘肃固原州陈伊言之女。"《增厅志》云："张益鋆，字春丞，监生。署四川嘉定府经历，保升知县。""后因公出差，卒于途。"

张廷奎，谱载："大昭公次子，号春舫，行二，大行五。道光己酉科拔贡，朝考一等，瓮安县学训导，候选四川丹棱县知县。子书铭。墓在四川泸州天马山大昭公墓侧。妻，贵筑县人、大定府黔西州训导刘元桂之女，墓在窑罐厂楠木沟。"《增厅志》云："大昭次子廷奎，号春林，道光己酉拔贡，朝考一等，授瓮安县教谕，因军功保举，选授四川丹棱县知县，以赴任远限开缺，在川候补，卒于寓所。"

张书铭，谱载："廷奎公子，号小龄，行一，同堂行二。监生。妻，四川成都府人、翰林院检讨童域之胞侄女。"《增厅志》云："太学生张书铭之妻朱氏，同治七年书铭身故，氏年二十六岁守节。"

张方圻，谱载："大昭公之子，承嗣大晟公，号春芸，行一，大行七。候选盐运司运副，改捐即选道，赏戴花翎。子三：瑞镛、瑞鳞、瑞鐺。"《增厅志》云："张方圻，候选道，赏戴花翎。"

张瑞镛，谱载："方圻公长子，号协卿，行一，同堂行九。候选经历，军功保举四川候补知县，同知衔，赏戴花翎。子三：伯源、仲源、叔源。墓在杉树湾。妻，安徽寿县人孙家鼐之侄女。"《增厅志》云："张瑞镛，同知衔，候补知县，赏戴花翎。"

张瑞鳞，谱载："方圻公之次子，号建卿，行二，同堂行十二。监生。子二：志沁、义沁。墓在黄泥榜。"

张瑞鐺，谱载："方圻公之三子，号铁卿，行四，同堂行十六。诰授奉政大夫。子一伯録，号恩浩。墓在花山坡。"

张廷筠，谱载："大昭公之五子，号春圃，一号籀覃，行四，大行八。

附生。候选州同。妻祁氏无出，以延垲公之五子书鉄为嗣。侧室聂氏生二子：书鍚、书鉄。妻，贵州思南府附生祁楫之女。"《增厅志》："张廷筠，附生，候选同知。"

张书鉄，谱载："廷筠公嗣子，行一，大行十三。子一，号鹏程，幼入戎界。妻涪州冉氏，生子二：正华、正荣。"

张书鍚，谱载："廷筠公子，行二，大行十二，同堂行二十四。子二：国模、国彬。国彬，幼入戎界，出川参加讨袁护国战争，泸州阵亡。"

张廷垲，谱载："大昭公三子，号春皋，行三，大行六。增生。候选州判，军功保举，候选知县，同知衔，赏戴花翎。子六：书錡、书锦、书镇、书钰、书鉄、书钟。妻，四川犍为县人、道光壬辰科副榜、江苏候补知县李奎章之女。侧室，四川涪州人，嘉庆乙丑进士、甘肃固原州知州陈伊言之女；姜，四川安居乡人、福建建阳县知县周培之女。"《增厅志》云："大昭三子廷垲，字春皋，文生保举知县，高洁，到四川贡井隐居，卒。"又《增厅志》云："张廷垲，号春皋，文生保举知县，充当本城局士。同治元年四月，发匪猝至，同知恩履中初接事，民情未熟，银钱空虚，全赖廷垲赞助筹画，招募练丁，于城外四门防守。七月发匪复至，廷垲设法保城池。同治四年，号匪攻打厅城，廷垲毁家纾难，极力堵御，昼夜巡查，不辞劳苦。至于各款防堵，并劝捐军需及培修文武庙公件善举，均著劳绩。卒年七十三岁。同知崇志斋挽以联云：'避异地以求安，数载潜修消岁月；幸故乡之无恙，当年伟绩付云烟。'子书錡，文生，保举同知。孙骏，文生。"

张书錡，谱载："廷垲公子，字藻香，号涧南，行一，大行三。附生。更名毓麟，报捐候选同知，赏戴花翎。子二：骏、骧。妻，四川绥定府人、刑部郎中记名吴德澍之女。"《增厅志》云："张毓麟，附生，候选同知，赏戴花翎。"书錡尝参修《增厅志》。

张骏，谱载："书錡公子，号梓青，行一，大行三。己巳科拔贡，分续四川黔江县训导，继任张家口烟酒局长。"

张骧，谱载："书錡公子，大行四。业儒。"

张书钰，谱载："廷垲公之子，行四，大行十二，同堂行二十。子四：湛逵、渐逵、泳逵、澄逵。湛逵，号厚安，业儒。"

张书钟，谱载："廷垲公子，号秀峰，行五，大行十五，同堂行二十五。子三：汝清、汝沄、汝洪。汝清业儒。"

张廷墀，谱载："大昭公六子，号春樵，行五，大行九。太学生。子二：书铨、书钿（更名书圣）。女一，适四川涪州人，贵州都匀知府周秉正之子周继康。妻，四川犍为人，道光壬辰科副榜、江苏候补知县李奎章之次女。"

《增厅志》云："大昭五子廷垿，太学生。廷垿二子张书铨、张书圣，俱文庠。"《增厅志》云："太学生张廷垿妻李氏，咸丰九年廷垿身故，氏年二十六岁，守节，有子尚幼，抚养成立，教训有方。长子张书铨，次子张书圣，俱庠生。光绪九年，提督学院孙给有'葹心独抱'四字匾额，光绪十五年请旌。""太学生张廷垿之妾冉氏，咸丰九年，廷垿身故，氏年二十五守节。光绪十五年请旌。""太学生张廷垿之妾王氏，廷垿身故，氏年二十一守节。光绪十五年请旌。"

张书圣，谱载："廷垿公子，号雨山，行三，大行十一。子三：光俊、光伟、光杰。"

张光俊，谱载："书圣公子，生子一正林，行一。正林结发妻，贵州兴义刘氏，生三子：张学凡、张学冲、张学蒙，女一张学莹。去美国留学后娶贵阳徐氏生三子：张学俊、张学贝、张学云，女一张学军。其中张学凡，曾任河北省邯郸市复兴区政府秘书。张学冲，曾任河南信阳师院讲师。张学蒙，研究生，曾任遵义医学院讲师。"

《厅志》云："张氏自淳以盐商起家，修学校，治道路，葺桥梁，及育婴、掩骼诸义举，皆首先乐助。"张氏经商读书，勉力仕进，簪缨连绵数代，正如古语云"积善之家，必有余庆"。惜乎年湮月久，文献散佚，今之乡人多不知晓，数典忘祖，诚可慨哉！

附：张氏八代功名世系

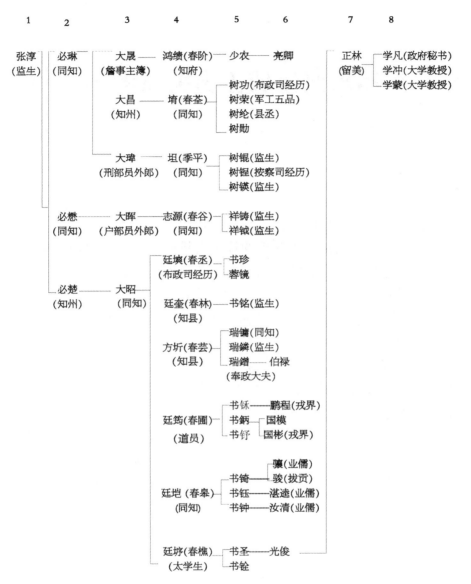

1	2	3	4	5	6	7	8

赤水河流域僚夷关系考述

刘一鸣

赤水河是长江上游南岸较大支流之一，源于云南省镇雄县。上源称鱼洞河，至洛甸小河口云贵川三省交界的梯子岩折向东北流，称毕数河；至石关折向东南流至倮和河口，又折向东北流至茅台处，又折西北流（三省交界处至茅台段为川黔界河、至岩寨折向南流至古蔺河段复为川黔界河），下经土城、元厚至大同又折往东北流（经赤水始称赤水河）。至链鱼溪流入四川合江县境（大同河口至链鱼湾段为川黔界河），至合江城东注长江。整个流域位于东经 104°45′~106°51′、北纬 27°20′~28°50′之间，以茅台酒为代表的几种名酒产于此，故有"美酒河"之誉。流域总面积 20440km²，包括滇之镇雄、威信，黔之毕节、大方、金沙、遵义、仁怀、习水、赤水、桐梓及川之古蔺、合江等 12 县（市）。人口约四百万。赤水河在茅台以上为上游，此段于云贵高原斜坡地带，河谷深切狭窄、山势陡峻、两岸海拔在 1000~1800m，河源段泉井多，陷穴、伏流多为岩溶地形。傍河台地少。河长约240km，平均比降 4.91%，落差 1181m。茅台至柄安段为中游，居四川盆地边缘区、河段长 120km、落差 172.5m、平均比降 1.43%，两岸海拔 500~1000m，河谷较宽。傍河有台地分布，河流平缓，滩险多，二郎至马桑坪段长 9km、集中落差 40m，是有名的险滩。柄安至河口段，入四川盆地南角，河长 85km，落差 34.1m，平均比降 0.40%。两岸丘陵起伏，海拔 200~500m、河宽 200m、傍河台地较多，河谷宽阔，有平缓丘陵分布，耕地集中，农业发达，人烟稠密。赤水河中下游水运自古以降为沿河居民交通孔道。今发现先秦、西汉、唐宋、元、明、清两岸遗迹，遗址达 36 处之多；四百多万居民中有汉、苗、布依、彝、回等民族。考诸史籍，住于赤水河流域最古老的居民为仡佬族先民——濮（僚）人，次为彝人，其余各族均系不同时期迁入。就赤水河流域而言，濮、彝两个古老民族在历史上曾主导过这个区域，建立部族政权并与中原王朝发生联系。本文拟就濮、彝在赤水河流域的活动、部族政权兴衰和对社会经济的影响作些考述，就教方家，供专家、学者参考。

先秦时期赤水河流域是濮人、氐羌、百越、南蛮四大古代民族活动的区域。濮人与百越居民错杂居处，经济、文化相互融合，从而形成"僚人"（侯绍庄等：《贵州古代民族关系史》，贵州民族出版社 1991 年版，第 13 页）。濮人史称"百濮"，广布于川滇黔交界地区，历史上建立部族政权的有夜郎，鳖、鳛、僰等方国。他们在商周到春秋、战国、秦汉时期之活动，均见诸中原或巴蜀汉文史料。夜郎存在于战国秦汉时期，其中心区域一说在黔西南到六盘水一带（侯绍庄等：《中国古代民族关系史》）。另说在今安顺市及东南，直辖地为今罗甸以西、普定以南、盘县以东、册亨以北。大夜郎范围则东起凤冈、西达四川珙县（王燕玉：《贵州史专题考》）。还有一说认为夜郎以遵义为中心，因唐贞观时设有夜郎县。夜郎主体居民为仡佬族先民濮人。鳖国为夜郎旁小邑，其疆域王燕先生据《汉志》"鳖，不狼山、鳖水所出，东入沅过郡二，行七百三十里"，考诸文献，分析推断其地"相当于今遵义、绥阳、湄潭、凤冈、桐梓及金沙县东部"。"鳛国为今习水县范围，高洞河流域。其水产鳛鱼，故名"（王燕玉《贵州史专题考》）。据陈熙晋《仁怀直隶厅志》和余达父《且兰考》，古鳛国范围应在今赤水河流域，核心区域当以土城一带为主，包括仁、赤、习三县（市）范围。今仁怀市九仓镇赤水河边还有叫"濮子坝"的古老地名和石棺古墓遗迹。关于"僰国"，川大刘复生教授认为在今四川南溪、宜宾、屏山、庆符、高县、筠连、珙县、长宁及兴文等地，是僰人最大聚居区，不一定存在"濮国"。"僰"为"濮"之音转，僰人是百濮民族之一。因其悬棺葬俗与赤水河中游支流五马河（九仓河畔油尖山亦有）葬式相同。（参见刘复生：《僰国与泸夷》）可以说：赤水河流域的古代先民是《尚书·牧誓》中提及助武王伐纣的濮人。他们奉竹为图腾，有竹王诞生的神话传说。从魏晋至隋唐，汉文书籍中都把濮人表达为"竹"意的"仡佬"或"佬"，都以大汉族主义习惯蔑视西南少数民族记为"獠"或写作"仡僚""葛獠""葛僚""吉僚"等。濮人唐宋时主要聚居在以下区域：一、南平（今綦江）及戎（今珙县），也就是今川黔边境的赤水河流域；二是辰（辰溪）、沅（沅陵）、靖（通道）、锦（麻阳）各州，即今湘黔边地区。三是今贵州西部；四是今乌江中下游两岸，即今黔中、黔东北和今属重庆的酉、秀、黔、彭一带。新、旧《唐书》所记"南平僚""葛僚"主要分布在川黔边界地区，即为今贵州务川、正安、道真、桐梓、赤水、习水、仁怀一带仡佬族先民。

秦汉时期中原中央王朝统治势力向西南扩展推进。秦在赤水河流域设了符县（任乃强、任新建：《四川州县沿革图说》，巴蜀书社 2002 年版，第 4 页）、汉阳（中心在贵州赫章）、鳖县（今遵义县境）。秦亡县废，"汉兴遂不宾"（《华阳国志·蜀志》）。汉武帝时鄱阳令（江西南昌一带）唐蒙出使南越（今两广大部分）吃到枸酱，询问南越人，了解到枸酱是由蜀商贩运至夜郎，由牂牁江水运直达番禺城（《汉书·西南夷两粤朝鲜传》），唐蒙归长安奏报武帝开南夷道，帝任蒙为郎中将，从符关（今合江县南）带兵千人、后勤粮饷运输者万人沿赤水河探路到夜郎，计划以鳖县（今遵义县）为中心设犍为郡，置邮亭（今桐梓境内留下以唐蒙名字命名的蒙渡桥）。唐蒙两次到夜郎，开设牂牁郡，推行郡国并行制度（土司制度的滥觞）。公元前 25 年，陈立任牂牁太守，灭夜郎王兴，西南历史上与滇国均称西南夷君长之夜郎解体。西汉末年，犍为、牂牁移入的汉官后裔与当地少数民族同化。中原战乱，无暇顾及边地，南夷地区出现大小割据性地方政权，如谢暹保境为汉等。赤水河流域濮人出现在依山临水的小平坝聚居的分散性村落，各村落独立自存。据贵州毕节彝文文献《西南彝志》和《水西制度》等记载：彝族古代先民"六祖分支"时，武、乍、糯、恒、布、默六祖中恒、默、布三支分别从今滇东会泽、宣威，向黔西北威宁、毕节、六盘水、黔西南、安顺、赤水河中上游迁徙，在此过程中，攻占濮人的很多地方。对濮人所居区域靠武力不能征服的，就用和平外交的杀牛盟誓手段，经几百年努力，终于征服了濮人聚居的川黔边广大地区。六祖中穆阿卧（即恒部）十九世孙德赫辉（又译德额奋）在东汉桓灵时（147—184）征服了濮人，建起部族政权，称撦（音扯）勒部。这一部族在毕节龙场（彝语称乍得俄姆）修了宗庙，逐渐形成以君、臣、师（布摩）等为核心的统治集团。经过十一代，至墨者扯勒（约东晋时人）时，获任平夷（今叙永赤水河镇及毕节部分地区）令长之职（彝语部族大宗支为蔺）。到南北朝后期，其领地从赤水河上游西岸向东北扩展，先后建立大摆（今赤水河南龙场的北之地域）、达佐（今赤水河北古蔺县东南境）、毛坝（又写作茅坝。赤水河南金沙县北部石场至仁怀市南部，与大摆为邻）、果部（赤水河北支令古蔺南部）、杓朋（今古蔺县中部）、隆文（今古蔺县东南部）等六处则溪。则溪为仓库，是彝族君主在其控制区域设置的二级统治机构，派宗亲任慕濯、慕魁，分别掌管钱粮、兵马，其下有玛衣、奕续管理部民和其他归顺土民。如茅坝则溪，由祖楚益尤家主管，里斗道仲、益默赫、亥碨垮记三家助管。部民平居则务农，或从牧、从渔、从猎，战时则为兵，在首领带领下为君王作战。《西南彝志》卷 6 "耿恒卧雅博"中说："濮人十五寨，一天就被占。"剩下的濮人，濮雅德说："恒濮结友好，在维舍恒嘎。恒濮杀牛和好。恒布摩纳舍，对着山水说：从今以后，濮反濮人灭，恒反恒人亡。吃了交友的牛，恒濮的夹棍，恒濮的铁镣、恒濮的罗网，恒濮的杀刀，若恒家先反，处刑归翁靡（中央故土）。为了不反心，将以后的事，写在纸上。恒破坏土地，用土地赔偿，濮破坏土地，用土地赔足。上部九坝子，帕底伍耿洛，是阿拃君住地；中部之坝子，妥伍佐洛，是阿拃臣基地。下部三坝子，益勾总义络，阿抬布摩住地。君地迭舍洛，是织绸地方；臣地楚尼络，是养蚕地方；布摩能沽络，是出衣料的地方。"该书在"恒扯勒支系的兴起"中说："德额绯家迁往高处去。……在切客民铎，只集扯勒人，渡过扯雅益（赤水河），经葛底沙垮（毕节龙场镇黄金村）、住柏雅妥宏（古蔺）……扯扯雅益（赤水河），濮杓珐伍，绿苦热舍，两地之间，形势变了，濮人归顺了。""恒与濮结交，双方以山为界。"这些信息表明，彝濮之间在赤水河流域有战有和，以山为界。至唐中期，扯勒二十七世君主布已不德（铺依铺德）任蔺州长，《西南彝志》说他"享有高爵大权"，其子孙传递到第五代，领地扩大到赤水河中游（今习水县所辖的陶场坝）。在土城、元厚一带，从唐、宋到明中后期奢崇明反明前，彝族址勒部一直未能打通赤水河下游入长江的通道。

唐、宋在赤水河流域推行经制州和羁縻州政策。唐时，今滇桂黔交界形成一个强大的、历时两百余年的南诏政权，至宋称大理。唐朝中央政府在今遵义和赤水河中下游设置的经制和羁縻州、县受南诏扩张影响，时叛时附。如能州、顺州、曲水、纳州等，为经制州泸州所属羁縻州之最边者。南平僚集团崛起并强大后，将扯勒势力阻滞于赤水河流中游。原扯勒控制下的濮（僚）人部族势力，亦乘机崛起。如今四川兴文、叙永部分的"都掌蛮"，他们保持了较长历史时期的独立或半独立性。在唐、宋时，由于彝族在贵州西北部占统治地位的乌蛮罗氏鬼国政权与扯勒虽系同族、互为婚姻，但为争疆夺财而彼此争战不休，又界于宋与大理政权之间，无法形成强大统一的邦国。如北宋元丰元年（1078）泸州江安县纳溪寨与僚人"罗苟夷"发生争斗，县吏处理不当，罗苟夷聚众反抗。提点刑狱穆珣上言"纳溪去泸一舍、罗苟去纳溪数里，今托事赴争，若不加诛，则为乌蛮（即鳛部）观望，为害不浅。诏泾原副总管韩存宝击之"。存宝招斧望个恕之子乞弟等为犄角，讨平之。次年，乞弟率部众围江安城，泸州知州乔叙招安乞第任归徕州刺史。1076年，熊本平定了渝州南川县僚人木斗叛乱，"获溱州地，得地五百里，为四砦九堡，建南平军"（《舆地记胜》卷180引《熊本传》）。之后熊本又负责剿抚赤水河其他反叛部族政权，笼络南平僚、贵州黔西北罗鬼、川滇黔交界处的沙取、播州杨氏等合力围剿乞弟。元丰五年（1082）7月，熊本攻占乞弟在赤水河中游流域的地域，乞弟逃依罗鬼。（1985年4月2日仁怀市茅台镇银滩村葫芦田出土一面重 18.15 公斤的铜鼓。专家考证铜鼓属云南石寨山型晚期，铸造时间可追溯至东汉前后。石山寨型铜鼓最早使用者是各地滇人，使用区域大致为滇东北、黔西北以及广西的一些地方，北及今四川凉山州会理、金阳等县。而属西汉中期至隋唐时期的冷水型，主要分布在川南兴文、高县、筠连、长宁、珙县、庆符、古蔺、大凉山布拖及阆中等地。滇川黔交界地域是彝人先民活动地，可推定茅台铜鼓当系扯勒先民带入，可能是乞弟于茅台战败后埋藏，或为僚人缴获遗藏亦未可知）归徕州地被宋赐罗鬼国主仆夜。阿永为乞弟子，随着宋政府对西南民族政策转为以抚为主，阿永又控制旧地。据李心传《建炎以来系年要录》卷 64 "绍兴三年四月戊申"条："西南蕃武翼大夫、归州防御使、泸南夷界都大检使阿永献马百有十二匹……自江门站寨而下，蛮官及放马者九十三人……诸蛮从而至者几二千人。皆以筏载白梿、茶、麻、酒、米、鹿豹皮、杂毡兰之属博易于市，留三日乃去。自夷酋已下，所给马直及散犒之物，岁用银帛四千余匹两，盐六千余斤。"在唐末五代至两宋时期，扯勒部经十余代人努力，领地拓至赤水（赤水河上游北岸今叙永县东南境）、海坝（叙永县南境中部地区）、阿糯洛（中唐设置，叙永县东南境）、益朋（五代时设，叙永县南境东部与古蔺西南部）、纪洛（北宋设，叙永县东部，古蔺西部）、永宁（南宋设，叙永县北部）等六个则溪，形成十二个则溪。又建成随部族中心转移的总仓库，蔺州成为扯勒部统治中心之一的"千年老巢"（朱燮元《督蜀疏草》语）。宋设归徕州，元设永宁路，属四川行省。元初称为"泸州西南番蛮王阿永""西南番蛮安抚使"，元大德年间阿永蛮雄挫（德赫辉后二十八世，穆阿卧后四十六世德铺乡裕）为永宁路总管。元顺帝至正元年（1341），设永宁宣抚司、扯勒首领普古龙迁（穆阿卧五十九世、习部四十一世）为宣抚使。永宁土司统治范围进入全盛时期，东北界抵今习水县土城赤水河，河西地直到今赤水大同一带（河东土城原仁怀里及上下赤水里仍为袁、王二姓势力范围）。在元末全国反元大起义中，至正二十二年（1362）明玉珍攻据四川，改永宁路为镇边元帅府，仍设永宁宣抚司统治赤水河中上游流域，次年玉珍称帝，派李芝麻率兵攻滇，1365 年为大理总管段功兵马所败，明玉珍部由七星关退守永宁（余父《且兰考·且兰旧事考》）。

明洪武四年（1371）仍设永宁长官司，以扯勒四十三世首领龙更龙之〔穆阿卧六十世，汉名禄肇（照）任长官（秩正六品）。时朱元璋在"驱逐胡虏、恢复中华、定天下于一"方针的指导下，北由徐达率重兵防御逃往漠北的元顺帝，对西南拥兵二十余万的元梁王巴扎剌瓦尔密及大小土司采取攻抚兼施策略。明初，在湖广行省西南和四川行省南部屯驻重兵拟征云南。两路明军得到水西摄政奢香和永宁宣抚禄肇的支持。洪武五年（1372），禄肇率土兵及部众配合明军永宁指挥使（秩正二品）杨广所部筑二水合流的永宁城（今叙永）为驻防地。在他的影响下，九丝、都都等少数民族政权首领弃元拥明。洪武七年（1374），朝廷升永宁等处军民安抚司为宣抚司，次年以禄肇为永宁宣抚使（秩正三品），他积极响应"华夷一家"政策，将儿子阿聂、阿智（又译世、尚）送南京太学。洪武六年（1373）朝廷将九姓长官司（今兴文古宋一带）划归其管辖。洪武十三年（1380）又将叙州府筠连、珙县、庆符三县划归其管辖；洪武十四年（1381）再将唐朝坝长官司（今习水县醒民、同民等乡镇，长官袁姓），划隶永宁宣抚司。扯勒统治进入极盛时期。是年冬，明军攻入云南，元梁王自杀。洪武帝积极推行移民实边，1387年，"命户部自四川永宁至云南，每驿储粮 250 石以给谪戍云南者"。次年三月指挥使陈桓、叶升向朱元璋奏报禄肇堡（今古蔺）成，元璋命"卑予禄肇权驻"。同年九月永宁宣抚司所属夷民不堪负担，无法完成储米筹办任务，又因乌撒、乌蒙二土府与永宁争领地，禄肇坐事被逮至京，宣抚使职事由姜奢尾代行。永宁夷民中一些土目打着禄肇旗号与朝廷作对，奢尾等仍主张拥护朝廷，三年一贡。朱元璋本"以夷治夷"政策，收受永宁赎金后将禄肇放还。惜其年老病逝于途，葬今仁怀市九仓镇三星坝村排楼地方。1392 年奢尾以庶母身份赴京晋谒朱元璋，请求"恩准阿聂袭父职，从之"。是年冬月初九，西平侯沐春上奏："永宁宣抚司招徕土官禄肇所部蛮民四百六十户，诛其违命者七十余人……至是（乱）始平"。1397 年奢尾请立九姓长官司儒学。1406 年朱棣准设赤水宣抚司、经历司。1407 年永宁摄政奢书朝贡，1410 年奢书奏准设永宁宣抚司医学、阴阳学、僧纲司（《明实录·贵州资料辑录》）。

有明一朝，赤水河流域永宁、水西、播州三大土司中，永宁地域小而兵力强悍，常与周边土司争疆夺界，彼此间既互通婚姻，两斗则仇，两和则友。明宪宗成化四年（1468），永宁宣抚使奢贵助官军程信部平都掌叛蛮获宣慰使称号。赤水卫（叙永县赤习河镇）指挥王谦加强防范，蛮夷平静不敢作乱，程信又诛九姓土僚之附乱者。后水西安氏与永宁奢氏争夺赤水河南龙场到黎民、茅坝、后山一带地时，赤水卫指挥王谦亲入双方营垒劝说，为其勘界，使双方悦服。后西堡苗作乱，朝廷令王谦派兵剿灭，谦兵不足，即传令水西，安贵荣敬佩王谦便发兵助剿。成化七年（1471）白彝（白罗罗）羿子（僚彝混血）与都掌、大坝（二者均僚人）相攻，周洪谟上书批评汪浩"改土归流、兴兵剿灭"政策，主张仍以土司分设以安其众，上从之。1487 年永宁宣抚司女土官奢禄向朝廷进贡楠木。1554 年，羿子杜皮兴兵杀落洪

（今古蔺城，另说今太平镇）首领张苟儿，拥众三万攻永宁、赤水二卫，赤水河上游道梗不通。都御使高仲翀派左参议王重光赴永宁与都指挥使邱东阳率兵据守要隘，劝平羿蛮采运楠木成功。1570年水西安国亨杀故宣慰安万钟之子安信，信弟智赴永宁诉于奢效忠，永宁兴兵讨伐安国亨。1573年都掌蛮（僚人）叛，四川巡抚曾省吾令总兵刘显节制，奢效忠、安国亨等合力讨平之。万历二十八年（1600）朝廷兴兵平播州土司杨应龙叛乱。时效忠病故，永宁土官奢世续督兵两千赴石宝寨隶总兵吴广指挥配合作战。1607年，四川巡抚乔壁星派都司张神武与云贵会戡奢世续、奢世统争权夺印之乱。张神武纵兵乘机洗劫落洪（古蔺县城），将奢氏九代积蓄建筑掠夺破坏。1617年奢崇明、奢寅父子与水西摄政奢杜辉争夺正西地方（今贵州毕节市境内），永宁兵乘机占赤水卫城和白撒千户所屯地。1621年永宁兵以援辽抗后金为名，由奢寅统攀龙、张彤等率兵两万入重庆府，杀巡抚徐可求及道府总兵等官二十余员，据重庆，扼夔州，攻合江、纳溪，破泸州，陷綦江、遵义、仁怀及川省四十余州县，秋围成都（《水西制度》载永宁增设重庆、泸州、合江、纳溪、江安、江门六个则溪即此时）。次年，朱燮元指挥明军及拥明土司军打败奢氏大梁国叛军，崇明父子率残部逃往赤水河西黔境龙场，联络水西安邦彦反明。战事在川黔两省及滇东北进行，赤水河流域成为主战场之一。中游土城一带之袁世明后裔，分两派分别加入奢氏反明或拥护明廷。唐朝坝土官袁升龙、见龙兄弟受任奢崇明大梁国伪都督之职，率部随奢寅、符国祯等作战；袁镛、袁鋆等坚持拥护朝廷，率土兵在竹瓦寨与大梁军死战殉职，子桂芳、惠芳投笔从戎，率家族土兵继续平乱，后升游击将军，桂芳驻防息烽境内，负责修成九庄卫城。崇祯三年（1630）八月，奢崇明号大梁王、安邦彦号"四裔长老"，率兵十余万由赤水河上游渡河攻下赤水卫城，向北推进收复"故土"。在今叙永县城东后山堡附近的五峰山桃红坝一带为明军所败，奢安均"授首"。明废永宁宣抚司，以膏腴之地划归永宁卫各千户所设为军屯地，余地设四十八屯分给降将及有功军官管理。扯勒彝统治赤水河流域的历史结束。奢氏族人改姓杨、苏、李、张、禄等逃居川、滇、黔各地得存。且大多数在撰述家谱时都声言系汉族，编造祖宗为某官某将，纷纷汉化；只有少数土目以上的贵族还保持了自己的民族习俗，大多数彝人汉化了。

仡佬先民在赤水河流域，东晋时李雄氐人政权驱僚入蜀，移入土地肥沃之区，部分逃匿深沟老林洞窟延续发展。如南平僚，唐宋时一度控制到赤水河中下游区域，并威胁北宋西部边境安全。朝廷派熊本招抚，并设置南平军，管到播州和赤水、习水部分地区。僚人首领在周边部族大小政权的夹缝中求生存。到明朝，随军屯制的推行，汉人大量涌入，汉族作为统治民族后地位提高，汉官威仪再现。赤水河流域少数民族大小首领们纷纷修谱，给自己祖先"晋封"中央王朝的官爵。如某姓为自己祖先"封"了明代才有但人又生活在南宋时的"江南总制"官职，更有胆大的将自己祖先追记为宋徽宗时夫妇均获"一字并肩王"（无任何史料可考证）。有的姓氏编造自己祖先是西周贵族，在东周初年进入了贵州赤水河地域，如先姓；有处王姓本为土司首领后裔，无法稽考则把王应熊接去做祖先，指认大石板坟五窟为王应熊墓，但此石板坟显系宋元前土人坟墓葬式。凡此种种，不一而据。如2004年6月在仁怀市五马镇云安村发掘出一古墓，有铭曰"明播州乡下长官司承务郎母边"等，落款为"洪武二十五年造"。随葬品有铜鼓一面、金冠一顶（与《木府风云》电影中装饰同）及其他铜具无数。且此"母边"今母氏族谱上无记载。我们推定此姓先人非僚即彝，或是汉官与少数民族同化，绝非北宋时征南封王的汉官后裔。

综上所述，赤水河流域僚彝民族从古至今人口呈不断递减趋势，非其种姓不繁，而是汉化或融入苗、布依等民族之中了。只有少数僻居穷山恶水、交通不便处的仡佬或彝族保留了自己的民族习俗。至今贵州省正安、道真、务川为仡佬族自治县，都是20世纪80年代后申报的，只有遵义县平正乡、仁怀市原安梁乡为仡佬族自治乡。

参考资料：

①周春元、张祥光等：《贵州古代史》，贵州人民出版社，1982年。

②王燕玉：《贵州史专题考》，贵州人民出版社，1980年。

③侯绍庄、史继忠：《贵州古代民族关系史》，贵州人民出版社，1991年。

④方铁等：《西南通史》，中州古籍出版社，2003年。

⑤贾大泉、陈世松等：《四川通史》，四川人民出版社，2010年。

⑥任乃强：《华阳国志校注图补》，上海古籍出版社，1987年。

⑦刘复生：《僰国与泸夷》，巴蜀书社，2000年。

⑧刘一鸣、雷鸿鸣、雷先均整理：《少师朱襄毅公督黔疏草》卷十，中国文化出版社，2017年。

扯勒部的历史及永宁土司的兴衰

雷先均[*]

前　言

"扯勒"，是西南一个彝族部族名称的汉语音译。扯勒部的历史源远流长，其部族后裔遍布海内外，而以今川滇黔境内的赤水河中上游两岸为世袭聚居地。

据史籍记载，大约在东汉时期，彝族扯勒部的祖先就进入了赤水河流域，并逐渐成为赤水河中上游两岸地区的统治者，部族势力盛极一时。直至明天启年间朝廷平息"奢安之乱"并将其统治区域改土归流，其兴盛之势才衰败下来。其后裔余家驹编撰的《通雍余氏宗谱·余氏世系》有详细记载：

1. "穆阿卧为赫氏，其后为乌蒙王，姓格亨氏。"
2. 德赫辉"居习部，为习部王"，"晋授以令长"。
3. "传至墨者扯勒，益强盛。宋即周隋，皆自长其部。"
4. "唐龙朔间内服，置蔺州为羁縻州。唐末及五季时为晋宁王。"
5. "宋仁宗时更置姚州，以德赫僰夜为姚州刺史。"
6. "元置永宁路，袭永宁宣抚使司，姓奢氏。"
7. "明洪武中，禄肇内服，仍袭前职。永乐中，阿聂之妻奢苏入贡，增置赤水宣抚司。成化中，奢贵授永宁宣抚使。贵生效忠，万历中袭宣抚使。效忠生崇周，崇周无子，以崇明袭。"

因此，彝族扯勒部是赤水河中上游两岸历史的重要扮演者，其对这一地区的社会影响深远。

本文就试图从扯勒部的历史及永宁土司的兴衰这个角度，以重现赤水河中上游两岸历史之一二。在撰写本文时，尊崇余家驹"以朝廷太史纪边陲一司，自不如彝书之详确"、周素园"研究少数民族问题，得汉族之著作百，

---

　　* 雷先均，男，四川古蔺人，仁怀市历史文化研究会秘书长。

不若得土族之著作一；得生存土族之著作十，不若得过去土族之著作一"等观点，以《通雍余氏宗谱》所载为基本线索，辅之以其他史料。在引证时，直接来源于其他史料的加以注明，来源于《通雍余氏宗谱》的不再注明。

一、彝族古史

"据古彝书，隆穆（即祝明。作者注）之前尚有若干世。"

北京燕山出版社 2007 年 3 月版《三国志·蜀书》卷 13《黄李吕马王张传》第十三（以下简称《三国志》）记载：张嶷"拜为牙门将，属马忠，北讨汶山叛羌，南平四郡蛮夷，辄有筹画战克之功……苏祁邑君冬逢、逢弟隗渠等，已降复反。嶷诛逢。逢妻，旄牛王女，嶷以计原之"。

民族杂志社 2013 年版《泸州少数民族志》（以下简称《泸州少数民族志》）记载，公元前 30 世纪（约 3000 年前），彝族早期先民的族称号为"哎哺"，以"哎哺"为标志的"哎哺时代"，是彝族的原始氏族社会时期。他们活动于"旄牛徼外"，在"旄牛徼外"繁衍了 354 代。

以上三个史料记载的彝族远古居住地名及繁衍状况基本吻合。

"尚古时，孟赾者（彝名希慕遮。笔者注），世居于卢，其后助武伐纣。传至隆穆，避水灾至乐宜之山，诸彝奉以为君。"

"春秋以前，西南彝皆称为卢，隋唐以后误为鹿卢部。"可见，"卢"初为西南彝族的统称，隋唐后误为部族的名称，而以后更误为地域的代称了。"乐宜之山"，即今云南的昭通一带。

《大定志·水乌世系通考》说："一世孟赾，居邛之卤。"

"邛之卤"，彝语称"邛波习卤"，意为"大雪山脚下"。"邛，即越嶲郡"，今四川西昌市东南。"卤，当作卢。"

《括地志》记载："戎府以南皆卢地。""戎府，即《周书》所谓微、卢、濮之地，春秋时为卢戎。"梁武帝大同十年（544）平定"夷僚"置戎州，北宋政和四年（1114）改称叙州，即今宜宾。

《三国志》记载："初，越嶲郡自丞相亮讨高定之后，叟夷数反，杀太守龚禄、焦璜，是后太守不敢之郡，只住安上县，去郡八百余里，其郡徒有名而已。"

这说明，孟赾为西南彝族父系一世祖，"当虞夏时人"，世代居住在今四川西昌一带，后逐步扩展至今四川宜宾一带。

"一世孟赾，二世大觚，三世觉，四世立，五世萌，六世橐皋，七世足，八世泽，九世宗，十世燮，十一世居，十二世柏能，十三世道，十四世孟伦，十五世池，十六世宿，十七世投，十八世奚斯，十九世多，二十世毕儿，廿一世都，廿二世熹思，廿三世记，廿四世泰，廿五世乌，廿六世褒，廿七世亨，廿八世阮，廿九世落错，三十世祝，三十一世祝明。"

"祝明居卢阴之山。"

"卢阴之山"，"即乐宜之山"。"隆穆，又作祝明……避洪水至南方。"据《华阳国志》记载，"当是周之叔世，杜宇称帝，蜀有洪水时"。

贵阳中中印刷厂1986年9月翻印《民间文学资料·第三十四集》（以下简称《民间文学资料》），其中的《洪水泛滥史》对"蜀有洪水"的记述，翻译彝文为"天下凡间，洪水泛滥齐天，鸭子的头也挨着天，蝌蚪在天边游玩，天地连成一片……"

这说明，四川西昌至宜宾一带的彝民，传至孟赾第三十一世孙祝明时，遇特大洪水灾害。为应对洪水灾害，祝明带领部族南移，渡过金沙江迁至今云南的昭通一带，建立了新的部族政权。

关于渡江南移一事，《民间文学资料》中《洪水泛滥史》译记为："到武侏之世，他有十二个儿子，十一个儿子过一条河。一条河都变了，独有武洛撮没有变。他自己觉得很孤单……武洛撮恢复如初。把头洗了戴上冠冕，连天上都亮堂堂了，又洗了身上穿了衣，洗了脚穿上袜子，世上的文化就能传给后代了。"

贵州人民出版社1996年版《毕节县志》记载为：自孟赾一世"传到二十七世孙娄珠武，'珠子十二，十一河变'，有十一个渡过大渡河到金沙江两岸的滇、川边境居住，分散为不同地区的古彝人。留下的一支，有三十代'世居于蜀'，到三十一世孙笃慕俄（即隆穆。笔者注）时，因避蜀洪水，迁入云南东川，发展成为武、乍、糯、恒、布、默六部，成为'彝族六祖'"。

祝明娶有三个妻子，分别叫宜恩弥布、能恩弥都、蚩恩乌突。宜恩弥布生二子，分别叫穆克克、穆济济；能恩弥都生二子，分别叫穆阿塞、穆阿卧；蚩恩乌突生二子，分别叫穆阿枯、穆阿怯。

"兄弟六人各居一邑"，阿枯为乌之祖，阿怯为乍之祖，阿塞为卢之祖，阿卧为协之祖，克克为濮之祖，济济为闽之祖。这就形成了乌、乍、卢（有的史籍译作"弄"或"糯"）、协（有的史籍译作"赫"或"恒"）、濮（有的史籍译作"穆"）、闽（有的史籍译作"密"）六个部落，即所谓的"六祖分支"。

乌，即今贵州省威宁县，至清康熙年间改土归流；乍，即今越南南部（古属中国领土），"怯之子称孟氏，至孟获，为武侯所擒，旋释之，仕汉为御史大夫"；卢，即今四川西昌至宜宾一带，今建昌、梁山、雷波、黄郎、波卜彝民为其后嗣；协，即今古蔺（彝人称习部为"须协"，"须协即赫"，

"赫"即"协"），后"自协移于窦地"，"窦"，即今云南省昭通一带；濮，即今云南省镇雄、曲靖一带；闽，即今四川省东部涪江流域以西、沱江下游流域以东地区，后世子孙又迁徙到今云南省镇雄、彝良、威信及今贵州乌江上游的鸭池河两岸等地。

关于"六祖"，有的整理史籍又依次译记为"慕雅枯、慕雅怯、慕雅塞、慕雅卧、穆克克、穆齐齐"等，这是音译之故。余若琠《且兰考》载："以重币告牂牁诸种侯王""诸种侯王，即隆穆之后六大姓也"。

卧（32世），字居亨，也叫格亨，子孙即为居亨氏。卧传德赫（33世），德赫传隆、辉（34世）。德赫死时传位于辉，辉让位于隆，率九千族众"东渡白水（在今云南镇雄。笔者注），击都掌（今四川省长宁、兴文、赤水河流域、江门等处。笔者注）"。羿子及土獠，降服后便"依习水而居"，"因自号为习部"。

"习水即蔺水，与赤水合。"蔺水，发源于今古蔺县箭竹乡店子村磨槽口三凤田，流经德耀、彰德、古蔺县城、永乐、龙井、高笠，于太平渡的小河口汇入赤水河。"习部，即今古蔺。"

辉当生于汉末桓、灵帝时，全名德赫辉，自今云南昭通向东出击，占领了"都掌"这一大片地域后，就以今四川古蔺为中心，建立了自己的部族统治。

"隆世守窦地，即乌蒙部之祖也。"

德赫辉传辉阿哒（35世），辉阿哒传哒诺武（36世），哒诺武传诺武伯（37世），诺武伯传伯阿都（38世），伯阿都传都喳渠（39世），都喳渠传喳渠底（40世），喳渠底传底阿喜（41世），底阿喜传喜阿碟（42世），喜阿碟传碟阿穆（43世），碟阿穆传穆墨者（44世），穆墨者传墨者扯勒（45世）。

二、扯勒部的兴起

墨者扯勒为德赫辉的十二世孙，晋末人。德赫辉传至墨者扯勒，部族愈加强盛，朝廷为加强对边疆少数民族的控制，"授以令长之职，属宁州"，"（南朝）宋及周、隋皆世掌其部"。"扯勒"由人名变为部族之称，也自此开始。

贵州大学出版社2011年5月版余若琠著《且兰考》载："晋武帝泰始六年（270年），分益州四郡为宁州……南中诸郡皆置令长"，"怀帝永嘉五年（311年），分牂牁郡之鳖（即仁怀县）、平夷二县立平夷郡，治平夷（即今永宁）"。授以令长之职当在此时。

彝语称赤水为"赤扯嘎彝"，因此，"赤水"之名也应为彝语汉译。赤水河，唐时汉文史籍记为"赤虺河"。

墨者扯勒传扯勒莫武（46世），扯勒莫武传莫武隆阿（47世），莫武隆阿传隆阿阿穆（48世），隆阿阿穆传阿穆阿琼（49世），阿穆阿琼传阿琼思点（50世），阿琼思点传思点哔启（51世），思点哔启传哔启脱（52世），哔启脱传脱嘛洗（53世），脱嘛洗传洗阿琚（54世），洗阿琚传琚阿弄（55世），琚阿弄传弄阿逢（56世），弄阿逢传阿逢那知（57世），阿逢那知传那知枝伊（58世），那知枝伊传枝伊补杰（59世），枝伊补杰传补杰补德（60世），补杰补德传补德补裕（61世）。

宋乾德三年（965）置永宁路，"永宁"之名始此。

补德补裕又叫德盖仆夜，为墨者扯勒的十七世孙，宋仁宗（1023—1064）时人。朝廷授以刺史之职，"铸印赐之"。

补德补裕传补裕阿喜（62世），补裕阿喜传阿喜更宗（63世），阿喜更宗传更宗托宜（64世），更宗托宜传托宜赫特（65世），托宜赫特传赫特阿额（66世），赫特阿额传阿额普屈（67世），阿额普屈传普屈兹楚（68世），普屈兹楚传兹楚阿枯（69世），兹楚阿枯传阿枯兹起（70世），阿枯兹起传兹起那枯（71世），兹起那枯传那枯蒲衣（72世），那枯蒲衣传蒲衣普古（73世），蒲衣普古传普古龙迁（74世），普古龙迁生龙迁龙更（75世）。

从汉末至宋末，扯勒部的辖地扩至南以今贵州省毕节县北为界，北至今四川省之江门等处；下设 13 个则溪——大摆（赤水河南今毕节龙场营北境，东汉末年设）、达佐（赤水河北今古蔺东南境，蜀汉时设）、茅坝（赤水河北今毕节北仁怀南境，西晋时设）、果部（赤水河北今古蔺南境，西晋时设）、隆文（今古蔺东南境，东晋时设）、杓朋（今古蔺中部，东晋时设）、赤水（赤水河北今叙永东南境，中唐时设）、海坝（今叙永东南境，晚唐时设）、阿糯洛（今叙永南境，五代初设）、益朋（今叙永南境，五代中设）、纪洛（今叙永东境，北宋时设）、永宁（今叙永北境，南宋末设）、总则溪（随部族中心而定，北宋时设）。

"则溪"，本意为仓库，即囤积粮食之所，后逐步演变为基层统治机构。彝族的部族统治结构，上有君、臣、师（参谋人员）等组成的统治核心，下有各则溪。

三、永宁奢氏土司的兴盛

元代为巩固政权，加强了对西南边远地区少数民族的控制。元初设西南番安抚司，中统元年（1260）置西南番总管府，以都掌部（今四川兴文一带）首领得兰纽为总管，控制今四川宜宾、泸州及滇黔边少数民族。但都掌部时服时叛，难以节制，便重新调整控制机构，改设总管府为"路"。

《且兰考》载："至元十年（1273）立永宁路（袭宋初旧称。笔者注），置蛮夷宣抚使。""十三年（1276）诏蛮夷宣抚使昝顺，招谕戎州（今四川省兴文县。笔者注）酋得兰纽、得贵卧率敛苗民归附。至是，扯勒各部始去王号。"

元大德五年（1301），水西土官蛇节、水东土官宋隆济起兵反元，永宁土官雄挫赴京乞降，"赏衣服、弓矢、鞍辔放回"（《且兰考》语，笔者注）。于是，永宁扯勒部族获得元朝廷的青睐，为世袭地方土官奠定了政治基础。

"元置永宁路，袭永宁宣抚使司，姓奢氏。"

至于何人首袭"宣抚使"、何人首起奢姓汉名，待考。而起奢姓的由来，"彝语谓黄金为奢。妇女名有奢字者，犹汉人妇女名取金字之义，非姓也"，可作一个考证导向。

龙迁龙更传龙更龙之（即奢禄肇，76世），龙更龙之传龙之阿举（77世），龙之阿举传阿举蒲子（78世），阿举蒲子传蒲子宜乐（79世），蒲子宜乐传宜乐慈豆（80世），宜乐慈豆传慈豆禄克（81世），慈豆禄克传禄克那可（82世），禄克那可传那可哺托（83世），那可哺托传哺托龙智（84世），哺托龙智传龙智龙格（85世），龙智龙格传龙格诺宗（86世），龙格诺宗传诺宗阿玉（即奢崇明，87世），诺宗阿玉传阿玉阿姑（即奢辰）、阿玉位基（即奢震，改名余化龙）（88世）。

明洪武四年（1371），明廷平蜀，大夏国国主明升（明玉珍子。明玉珍，元末农民起义军领袖，于1363年在重庆称帝，建大夏，辖四川省及周边地区。1366年病故，明升继位。笔者注）投降，永宁宣抚司奢禄肇内附，置永宁卫，改宣抚司为长官司，并置扯勒安抚司。

洪武五年（1372），奢禄肇同永宁卫指挥杨广建永宁城。永宁有城始此。

洪武六年（1373），奢禄肇助成都卫指挥袁洪平定筇连州滕大寨蛮叛乱，以九姓长官司隶永宁宣抚司。

洪武七年（1374），朝廷升永宁等宣抚司为宣抚使，列正三品。洪武八年（1375），奢禄肇袭任宣慰使。

洪武十七年（1384），奢禄肇入朝贡马，永宁赋税减半。水西宣慰使霭翠也遣妾奢香入贡招赐，受命回地方开九驿——龙场驿（今贵州修文）、六广驿（今修文六广）、谷里驿（今黔西谷里）、水西驿（今黔西）、奢香驿（今黔西西溪）、金鸡驿（今大方、黔西间）、阁雅驿（今大方）、归化驿（今大方、毕节间）、毕节驿（即层台驿）。

洪武二十一年（1388），奢禄肇遵朝廷命，配合建昌故土官安思正妻归克平定芒部及赤水蛮叛乱。

洪武二十四年（1391），疏通永宁至纳溪的安乐水道漕运（于纳溪入长江），置邮传48处，助何福平定毕节蛮叛乱。

洪武二十六年（1393），奢禄肇卒，其妾奢尾署司事，后由其子龙之阿举（国史记为"奢阿聂"，明太学生。笔者注）袭职。

永乐二年（1404）龙之阿举妻苏奢（国史记为"奢苏"）入朝上贡，在辖地内增设了赤水宣抚司（仍为龙之阿举兼摄，不久合并）。此时的永宁宣抚司宣治所在今叙永县西城外二里馆驿嘴，居所在今古蔺县城，故又称蔺州宣抚司（彝语称习部）；祖祠则在龙场营（彝语称扯勒业阔，今贵州毕节市龙场镇境内）临赤水河畔的德阔坉。

正统二年（1437）奢苏入朝上贡，奏请设立义学，获允准。永宁之有学始此。

成化四年（1468），永宁宣抚司奢阿贵助朝廷平定都掌蛮叛乱，加授宣慰使司，分故都掌地隶永宁宣抚司。

成化十六年（1480），因白罗罗、羿子与都掌大坝内乱，朝廷允礼部侍郎周洪谟奏请，设水潦长官司（隶永宁宣抚司）。

成化二十三年（1487），奢阿贵已卒，女土官奢禄献大木，给诰如例。

正德十年（1515），永宁宣抚司助都御史马昊、总兵吴坤平定芒部法恶之乱。

正德十五年（1520），永宁宣抚司女土官奢爵助贵州参将傅习、都指挥许诏平定僰蛮阿又磋之乱。

嘉靖三十三年（1554），助左参议王重光荡平永宁辖境之落洪（今四川古蔺县金星与石宝间）羿蛮杜皮之乱。

隆庆四年（1570），永宁宣抚司奢效忠助阮文中平定水西宣慰司安国亨与安智内乱。

万历元年（1573），永宁宣抚司奢效忠助曾省吾平定都掌蛮叛乱，改"戎县"（由都掌更来。笔者注）为兴文，"兴文"之名始此。

万历十三年（1585），永宁宣抚司奢效忠首捐重金重修宋江桥（修缮后更名永济桥），川贵巡抚责成泸州知府立碑以纪其功。

万历二十八年（1600），永宁宣抚司女土官奢世续（奢效忠于万历十四年卒，妾奢世续摄宣慰事）助李华龙平定播州杨应龙叛乱。

四、奢安之乱

"成化中，奢贵授永宁宣抚使司。贵生效忠，万历中袭宣抚使。效忠生崇周，崇周无子，以崇明袭，娶于水西宣慰安氏，生子寅，崇祯时改土归流。"

奢崇明，奢效忠胞弟奢尽忠之子，明万历十四年（1586）袭职四川土司永宁宣抚使。治所在今四川省叙永县西南，辖境相当于今叙永、筠连、古蔺等县地。

天启元年（1621），奢崇明调马、步兵 2 万援辽，派遣其婿樊龙、部党张彤等领兵至重庆。由于长期以来流官对土司的剥削及四川巡抚徐可求校场点兵时的刁难激化矛盾，九月十七日，樊龙、张彤当场杀死徐可求等军政官员 20 余人，奢寅乘势发动叛乱，占据重庆，攻合江，破泸州，陷遵义，建国号"大梁"，设丞相、五府等官。尔后，奢崇明及长子奢寅率军数万分道向成都进发，先后攻陷富顺、内江、资阳、简州（今四川简阳）、新都、龙泉（今四川成都市龙泉驿区一带）。十月十八日包围成都。

当时成都守兵只有两千人，布政使朱燮元急调石柱宣慰司（治所在今四川石柱县）、龙安府（治所在今四川省平武县）等地官军入援，同巡按御史薛溥政等分门固守。明廷升朱燮元为四川巡抚，调派杨愈茂为四川总兵官，入川平叛。石柱宣慰使秦良玉（女）遣弟秦民屏，侄秦翼明等率士卒四千人进驻南坪关（今四川南川西南），扼重庆叛军归路，又分兵守忠州（今四川省忠县）。秦良玉自统精兵六千沿江西上。贵州巡抚李标派总兵张彦芳、都司许成名、黄运清等援救四川。从十月至十二月，大小百余战，消灭叛军万余，先后收复遵义、绥阳、湄潭、桐梓、乌江等地。叛军方面，奢寅在成都造云梯和旱船（吕公车），日夜攻城。秦良玉等各路援军到达成都以后，与登莱副使杨述程、安锦副使刘芬谦大败叛军于牛头镇，收复新都。

天启二年（1622）正月二十九日，朱燮元以叛军将领罗乾象为内应，又遣部将设伏诈降，诱奢崇明至城下，再败其军，罗乾象投降，成都解围。官军乘胜追击，先后收复资阳、内江、简州、泸州等 40 余州县，奢崇明父子退往永宁。五月二十三日，诸军进逼重庆，秦良玉率秦民屏夺取二郎关，总兵杜文焕破佛图关。川东兵备副使徐如珂亦击退奢寅所遣周鼎援军数万，歼敌万余。二十八日，收复重庆，杀死樊龙和张彤。此后，双方屡战于建武（今四川省大坝西、兴文南）、长宁（今四川省珙县东）、珙县、宜宾、遵义一带，互有胜负。

天启三年（1623）春，朱燮元吸取了因"我以分，贼以合"而未能彻底平叛的教训，决定集中兵力，直捣永宁。朱燮元设疑兵于纳溪，佯为进攻，而暗中集中主力于长宁，进兵永宁，官军与石柱士兵连战皆捷。四月，克永宁。五月，克蔺州（今四川古蔺）。奢崇明父子率余部败退水西龙场（今贵州毕节市七星关区北境），联合贵州水西宣慰司安位叔父安邦彦，分兵犯永宁、遵义，被川军击退。四川总兵官李维新、监军副使李仙品、佥事监军刘可训等，统率各将，分5路进兵龙场，擒获奢崇明妻安氏、弟奢崇辉及叛军大学士、经略、丞相、总督等文官武将多人，斩首千余人（一说万余人），奢崇明父子俱受伤而逃，平叛战争宣告结束。明廷令废永宁宣抚司，设道府治理其地。

其后，奢崇明父子长期客居水西（今贵州大方县一带），依附于安邦彦。天启六年（1626），奢寅被部下杀死。崇祯二年（1629）八月，奢崇明在"永宁之战"中兵败被杀。至此，永宁奢氏土司的兴盛之势彻底衰败。

五、改土归流

奢安之乱从天启元年至崇祯二年，前后持续9年，波及川、黔、云、桂四省。

叛乱发动后，奢寅的同父异母弟奢震苦谏无果，便"抱其宗器循迹以义……更名余化龙"（《且兰考》语）。"以义"，彝语，意为"水潦"，即今四川叙永县水潦彝族乡。

"崇祯时（奢震）授水潦长官司……给土同知印。"

清顺治十三年（1656），孙可望掠永宁，永明王（即朱由榔。笔者注）诏余化龙助击孙可望，"因功加都督佥事"。

余化龙传发藻，发藻传继宗，继宗传钟麒，"是为水潦一支"。

奢寅的同父同母弟奢辰，奢寅叛乱时"尚幼，因命留守"，后"寄镇雄土府陇应祥处"。清顺治十七年（1660），"奢辰更名余保寿，由镇雄回，求复永土。总兵严正明具题，奉旨准其投诚，安插龙场营卧牛河"（《且兰考》语）。

余保寿传"张翔（也作翔岐），又名杨三，管大屯。""是为大屯一支"。自杨三起，大屯一支"又以杨为姓。"（《且兰考》语）。

清雍正八年（1730），"各土目以私有地土报亩入册"（《且兰考》语）。从此，各土目向朝廷交粮纳税。

据贵州人民出版社1996年版《毕节县志》记载，大屯一支的后嗣还"于道光年间"在今毕节市大屯乡大屯村建了"大屯土司庄园"。"后经余达父逐年扩建增修，遂达现有之规模（占地五千余平方米）"。

余保寿传至第三世翰桢而止，以余化龙第五世孙余仲继业。余仲第五世孙余珍，"道光乙酉年十二月十八日丑时在大屯诞生，同治甲子年八月二十九日亥时在小河大湾子寿终"。余珍"承管大屯、小河，诰授武冀都尉……袭大屯土千总职"，且"初入监（国子监，明清在京城设立的学府。笔者注）时，欲以科名显"。因遇时艰，"遂改授都司"，累有"云贵总督张亮机褒奖赏戴蓝翎"，"贵州巡抚韩超保奏钦加游击衔"等业绩，因而"其豪华也，座客常满，缔交千里"。

因此，大屯土司庄园当为余珍所建。

大屯土司庄园已成为历史遗迹，1988 年，国务院将其公布为全国重点文物保护单位。

尾　声

改土归流后，永宁奢氏土司的嗣孙分为水潦、大屯两个支系，分别聚居在水潦、大屯两个地方，而又逐渐向周边分散。

据四川科学技术出版社 1993 年版《古蔺县志》记载，"聚居赤水河上游之镇西、阿市、岩梯、水潦、镰刀弯、杨柳弯、弯溪、陇扛等八彝屯的李、余、苏、禄、龙、陇、张、杨八姓彝民皆奢氏后裔"。其余散居在今古蔺县太平、龙山、观文、太和、狮龙、高笠、石屏、印合等地。

据《毕节县志》记载，大屯一支潜居大屯后，逐渐发展为八大彝屯，并归属水西安氏管辖。"（清）雍正七年，以赤水定川黔之界，分大屯十八寨拔归贵州毕节。"今大部聚居在毕节北境。

由一方领主退变为普通臣民，余氏嗣孙踏上了自食其力的生存繁衍之路。但其中也不乏通过个人奋斗以建功立业或著文立言之人。据《通雍余氏家谱》载，主要有如下佼佼者：

发藻，余化龙子，勒授修职郎。

余继宗，余化龙三世孙，为守备，勒授武德郎。

余国栋，余化龙六世孙，以军功勒授云骑尉。

杨朝栋，余化龙六世孙，勒授武略校尉。

余人凤，余化龙七世孙，勒授修职郎，任四川叙州府自流井县丞。

余家驹，余化龙八世孙，贡生，诰赠武冀都尉。"隐于诗酒，于学无所不窥"，著有《时园诗草》二卷。"平生著述甚富，未刽厥而遭兵燹，唯诗草行世。""善画，尤工泼墨山水，亦奔放如诗。"

余家麒，余化龙八世孙，诰赠朝议大夫。

余珍，余化龙九世孙，诰授武冀都尉，赏戴蓝翎，袭大屯土千总职，钦加游击衔。

余昭，余化龙九世孙，诰赠朝议大夫，钦赐花翎，直隶州知州，候补知府。"著《叙永厅志》稿四卷未竟，《土司源流考》一卷未刊，《有我轩赋稿》二卷、《德斋杂著》一卷、《大山诗集》三卷，戊戌年（当清光绪二十四年，1898 年。笔者注）刊"。

余晋，余化龙九世孙，以军功获保蓝翎千总，勒授武略骑尉。

余振仪，余化龙十世孙，以筹饷议叙儘先县丞，勒授修职郎。

余若璟（1870—1934），字达父，一作达甫，余化龙十一世孙。幼读家塾，1888 年入毕节松山书院博学长者、进士葛子惠先生门下穷研子史。1906 年东渡日本留学，1910 年学成归国，至京参加廷试，考取法政科举人。1911 年 11 月 3 日，贵州自治学社发动武装起义，贵州宣告独立，成立大汉贵州军政府，授任参议员，1912 年授任临时副主席。贵州宪政党、耆老会与刘显世等秘密勾结云南军阀唐继尧带兵入黔镇压革命力量，大汉贵州军政府政权被颠覆，逼迫赴上海避难，遂与安健筹办《斯觉报》，以宣传辛亥革命、鞭挞军阀。1922 年 4 月袁祖铭任贵州省省长，经毕节周素园推荐，余达父受任贵州大理分院推事，1925 年夏典大理分院刑庭庭长，1934 年春被贵州省主席王家烈聘为顾问，1934 年 6 月 25 日卒于贵阳寓所。余达父学识渊博，"家藏书三万余卷"，著有《邃雅堂诗集》十四卷、《蝥庵拾尘录》二卷、《罂石精舍文集》四卷、《罂石精舍联语录存》一卷刊行，还有续修《通雍余氏家谱》《且兰考》等地方史籍遗世。

杨伯尧，余化龙十一世孙（因居大屯，继姓杨）。杨伯尧受民主革命思想的影响，1920 年毅然离开条件优厚的土司家庭，外出寻求进步。1924 年 5 月入黄埔军校第一期学习，与陈赓、周世第、左权、薛岳等为同学，毕业后参加北伐战争，1927 年辞职回家。1932 年黔军旅长兼贵州第二路军司令官宋醒（人称宋马刀）驻扎毕节，前往大方请其出任本部参谋长，婉言谢绝后，宋醒题一联相赠："此地可称干净土，知君不是等闲人。"云南省主席龙云聘其为少将旅长，也谢绝了。1935 年 4 月，国民党直接统治贵州，薛岳任贵州绥靖主任，请其出任川滇黔边区少将民团指挥官，因系黄埔同学，盛情难却，杨伯尧但也只任职半年就辞职回家。1950 年初，时任政务院总理的原黄埔军校政治部主任周恩来指示地方部队护送杨伯尧到北京，杨伯尧欣然题《到北京》诗一首："北京伟大是皇宫，殿宇巍峨迥不同。外国王朝无此盛，天安门上太阳红。"同年被任命为贵州省人民政府委员、贵州省民族事务委员会副主任。"文化大革命"时遭受迫害，1972 年 10 月病逝。

余健光（1891—1919），又名余祥辉，余化龙十二世孙。1906 年随叔父余若瑔东渡日本求学，先后就读于成城中学、山口高商学校、明治大学等。读书期间加入孙中山成立的同盟会，后转为国民党党员。归国后，1914 年 7 月 8 日参加中华革命党成立大会，后受孙中山委任为总务部第一局局长。1915 年 12 月，袁世凯窃国称帝，护国讨袁战争爆发，余健光积极投身其中。1917 年 7 月，段祺瑞驱逐张勋，再任国务院总理，拒绝恢复《临时约法》和国会，第二次战争爆发。8 月，余健光从上海赴湖南积极从事护法活动。9 月，受孙中山委任为湖南民军副检阅使。不久，又任命为湘西靖国联军前敌总指挥，驰赴疆场，率部转战于沅澧、鄂蜀等地，阻击北洋军，屡建战功。因一心致力于革命事业，终积劳成疾，不幸于 1919 年 5 月病殁上海，时年仅 28 岁。病殁后，胡汉民为之作传，孙中山作传序。

余祥炘，余化龙十二世孙，1906 年随叔父余若瑔东渡日本求学。期间加入孙中山组建的同盟会。归国后，1917 年受孙中山委任为大元帅府军事委员。旧民主主义时期反袁世凯，任过龙云主政的云南省政府政治部主任；土地革命战争时期反周西成；抗日战争爆发后，又主张坚决抗日，反对蒋介石"攘外必先安内"的政策，一直跟着时代的步伐前进。后因双目失明退隐故乡，1945 年病逝。有趣的是，1948 年，国民党政府还寄来一张委任状，委任其为西康省主席。

余宏模，余化龙十三世孙，余祥炘子。曾就读于西南民族学院（今西南民族大学），毕业于四川大学历史系，担任过贵州省民族研究所所长和其他多种职务。先后整理出版了《明代贵州彝族历史文献选编》《贵州彝族研究论文集》，参加《明实录·贵州资料集》的整理出版工作；收集、整理、注释《时园诗草》《四余诗草》《大山诗草》《园灵阁诗草》《邃雅堂诗草》五部彝族诗集。

参考资料：

①余达父：《通雍余氏宗谱》，稿本。

②余达父等：《且兰考·贵州民族概略》，贵州大学出版社，2011 年。

③马昌仪：《民间文学资料》第三十四集，贵阳中中印刷厂翻印本，1986 年。

④四川省古蔺县县志编纂委员会编纂：《古蔺县志》，四川科学技术出版社，1993 年。

⑤《泸州少数民族志》编纂委员会：《泸州少数民族志》，泸州市民族宗教事务局，2013 年。

⑥常璩：《华阳国志》，齐鲁书社，2010 年。

⑦陈寿：《三国志》，北京燕山出版社，2007 年。

⑧贺次君：《括地志辑校》，中华书局，1980 年。

⑨许世贞、罗希儒：《彝族扯勒部的兴衰及蔺州历史新探》，内部印行本。

⑩高君儒：《余宏模先生与彝族辛亥革命志士》《回首当年大定城》，载《一生都付笑谈中》，贵州大学出版社，2012年。

"一带一路"引发的川滇黔大开发

——清朝滇铜、黔铅入京、川盐入滇黔的历史进程

杨德昌　苏林富　梁茂林*

一、写在前面

清朝初期，由于人头税很重，乡民隐匿人口的现象严重，造成许多游民不敢落户垦荒，使战后经济恢复缓慢。康熙皇帝为奖励垦荒，于1712年制定"滋生人丁，永不加赋"的政策。即以上一年的人丁数为征收人头税的依据，以后增加的人口，不再收人头税。到雍正皇帝时，又把人头税平均摊入田赋中统一征收，取消人头税，即"摊丁入亩"。这就意味着，清朝把从汉朝以来长期征收的人头税制度废除了。这一政策的实施，使清朝廷对乡民的人身控制有所松弛，促进了荒地的开垦和经济社会的发展，成为康乾盛世出现的重要原因之一。由于推行"摊丁入亩"，清代人们的生存条件得到了极大的改善，表现最明显的现象是人口开始迅速增长。2016年，新世纪出版社出版法国学者格鲁塞所著《中国简史》，书中说："1578年，人口总数达到6069.2万人；到1661年就增长到了10470万人；1766年时为18207.6万人，到1872年，甚至达到32956万人。"人口的迅速增加，直接导致铜钱使用量迅猛增加。

明朝从万历中期到崇祯朝，多从日本等国输入铜料铸币，这种方式延续到清朝初期。一般都是由商帮采办日本、菲律宾、安南等国的铜用于京局和

---

* 杨德昌，男，云南省会泽县人，会泽县历史文化名城研究会秘书长、经济师，工业经济专业。曲靖师范学院中国铜商文化研究院荣誉研究员。主要著作有《会泽文化之旅·铜马古道篇》，由云南美术出版社出版；《会泽文化之旅·铜商经济》，由云南人民出版社出版。苏林富，男，1985年贵州大学历史系毕业。在赤水县（今赤水市）地方志办公室工作，2016年退休。参加《赤水县志》《赤水市志》《遵义市志》编纂，与人合作点校《直隶仁怀厅志》《增修仁怀厅志》。梁茂林，男，贵州文史研究馆馆员。

各省钱局铸币。到了德川幕府时期，日本不仅限制洋铜出口，还把洋铜价格提高到每百斤铜价为白银 12 两 5 钱。清朝从顺治五年（1648）到康熙四十七年（1708），每年进口的洋铜在 120～200 万斤之间，随着洋铜进口受限制，进口数量下降，铜价上升，铸币铜料处于日本等国操控的被动局面中，已经很难维持国内迅速增长的货币铸造需要。到乾隆元年（1736），洋铜每百斤价已增至 16 两左右。因此，要获取铜料，除立足于国内开发外，已别无选择。当时，滇铜每百斤价只要 10 两左右，乾隆二年（1737）停止采办洋铜，从乾隆四年开始，解京铜料全部由滇铜承担，额定数量为每年 633 万斤，并一直维持到 1850 年的咸丰时期。

清代钱币并非单纯用铜，笔者根据东川宝云局相关史料，得知铸币配料比例为铜 51.5%，锌 42%，铅 3.4%，锡 3.1%。不了解铸币实情的人们，往往只注意到铜，不知道每枚铜钱中还含有 45%～48% 的铅、锌、锡。我国古代（民国以前）无锌的叫法（古汉语中无锌这个字），古称锌为"倭铅"或"白铅"。因清代铅锌的主产区在贵州，故称黔铅。作为铸币主要材料之一的黔铅，从雍正十三年（1735）起，每年有 600 万斤运往京城。《中国古代矿业开发史》载："现就已查史料……乾隆时，金属锌的年产量以贵州为最高，达六百余万斤"，"贵州威宁锌矿是清初年产量最高的锌矿"。《贵州通史·清代的贵州》中指出："贵州在清代是全国铅的主产地，也是全国铸币用铅的主要供给地。"

在以往的研究中，很少把滇铜、黔铅入京和川盐入黔入滇联系起来思考。事实上，川盐对滇铜、黔铅的运输起到的作用非常大，它使来自云南、贵州运铜铅的马帮，有了回头货驮载，降低了驮脚（运费），既保障了京运，又带动了物流。可以说，没有川盐输入云贵的回头货，滇铜、黔铅的陆路运输物流是很难完成的！川盐和滇铜、黔铅的互动，既改善了滇、黔、川民众的生活，又带来了西南云贵川市场的繁荣。

二、清代滇铜入京通道

祖国大西南的滇川黔结合地带，属于近代地理经济学所划成都—昆明—贵阳"大西南金三角"的腹地。由于山川地理走势和社会历史人文交汇的因素，自秦代五尺道、汉代灵关道延至通印度身毒道的开通，在这块 15 万平方公里三省相连的土地上，曾演绎出"一带一路"的历史大剧。从明朝至清代铜、银、铅、锌等矿产资源开发、运输和再生产热潮的兴起，作为国家战略资源的滇铜、川盐、黔铅相互依托，共进发展的强势，促成中央政府最早的西南大开发。

（一）滇铜简述

古人曾经说过："欲知大道，必先知史"，先就滇铜开发、运输中所涉及本区域的经济社会发展问题，作一简要说明。

铜银产业带。距今 1794—1367 万年前的远古代时期，云贵高原的崇山峻岭在特定的地质裂堑、挤压构造及特定的气候环境下发育沉积盆地和沉积层，为这里矿产的形成准备了物质条件。滇川黔结合部沿金沙江的永善、鲁甸、巧家、会泽（东川）、武定、易门和会理、攀枝花，属中国大地构造上的"康滇地轴系"，有着丰富的铜、银、镍、铅资源；乌蒙山系的镇雄、毕节、大方、威宁，有着丰富的煤、铅、锌、铁资源，川南自贡一带的井盐，汉代就大力开采……这些矿产资源质量高，品种多样齐全，故这个区域早就有"铜银产业带"的称谓。

制铜史沿革。"云南铜业在商代（公元前 12 世纪）就已出现，它代表了云南冶金业的开始"，[①]古滇国的青铜文明，汉代的堂琅（会泽）铜洗、朱提（昭通）铜洗，南北朝时期的堂琅白铜及明代的"嘉靖通宝"……都是铜业兴盛的历史见证。到清代，以东川铜为主的采冶、鼓铸、京运形成了完整的"铜产业链"，创造了历史的辉煌。

云南地方政府将产铜的府、县划分为"三迤"。

迤东：东川、鲁甸、巧家、永善；迤西：易门、永北、丽江、云龙；迤南：建水、开远、路南、蒙自等地。

铜产量：滇铜产量冠于全国，生产的极盛时期是雍正初年到嘉庆中期，据《中国古代矿业开发史》载，乾隆八年（1743）至嘉庆十年（1805），全国年均产铜 1361.7 万斤，其中云南产铜 1146.3 万斤，占全国的 84.18%，而东川产铜 850 万斤，产铜量占全国的 62.42%（包括"京铜"、调运各省铸币的"省铜"和宝云钱局铸币的"局铜"）。从以上数据不难看出滇铜在全国的重要位置；其中，东川铜又占了云南铜的 74.15%，所以东川成为名副其实的"天南铜都"。

云南铜产鼎盛时期数量表

单位：万斤

年份	办铜数量	年份	办铜数量	年份	办铜数量
雍正十二年	458.00	乾隆十四年	1192.40	乾隆二十九年	1378.10
雍正十三年	690.00	乾隆十五年	1005.62	乾隆三十年	1187.59

年份	办铜数量	年份	办铜数量	年份	办铜数量
乾隆元年	759.89	乾隆十六年	1070.20	乾隆三十一年	812.33
乾隆二年	1008.91	乾隆十七年	815.18	乾隆三十二年	739.40
乾隆三年	1045.79	乾隆十八年	751.01	乾隆三十三年	775.70
乾隆四年	942.05	乾隆十九年	1095.02	乾隆三十四年	974.38
乾隆五年	843.46	乾隆二十年	838.71	乾隆三十九年	1245.56
乾隆六年	754.55	乾隆二十一年	626.24	乾隆四十年	1248.43
乾隆七年	875.78	乾隆二十二年	982.49	乾隆四十一年	917.74
乾隆八年	929.07	乾隆二十三年	1017.31	乾隆四十四年	1097.83
乾隆九年	924.92	乾隆二十四年	1276.01	乾隆四十六年	1093.77
乾隆十年	828.13	乾隆二十五年	1212.88	乾隆四十九年	1205.02
乾隆十一年	842.11	乾隆二十六年	1276.60	乾隆五十五年	1176.08
乾隆十二年	854.27	乾隆二十七年	1226.25	乾隆六十年	1104.82
乾隆十三年	1034.77	乾隆二十八年	1276.60	嘉庆六年	1000.00

说明：本表资料来源于中国第一历史档案馆内阁题本档案。

（二）清朝货币量与滇铜京运

国内形势。清王朝建立后，国家统一，社会安定，经济发展，全国货币铸造量不断加大，流通速度不断加快，货币需求量激增：

宝源局：乾隆二年（1737），铸钱 324962.04 串；宝泉局：乾隆二十三年铸钱 886080 串，乾隆五十年铸钱 938061 串。[②]还在康熙五十五年（1716），户工二部的宝泉、宝源二局铸币用铜已达 443.5 万斤，此外，还有各省局铸币所需铜料，不难看出，铸币用铜所需要的数额是巨大的。

滇铜重任。"中国货币问题是有铜而无金银……可以用作制币者，除铜铁外，已无其他适当之金属。"[③]在历史上，有的朝代曾使用铁铸造钱币，因铁钱值低、体重、易锈等因素，短暂流通后废止，故铁币不可取。

当时，清廷钱币制造的局面是严峻而紧迫的。从乾隆四年开始，解京铜斤全由滇铜承担，额定数量为每年 633.1 万斤。滇铜几乎承担了京铜的全部供给，一直维持到 19 世纪 50 年代的咸丰时期。

作为铜政要务之一的京运，一直在朝廷控制下运作，历代官方典籍、档案、当事者记述的史料存贮尚多，记载细致翔实，尤以乾隆时期为最。由于朝代更迭时段漫长和取材对象、表述方式的不同，一些记载之间存有差异或重复，难于甄别。拙文拟择录部分史料简要述之，以避繁琐。

京运制度。滇铜京运，是一个跨越九省，运途长达 5185 公里的一项巨大工程，在管理中，朝廷制定了一套非常严格细密的规章制度，主要包括：运员委派、运费计支、运铜期限、运输方式、起剥转运、运员考核、沿途护送、成色鉴定、查验方式等。解运京铜责任重大，一路风餐露宿，历尽艰辛，万里迢迢，山高水险，稍有闪失便身家性命难保，确实是一份苦差事。抵京交验，必须是八五成色以上的蟹壳炉版铜，样铜三块，其中二块交户、工二部验存，一块返回滇存。滇铜京运的运铜期限为自各厂领足铜斤到抵京兑交，时限大致为 9 个月 25 日。其中，由铜厂至泸州，时限 3 个月，逾期者随时参革；水运委员如在正限 9 个月 25 日之外，予以革职。运员交卸完毕后，返回滇省也有时限，为 99 日。

运输方式。云南的铜资源都蕴藏于深山大壑之中。运员将蟹壳炉冶炼出含铜量85%的京铜运往京城，必须靠人背马驮，行走一千公里左右的陆路才能到达四川，然后由长江航运东下。由黔至蜀的陆路运输异常艰辛。官民为探寻减轻陆运负担的途径，则疏浚开发与滇黔接壤低海拔的川南丘陵地带通向长江的河流，以降低脚银，节省运费。运员负责将滇铜驮至黄草坪、罗星渡、永宁等通航码头，交由船载，运至宜宾、泸州。

寻甸、东川陆路脚银，视铜厂道路远近及路况而定，一般平均每站每百斤脚银（运费在 8 分至 1 钱 4 分之间）。东川一路，因道途险隘，每百斤脚银比寻甸一路高出二三分。水运至泸州的运费，平均每站 8 分至 1 钱左右，比陆路几乎少 30%～40%。东川至盐井渡 12 站半，脚银每百斤 2 两 8 钱 6 分 4 厘 7 毫，每站 2.3 钱；盐井渡至泸州水路 8 站，运费每百斤 7 钱 2 分 9 厘，每站 0.91 钱，比陆路降低了一半多。滇铜京运，促进了滇、川、黔间水运的开发，节省了运费，水运配合陆路的驮运，这种水陆组合的运输方式取得了实实在在的效益。

（三）陆运线路的拓展组合

滇铜矿厂遍布三迤大地，清代滇铜的开发都是按照朝廷布局而选址定线的。滇东北是云南连接内地的交通枢纽，在组织各厂铜斤外运时，迤西和滇中将铜锭运到寻甸集中；而东川周围铜厂的铜锭，乾隆四年（1739）后，遵朝廷定制，由东川府城铜店发运。

汤丹等厂之铜锭，乾隆三年以前，"运贮东川铜店……四年，承运每年正耗铜四百四十万觔，原走威宁，计程四站。乾隆六年，奉文加运正耗铜一百八十九万一千四百四十斤，二共正额数铜六百三十三万一千四百四十斤，遂定分运章程，对开三百一十六万五千七百二十斤，一由厂发运寻甸，至威宁铜店转运镇雄……一由东川分运"。⑤

云南多山的地形地貌，形成既无舟楫之利，又无车辕之便的交通状况，长途运输主要依靠马帮驮运。马帮行走的马道，由于山洪暴发、山崖垮塌等自然因素和行政管理、市场交易点变化等人为因素，会产生变动和改线，由此形成多条短线和路段，在滇铜京运的实施中，由官府主导，各路线经过乾隆时期的几次整合，形成以东川、寻甸为起点的陆路主干线。

整合东川线。在东川府境内，驮运京铜出境曾有"大井道""马路道""小江道"及"寻甸道"等线路，为改进原经三道沟、者海、黄梨树渡牛栏江至威宁一线途长路险的状况，乾隆十九年（1754）东川知府义宁经过踏勘，新开辟了红石岩—迤车汛—江底道至昭通的线路，该线路在京运中一直延续到光绪三十二年（1906）京铜停办。令人惊叹的是，260年后的今天，重庆至昆明的G85高速公路会泽段，几乎与义宁当年勘察选定的京运线路一致，足见其选线的科学性眼光。

1. 乾隆四年（1739）以前：东川—鲁甸—奎乡—四川永宁，共20站。运行初期，原籍贵州婺川的镇雄知州李至，于雍正十二年（1734）带领民众开修彝良（奎乡）大草坝新路，"万众一心共同努力，凿石伐木，架长桥如虹……而千百年之深林荒箐，履康庄而歌荡平，路成之后较旧路省七站，为国库年省钱八千余"。⑥

2. 乾隆七年（1742）：大关河道开道，从鲁甸分一半滇铜（158万斤）由奎乡运至永宁；另一半（158万斤）则运至盐井渡，共12站。

3. 乾隆十五年（1750）：金沙江下游河道开通，东川—红石岩—迤车汛—江底—桃园（鲁甸）—昭通，共5站，承担了东川线316.6万斤（加额铜）的京运，从昭通分一半（158万斤）运至永善县黄草坪，共3站半，全程共8站半。

4. 乾隆十七年（1752）：大关河（横江）上豆沙关至盐井渡水路（1站）河道开通，昭通至盐井渡仍按乾隆七年的定制承担东川运量的一半（158万斤）这一数额执行。

上列线路，就是在乾隆前期京运定制初期执行的运铜主线。铜运兴旺带动区域经济发展，促使道路和驿站不断调剂、整合，交通网线更加适应运输发展的需要。昭通至宜宾（叙府）是滇川陆路最近的主干道，道光至民国已发展成较稳定成熟的物流大马道，共10站：昭通—闸上（或靖安）—大江—大湾子—吉利铺—豆沙关（老鸦滩）—普洱渡（盐井渡）—深溪坪—捧印村—横江—宜宾。长年万马奔腾于滇川大马道上，宜宾歇息马帮的马店（栈）林立，形成了有名的上走马街，下走马街，并建有占地十亩，规模宏大的"云南会馆"，成为当地经济、文化交流的中心。

由于这条主干道是通达长江的捷径，且交通设施不断改善，嘉庆以后东川铜就不再绕道寻甸分运，而是由昭通直接驮至宜宾或分一部分到黄草坪江运，故称"东铜京运"。

寻甸线。乾隆六年（1741）规定，该线负责京铜运额的一半。

1. 寻甸—宣威州—贵州威宁—妈姑—赫章—七星关—萨拉溪—长春堡—毕节县—层台—清水铺—高山铺—过赤水河—摩泥—普市—四川永宁，共22站。[7]

滇铜陆路，驮运途程漫长，运量巨大，时限苛严，运输人员只有增加驮马数量来扩充运力，这条道路也是贵州铅、锌京运的通道，所以抢购贵州驮马的冲突事件时有发生。

2. 贵州威宁—镇雄—四川罗星渡，共10站。

驮运京铜，千里奔波，马帮歌谣对此有着丰富、生动的反映，吆马人高亢豪迈的歌声唱道：

> 要唱调子我不愁，驮铜赶马过九州。
>
> 云南唱过贵州地，唱到川江坐船头。

3. 非京运的滇铜外运至东南各省线路：寻甸—弥勒竹园—广南剥猺—广西百色，设驿25处。

这是唐宋时期云南通外地的一条重要道路，雍正七年（1729）因云贵总督兼辖广西，这条道路得到重视，为当时著名之驿道。

当时的运距，陆路一站25～35公里，水路一站超50公里。

（四）水路的开发

为解决滇铜、黔铅京运，开发通往长江的川南、滇东北、黔西北水路，一直是官方和民间的共同愿望，这些工程主要在乾隆时期施行，耗资巨大，工程艰险，但大多数都发挥了作用。下面就水陆交接地所属江河的航运通道作一简述。

1. 永宁河（永宁）水运。乾隆四年（1739）办运京铜起，寻甸线的铜斤运到四川永宁交收，由永宁河水路1站运抵泸州。因永宁河水流量较小，枯水季节难于承担同向的京铜与黔铅转运，后开发长宁河，大部分京铜转由罗星渡水运。

2. 横江（盐井渡）水运。乾隆七年（1742）横江上的盐井渡开通，承运东川线的京铜水运，历 8 站抵泸州。在以后百余年的经济发展中，这里形成了铜盐交接的大码头，光绪年间，每年由此转运到昭通的川盐达 36000 驮，供应昭通、巧家、东川、会理等地的食盐市场。盐井渡汇聚各路人马，经济繁荣，活跃于其间健壮洒脱的马哥头，令站口的姑娘们倾慕，她们对山歌时唱道：

> 赶马大哥好英雄，上驮盐巴下驮铜。
>
> 老鸦滩上挣钱多，兜肚揣钱不怕穷。

3. 金沙江（黄草坪）水运。金沙江航道是京运各水路开发中最大、最艰巨的一项工程。乾隆五年（1740）云贵总督庆复上奏："开凿通川河道，实为滇省大利。"若东川铜出省改为水运，可省一半的运脚银。庆复获乾隆皇帝支持后，主持开工疏浚：从东川象鼻岭的小江口至永善金沙厂 337 公里为上游，从金沙厂至宜宾新开滩 323 公里为下游。在云南巡抚张允随的主持下，乾隆五年（1740）至八年上游航道竣工，乾隆六年至十年，下游航道竣工。自乾隆十一年至十三年，继续开疏 21 滩，历时 8 年，耗银数十万两，整个工程竣工。⑧在实际运作中，从小江口直达宜宾的航道，每到汛期江水暴涨，滩险难行，时常造成船毁铜沉人亡的事故，其中尤以上游发生的次数为多，因此全程开通不到三年，不得不放弃小江口至黄草坪以上的金沙江上段水运，保留黄草坪至泸州 8 站。

金沙江水路，在当时生产技术条件下，上段无法通航，但下段除承担 158 万斤的京铜任务外，在返程中还载运四川大米到云南，以低于市价二至三成的价格平抑米价，稳定了市场，保障了乐马厂、金沙厂、棉花地厂等京铜产地的矿山粮食供应。

4. 长宁河（罗星渡）水运。乾隆九年（1744）云贵总督张允随奏：威宁一路每年运铜 316.57 斤，与黔铅 470 万斤运输途中拥挤，请开修川省接壤的滇境河道，分运威宁铜斤。⑨四川珙县长宁河上的罗星渡，上至镇雄旱路 5 站，下通叙府南广洞水程 5 站，然后接大船直达泸州。乾隆十年（1745）长宁河旱路、水路开通，分运寻甸线的一半铜斤，即 158 万斤，另一半仍由威宁运至永宁，金沙江下游和横江水运开发后遂停。

在京运中，罗星渡发展成为滇、川、黔结合带有名的繁华集镇，这是川盐解禁入滇的结果之一。在那个时代，有一位于乾隆三十九年（1774）到任的镇雄知州饶梦铭提出购马通盐、改善路况、增强脚银、减少课派的呈报，他不顾丢官受罚的危险为民请命，要求解禁川盐，并到督、抚、蕃、臬各署奔走呼号，甚至痛哭流涕，事迹感人。兹将饶梦铭所作反映京运最具体、最生动歌谣《铜运歌》抄录于下，以飨读者。这也是对先哲们谋划工程的智慧以及历代先辈们挑战自然之勇气的追念。

铜运歌

泸阳南蜀乌撒北，川原险峨天地窄。
中权芒部仔其肩，铜驮铜艘日呼迫。
六百罗星道路难，岩疆启辟念年闲。
著歪木果撑翟底，羊肠鸟道三坡连。
梭步岭蠡镇东道，山鬼啸风望天坳。
岩悬经仄阎王边，油滑石踏马蹄倒。
河喧两口硬寨停，洪涛洞底去无声。
一舍岑寂岩光吐，参差龙口浪花惊。
罗弯陡截河源出，斑马萧萧驮运毕。
掷地金声高下闻，大艘小艘鱼贯入。
愁望南江百八滩，建瓴激石涛播颠。
幽箐舟攒旋磨蚁，双涧瓦魁千岩间。
杨贵将军穿洞底，水攒石骨棱棱起。
石下峭壁吼蛟龙，倒缆曳舟舟不止。
趑上响水长腰张，下驱虎漕鱼脊梁。
小鬼火眼觑门闭，鲤鱼水泡号若狂。
油榨碛撞石牛战，鼍皮鲤脑飞片箭。
雉雄狗乳碓邱趋，大阁小阁滩悬线。
石屏孤笋马蹄攒，梭边杌陧到磨盘。
呜咽水鸣南洞口，罗舟百折维嶝岏。
背负踵接铜随下，蜀江水合金沙泻。
波浪澎湃迈罗江，扁舟势捷奔泉马。
菩提金鞭大石阑，鹭鸶野猪虎背湾。
秤杆观音火焰迴，罗外泸江又九滩。
水陆奔驰千余里，岩椒滩碛石齿齿。
七盘三峡尽险隘，运道所经直如此。
古来往往歌路难，况是任重霜雨间。
单衣敝缕汗流水，赑屃彳亍息炊烟。
驾马服牛代辛苦，悉心筹十不得五。

领交越省赴程限，长官督责心酸楚。

溪涧盈涸更无时，其中似有鬼神司。

陡涨忽落大船止，小船并搁竹筏支。

船筏森整俨戎伍，按站滚运捷桴鼓。

隔属呼应灵不灵，霎时挥金如挥土。

我莅芒部岁一过，借箸须才才若何。

衙鼓未罢身先出，南北侘傺九月多。

策马黔山扑山麓，泸江几葬江鱼腹。

岁时伏腊饫征尘，差免复悚殊碌碌。

吁嗟乎！

上为国家下苍生，丈夫发白愧无成。

归去来兮归未得，坐听中霄风雨声。

5. 赤水河（渔塘）水运。乾隆四年（1739）滇铜京运开始，经贵州境至永宁，与黔铅京运同路。该水路的开通，分流了贵州通道的压力。

乾隆十一年（1746），毕节、大方京铅驮运至渔塘，由船运至新龙滩起剥，至二郎滩下船，经猿猴转滩直达长江。《毕节县志》载："每年奉拨运京一百五十万斤黔铅，自厂起，由赤水渔塘河转运至重庆交委员接受，熔化运京供铸。"

赤水河黔铅京运，带动了沿岸码头、集镇和相关产业的兴起发展，经过历代民众开发经营，使之成为闻名遐迩的一个独具特色的产业区和地标。

滇铜经滇、黔、川三省结合部的各条水陆通道汇聚到泸州铜店，组织长江航运，水路分段交运，各段由当地派佐员协同押运，交下站后同船返回，川江段的铜铅船 2.5～3.5 万公斤一船，水手 20～25 人，每年分六批，有时加卯一至二批起运，每正额发运京铜一起为 55.2 万公斤。滇铜经重庆、汉口、江苏仪征，转京杭大运河北上，过山东鱼台、直隶景州抵达通州，再运至京城，水运 4212 公里。

6. 右江（百色）水运。乾隆以后，由广南至剥猛运至广西百色的滇铜，顺右江航道经南宁、梧州转运往闽、粤等省。

历时 170 年的滇铜京运，其工程量之浩繁，维系年代之长久、涉及面之宽广，堪称世界交通运输史上之壮举。它是六七代人的汗水与生命的接力传递，凝聚着几代官民的智慧与艰辛劳动的成果；该工程保障了清王朝铸币的铜料需要，带动了沿线地区的人流、物流、资本流，促进了大西南地区的文明开化与市场经济发展，催生了铜产业的资本主义萌芽。其可歌可泣的历史功绩和丰富多彩的社会生活形式，为国内外学者所瞩目，其中德国图宾根大学傅汉斯教授等国外专家、学者，自 20 世纪 80 年代以来，就该问题的研究取得了很多成果。时至今日，滇铜生产与运输好似中国西南铜商经济区的一个地理经济史学、区域文化学中的"富矿"，仍然吸引着众多国内外学者，在各学科领域进行深入探研、采掘。

三、黔铅入京

铅与锌有类似的外层电子结构和十分相似的地球化学行为，都具有强烈的亲硫性与共同的成矿物质来源。在自然界里，均以多硫化物矿物存在，特别是在原生矿床中彼此密切共生，铅锌矿物往往在一起，通称铅锌矿。虽然有独立铅矿和锌矿存在，但二者同时产出居多。

《说文》："铅，青金也。"我国明清以前没有锌的概念，古汉语中无锌字。古代称锌为"倭铅"，清代把锌称作"白铅"、铅称为"黑铅"。故凡论及铅者，实乃铅锌也。贵州铅锌发现和冶炼较早，是中国火法炼锌的策源地，其土法炼锌沿用至今。贵州铅锌的发现，如不按考古发现仅按文献记载，唐朝后期在威宁等地就有发现、开采和冶炼的记录。康熙十四年（1675）户部始议："准各省产铜及黑、白铅处，如本地人有民具呈愿采，该督抚即委官管督采取，自是而后，黔楚之铅……上供京局。大抵官税其十分之二，其四分则发价官收，其四分则听其流通贩运。"（张寿镛《皇朝掌故汇编》外编卷 23）康熙十八年又规定，各地所采之铜、铅，除交官部分外，其余全"听民发卖"，并指定"黔楚之铅……上供京局"（《清文献通考·钱币》）作鼓铸之用。以后各省及贵州鼓铸局的开设，需铅量剧增，促进了贵州铅业蓬勃兴起。

韦天蛟著《贵州矿产发现史考》，考证了清代铅锌矿开采冶炼的发展概况：清代，贵州发现的铜锌矿床与采冶铅锌的地方陡增，水城观音山（即杉树林）、万福厂、猴子厂和晴隆（即原南笼府）顶头山、花贡与普安州属连发山，以及大方、毕节、织金（平远）、都匀、凯里（清平）、丹寨、松桃、遵义、绥阳等均有发现与采掘，史籍记述可证，尤以赫章（原属威宁）、威宁、水城诸地记述为多。

《水城县志》载："水城县城南二十里许，万福厂矿穴名大岩洞，自明时开采。水城县属矿产多系铅盖银，城南百里许猴子厂与县厂相对，有红风洞，亦由明时开采，二厂精华最足"；"水城县城东十里许观音山，道光初开办，镰铅颇旺……咸丰年间……专烧铅锌"。并有水城横塘"矿区在两三百年前就为古人开采，万福厂炼铅石即由此供给"与"水城杉树林矿区约在二三百年前即有人开采"的佐证。《清通典》及《贵州通志·前事志》亦有水城观音山和赫章榨子厂等重要产区的记述，并有各铅锌厂开办时间的载叙。《清通典》载观音山、猴子厂康熙年间有开采，"康熙五十九年威宁府观音山银、铅矿厂二八收课例"；并载"雍正五年开采贵州威宁府属白蜡、柞子银厂"；《贵州通志·前事志》则曰："威宁州属莲花、妈姑白铅厂，系雍正十三年开采"；"水城厅属福集白铅厂，系乾隆十一年开采"；还记述"大定府属水洞帕兴发白铅厂，系乾隆四十二年开采"。同时，《贵州通志》（清乾隆六年刻本）载述南龙府黑铅"出顶头山"，《晴隆县志稿》亦有"安南县顶头山产铅，曾开采"与"铅，产安南、普安两县交界之花贡地方"的证实。其他地区铅锌的发现，亦有较多记述和说明：康熙《贵州通志》载"思州府铅，出都平"；《清一统志》有"思州府龙塘山产铅"，"都匀府土产有铅"，"清平县香炉山亦出铅"等记叙；《清文献通考》进而载"乾隆中贵州巡抚方世儒奏清平县永兴寨产黑铅，请开采，从之"；《贵州通志》（清乾隆六年刻本）载遵义府白铅"出小红关等处"；乾隆《贵州志略》云"毕节有黑铅厂"，同治《毕节县志稿》也曰"毕节县产白铅"；《清通典》载雍正"七年开采贵州毕节县大鸡倭铅厂"；《清代钞档》则有"平远州属达磨山（马鬃岭厂）、普安州连发山……绥阳县属月亮岩、镇远府属牛塘沟、丹江厅属乌找山"，有铅锌产出的记载；光绪《平远州志》还载"平远州产黑铅"，亦有"平远州播者产铅"的记述。

明、清，尤其是清代，由于贵州铅锌的较多发现与采冶，从而在当时具有重要影响。《皇朝掌故汇编》"钱法一"曰"凡白铅、黑铅产于云南、贵州"；《中国古代矿业开发史》更载"现就已查得史料……乾隆时，金属锌的年产量以贵州为最高，达六百余万斤"，"贵州威宁锌矿是清初年产量最高的锌矿"，"贵州福集、莲花两厂是清代前期最大的两个白铅厂"以及"京师（北京）铸钱所需铅、锌两种金属，大量由云南、贵州供应"等记叙。

雍正以后，铅产量不断提高。威宁州的朱砂厂，雍正时期年产铅 20～30 万斤，乾隆时达 50 万公斤以上。绥阳月亮岩厂也由 15 余万公斤到 50 余万公斤。年产铅 50 万公斤的有丁头山、达磨山、榨子厂、大鸡、小洪关等地的厂矿。各铅厂产量最高的是莲花厂，年产量达 250～300 万公斤之多。全省各府、厅、州、县产铅量最大的是威宁州，年产为 50 万公斤以上。乾隆年间贵州全省产铅在 700 万公斤左右。北京和各省急需黔铅，由于交通不畅，造成贵州锌铅积压难以运出，由此引出了对贵州水道的开发。雍正七年（1729），鄂尔泰、张广泗题请开浚清水江，起于都匀府至湖广黔阳县，总 600 余公里，遄行无阻。乾隆十年（1745）清水江流域自通航后，沿江居民点迅速兴起，成为商贸集镇和港埠码头。雍正五年设的锦屏县成为下游重要码头。新市镇、远口成为天柱县的进出码头。中上游的清江（今剑河）、离洞（今施秉境内）、台拱（今台江）、下司、重安江、都匀等地成为商品集散地。贵州铅经洪江而常德而汉阳，汉口成为全国铅的最大集散地，形成"四方商贾络绎往来"的局面。

乾隆十年四月庚申（1745 年 5 月 19 日）（工部等）又议复："贵州总督张广泗疏称，黔省威宁、大定等府，州、县崇山峻岭，不通舟楫，所产铜、铅，陆运维艰，合之滇省运京铜，每年千余万斤，皆取道于威宁、毕节，驮马短少，趱运不前，查有大定府毕节县属之赤水河，下接遵义府仁怀县属之猿猱地方，若将此河开凿通舟，即可顺流直达四川、重庆水次。委员勘估，水程五百余里，计应开修大小六十八滩，约需银四万七千余两。此河开通，每年可省腿价银，一万三四千两，以三年余之节省，即可抵补开河工费。再黔省食盐，例销川引，若开修赤水河，盐船亦可通行，盐价立见平减。大定、威宁等处，即偶遇丰欠不齐，川米可以运济，实为黔省无穷之利。应如所奏办理。"从之。后来的历史事实证明，张广泗整治赤水河确实给贵州带来"无穷之利"。但云南研究滇铜入京的著名学者杨德昌先生认为："黔铅与滇铜共同支撑了清朝的铸币产业，实在是功不可没！然而在史志典籍、专著研究中，滇铜京运、铜政的著述成果颇丰，相比之下，清代黔铅在史学研究领域较为冷落，长期被学界忽视。"笔者认为以宝泉、宝源二局为首的清代铸币运营研究，缺失或降低黔铅生产和黔铅京运项目功用的研究，是一种不完整的片面认知。

四、整治赤水河与仁岸盐运

由于贵州素不产盐，自古以来民众食盐均靠从周边产盐省份输入，主要行销川盐、淮盐、粤盐、滇盐，其中，川盐因产地距贵州最近，在贵州销区最广、销量最大。明末清初，西南一隅战乱频仍，以赤水河为主要的川盐入黔古道，河面难见载盐之舟，大道罕觅商贾行旅，以致平定"三藩之乱"后出任贵州巡抚的田雯在其《盐价说》中写道：贵州食盐"仰给于蜀，蜀微，则黔不知味矣"。因受交通制约，运入量小，盐价甚高，其价以谷计，"谷日贱而盐肯平，十钟不易一豆"，"当甚匮也，代之以狗椒"。"即遇其饶，也止沾唇而量腹"，人们食盐甚艰。

雍乾时期，贵州人口增加，食盐需求也相应增加，而且川盐运销范围从清初的 9 个府扩大到 10 个府。《清史稿·志九十八》载："初，川盐以滇、黔为边岸。而黔岸又分四路：由永宁往曰永岸，由合江往抵黔之仁怀曰仁岸，由涪陵往曰涪岸，由綦江往曰綦岸。"乾隆元年（1736），为解决贵州食盐问题，清朝政府划定贵州为川盐主销区，在川黔交往的主要通道上划定川盐入黔的四大口岸，即仁岸、涪岸、綦岸、永岸。仁岸是从四川合江溯赤水河经贵州仁怀县（今赤水、习水和仁怀大部）进入贵州腹地，按照盐法规定，从事盐运销的商人们重新进行登记纲册，纳税获取在所在口岸的食盐运销权。行销仁岸的川盐，主要产至自流井和贡井。自流井出产之盐，颜色黑多于白，渣重味涩，称作"厚盐"；贡井所产之盐，颜色白多于黑，渣轻味甘，被称作"薄盐"。在价格上，薄盐略贵于厚盐，行销于仁岸的食盐中，厚盐多于薄盐。仁岸食盐，由四川盐商从泸州用船运到赤水河入长江的合江县城，改用载量小的盐船经赤水河运至仁怀县城下游的鲢鱼溪，起载上岸，改由陆运。经崇盘塘、七里坎、旺隆场、小关子，再顺赤水河岸上行，经葫芦垴（今葫市）、猿猴（今元厚）、土城、茅台运往贵州各站。

乾隆六年（1741），陕西道监察御史胡定以贵州盐价过高，人们食盐困难，奏请平价以便民需。户部随即要求贵州总督兼巡抚张广泗对贵州食盐价格进行调查后回复。张广泗函札各府报送各地盐价，各府在回复中认为，食盐价高，主要是配给贵州的盐引不够，要解决盐价高昂问题，应该增加盐引，盐价的高低都因实行"井厂均平之法"，因此，贵州食盐高昂问题的根源在四川。四川则认为厂价已定，不能再减，只增加盐引不是平定盐价的好办法。唯南笼府（即兴义府）称，南笼离四川较远，盐价比其他府县高，如果改食粤盐，或许可以使盐价降低。张广泗再次函札各地，南笼府仍以民情不便咨复外，其他各府认为，来往于川黔之间的众多盐商，都对怎样降低盐价没有诚意，如果能够开通赤水河，充分发挥仁怀川盐入黔固有的运道作用，可以使贵阳等各府盐运省百数十里不等。张广泗将各府意见集中梳理成条文，奏请户部，仍要求请增仁怀运道盐引数额，同时，改永宁陆引全部为仁怀水引，使盐价降低而便民，盐引额已增至 4422 万斤。

仁岸盐道因得长江和赤水河之利，运力和运量位居川盐出川盐道之首，称"川盐入黔第一道"。但因赤水河未经整治，由合江进入赤水河的盐船，只能间或上溯到丙滩（今丙安）、猿猴（今元厚），大多数时间仍停靠仁怀县城下游的鲢鱼溪卸下盐载，采取人背马驮陆运进黔。驻防仁怀县城的仁怀营还在此设立沙湾塘，除正常传递塘报外，还兼有维护盐运之责任。由于运道艰险，运盐量有限。

乾隆六年（1741），贵州总督兼巡抚张广泗在要求增加贵州盐引，以平抑黔省高昂的盐价，解决食盐短缺问题的同时，综合各地意见，认为整修赤水河可以减缓贵州盐价过高的问题，赤水河整修以后，川盐可通过赤水河直抵茅台村，然后改陆运至金沙、黔西、大定（今大方县）等地，可节省陆运四站；运往贵阳、平越（今福泉市）、都匀等府，可节省陆运七站；运往安顺、南笼（今安龙县）等府，可节省陆运六站，并提出赤水河整修后，可把永岸的陆引全部改由仁岸水运，以增加仁岸盐引数，使食盐运入黔省更为捷近，运往黔省的食盐增多，盐价自可平定。此时四川销黔盐引达 5689 张，均由四川盐商运至各岸，交由黔商运往黔省经销。同时，贵州西北部的威宁、水城、大定（今大方）盛产铅，清初已大量开采外运，供户部与其他省铸造钱币与弹丸，每年额定输出 470 余万斤，主要在毕节集运，经四川永宁至泸州，由长江转大运河北上至京，其次经威宁、毕节、永宁至泸州，又是滇铜入京主要孔道，每年运出铜达几百万斤。但因地处山区，虽提高运价，人皆畏缩不前，因而每年运输状况紧张，大量铅铜积压待运。但由于修河资金一直未能解决，赤水河修整未能提到议事日程。

乾隆十年（1745）六月初九日，贵州总督兼巡抚张广泗为解决铅铜"由陆路转输，费用浩繁"问题与川盐入黔问题，针对赤水河上通毕节，下连长江，但因河道不畅，船只只能到仁怀厅城下游与四川合江交界的沙湾塘（今赤水鲢鱼溪港），间通猿猴（今元厚）。沙湾以上河道"巨石巉岩，笋峙中流""滩高浪急，势险路迂"，航运困难。张广泗一面令沿河各地官员对赤水河道进行调查，一面向朝廷奏请开凿整治赤水河，提出开通赤水河既可节省铅铜运输费用和增加川盐入黔数量，又可平抑高昂的盐价，解决贵州民众长期以来食盐难的问题，具有多方面的效益，"实为黔省无穷之利"，"议赤水河道疏凿开通，使入京之铅铜，客商之盐货，具由水运，上可节省国帑，下亦利济民生"。其修河所需银两，先由度支部垫支，"开修赤水河一道，所有用过银三万八千余两，系于黔省铜斤脚价内二年补足，其滇省铜运脚价，每年可节省若干"。乾隆皇帝见到张广泗的奏疏后，下旨给云贵总督张允随，查问滇铜改赤水河水运后，可否节省脚价银。张允随回禀称，若果云南的铜经赤水河运送，可以比陆运每年可节省脚价若干。

修赤水河的奏请经工部议准，同意贵州总督张广泗动用库银整治赤水河，并允许在赤水河整治完工后，从黔铅入京的运费中节省部分分两年归还库银。随后，张广泗下令沿赤水河的各地官员对所在辖区的赤水河航道与纤道进行勘查，采取举贤征工，听取各方建议。时有仁怀县米粮渡渡夫吴登举，听说要开修赤水河，亲自到仁怀县城献修河之策，被举荐给总督张广泗，吴登举呈"水道远近险要"之情，"言开河次第"及利弊，向张广泗誓言，愿以一家兄弟子侄 18 人担保，如工程为达要求失利，"一并连坐"，张广泗细听吴登举的修河预案后，令其募工修河。同时，命令大定府知府王允浩负责天鼓岩至仁怀县新隆滩 27 滩的整治，遵义府知府陈玉璧主管仁怀县盐井滩至仁怀厅鸡心滩 41 滩的治理，并另选各地方文武官员分赴各段工地管理事务。工程上至毕节县的天鼓岩，下至仁怀厅猿猴附近的鸡心滩，纵长 200 余公里，于十月初一日动工，次年闰三月初一日竣工。工程结束后，张广泗亲自现场视察。工程共动用白银 38642.5 两，完成赤水河上游天鼓岩至中游鸡心滩长达 200 余公里的航道疏浚和纤道的修建及改扩。上游白沙河至兴隆滩段及中游二郎滩至猿猴段基本疏通，计划整治的险滩三分之二获得改善，上段每船可载千余斤，下段每船可载近万斤，成效显著。但有两段未达到目的：一是天鼓岩至自沙河 30 余公里，因老虎跳长滩七八处险阻落差大，航槽弯窄，船只需采取吊放方式过滩。二是兴隆滩至二郎滩十余公里，滩险密集，碍航严重，洪水期流急浪大，必须扎水；枯水期滩上落差大，坡降陡，吊放费力费时，一艘鳅船也需四五十人作业，试航中频频出事，因而此段航道实际并未利用，改由陆运盘驳。至此，赤水河中上游宜航河段除兴隆滩至二郎滩 15 余公里河道，因滩险水急，两岸悬崖峭壁，无法修整航道与纤道，大小猿猴滩仍无法通航外，滇铜黔铅从天鼓岩装船，途中经两次卸载过滩，可直接抵达长江；从合江进入赤水河的盐船，可在纤夫的牵引下，顺赤水河逆流而行，经不同河段和三次卸载换船型，可直抵上游天鼓岩以上，从而提高了川盐经赤水河进入贵州的数量，使赤水河迅速成为川盐入黔的主要运道。

赤水河整治工程竣工后，赤水河新增通航里程 150 余公里，铅铜改从上游白沙河起运，同时，由于赤水河航道延伸到上游天鼓崖，总督张广泗又奏请增拨川盐引额从赤水河输入贵州内地，从此，每年通过赤水河运输的川盐数量占到川盐入黔总量的三分之一，达到 1811 引 1358 万斤。张广泗采取招募承担运铅和运盐之商之法，先后有二十多家商人来承运铜铅与川盐运输，皆因运道艰险而退缩，剩下清初避乱来仁怀县定居的甘肃固原人张淳，他通过对合江至茅台村及其以上河道的考察，根据赤水河航道、水位、流量、滩险等情况，将赤水河航道划分为合江至仁怀厅城、仁怀厅城至猿猴、猿猴至二郎滩、二郎滩至马桑坪、马桑坪至茅台村等 5 段，其中，二郎滩至马桑坪段因吴公岩和大小猿猴滩不能通航，必须靠人力陆运，其他段使用载重量不同的船型，其中，合江至仁怀厅城段，用载重量较大的"中元棒"，仁怀厅城至猿猴段，用"大牯牛船"，猿猴至二郎滩段，用"小牯牛船"，马桑坪至茅台村用"茅村船"。此外，猿猴至土城段因水流急湍、险滩栉比，盐船只能载盐八成而行，到达土城后再圆载，装满十成上行至二郎滩，因而部分食盐需靠人背马驮，从猿猴陆运至土城。由于甘肃在春秋战国时期属秦国辖地，祖籍在甘肃的张淳也被人们称为"秦商"，因此，"蜀盐走贵州，秦商聚茅台"，也就出现在前代遵义著名学者、诗人郑珍的《吴公岩》诗中。京铅、滇铜在毕节天鼓岩装船，经赤水河进入长江，所有返程船只又在四川合江装载川盐溯流而上，至茅台村改陆路运往黔省各地，贵州缺盐的状况开始得到好转。同时，赤水河流域的竹木柴炭、农副特产也开始大量进入重庆及川南各地。当时的仁怀厅城逐渐成为四川通往贵州的重要交通枢纽，成为川东地区、重庆通往云南的一条便捷通道，赤水河流域地区与外界的文化交流、物资流通、人民往来更加密切，赤水河流域地区社会经济文化快速发展起来，很快超过贵州省内一些开发较早的地区，成为贵州古代经济文化较为发达的地区之一。

乾隆十二年（1747）三月，四川金川土司沙罗奔反，朝廷授张广泗为川陕总督主持金川军务，张广泗调离贵州后，爱必达出任贵州巡抚，于乾隆十四年（1749）派大定知府四十七与毕节知县凌均沿赤水河考察，经过考察，乃拟定"岁修之法"，规定每年冬令水枯之时，由地方官员"查有淤塞之处，即细勘估详，于节省项下动支，雇夫检修，工完报销，立定章程，庶前功不致废弃，而利赖及万世矣"，爱必达认为铅铜经赤水河水运节省费用不多，而要维持赤水河常年航运，必须每年花银两维修航道。到乾隆十四年（1749），经过赤水河运出铅、铜达347万斤，每百斤节约脚价银2.14钱，但未能达到当年张广泗两年抵补修河帑银的承诺。

乾隆十五年（1750）正月，贵州巡抚爱必达上奏乾隆皇帝，称自乾隆十一年试运黔铅以来，仅"节省铅价运脚价一万四千余两"，要求追究所有参加修河官员之责，扣其薪俸以补还未如数归还的修河经费，乾隆皇帝认为"赤水河非金沙江可比，现在节省运脚银即不能全抵，而将来运转数年，亦可抵完，何得概令著陪？"此奏未能获准。由于赤水河两岸坡陡，每当山洪暴发，两岸砂石坠入河中，常常堵塞滩口，整修后的赤水河又缺乏进一步的维修，上游河道不断被泥石堵塞。到乾隆十九年（1754），赤水河上游茅台至天鼓崖段水道再次淤塞，除间或有小船航行外，装运铅铜和食盐的船只已无法通行，铅铜被迫再改陆运。到乾隆二十四年（1759），赤水河运输铅铜完全停顿，铅铜再次改道，部分从事运铅铜和川盐的商家因运输量的减小，逐渐停止运输业务，赤水河结束短短的承担铅铜运输的使命，茅台村以下河段唯有川盐入黔仍在进行，载运川盐入黔的茅村船、大小牯牛船仍在赤水河上穿梭繁忙，赤水河已成为川盐入黔的重要通道，直到20世纪40年代末期，川盐开始改由公路运输前，赤水河一直是川盐入黔的主要通道。

参考资料：

①王芝圃主编：《云南省志·云南冶金工业志》，云南人民出版社，1995年。

②韩荣：《乾隆五十八年五月二十八日户部右侍郎管理钱法事务》，内阁题本。

③钱穆：《中国经济史》，北京联合出版社，2014年，第273页。

④马琦：《国家资源：清代滇铜黔铅开发研究》，人民出版社，2013年，第298页。

⑤方桂、胡蔚：《东川府志·铜运》，乾隆间刻本。

⑥镇雄县志办公室：《镇雄人物志》，内部印行本，1990年，第46—47页。

⑦寻甸线摘引自《铜政便览》（魏明孔、魏正孔整理，湖南科学技术出版社，2013年）、《滇南矿厂工器图略》（吴其濬著，中国科学院自然科学史研究所油印本）。

⑧⑨摘引自方国瑜主编之《云南史料丛刊》第8卷"张允随奏稿"，云南人民出版社，1990年。

千仞摩崖探悬棺　史海钩沉寻僰人

周元珠[*]

　　暗淡了刀光剑影，远去了鼓角争鸣，就在 400 多年前，明王朝对僰人发动的那场血雨腥风的平叛围剿，使僰民族从此在中国人类历史的长河中永久地"消失"了，为我们留下了诸多难解之谜。僰人到底从何而来？族属源头在哪里？他们的政治组织体系是怎样的？他们的军事战斗又如何？生产力达到什么水平？为何要行悬棺葬？沉重的棺木又是怎样"飞"到千仞摩崖上的？最后又归何方？而今后裔安在？对于这一个个不解之谜，我们只有通过对悬挂在千仞绝崖上悬棺葬俗文化的不断探索、研究、解读，才能在烟波浩瀚的史海中捕捉到僰人曾经生活的足迹，追溯其历史，揭开僰民族神秘"消失"的真相。

一、弥足珍贵的瓦石悬棺和旧洞悬棺

　　云南省威信县是滔滔赤水河流域的主要源头之一，境内的扎西河、院子河、双河、倒流河等河流奔腾不息，源源不断地注入赤水河。在这片源头的境内，历史曾经给我们留下了一个僰民族弥足珍贵的葬俗文化——瓦石悬棺和旧洞悬棺。

　　瓦石悬棺位于长安镇的瓦石村，距县城扎西 40 千米。悬棺主要分布于白虎崖和棺木崖两处。2017 年 3 月 27 日，威信县亚轩传媒有限责任公司用航拍器对白虎崖和棺木崖僰人悬棺进行近距离摄像和图片拍摄，从图片上可以清晰地数出其残存的桩眼。经过计算，如果这些桩眼都是用来放置悬棺的，那么，两处绝壁上悬挂的棺木共有 141 具。

　　白虎崖悬棺高出瓦河河面约 100 米，山崖上曾经有 93 具棺木，分布面

---

　　* 周元珠，男，四川省叙永县分水镇人。威信县诗词楹联学会会员、威信县作家协会主席、昭通市作家协会会员，现任威信县文学艺术界联合会主席和文学季刊《扎西》主编。

积约 150 平方米。放置方式是在崖壁上凿孔，插入两根木质坚硬且耐腐的木桩，棺木凌空横置于木桩上。1942 年前坠毁 21 具，棺材被当地人愚昧地劈烂后当柴烧。据当地老人讲，在新中国成立前，白虎崖上曾坠毁数十具悬棺。20 世纪 70 年代初仍存 40 多具。随着时间的推移，因遭受风霜雨雪的侵蚀，多数悬棺朽烂坠毁，现仅残存 160 个凿孔以及 26 根支撑木桩，悬棺几乎荡然无存。

棺木崖悬棺高出麟凤河河面约 150 米，绝壁上曾有棺木 48 具，分布面积约 80 平方米，放置方式与白虎崖上的悬棺一样。1946 年，因长期遭受风吹雨蚀，自然腐烂坠落 2 具。20 世纪 60 年代末岩壁崩塌时随岩石滚落 12 具，仅存 34 具。此后，悬棺被好奇者或居心叵测者人为毁坏。1988 年，威信县文物管理所根据棺木原样重新复制 4 具，放置在悬崖上，加上尚存的 3 具原始棺木，现共有悬棺 7 具。崖壁面向南方，棺木置放方向接近北偏东 60 度，大致与崖壁平行。

2000 年 9 月，由奥地利 AREH 文化保护基金会出资，我国香港中国探险学会、云南省地理研究所、昆明民族文化与自然保护中心、云南省文物考古研究所组成联合考察队对棺木崖悬棺进行开棺研究和保护性清理。专家组对该处悬棺给予了极高的评价，一致认为它是云南境内仅存的少数几处悬棺中保存最为完整、最具代表意义的一处独特的悬棺葬遗址。

棺木崖现存 3 具原始棺木均用整块圆木刨制而成，材质为具有极强防腐性、防虫蚀的楠木树种贞楠。棺木未涂漆，棺身下宽上窄，头大足小，四周凿成直角，呈长方体状。棺盖为齐头圆弧形拱盖，其外部除去树皮后，几乎未做任何加工，身盖子母口套合相当紧密。

在编号为 1 号的棺木内，发现有填充物，明显分两层，上层为杂碎石块及小动物碎骨、粪便的灰色填土，较干燥，下层为细树枝及蕨类植物。在蕨草层下部，即棺木底部出土了睦填、木梳、木铲、木棍、锡环、竹制品及少量丝、麻织物等随葬品，并且有人体骨架。骨架保存不全，且分布散乱，经初步鉴定为一老年妇女，同时出土的 4 枚乳臼齿为少年个体。

在编号为 2 号的棺木内，发现棺内填土主要集中于两端，填充物多为树枝及蕨类植物，棺木内出土了一圆形木片、麻绳及大量的丝、麻织品。同时分布了大量的人骨（其中包括一块完整的头骨），经初步鉴定为一成年男性。其中又有少年个体乳臼齿，大部分骨骼被麻织品紧紧包裹。

在编号为 3 号的棺木内，发现棺内填充物大多流失，剩余极少，有少量的麻织品，以及数件人骨碎片。

研究小组抢救清理后，又根据悬棺的原材、原貌，更换了腐朽的原始支撑桩，对棺材进行防腐、防虫等技术处理后，放回原位。

棺木崖悬棺经中国地震局研究所碳－14 测定，其年代属唐代中期，早于四川珙县麻塘坝悬棺。

旧洞悬棺位于威信县旧城镇龙马村，距县城扎西 55 千米。悬棺处于一处笔直陡峻的山崖上，其地点与四川珙县麻塘坝悬棺毗邻。崖下是波涛汹涌的罗布河，悬棺分布于距河面 100 米高的悬崖上，有洞穴 12 个。2003 年 4 月，云南省文物考古研究所、威信县文物管理所共同组成研究小组对旧洞悬棺进行发掘和清理保护。发现崖壁上的洞穴除少部分天然生成外，其余皆为人工开凿，基本呈平行分布，洞宽 1～1.5 米、高 0.8～1.2 米，深度 2.5 米。洞内棺木多数已腐烂，仅最顶端洞穴内遗存一具棺木。棺木呈圆柱形，以整木刨成，带有盖子。棺木三分之一滑出洞中，向下倾斜，棺材内无一物。在另外两处洞穴内发现人骨和残存棺板，有完整头骨及少量腿骨、趾骨和一个铁制钩子。昆明动物研究所抽取 DNA 样品进行人类学研究后认为属亚裔。经中国地震局研究所碳－14 测定，其年代属唐代初期，比棺木崖悬棺还早。

威信县境内的这些为数不多的悬棺，当地人称"挂岩子""僰人子坟""僰人悬棺"等。"悬棺葬"是一种民族葬俗，主要是僰人，或许是仡佬、白僚或者其他民族。悬棺的葬法分为岩桩、岩龛、岩洞、岩墩、岩沟等几种葬式，都是挂于陡峭的石灰岩壁上，所以统称为悬棺葬。境内的白虎崖、棺木崖的悬棺都是岩桩葬，即于悬崖绝壁上凿孔，橡桩其中，再放棺于桩上。少数是其他葬式。如像岩龛葬，是按棺木大小凿成石龛，置棺于龛内；岩洞葬，是置棺木于岩壁的天然洞穴内，也有插入棺木大部分于洞穴中，裸露一小部分在外的，旧洞悬棺就属于此类葬法；岩墩葬是置棺于陡峭的岩石墩上，顶上岩覆，两边岩护；岩沟葬是岩壁中有天然凹沟，置棺于凹沟底部，上有岩覆，左右岩护。

应该说僰人依然有土葬，而土葬坟墓建筑也非常美观。威信县长安镇三寨的若干坟茔，人们俗称"蛮子坟"，其实就是僰人坟，对我们当今研究僰人消亡的历史以及僰文化具有极为重要的参考价值。

二、悬棺主人族系考

在威信民间，至今还流传着这样的诗句："谁家棺木挂悬崖，善良姐妹痛人怀。雪霏芜草山呈孝，风吹松柏哭哀哀。白日花开陈祭礼，夜间星斗照灵台。"站在雄崎险峻的山崖下，仰望着峭壁上那残存的棺桩、数不清的桩孔以及具具棺木，使人不禁想到史称"僰人"的那个古老而神秘的民族。他们把自己的历史赋予高崖，突然沉于历史的长河，消逝在故纸堆中，只把这奇特的葬俗和众多悲壮感人的民间传说遗留下来，让人们去沉思、去感悟、去遐想。这个古老而神秘消失的民族，在历史上究竟是个什么样的民族？我们从零星的史料中，从对棺木崖和旧洞悬崖上尚存悬棺的清理发掘中，从峭壁上的岩画中，从流传于民间众多的僰人传说中，多少捕捉到了他们的一些"影子"。

历史上的"僰人"，是一个历史悠久、英勇善战的民族。从西周到明朝万历元年（约公元前 1066 年至公元 1573 年）长达 2500 余年的时间里，他们生存、繁衍在川南和滇东北这片神奇古老的土地上。他们曾参加过周武王伐纣的牧野之战，建立了战功，被封为"僰侯"，在今四川宜宾东南一带建立了"僰侯国"。这在秦汉以后的史料中多有记述。嘉庆年间的《四川总志》记载："叙、泸诸蛮，依山险，即僰、苗、僳等种是也"；"夷人有二种，其一曰僰人，椎髻披毡，戴毡笠，……以贸易为业"；"僰人，众僧信佛，相见之礼长跪不拜"。《珙县志》（旧志）上记载："珙本古西南夷腹地，秦灭开明氏，僰人居此，号曰僰国。"在今四川兴文县九丝镇的九丝城阿大王寨，大门上嵌有一块石碑，刻有"侯王府"三个字，高二尺四寸，宽一尺二寸（现存兴文县九丝镇文化站）。旧洞的大洞口上刻有"僰军洞"三个大字（今已脱失）。

僰人为开发古代祖国西南地区，开辟古代中国通往南方诸国的商路，创造中华民族的历史，加速中国文明的历史进程，曾做出过一定的贡献。但这样一个在中国历史上对开发古代西南有过贡献的民族，却没有用自己的文字为后世人留下他们的兴衰成败史，只用奇特的葬式，在高耸入云的雄峰峭壁上留下了他们悲壮的史诗。

威信的"悬棺葬"从古至今，人们都称之为"僰人悬棺"，认为这种悬棺，是古老的僰人遗留下来的。如美国学者、前华西协合大学博物馆馆长 D. C 郭维汉，早在 1932 年和 1935 年的《华西边疆研究学会杂志》上先后撰写文章，就持"僰人悬棺"之看法。《蜀中广记·边防记》中记载："僰有姓氏，用白练缠头，衣尚青碧，背领裤缘，俱刺纹绣。"[1]1936 年夏天，四川珙县洛表罗渡乡的苗族王仿青（国民党乡长）带领美国学者、基督教牧师一行三人，在古上罗镇罗中僰人村（今半边寺仙人洞）的大流水地方，取走一口棺木，开棺后发现葬主穿的是对襟短衣，有黄、白、蓝三种颜色，这一切与"僰人背领、裤缘均刺绣"的记载相符。洛表麻塘坝的"僰人悬棺"，经国家文物部门开棺，葬主穿衣色彩也相符。

也有人认为，悬棺的主人属于"都掌蛮"（亦有称"九丝蛮"）。"都掌蛮"不是专指一个民族，应包括仡佬（土佬）、白僚（土僚）、彝族等。《云南志略》②记载："土僚蛮，叙州南、乌蛮北皆是。男子及十四五，则击去两齿，然后婚嫁。人死则棺木盛之，置于千仞巅岩之上，以先堕者为吉。"僚之一名，文献上曾以之泛指壮、水、黎、布依、仡佬等族。《炎徼纪闻》记载："仡佬一曰僚……殓死有棺而不葬，置之岩穴间，高者绝地千尺，或临大河，不施敝盖。"③打牙之俗在《博物志》④《新唐书》⑤《黔书》⑥中皆有记载，或归僚人或仡佬（葛僚）。清代李宗昉的《黔记》卷三中将仡佬分为七种，其中就有打牙仡佬一种。《蛮溪丛笑》⑦中有关仡佬记载凡十七条，与僚并列。可见在南宋时期，仡佬已从僚族中分化出来，成为单一的民族了。

蜀本无僚，自魏晋以来始向巴蜀迁徙。《太平寰宇记》卷七记载："盖李雄据蜀，李寿从牂柯引獠入蜀境，自象山以北尽为獠居，临邛旧县因兹置也。"⑧《新唐书·南蛮》有记述："戎、泸间有獦獠，居依山谷林菁，逾数百里。俗喜叛，持牌而战，奉酋帅为王，号曰婆能，出入前后植旗。"这里的"戎"指戎州，州治在今四川宜宾；"泸"指泸州，当年居住在那里的"獦獠"，已经演变成为今天的仡佬族。四川兴文县双河溏湾《三江陈氏族谱》记载："明朝三江陈迅公，奉命征剿阿（读'hà'）氏男女三王，军戎设署，上至云南古芒部、威信与珙县、兴文交界境，下至四川长宁、古宋。僰僚聚营于上罗棺材岩，洛表麻塘坝，盛景山阿家岩，兴文海塘河，威信旧洞、瓦石料、黑墩坳、天蓬寨。僰夷之众，不可一世。"

据《魏书·僚传》记载：僚者，盖南蛮之别种，自汉中达于邛、笮川洞之间，所在皆有。种类甚多，散居山谷，略无氏族之别。又无名字，所生男女，唯以长幼次第呼之。其丈夫称"阿暮""阿段"，妇人称"阿夷""阿等"之类，皆语次之次第称谓也，依树积木，以居其上，名曰"干兰"。据《苗疆风俗考》记载："（仡佬）呼祖曰阿伯，呼祖母曰阿屋，呼父曰阿麻，呼娘曰阿奶，呼伯曰阿波，呼叔曰阿动，呼兄曰阿古，呼弟曰阿己，呼姐曰阿亚。"⑨《明史·刘显传》云："都掌蛮者，居叙州戎县，介高、珙、筠连、长宁、江安、纳溪六县间，古泸戎也……其酋阿大、阿二、方三等据九丝山，剽远近。"此都掌蛮，应是仡佬之又一名称。此种以长幼次第呼之习俗，至今尚残留在云南镇雄县、威信县和四川珙县、兴文县等川南一带的民间，不论男女，皆可在姓氏下加数字为名，如曾三、李四、张幺妹，等等。威信县长安镇界牌沟张富榜的内弟何某，有一本残谱，是明朝嘉靖年间所写，其中记载有"第一世祖阿、贞一、贞二、贞三。第二世祖阿，寿一、寿二。第三世祖阿、永一、永二、永三、永四"等名字。

三、僰人消亡的历史原因

据四川兴文县发现的《平夷图》《平蛮碑》以及凌霄山上的宋代石刻记载，历经宋、元、明等时期的一系列战乱和围剿，僰人消亡。僰人在两千年里不断发展壮大，以至于成为西南少数民族的领袖。而僰人雄踞云贵川三界的咽喉地带，却并不是一个易于驯服的民族，因此历来是中央政府的心头之患。明朝开国以后，中央政府为了加强对西南地区的统治，开始逐步限制僰人的利益，尤其在万历初年，中央政府在这里强行废除了一直以来的蛮夷酋长制度，代之以汉臣，使原本紧张的对抗矛盾终于演变成一场全面反抗明朝政府的战争。

四百多年前，地处川南山区的僰族人民，为了反对明王朝的民族歧视和封建统治，在头人阿大（阿墨）的率领下，以九丝城（在兴文九丝镇境内）为中心，营建城郭宫室，雄踞一方与明王朝对峙。当时阿墨驻守的大都都山寨，海拔千余米，山势雄伟，岩壁陡削，直冲霄汉，林木蔽日，棘刺丛生，唯红沙村有一崎岖山路可上，大有"一夫当关，万夫莫开"之势。它首起于红光村的凤凰岭，尾迄于川滇交界的钻云山，峰峦叠嶂，五起五伏，按峰次称之为大都都、二都都、三都都、四都都、五都都，全长约 20 千米，统称为"都都寨"。大都都寨山巅入云，荆棘丛中豁然开朗，有一块平地，天生水井两口，清澈甜美，终年不竭，可供全军饮用，至今房舍残迹犹存。

阿大王派阿欧、阿瓦、阿苟、阿幺妹率部统兵近万，分守在五个都都之上，抵抗明王朝的进攻。阿欧驻守在威信的旧洞，即南广河上流源头右溪，从旧洞乘尖底木船，经鱼滩坝下邓家河，可以抵达大都都。阿瓦驻守在威信的瓦石料（今长安镇瓦石村），即白水江上流源头左溪，从瓦石料翻山经洛表麻塘坝，可以抵达大都都。阿苟驻守九丝城，阿幺妹驻守洛表盛景山阿家岩。

明穆宗隆庆五年（1571），曾省吾命陈迅（忠武军总监，兼河北、张家口、涿鹿蔚城及山西灵丘、浑源、兴和一带节度使职）任明都督府兵部都察，住叙州府安边（今属宜宾市）大营，协同总兵指挥刘显、刘挺、奢效忠，以及曹、王、刘、苟部，征剿鸡冠岭（今兴文县建武），战于鸡冠岭、双河、轿顶寨、印把山、五谷包。六年壬申（1572）战于洛表之大竹林大山、罗星渡、鸭婆山、肖家沟、三岔河以及威信的黄水河、水路山。万历元年（1573）正月，刘显以副总兵郭成、张泽，大将韩士甫、任祖继和安大朝各领兵 28000 人，分五路进剿。参政李江兼行营副使转漕军饷，吴鲸为都指挥，四川布政使罗瑶，左布政使冯成能，参议沈百龙、杨柱，以及金事罗向辰随军参战。成都知府陈大壮负责由南广河水运粮食至罗渡乡，再转送到各军营。还以曾可根等六个知府、八个知县、两个武举和两个监生沿途押运。在兵力上，除明王朝的部队外，还调动了永宁宣抚司奢效忠，酉阳和云南镇雄的"土舍"（土兵），数万众之兵，相互配合，对僰人展开血腥的围剿，战于黄水口、七星山、邓家河、鱼淮岭、五同岩、八架山以及威信的观斗山、和尚寺、僰人山（抱围山）、犀牛山、妹妹窝、彭家山、黑墩坳、尖峰山。五月，刘显计取灵霄城之后，根据曾省吾"先取都都寨，继攻九丝城，后攻瓦石料"的决策，明军挥兵直逼都都寨。五个都都陷于明军的重重包围之中。正当僰兵浴血鏖战而使明军在仰攻中寸步难上之际，云南镇雄土司陇清，率兵 3000 人赶来，乘僰军正面拒敌而后方空虚之机，连夜攀上钻云山，由上而下，从五都都开始，沿途采用火攻。瓦石料阿瓦之子阿负、阿瓦之婿莫耳（居住于威信县黑墩坳官地）闻讯后，急忙带兵抵达邓家河，乘木船从外围攻击正在进攻都都寨的明军，但被明军击退。副总兵郭成和都指挥吴鲸也相继举火攻山，使阿墨首尾不能相顾。阿欧等兄弟见阿墨受困，自身又陷于陇清的火攻之中，无奈之下，乃相继放弃四个都都，连夜向大都都寨前进，同阿墨合兵固守阵地。

　　正当僰人阵营里一片火海的时候，忽然天色突变，雷雨交加，满山的火焰，随即熄灭。在火海中滚打逃生的僰兵乘机修整，再次投入战斗。善于用兵的刘显，集中兵力，三路仰攻，并派铁骑堵截僰人的援兵，将印把山前来支援的千余僰兵，截灭于兴文县的双河船石渡口。旋即顺河而下，攀登石碑乡飞龙村的观音岩，凭险堵截九丝城和鸡冠岭来援的僰兵，使阿墨完全陷于援绝势孤的境地。曾省吾为了堵住僰人的退路，亲自作了周密安排，在得埂口、鱼井坑、文印山、三锅庄、得胜营、里帽营、茅坝、顶冠山，各设堡一所，每处用兵一千；在脚板岩、竹柏岭、金鸡岭、笔架山、蛮丫口、饭甑，各设墩一所，每处用兵五百；在深沟、铜罐沟、芭蕉隘、歇马坝、青冈坳，每处用兵五百；在洛表大山、大竹林、凉风坳、十里坡、炭厂坡、闻肩坡、阿家沟、大塘口富里和威信境内的黄水河、花秋山、大落脚、小落脚，各驻兵三百，以防逃退。为了进一步斩断僰人的援军，曾省吾特派遣驻防长宁三江的陈迅将军，带兵进入威信境内，将长安瓦石料的阿瓦、黑墩坳的莫耳、旧城旧洞的阿欧等三家僰军夹攻追歼，追至威信顺河中坝板厂沟，明军四处包围僰军，一网打尽，还将莫耳家的三合天井大瓦房以及官地僰衙大厅焚毁，不仅僰兵全军覆没，连家眷、鸡犬都不留，全被剿灭。

　　大都都寨的僰军面对强敌，仍殊死搏斗，浴血奋战三天三夜，终于节节败退，寨营被刘显、刘挺、奢效忠、陈迅等军攻破，僰军全军覆没，阿氏三兄妹战死沙场。

这次平叛，是西南民族史上最为悲壮惨烈的战争，一支古老民族竟然在西南的崇山峻岭中从此"消失"而不复见于记载。

但在这场血雨腥风的围剿僰人的战斗中明军也有被僰人打得落花流水、损兵折将的战例。葬在威信境内的郭将军墓就是铁证。该墓位于威信县罗布镇郭家村境内，建于明代，清咸丰八年（1858）复建。墓呈马蹄形，坐南向北，长3.1米、宽1.3米、高2.3米，墓碑有两块，一块为明代万历年间所立，墓碑上的字迹因年代久远，已被风化，变得模糊不清。另一块墓碑为清代咸丰六年所立，碑文字迹还可辨认。墓碑高1.66米，宽0.63米。碑顶额横书"御葬"二字，正中竖书"皇明敕封明德郎始祖郭公字明耀号昆山讳朝阳八十翁祖之墓"，右侧书"万历己未年季冬月吉旦"，尾款书"咸丰八年戊午十月中浣日复建"。

郭明耀，号昆山，川南人，在征剿僰人的战斗中，滥杀无辜。满怀深仇大恨的僰人，决心杀死郭明耀，以替死去的亲人报仇。于是，阿瓦挑选一支精兵强将，从威信瓦石出发，抵达镇雄县城郊的一座山上埋伏起来，然后派出一支队伍去引诱郭明耀，与郭明耀边打边退，假装被郭明耀打败，一直向埋伏有僰兵的山头逃来。郭明耀见僰人被他打得大败而逃，遂率领兵马，拼命追赶僰人。待追到那座大山时，进入僰人埋伏圈，被阿瓦的伏兵打得人仰马翻，死伤大半。郭明耀差点命丧黄泉，在部下的掩护下拼死冲出重围，一路往威信逃来，沿途又被阿欧带兵截杀，杀得郭明耀丢铩弃甲，狼狈不堪。郭明耀逃到威信罗布的圆木岭时，手下人马所剩无几，郭明耀本人也人困马乏，无力抵抗僰人的攻击了，当即被阿欧活捉。对于这个双手沾满了僰人鲜血的刽子手，阿欧、阿瓦对他早已恨之入骨，于是就在圆木岭对郭明耀处以"五牛分尸"的极刑。僰人认为：把人的头、手、脚、身子分开来埋，此人就会永生永世不得超生。因此，郭明耀的头被僰人砍下来埋在镇雄县城边的那座山上（后人便将这座山命名为将军坡），身子被埋在圆木岭，手脚被埋在叙府水栏杆（今兴文县境内）。所以，威信民间一直流传着这样一首民谣："头落将军坡，身落圆木岭，脚落水栏杆。"郭明耀死后，其子郭成又从京城带着部队前来参加围剿僰人的战斗，以报父仇。阿大王部被剿灭后，万历皇帝为表彰郭明耀镇压僰人的功劳，特御赐碑文和封号刻于碑上，并下旨将圆木岭的地名改为郭家坟，一直沿用至今。

刘显破了九丝城后，下令追剿阿姓等僰人。明军对逃遁云南深山林箐藏匿的僰人进行清剿搜杀，力图斩尽杀绝。自此，僰人有的逃往他州异县，另求生路；有的逃往深山密林，隐居生活，终生不与世人相通；有的到偏远的冷清破庙当和尚或者道人；有的隐藏于其他民族，为了不被斩草除根，改姓埋名，把"阿"字的包耳旁改为单人旁，于是就姓"何"了。兴文县双河溏湾陈邦才家藏的《三江陈氏族谱》记载："自明代攻伐九丝，其族'苂夷殆尽'，幸存者不得不易姓名，讳言族系。"经过三四百年的融合，就更难考定了。四川珙县、兴文县和云南威信的乡村至今还流传着这样一首民谣："游倮倮，范苗嗣，何家多是挂岩子。"意思是游姓是倮倮族，范姓是苗族，何家大多数是挂在悬崖上的僰族。

四、悬棺是怎样"飞"到千仞摩崖上的

目前发现放置悬棺的地方，一般距离地表 10～50 米，最高者达 200 余米。即便现在，人都很难徒手爬上去。至于僰人是如何把悬棺运上去的，有以下几种猜测：

一是洪水说。先把棺木放在船上，然后等洪水上涨后把棺木放到悬崖上，这种猜测根本不符合逻辑，悬棺上下最高相差几十米，在上面放置棺木的时候，下面的船不就被冲走了么？

二是栈道说。在悬崖上修栈道，把几百斤重的棺木抬到指定位置。这种说法后来考证也是不可能的，因为在一些岩石结构疏松的地方修栈道根本不具有可行性。

三是垒土说。刘锡藩在《岭表记蛮》中，有另一种解释："悬岩山半，事已罕闻，意者当日土猷威尊天上，殚民之力，筑土为台，运棺其中，事后卸土撤，而棺乃独岩际。"[10]光绪末年，威信的陈光燊在麟凤区滥坭坝金凤杨家设馆教私塾，参观几处悬棺，以兴文县海棠河上的悬棺为例，在《光燊文稿》中写道："古戎州海溏'僰人悬棺'岂一氏族，富贵者悬之，江边垒土石，近三丈，石工凿孔，掘土石而无桩，土与孔平，以上凿孔置板上巅，放棺后拆之。"以上这两种说法只要仔细推敲，亦不可信。要垒砌几十米甚至上百米高的土台，应有多大的土方工程？事后移去，又要费多少劳力？如棺木崖、白虎崖临河之悬棺，又如何水上作业？

四是悬索说。张鷟所著的《朝野金载》中说："五溪蛮父母死……尽产为棺，于临江高山半肋凿龛以葬之，自上悬索下柩，弥高者以为至孝，即终身不祭祀。"[11]这种说法最接近事实，也是广泛被接受的一种悬棺放置方法。就是依靠绳索、长梯之类的攀岩工具，同时在一些地方修建栈道，将尸骸、棺材、殉葬物品等一一包裹，借个人的力量或者某些木制机械工具运送到选定的位置，然后现场装棺入殓并予以安葬。笔者亲自到威信的白虎崖、棺木崖多次实地考察，认为这两处的悬棺葬最有可能的行葬方法就是在山顶依靠

绳索或者"云梯"或者利用轮轴原理制成的木制"绞车"等工具把棺木垂吊到悬崖上去的。白虎崖、棺木崖的山顶上有小路，悬崖边上有参天大树，可以系绳索或者安放"绞车"。我推测，僰人可以用两根结实的长绳，捆绑横棒，做成长长的"云梯"，将一头系牢在悬崖边上的大树上，然后缓缓放下悬崖（或者也可以借助"绞车"下到悬崖上）。专门打凿孔桩的工匠腰系安全绳，顺着"云梯"或者"绞车"下到悬崖上，先打出两个孔洞来，打进木桩，搭上木板，用绳索将木板捆扎在横桩上，然后站在木板上继续操作，凿打需要搭建平台和安葬死者的孔桩。这道工序完成后，用木制"绞车"把包装好的棺材、尸体、陪葬品等一一垂吊到平台上，横置好棺木，然后装棺入殓，盖上棺盖，最后把操作平台拆掉。但此种方法用在旧洞悬棺和盐津县的豆沙关悬棺，就行不通了，因为这两处山的山顶高耸入云，无路可上。因此，僰人悬棺是如何"飞"到哪些千仞绝壁上去的，还有待于我们作进一步的探索和研究，才能比较科学地揭开其神秘的历史真相。

注释：

①明代地理著作，曹学佺撰。108 卷，分"名胜""边防""通释""人物""方物""风俗""诗话""画苑"等十二门。

②李京（字景山）著，元代河间人，共 4 卷，该书是作者根据所见所闻所编，是云南最早的志书，篇幅短小且史料丰富。作者用三千字记述上自战国时期下至元代的历史，被许多史学家作为重要史料来源。

③该书共 4 卷，明代田汝成著。卷四记载有壮、苗、瑶、彝等民放的族源、社会生活、风土人情、宗教信仰等。

④西晋张华编撰，分类记载异境奇物、古代琐闻杂事及神仙方术等内容。

⑤北宋时期宋祁、欧阳修、范镇、吕夏卿等合撰的一部记载唐朝历史的纪传体史书，"二十四史"之一。全书共有 225 卷，其中包括本纪 10 卷、志 50 卷、表 15 卷、列传 150 卷。

⑥清代田雯撰，嘉庆年间刊行。

⑦朱辅，南宋人，他在《蛮溪丛笑》中将"溪布"条释为"绩五色线为之，文采斑斓可观，俗用为被或衣裙，或作巾，故又称峒布"。

⑧宋太宗赵炅时地理总志，乐史撰，共 200 卷，是继《元和郡县志》后又一部现存较早、较完整的地理总志。

⑨严如煜著，严氏嘉庆元年（1796）征举孝廉方正，廷试第一，以知县试用陕西，后随军到湘西镇压苗民起义，著有《苗防备览》《苗疆风俗考》等多种关于苗族的文献。

⑩刘锡蕃 1934 年著，其中详细记述了苗、瑶、侗等民族的多种习俗。

⑪唐代张鷟著，是一部笔记小说，主要记载唐代武后至玄宗前期的时事，上自朝政大事，下至坊间传闻，包罗万象、内容丰富。

试论赤水河流域的僚人文化

周　铃　王凤琳[*]

摘　要：赤水河流域在旧石器时代就有人类生息繁衍。最早生活在赤水河流域的土著是僚人的先民濮人，也可能是僰人，东汉以后，特别是魏晋南北朝到唐宋称之为南平僚。本文从历史学、民俗学、人类学、考古学等方面对赤水河流域的僚人历史、文化、风俗习惯进行探讨。

关键词：赤水河流域；僚人；南平僚；习俗；去向

赤水河是长江上游南岸较大支流之一，源于云南省镇雄县。上源称鱼洞河，至洛甸小河口云贵川三省交界的梯子岩折向东北流，称毕数河；至石关折向东南流至偎和河口又折向东北流至茅台又折西北流（三省交界处至茅台段为川黔界河、至岩寨折向南流至古蔺河段复为川黔界河），下经土城、元厚至大同又折住东北流（经赤水始称赤水河）。至链鱼溪流入四川合江县境（大同河口至链鱼湾段为川黔界河），至合江城东注长江。整个流域位于东经104°45′～106°51′、北纬27°20′～28°50′之间，以茅台酒为代表的几种名酒产于此，故有"美酒河"之誉。流域总面积 20440km²，包括滇之镇雄、威信，黔之毕节、大方、金沙、遵义、仁怀、习水、赤水、桐梓及川之古蔺、合江等 12 县（市）。人口约四百万。赤水河在茅台以上为上游，此段于云贵高原斜坡地带，河谷深切狭窄、山势陡峻、两岸海拔在 1000～1800m，河源段泉井多，陷穴、伏流多为岩溶地形。傍河台地少。河长约 240km，平均比降4.91‰，落差 1181m。茅台至柄安段为中游，居四川盆地边缘区、河段长120km、落差 172.5m、平均比降 1.43‰，两岸海拔 500～1000m，河谷较宽。傍河有台地分布，河流平缓，滩险多，二郎至马桑坪段长 9km、集中

＊ 周铃，男，副研究员，中国僚学研究中心主任，重庆市綦江博物馆馆长，綦江区文物管理所所长；王凤琳，女，文博馆员，中国僚学研究中心常务副秘书长、綦江博物馆研究部主任。

落差 40m，是有名的险滩。柄安至河口段、入四川盆地南角，河长 85km，落差 34.1m，平均比降 0.4‰。两岸丘陵起伏，海拔 200～500m、河宽 200m、傍河台地较多，河谷宽阔，有平缓丘陵分布，耕地集中，农业发达，人烟稠密。赤水河中下游水运自古以降为沿河居民交通孔道。今发现先秦、西汉、唐宋、元明清两岸遗迹，遗址三十六处之多；四百多万居民中有汉、苗、布依、彝、回等民族。

据考证，赤水河流域在旧石器时代就有人类生息繁衍。20 世纪，距今约二十万年的"桐梓人"化石的发现，证明綦江流域和赤水河流域可能在二十万年前就有人类活动。这些古人类究竟是否是后来僚人的先民，有待考古证据来证明。仁怀商周古人类生活遗址的考古发掘，为我们研究赤水河流域古人类提供了大量的有价值的信息。还有从习水黄金湾遗迹考古发掘出来的大量的文物可以初步判断，汉代赤水河流域就有大量的人类在此生产生活，特别是大量网坠，证明他们的生产方式可能主要是渔猎。最早生活在赤水河流域的居民究竟是谁？他们从哪儿来？有哪些风俗习惯？带着这些问题，本文拨开迷雾，略陈管见，就教于方家。

一、赤水河流域僚人族属考证

僚人是中国古代南方民族中的一大群体。遗憾的是，文献上关于僚人的记述有限，往往语焉不详。僚是壮语、布依语的汉语译词，是中国古代岭南和云贵地区一些民族的泛称，系百越的一支，《魏书》称为古南蛮的别种。在岭南地区，僚常和俚并称。在云南、贵州一带，僚常与濮相混。

赤水河流域的僚人从哪儿来呢？关于僚族源流，很多学者都提出了比较一致的意见。如梁启超在《中国历史上民族之研究》中关于"苗蛮族"的论述中指出："其（群蛮）别种谓之濮——亦以其种类杂多，谓之百濮，以现存诸族比推之，蛮殆即苗，濮则摆夷或倮倮也。"王文光、仇学琴对僚人发展、流变进行了论述，认为僚是一个上承骆越、下启近现代壮族侗语族的民族。这与尤中在《中国西南民族史》中的观点基本一致。闻宥、徐中舒、缪钺等先生也认为：僚与骆、雒声相通，也就是越族。方国瑜指出："僚为（牂牁）主要居民，见于记录之僚，其族属广泛。惟牂牁、夜郎之僚，为后世属于僮语支各族之先民。"戴裔煊从有关部族名称声音之比较以及文化上观察僚人与各族之关系，得出"此一民族之老家为骆越地"的结论，明确了僚为越系之民族。田曙岚回顾了学人观点并从语言学等角度论证了濮、僚、仡佬三者之间一脉相承的关系。宋蜀华认为：僚人和濮人，起初他们是支系很近的两支越人，后来融合在一起而以僚的族称出现。杨明也认为：濮人和僚人是支系很近的两支越人，南北朝以后，濮人多融合于僚人之中。翁家烈通过对贵州古代濮、僚、越三者关系探讨指出：贵州境内的濮人、越人一部分"经过相互影响、融合后演变成自汉至魏晋南北朝时期的'僚'人……又分别发展成唐宋以来的仡佬、布依、侗、水等民族"。从上述学者的观点可以看出，僚人是从百越或百濮而来。赤水河流域的僚人的先民从百越地区迁徙而来，在此生息繁衍，到了东汉，特别是在魏晋南北朝改称僚人。

僚人是部分西南夷的泛称。《史记·西南夷传》记载："西南夷君长以什数，夜郎最大；其西靡莫之属以什数，滇最大；自滇以北君长以什数，邛都最大：此皆魋结，耕田，有邑聚。其外西自同师以东，北至楪榆，名为嶲、昆明，皆编发，随畜迁徙，毋常处，毋君长，地方可数千里。自嶲以东北，君长以什数，徙、筰都最大；自筰以东北，君长以什数，冉駹最大。其俗或土著，或移徙，在蜀之西。自冉駹以东北，君长以什数，白马最大，皆氐类也。此皆巴蜀西南外蛮夷也。"那么，僚人与夜郎人有何关系呢？大多学者认为，僚人的先民是夜郎人的主体民族。说明在云贵高原，僚人的先民夜郎人非常强大，令汉朝统治者也不敢小觑。

关于僚人的记载，早可追溯到晋人张华所作的《博物志》："荆州极西南界至蜀，诸民曰僚子。"为僚人专门立传最早始于北齐魏收的《魏书·獠传》载：

> 獠者，盖南蛮之别种，自汉中达于邛、笮川洞之间，所在皆有。种类甚多，散居山谷，略无氏族之别。又无名字，所生男女，唯以长幼次弟呼之。其丈夫称"阿暮""阿段"，妇人"阿夷""阿等"之类，皆语之次弟称谓也。依树积木，以居其上，名曰"干兰"。"干兰"大小，随其家口之数。往往推一长者为王，亦不能远相统摄。父死则子继，若中国之贵族也。獠王各有鼓角一双，使其子弟自吹击之，好相杀害，多不敢远行。能卧水底，持刀刺鱼。其口嚼食并鼻饮。死者竖棺而埋之。性同禽兽。至于忿怒，父子不相避，惟手有兵刃者先杀之。若杀其父，走避，求得一狗以谢其母。母得狗谢，不复嫌恨。若报怨相攻击，必杀而食之……亲戚比邻，指授相卖，被卖者号哭不服，逃窜避之，乃将买人捕逐，指若亡叛，获便缚之。但经被缚者，即服为"贱隶"，不敢称良矣。亡失儿女，一哭便止，不复追思。惟执盾持矛，不识弓矢。用竹为簧，群聚鼓之，以为音节。能为细布，色至鲜净，大狗一头，买一生口。其俗畏鬼神，尤尚淫祀。所杀之人，美鬓髯者必剥其面皮，笼之于竹，及燥，号之曰"鬼"，鼓舞祀之，以求福利。至有卖其昆季妻奴尽者，乃自卖以供祭焉。铸铜为器，大口宽腹，名曰"铜爨"，既薄且轻，

易于熟食。

僚人有二十多个支系，究竟赤水河流域的僚人是哪一支呢？弄清楚他的族属，对于我们研究这个区域僚人的文化有重要意义。从典籍中难以找到赤水河流域的僚人具体属于哪一支僚人，但是从以綦江为中心的南平僚的地望范围来看，赤水河流域生活的僚人主要是南平僚无疑。据有的学者研究，南平僚唐宋时期曾一度控制到赤水河中下游区域，并威胁北宋西部边境安全。朝廷派熊本招抚设置南平军，管到播州和赤水、习水部分地区。僚人首领在周边部族大小政权夹缝中求得生存。

南平僚地望如何呢？《新唐书·南平僚传》载："东距智州，南属渝州，西接南州，北涪州。"据考，其方位在今重庆市合川区以南，四川省南溪县、长宁县以东，贵州省道真县、正安县以西，以重庆的嘉陵江、长江汇合口一带为中心（包括现今的重庆市巴南区、綦江区、江津区等）。

关于南平僚的来源，有几说，一说是贵州中部的夜郎人北迁，一说是重庆一带的巴人南移，另一说是夜郎人和巴人的融合。《旧唐书·南平僚传》记载："南平僚者，部落四千余户，土气多瘴疠，山有毒草及沙虱、蝮蛇。人并楼居，登梯而上，号为干栏。男子左衽露发徒跣，妇人横布两幅，穿中贯其首，名为通裙。……土多女少男，为婚之法，女氏必先货求男族。贫者无以嫁女，多卖与富人为婢。俗皆妇人执役。"

二、赤水河流域僚人的生产、生活及习俗

赤水河流域僚人的生产、生活及习俗，我们可以从典籍记载和綦江大量僚人的崖墓中遗存的岩画内容中推论出来。

（一）民居

《新唐书·南平僚传》："多瘴疠。山有毒草、少虱、蝮蛇，人居楼，梯而上，名为干栏。"綦江岩墓口上方的"风雨槽"为干栏式房屋山墙面屋脊的象征。僚人干栏与其他干栏不同，"门由侧辟"。干栏的民居特点一直延续下来，直至20世纪，綦江的不少民居还保存着类似干栏，名曰"竹楼""高脚屋"。闽南语民族与僚人在村落分布、住宅外形和组成部分都甚相似。

（二）服饰

《太平寰宇记》："女衣斑布"，"短衣左衽。"《新唐书·南平僚传》："妇人横布二幅，穿中贯其首，号曰通裙，美发髻，垂于后。竹筒三寸，斜穿其

耳，贵者饰以珠珰。"綦江岩墓有三处的浅雕浮再现了汉代僚人妇女的贯头衣和通（筒、桶）裙，而且也有把通裙系在乳际、甚或赤裸上身的；穿通裙时从头套下。贵州仡佬族所穿的"披袍"，也就是古代僚人的贯头衣。《蜀中广记》引《文献通考》："女子绾发撮发以饰簪。"僚人妇女绾髻于脑后，也有在头顶的，而泰傣妇女是绾髻于顶或略偏，如西双版纳勐罕妇女的孔雀髻。20世纪中期在西双版纳尚可见傣妇用小竹管贯取决耳垂，与僚妇一模一样。《新唐书·南平僚传》："男子左衽，露发，徒跣。"《蜀中广记》引《文献通考》："男子用白练缠头，衣尚青碧。"綦江岩墓刻有男子露发、跣足的图像。从图像看，男子也有绾髻并用长条布裹头的。唐代《云南志》载傣族以红缯布缠髻，出其余垂后为饰，现今犹然。綦江农民用白帕缠头，此风长盛不衰。在20世纪50年代以前，綦江乡村尚可偶见老翁绾髻。此皆僚人遗风，20世纪80年代在僚乡犹存。綦江岩墓刻有戴笠人物，笠为尖顶。云南新平傣族妇女几乎日不离笠，笠也是尖顶。

（三）饮食

喜食糙米和糯米。喜食鱼、虫。用芭蕉叶包饭。手捏米饭成团而食。嗜酸。泰、老、傣等族农村至今如此。

（四）成年礼

1. 文身。唐代《酉阳杂俎》："越人习水，必镂身以避蛟龙之患。今南中乡面佬子（即僚——引者），盖雕题之遗俗也。"泰国傣民族文身之俗不绝于世，其先民因而有"乡面蛮""花脚蛮"之类的他称。泰国北部的老族因为普遍文身，被称作"花肚番"。

2. 凿齿。《云南志略》谓土僚"男女十四五岁左右各击去两齿，然后婚娶"，壮族孩子成年有拔掉或包裹犬牙的仪式。仡佬族中有因凿齿被呼为"打牙仡佬"者。《续资治通鉴长编》载宋军镇压南平僚人，"所获首级多凿齿者"。

文身、凿齿亦为体饰，凿齿后来在泰国傣民族中演变为染黑齿，镶金、银牙，故有"黑齿蛮""漆齿蛮""金齿蛮""银齿蛮"等他称。

（五）婚俗

《新唐书·南平僚传》："婚法：女以货求男。贫者无以嫁，则卖为婢。"嫁女要重金陪嫁，此风在綦江一带延续至20世纪50年代。泰国傣族男人随妻居的风俗表现为"上门"，当是僚人遗俗。

（六）生育

1. 浮婴。《博物志》："僚女妊娠，七月而产，临水生儿，便置水中，浮即取养，沉则弃之。"这种自然淘汰法表现于傣族则是傣女分娩后"抱子浴于江"（见《云南志略》《百夷传》）。

2. 产翁制。《粤西丛载》引《南楚新闻》："越俗：其妻，（按，张华《博物志》云'僚妇'）或诞子，经三日，便澡身于溪河，返，具糜以饷婿。婿拥衾抱雏，坐于寝榻，称为产翁，德宏傣族有此俗，见《马可波罗行记》和《百夷传》记述。"直至 20 世纪 50 年代以前，黔、桂仡佬族仍有男子"坐月之俗"。

（七）丧葬

僚人用崖葬［包括岩崖石棺葬、悬（木）棺葬］。綦江岩墓上多见"为夫作石"的刻字。泰国傣民族已改变葬制，行火葬、土葬、水葬。《百夷传》和动南地方志书有傣族葬俗的记录，如"娱尸"、掷生鸡蛋卜圹所、不立坟茔、不祭扫。

（八）珍狗

《魏书·僚传》："大狗一头，买一生口。"景泰《云南图经志书》载：土僚"以犬为珍味，不得犬不敢以祭"。现今泰国傣民族已改此俗。

（九）同浴

《汉书·贾捐之传》："骆越之人，父子同川而浴。"《太平寰宇记》："男女同川而浴。"至近代闽南语民族中依然见此迹象。

（十）节日

僚人传统节日史籍缺载。农历十二月八日是浴佛节，与傣族在清明节后10 日左右的"桑堪比迈"（新年节）来源不同，一是来自大众部佛教，一是来自上座部佛教。傣历年也浴佛，并泼水以求当年农业丰收。傣族的桑堪比迈节与泰国的宋干节基本一样，民俗学家认为均来源于印度的洒红节。然而该节是否含有僚人祈求风调雨顺、稻谷丰稔的古意呢？尚需考证。

三、赤水河流域僚人的去向

赤水河流域的僚人是什么时候消失的？又是如何消失的？至今没有典籍

明确记载此事，但根据相关学者研究，南平僚消失大概的原因有以下几方面。

（一）屠戮说

南平僚惨遭汉人或其他少数民族杀戮。僚人不堪汉人的蹂躏，与汉人的战争不断，国内其他地方还有史料可以佐证：按史籍所载，古代僚分布于广东、广西、湖南、四川、贵州、云南、湖北等省（自治区）。据《资治通鉴》："（三国）吴泰始七年，吴以陶璜为交州牧，璜讨降夷僚，州境皆平。""（南朝）宋明帝泰始五年十二月，分荆州之巴东、建平，益州之巴西、梓潼郡，置三巴校尉，治白帝，蛮僚岁为抄暴，故立府镇之。""（南朝）宋武帝永明二年，益州大度僚恃险骄恣，前后刺史不能制。"同治《湖南通志》载："（宋）嘉泰三年，前知潭州湖南安抚赵彦励上言：湖南九郡，皆接溪峒，蛮僚叛服不常为边患。""（隋）仁寿元年十一月，潮、成等五州僚反，高州酋长冯盎驰诣京师，请讨之。"（《资治通鉴》）"（唐）邓文进，南海人，家素雄于财，宾客至千人，因择其勇略者，使捍乡井，俚洞夷僚，闻风悚服。"（阮元：《广东通志》）"薛世雄，开皇时，数战有功，炀帝嗣位，番禺夷僚相聚为乱，诏世雄讨平之。"（《隋书·薛世雄传》）唐武德七年六月，"泷州，扶州僚作乱，遣南尹州都督李光度等击平之"（《资治通鉴》）。唐太宗贞观五年，"高州总管冯盎入朝，未几，罗、窦诸洞僚反"（《资治通鉴》）。唐玄宗开元十六年春正月，"春、泷等州僚陈行范，广州僚冯璘、何游鲁反，陷四十余城"（《资治通鉴》）。"（元）世祖至元二十六年十二月，湖广行省左丞刘国杰率兵入肇庆，攻阎太僚于清远。还，攻萧太僚怀集，擒之。复击走严太僚。寻又攻曾太僚于金林……广东盗陈太僚寇道州"（《续资治通鉴》）。"（明）景泰四年夏六月，巡按御史盛咏谕降泷水僚"（民国《罗定县志》）。宋王象之《舆地纪胜》载："逖彼番禺，去都万里，境接群蛮。"明黄佐《从化县志序》："谓：隋唐为冯盎所据，宋为羁縻溪洞，俗杂椎结。"随着时代发展，中州人民大量南下，僚人不少融入汉族，部分分化为瑶，明代史书已很少见广东僚事，清代史籍则不复见矣。《宋史》记载，北宋熙宁三年，夔州路转运使孙构荡"三族"，将南平僚残酷杀戮，血流漂杵，染红了綦江河。赤水河流域的南平僚也许面临同样的命运，受到朝廷的严重打击和杀戮。

（二）融合说

南平僚不堪汉人或其他少数民族的杀戮，融入他族。一是部分僚人融入少数民族之中。壮族是百越人的直系后裔，中国人口最多的少数民族（1700

多万，2001 年），壮侗语族（侗台语族）里的一个典型代表；形象地说，壮族是粤人（广府人）的表亲，泰族人、老族人、傣族人、掸族人的堂兄弟。现代僚人就是分布于中国西南地区及越南北方的壮族、布依族和侬族，从历史渊源、语言文化、风俗习惯以及分布状况来看，是共性大于个性的同一人群，可以将之统称为僚人。这说明，历史上的僚人就存在于这些少数民族之中，虽没有冠以"僚"名，但他们原本就是僚人，至少保存了僚人文化的血脉。二是多数僚人融化在汉族之中。南平僚及众多的少数民族，已融合在汉人族属之中，被中原文明所吸收。那些历史上的南平僚渺无踪影，与汉人一样生产、生活。僚人的语言已经逐渐消失，融入汉语之中。

（三）迁徙说

封建社会，面对统治者的屠戮，一部分幸存下来的南平僚向南迁徙，近者迁至贵州、湖南、广西、云南等地，远者涉过重洋。南平僚迁徙到云贵高原，有的与当地少数民族融合，比如苗化或汉化，更多的改称仡佬族而生存下来。迁徙到湖南的，有的汉化，还有的与侗族有族源关系。迁徙到云南的，有的汉化，也有的与傣族、布依族等少数民族有族源关系，有的链式迁徙到越南老挝，与佬族有族源关系。迁徙到广西的，有的汉化，有的与壮族有族源关系，还有的通过海上丝绸之路远迁泰国，与泰族有族源关系。

赤水东门老街之前世今生

谢爱临[*]

  2009 年，正是七月流火时，为收集赤水河古镇文史资料我们来到赤水市，和政协的同志一起深入乡镇、农村采访。此时，听说市区的一隅还有一条保存完好的古老街道，当地人叫它"石踏踏"或"东门老街""东门坡"。

  来过多少回赤水，怎么不知道有"石踏踏"呢？前些年赤水市搞城区建设，为其明城墙的保护，曾引起过一场不小的争论，本以为这里的古老建筑除残留的一段城墙外，其他的都已荡然无存，想不到还有这样的一条老街在。

  赤水夏天酷热，一大清早太阳就明晃晃的。我们怀着极大的兴致，寻访这条老街。

  我们住的航道宾馆就在赤水河边，其楼顶右面正好俯瞰"石踏踏"。——晨曦中，在赤水河南岸的斜坡上，呈东西朝向依山就势建起的一条街，小青瓦房错落有致地蜿蜒排列着，两边宽大的屋檐几乎遮住了梯子的街道；白色的山墙，微微上翘的屋檐，好似一队黑翅白腹的大雁正待飞翔。多么秀美的山城景色啊！

  石踏踏最早叫"东门坡"，因其在古城墙东门外的山坡上，如今已为东风街。它的一个入口在今河滨路附近一个不起眼的地方，宽不到两米，不是有意寻找，恐怕不易发现，只以为那是一条普通的小巷，殊不知里面封存的却是赤水最古老的历史。

  阳光斜斜地照在屋檐上，街巷的大部分还在阴影中，这使得巷内的一切更加清晰动人，也给人凉爽的感觉。街道十分干净，两边摆满了花草，家家户户的门槛、门板都洗刷得很干净的；老人们纳凉，女人洗衣，男人浇花扫地，还有三两个玩耍的孩童……好一幅动人的市井生活画面——淡泊宁静，

---

  * 谢爱临，女，贵州省正安县人，遵义市政协学习文史委原主任。

仿佛回到过去的时光。

街道是用绛红色丹霞石板铺就的，有曲径通幽的意味。主街两旁有些古旧的巷子，如水井弯、生基扁、落魂桥，等等，有的可通往外面的世界，有的则可以带你进入另一片历史天空。

据《赤水县志》载："北宋大观三年（1109），泸州少数民族首领归附北宋王朝，朝廷以其地置纯州、滋州。滋州（治所在今习水县土城）建承流县、仁怀县（治所在今赤水市复兴）。"赤水城垣从明万历二十九年（1601）改土归流，以留元坝（今赤水市区）为县城，至今已有四百多年的历史。清代整治赤水河，川盐入黔，此地商贾云集，百业兴旺，经济发展，文化繁荣。据说当时城内及近郊所建庙宇有"九宫十八庙"之称，可以想见当年的繁华景象。而东门老街即东门坡的历史，可以追溯到两千多年前——西汉元鼎二年（前115）巴蜀犍为郡置符县（今四川合江县）之时，那时东门坡是符县辖及的一个小乡场。

据史料记载，符县治安乐水会，即今合江县合江镇南关地段，位于长江、赤水河、习水河三条河流交汇处，历来为合江政治、经济、文化中心。而其"南关"即古"符关"。符关是明代弘治中期合江城建东南西北四面城楼后改称南关的，今南关明代古城墙还有部分保留。据清同治《合江县志》记载，符关"在县（城）南，汉武帝建元六年，以唐蒙为中郎将率万人出巴符关即此"。唐蒙经巴符关入夜郎会见夜郎侯多同的事件，《史记·西南夷传》早有记载，符关亦因此成为巴蜀古代知名的重要关口。据笔者分析，当时唐蒙率领的军队经巴符关沿赤水河首次进入夜郎，应该经过了赤水河边的东门坡。——唐蒙所率一千大军，加上粮食、辎重人员计一万多人长途跋涉，沿途是需要修整和补给的，而赤水河边的小乡场东门坡，正是理想之地。

唐蒙首通夜郎，另有从今川西汉源县进入一说，那是不符合实际的。古代西南地区山高林密，陆路交通较为落后，商旅往来大都靠河运，而符关居赤水河与长江交汇处，地理位置十分重要，当时的巴蜀与今黔地交往，必经此关。贵州省考古所2017年9月20日发布的赤水河畔土城镇黄金湾考古成果信息也表明了这一点。黄金湾是赤水河流域目前发现的规模最大的汉代聚落遗址，其出土的小平底罐、尖底杯等器物表明在西周时期赤水河流域就受到了川渝地区十二桥文化的影响。发现的汉晋时期的墓葬58座，有岩墓、砖室墓等类型，与川渝地区的西汉中晚期至东汉早期汉文化墓葬有较多共同特点。而从地图上看，从今川西的汉源前往夜郎地区（今贵州），中间还要经过云南，同样是山水艰险，路途遥远，唐蒙是那样精明强干、足智多谋，怎么可能舍近求远从汉源进入呢？

南宋绍定六年（1233），袁世明率军进入今赤水、复兴、土城一带征讨赤水河两岸起事造反的少数民族，其时留元坝还未建城池，只有东门坡上的小乡场，宋军必将破之，民众四处逃离。明清时期这一带亦战事不断。特别是明代调北征南和军屯、商屯、民屯制的推行以及平播之役，汉人大量涌入赤水河地区，原先居住在此的民族不见了踪影，只在一些传说和歌谣中还可以寻找到他们一些影子。如此看来，赤水东门老街即东门坡的历史并不简单，有待我们深入研究。

据街坊老人们说，几百年前东门老街就房屋集结，有街有市，虽无城池之规模，亦略有屯堡之格局。因与明万历年间新建仁怀县城池的东门相接，俨如内外两城，所以赤水亦有"双城"的别称，乾隆年间城内还设有"双城书院"。

特别自清乾隆以来，这里修有东岳庙、川主庙、搭帕庙、观音庙等庙宇，商铺、酒肆、作坊林立。清末民初还有程家酱油铺、江家酿酒老槽房，有棺材铺、窑罐铺、竹器加工小厂房以及粮油酱醋、蜡烛纸火小商店，等等。由城内往天台、旺隆等地下乡、进城的人，来去都必经这里，这是热热闹闹的一条街。

如今，小街已不再喧嚣繁华，虽然也还有皮革、竹器、豆腐等作坊在进行生产加工，但仍显得冷清落寞；过路的行人亦很少，仿佛是被人遗忘的角落。——猛然，街沿上一锅清清亮亮冒着热气的"赤水豆花"，使人心里一惊，才感觉到这里的生气。街上亮相的大多是些耄耋老人，精神矍铄，他们住在老房子里悠然自得，还期盼着这里能再热闹起来呢！

我们沿小街拾阶而上，一路采访，一路拍照，直走到东门坡的山顶。那里有气势恢宏的基石和台阶，想必是当年东岳庙、川主庙的所在。清末，停科举办新学，仁怀厅衙在此修建怀阳中等学堂，民国时期又在此开办省立二中，现在这里是赤水市第一小学校址。

东门坡尚存的"搭帕庙"，其基本格局还在。搭帕庙始建于清代，因敬奉海神，又名"海灵宫"，为当地船工、纤夫劝募和集资修建的。每年农历六月初六在此祭祀海神。大门是青石砌成，两边有对联曰："海表仰鸿施宏仁善济，圣光昭鳌部至德攸阴。"门楼和厢房雕梁画栋残存可见，放生池依然。中华人民共和国成立后用于民居，现有两户居民住此。在搭帕庙的右下侧则是始建于清末的观音庙。庙内供奉"白衣观音"，据说是专门管水的观音菩萨。它面临赤水河，背靠东门坡岩角头，如今仍香火旺盛，信众甚多。

而东门坡上另一处看似豪华的二层楼建筑，是民国时期遵义著名中医石玉生的"家瑞医院"和私人寓所。此地现为赤水市公安局东风片公安室。石玉生出身贫寒，幼年学医，聪颖刻苦。其自制的"七厘散""接骨丹"等药，对骨伤、毒疮有奇效。他在积累了一些财富后，创建平民医院，免费为穷苦百姓治病；设育婴堂、施棺木；置栖流所，为夜宿街檐的乞丐提供栖息之所，等等，是赤水民众交口称赞的慈善家。中华人民共和国成立后，石玉生因一些过失入遵义监狱，前去看病的人仍络绎不绝。

由于时间关系，我们没有更仔细地深入地探访，或许东门坡遗留的文物古迹远不止这些。

东门坡之街道、房屋，经千百年风雨与战火洗礼仍能保存至今，不能不说是一个奇迹。虽然已无多少古迹可寻，但它的山崖地势，一路的石坡石坎，粉墙青瓦的黔北民居，自古必大致如此。如今，一栋栋高楼正向它逼近，古老的街区一天天被蚕食，多么无奈与孤立。但是，当你远远凝视着它，却感觉它是有灵魂的——它像身经百战的倔强战士，又像是饱经风霜的老人，虽满目疮痍、垂垂老矣，仍坚毅地屹立在赤水河畔的山崖上——它从两千年前悠悠走来，是这座古老城市文明的象征与历史的记忆。这里，是赤水的根，不该被人遗忘，甚至毁灭。

历史街区的形成与发展，是社会经济、政治、宗教、技术、艺术和自然条件等长期相互作用的结果，它反映了城市的历史文化、社会生活和空间艺术美，有极高的历史文化价值。然而，现代化社会正以摧枯拉朽之势，荡涤着过去的一切。现在几十年的变化，抵得上古代千年的发展。特别在一些城市，似乎一切遗留下来的旧东西都是落后的，一切新建的都是进步的，恨不得把一切都翻新重建一遍，以此证明自己的"发展"。而社会历史的发展，终归要找到它的正确路径和方向——这不，"黔北民居"不又回到遵义广大农村了吗?!

随着遵义地区社会经济的不断发展，高速公路、机场、高速铁路等交通基础设施日益改善，赤水河这条集长征文化、酒文化、盐运文化及自然风光于一体的黄金旅游线，终于迎来了历史上最好的发展时期。赤水作为国家级旅游城市，仅有四周美丽的风光是不够的。试想如果云南丽江只是玉龙雪山和白水河，会有那么大的影响和吸引力吗？文化是一座城市的灵魂，也是旅游业的精神动力支撑。在当前各种旅游形式竞争日益激烈的情况下以及在城市的更新建设中，文化保护与城市建设如何协调可持续发展，是我们应该严肃对待和认真思考的问题。

前几年赤水市政协有委员提出《关于把东门后街"石踏踏"建成旅游文化一条街的建议》。建议中指出："在当今飞速发展的城市建设中，还有如此规模宏大的老街，并原汁原味地保存下来，是我们这个城市的宝贵财富。作为一个国家级旅游城市，应该加倍珍惜这条老街，在加强保护的同时，加以合理的开发利用，使之为我市经济社会发展服务。"

该建议切合实际而又富有远见。不仅如此，赤水还应该建设一些影响较大的地域文化场馆，如"川盐入黔博物馆""赤水河民俗博物馆"等，以增强其历史文化内涵。深厚的人文历史加上美丽的自然风光，那才魅力四射。

现在，东门老街已进入棚户区改造，工程还未全部完工。据调查，其基本保留了老街原来的格局，其石板路、搭帕庙、石玉生旧居还保留着，其他老房屋拆除后，采取修旧如旧的办法重新修建。在当今比比皆是的历史街区乱拆乱建现象中，这样的做法算是令人欣慰的。

参考资料

①《赤水县志》编纂委员会：《赤水县志》，贵州人民出版社，1990 年。

②赤水市政协文史委员会：《赤水文史》，内部资料。

③陈朝俊：《中国西南古代史揽要》，中国文史出版社，2012 年。

黔北地区民族演变历程之我见

申　翔[*]

大娄山山脉由黔西北的毕节进入遵义，横亘遵义后，又延伸至重庆境内。遵义是大娄山的核心地带，以大娄山为中心形成贵州南北三大水系的分水岭，大娄山及各支脉形成的涓涓溪流汇集后壮大了乌江、赤水河、綦江三大水系。在这片广阔的土地上，自古就有人类在此生息繁衍。

从 20 万年前的"桐梓人"到距今 2~3 万年左右的马鞍山人类遗址，以及汇川风帽山、习水双龙打油洞和赤水河流域众多人类文化遗存的发现，证明在旧、新石器时代，遵义这块土地上就到处分布着人类活动的痕迹。

一、汉以前黔北地域的民族演变

先秦时期，遵义这块土地曾分别属于巴、蜀、楚、牂牁、鳖国、鰼等方国，至战国时由于夜郎攻取牂牁北进，遵义绝大部分地区属大夜郎国范围。

这一时期在这块土地上的原生民族是披荆斩棘的拓荒者濮人，由于山地分割，生活在不同区域的濮人除共性外，又有各自不同的特点，史上统称"百濮"。作为夜郎主体民族的濮人是该地最早见于记载的族群。汉时，强大的夜郎国由于夜郎王兴被牂牁太守陈立斩杀，濮人势力大为衰落。由于后来的民族迁徙，百越族群由南向北发展，华夏族群由北向南发展，氐羌族群由西向东发展，苗瑶族群由东向西逐渐推进，使这块土地成为各种文化的碰撞之地。作为当地居民的濮人在这一地区则因其他几大族系的穿插进入处于分散状态。

先后进入这一地区的氐羌族群原是游牧民族，"随畜迁徙"以后逐渐分化为定居者或移徙的民族，如彝族、哈尼族等。而苗瑶族群由于不断的战

＊　申翔，副教授，1980 年毕业于贵州大学，曾任遵义财校教师，遵义地区纪委副秘书长，遵义市教育局副局长，遵义四中党总支书记，遵义电大书记、校长，遵义市政协教科文卫体委主任等职。

乱，出于自保，该族群总是聚族而居不断迁徙，过着一年一砍山，两年一搬家的生活，以相对封闭的方式面对其他民族，以保存自己的族群文化。

而"百濮"族系和较晚进入这一区域的百越族系均耕种稻田，聚落而居，"构木为巢""人并楼居，登梯而上，号为干栏"，同时均有"鼻饮""铸铜为器""盛行崖葬"（延续时间长短不一）及"凿齿"等习俗。这种生活习惯和文化认同的相近，以及地域上的接近和错杂而居，使"濮"与"越"两大族系共同性越来越多。因而至魏晋南北朝时，历史上关于"濮"和"越"的记载越来越少，取而代之的，则是僚的出现。"僚"的分布极广，大体涵盖了以往"濮""越"分布的区域。

这一时期是濮人由盛而衰的时期，随着夜郎兴起，势力逐渐扩大并取代牂牁，东南降服毋敛国，西南降服了漏卧国，北面征服鳖国、鳛国、蜀国东南的僰国、巴国南境，形成了强大的夜郎国。夜郎灭国后，在其他几大族系的穿插融合下，一些濮人融合到其他民族，如百越、鳛国族人的演变。

由于两汉以后随着其他族群的进入，濮人转而处于弱势，且四处分散，很多族众在历史进程中逐渐演化为其他民族。加之"百濮"族群语言逐渐消亡，更加快了"濮"人消失的步伐。

贵州民族学者翁家烈先生认为濮人和越人的一部分经过相互影响和相互融合，逐渐演变成汉至魏晋南北朝时期的"僚"人。

二、唐以来黔北地区的民族演变

（一）不断南迁，逐渐演变为西南地区众多的少数民族和东南亚地区一些国家的民族

由于历代中央王朝对西南少数民族的残酷排挤、打压，遵义及邻近地区成为古代少数民族南迁的走廊。不少古代少数民族由此向黔西北和云南迁徙，其中一些越过后来才确定的国界，定居在东南亚半岛诸国，并与半岛上的族群融合演化为东南亚半岛诸民族。

（二）主动内附，加快汉化是黔北渝南僚人民族演变的一种形式

以遵义杨氏及其他土司的演变为例，主动内附，加快汉化是历史长河中最为常见的民族演变形式。据《杨氏家传》《罗氏宗谱》等记载，杨氏、罗氏以及令狐、成、赵、犹、娄、梁、韦、谢等族祖籍均在山西，后应募据播。但著名历史学家谭其骧认为，唐杨端应募入播，收复陷于南诏的失地，

经略西南，也是唐朝的军国大事，而《唐书》《新唐书》等正史上没有记载，仅见于元明两史书的追记。谭其骧进而认为，同一复播之战，而杨氏谱以为唐室讨南诏，罗氏谱则以为助太旺击闽蛮，他认为这是杨氏子孙在宋、元后习诗书礼仪，耻于先祖出于蛮夷，而巧相比附。而学者章光恺、王兴骥等均认为杨氏是由四川南部迁到播州的少数民族，族属为僚或僰，入播之前已开始汉化，采用汉姓。

郑珍、莫友芝在编《遵义府志》时也对杨端奉诏据播提出了怀疑，专门写了如下按语：

> 杨端复播，唐、宋史皆未书，而见元明两史，端授安抚使，及世州刺史，未详所据。考《宋史·诸蛮传》云：唐季之乱，蛮酋分据其地，自署为刺史。《明统志》云：播州，唐末没于蛮，疑"州刺史"者得之。

笔者通过长期田野调查，也倾向于杨氏应为由川南入播的少数民族。通过现在杨氏土司墓葬发现，已发现的杨氏土司墓均分布于遵义三城区，而且均为杨氏十三世杨粲以后的墓葬，而之前的一座也没发现。笔者曾到过桐梓夜郎、习水寨坝等地考察过多座宋墓。这些墓都淹没在荒野丛林中，虽无后人祭奠，但豪华气派，墓室内浮雕非一般大户能建，显示墓主身份不凡。虽不知墓主是谁，但民间都传说是杨家坟，而且寨坝还有人认为与僰人有关。另桐梓虎峰山还遗有宋廷敕建的杨价庙（杨氏十四世土司），民间还有葫芦坝有一座杨氏土司坟的传说。笔者认为，这些墓葬均为杨氏早期墓葬，若此结论成立，则可以认定杨氏是由四川进入习水，进而至夜郎、桐梓再迁遵义的路径。

其二，定居桐梓与杨氏一同入播的桐梓娄、梁二姓，至一世祖后二世至十二世在谱书上以一句"到安顺为官"简单带过，十三世后却再返桐梓，中间十多代人的动向再无详述。其祖茔墓碑上一位老祖"婆阿氏"赫然在目，而阿氏则是古僰人（学界普遍认为是僚人的一支，后面详述）。同时，娄、梁二氏及附近一带早期墓葬均为石棺葬，甚至为连排多函石棺葬，这也是学界普遍认为的仡佬族葬式。

其三，发源于桐梓、习水等地的溪流入重庆后为綦江，这些河流古称僰溪、葛溪、僚人河等，綦江在江津汇入长江之处也称为僰溪口。这些都足以说明这一区域曾广泛地生活着古僰人、僚人等。

综上所述，杨氏应为川南一带古僚人首领，其入播实质是唐乾符初年（这时也是唐末，中原大乱，唐于30年后灭亡），唐对这些边陲之地也无力控制，进而发生的川南杨保豪酋势力与罗闽部族乘乱的地域之争，所争者并非州县之地，而是"播州西南边鄙之溪洞耳。惟其为部落之争，故传说偕杨氏入播者为七姓八姓之众，而非若干千万之大军也"（谭其骧语）。

杨氏据播后，加快了播州地区民族汉化进程。如宋大观二年（1108），播州杨氏第十世土司杨惟聪与杨光荣因内争，先后向朝廷献地内附表示效忠，特别是其第十三世杨粲崇尚儒学，建学造士更进一步加快了这一地区的民族演变进程。

（三）被迫迁徙融入他族，这是黔北渝南僚人民族演变的另一种形式

由于少数民族和汉族统治者之间的矛盾，历朝历代统治者都采取不同手段加以统治，怀柔不行则往往用战争解决问题，导致了许多僚人远走他乡避祸，加速了僚人的分化。

仡佬族的先民为僚人，然而这块本是僚人故土的地方遗留下来的仡佬人都非常少，许多也在历史的动荡中融入了其他民族。

如自商代就在川南一带建有僰侯国的僰人，学界普遍认为僰人是僚人的一支，如秦时寡妇清为秦国采炼丹砂，其不少仆人、保镖（据说达数千人之众）为僰人。而寡妇清虽为巴人，但秦灭巴以后巴人均融入了以后的僚人中去了，而巴与濮均在川南黔北一带，秦以后没有明显区分。同时，根据民族学家和人类学家考证，僚人与僰人均由濮人演变而来，因为上古没有轻唇音，所以也称僰人，濮、僰同音，为同一民族。由于僚人与汉人为山林、土地的争夺以及对封建统治者的反抗时有发生。明王朝曾在十年内发动了对僰人的 11 次征伐，最终明总兵刘显（平播将军刘綎之父）率 14 万大军经过一年的征战，致僰人尽灭。自此，僰人失去了记载，也失去了踪迹。

当然，这里的尽灭并非杀得一个不剩，民间有姓"阿"的僰人改姓"何"，融入了其他民族的说法。而现在云南省丘北县有一支自称为"锅泼""僰族"的民族就称其先祖为避祸从川南来到这里，他们还顽强地保存着自己的民族习俗和文化，但更多地则融入了当地。1956 年民族识别工作将其归入彝族，现在普遍认为这支民族系川南僰人之后裔。

在桐梓河（赤水河支流）一带，约四五十年前，时有外地人顶着锅，提着碗等到一些无主石棺墓（俗称苗罐坟，学界认为是仡佬先民墓葬）前祭拜，然后将锅和碗等送给墓地周围的住户，感念他们对这些墓的照看、保护之情。说明这里曾是祭坟者先辈生活的故土，而他们早也迁往他地，融于其他民族之中了。

在历代统治者民族压迫的过程中，不仅僚人过着动荡不定的生活。后来

迁入遵义境内的苗族也大量被迫迁往云南和东南亚等，现居住在世界各地的约二百余万苗族其先辈均是由川黔逐渐迁徙出去的。至今在凤冈县响水崖遗有一方刻在岩石上的碑文，记载了古时苗族被迫外迁的历史事实。

在安顺镇宁、紫云、西秀三县（区）交界处居住着一支约三万余人的神秘苗族。这支苗族与其他苗族信仰不同，这里的人家都供奉"竹王"，并且妇女的发型服饰均留有特别的夜郎印记。而且他们自称"蒙正"（遗留之意），与后来迁徙至此的苗族文化大相径庭。他们不同于他族的特点，还更多地体现在丧葬葬式上，和遵义的仡佬族一样，这里的族人逝世出殡不撒买路钱，表明他们是地盘业主，是世世代代居住在这里的。这说明，由于环境、时代的变迁，更多的僚人融入到了其他民族中。

无独有偶，湘西的仡佬族受苗文化影响深广，以前被称为"仡佬苗"，与其他苗族自称为"蒙"不同，他们自称为"仡雄"和"仡鞣"。这支仡佬族于清代后融于苗族，成为湘西方言苗族中的一大支系。

（四）劫后余生，被迫改变民族成分，这是僚人演变的又一种形式

历代封建统治者都对少数民族地区进行征伐。作为僚人大本营的黔北、川（渝）南地区，唐时在黔北设置了夜郎郡和夜郎县，以加强这一地区少数民族的归化管理。至宋大观二年（1108），宋在少数民族首领杨光荣献地的基础上再置夜郎县，而现在綦江及桐梓南部、南川、道真一带，曾是僚人集中聚居地。居住在这一带的僚人到五代至宋时也形成各豪强大户割据称雄的局面，各僚人首领"各有地客数千户"，乃至与官府对抗，宋代历朝曾发兵镇压。黔北川南僚人在宋神宗时多次被镇压，最后一次宋朝大军驻军铜佛坝（今綦江赶水一带），最终在夜郎铜鼓滩一带与僚人发生激战，大多数男僚被杀，至僰溪尸堵断流（僰溪为现在松坎河、夜郎河），后宋廷在綦江铜佛坝（今赶水附近）置南平军，对这一区域实行军事管制。而世居这一带的僚人无奈迁徙他乡，一些则改变族别生存下来。在当地生存下来的僚人一部分后来演变为仡僚、仡伶、仡偻等，新中国成立后统一定名为仡佬族。

桐梓狮溪镇的张柳台自然村，原名柳台村，据该村张氏族谱记载：张氏入桐（渝）一世祖取柳氏女为妻，后改这里为张柳台。在这里，张氏三世祖的墓葬群为兄弟多人及各自夫人并排安葬的石棺墓，这些石棺墓一字排开，紧紧相连的是柳台村原主人柳氏的一排石棺墓。不要小看这一字排开的近二十余函石棺墓，它向人们传递了五百余年众多的文化信息：一是民族融合，张氏一世祖为"平苗叛"到此，就地取苗女（应为仡佬族）柳氏女为妻，并

改柳台村为张柳台；二是民俗演变，张柳二氏墓葬都是石棺墓，但柳氏墓葬均无铭刻，而张氏祖墓则有铭刻；三是民族迁徙，原为此地主人的柳氏族人在当地也荡然无存，有人说迁往綦江、合江等地，这反映出当地少数民族在那个时代的境遇。

更多顽强生存下来的仡佬先民，则在历朝历代的不断征伐中被迫改变自己的民族身份乃至姓氏和祖籍地，融入汉民族和其他民族之中。

中华人民共和国成立后，当地残存下来的僚人后代获得新生，在遵义建立了平正仡佬族乡，自古的"地盘业主"成为这块土地上真正的主人。后来在务川、道真，应广大民众的要求，大量群众恢复了仡佬族身份，使川、道真这两个僚人居住县成为全国仅有的两个以仡佬族为主体民族的自治县。

综上所述，黔北僚人的演变是中华民族相互融合演变的缩影。在历史发展的长河中，生活在这块土地上的不同族群，互相融合，不断分化演变，你中有我，我中有你，进而有了今天屹立于世界民族之林的强大民族——中华民族。

参考资料：

①李平凡、颜勇：《贵州世居民族迁徙史》，贵州人民出版社，2011年。

②申旭：《老挝史》，云南大学出版社，2011年。

③谭其骧：《播州杨保考》，《贵州民族学院学报》1982年第1期。

④《哈尼族简史》编写组：《哈尼族简史》，民族出版社，2008年。

⑤曾祥铣：《遵义简史》，贵州人民出版社，2014年。

⑥周铃、王国祥：《僚学研究》（第一辑），中国广播影视出版社，2017年。

水烟、天旺、沙溪归属考

刘一鸣

明代赤水河流域中部地域，即今金沙、仁怀、播州区（原遵义县）接合部是明代播州杨氏、水西安氏、永宁奢氏三大土司长期争夺的地区之一，史书所载的川黔之争，涉及水烟、天旺、沙溪一带的归属问题。不才据所知史料，撰述成文，就教方家。

水烟，在今遵义市播州区西北方至仁怀市喜头、坛厂交界一带，因元朝时设有水烟等处长官司而得名，应是清代的大溪里地域（民国三年该里划若干个甲，即今仁怀市坪营、大坝、学孔等地），具体区位无法细考。天旺，为今遵义市播州区石板镇全部、鸭溪镇一部，苟江镇、三合镇、乌江镇、枫香镇、马蹄镇各一部，另有泮水镇一小部。沙溪，因元设沙溪等处蛮夷长官司得名，为今遵义播州区松林镇一部，乐山镇大部，枫香镇、马蹄镇各一部，泮水镇大部，平正仡佬乡全部，洪关苗族乡大部和今仁怀市五马镇一部、后山苗族乡一部，茅坝镇一部，今金沙县北起城关南抵黔西中果河以东至偏岩河，黑水河西的广堡至金沙县域。这片地域是赤水河流域最晚纳入中央政府王化管理的地区之一。

明代，今金沙县域是水西雄所宅吉的主要区域。崇祯九年（1636）朱燮元在《勘分水西分土授官疏》叙述水西十一宅吉［谭其骧主编《中国历史地图集》第七册第80～81页载万历十年（1582）水西十三宅吉与此不同，且有的宅吉区位与此相较还有错位］中写道："雄所宅吉，东至镇南关（偏岩河畔），南抵黄沙渡（乌江边上），西至渭河（黔西县境内），北联蔺界（至今仁怀市南后山乡五马镇三元村赵渡河天生桥），南北一百四十里，东西二百四十里。公地计四庄（指宣慰之地），人民共一百三十九寨，户口二千五百九十房，秋粮每年该仓斗米六千二百四十四石九斗一升。前地已经四川议割目地大小头目，共一百二十处，每年秋粮该仓斗米二百三十六石七斗，阿乌迷、安陇璧已授土知州，谜杓夷目安燕粮马数多、应授土百户。"此水西

230

宣慰辖地属贵州省。遵义府是明万历廿八年（1600）平播后李化龙奏准分播州宣慰杨氏领地置遵义、平越二府。遵义府一州（正安州）四县（遵义、桐梓、绥阳、仁怀）属四川省，平越府一州（黄平）四县（余庆、湄潭、瓮安、龙泉）属黔。这样就造成了水烟、天旺、沙溪一带属黔属蜀的省界之争。

最先，播杨与水西安氏二土司的领土之争，源于唐末杨氏入播后征战扩张、从宋代起，杨氏由罗闽河（今乐民河）流域向西扩展，元代双方相持于偏岩河一带。明洪武四年（1371）顺元路宣抚使霭翠内附，次年朱元璋授其为贵州宣抚司宣抚使，洪武六年（1373）升授贵州宣慰司宣慰使，原沙溪宣抚同知安氏升宣慰同知。永乐十一年（1413）贵州布政使司设置后，沙溪安氏同知改授比喇（今织金）安氏而沙溪等处蛮夷长官司设为沙溪巡检司，管两里汉民事务并沙溪昌明，渭河驿站及军屯、关津要隘等；夷民事务由雄所宅吉稽管。明英宗天顺六年（1462）播州土司二十四世宣慰使杨辉靠军事势力占有沙溪巡检司辖地二十余年。后杨辉因"二子长友、次爱，友庶而长，辉以姜故技嬖之，屡欲夺嫡，而安抚宋韬、长官毛钏等不从，曰：杨氏家法，立嗣以嫡不以长，主公奈何紊之以启乱阶。辉不得已乃嗣爱，而婺友之心终不解。倖客张渊日怂恿之，因说辉曰：主公欲贵孟主，而戚戚与仲主为仇，即使夺彼以与此，不过转移故物耳"（田汝成《炎徼纪闻》卷三·杨辉）。成化十九年（1483）杨辉死，杨友与张渊谋杀杨爱不成，便捏造其谋反罪并向朝廷控告杨爱，明廷派礼部侍郎何乔新赴播勘处。之前友爱各投入数万兵力大战于新舟一带，死万人之多。友爱内争时水西趁机夺得沙溪巡检司，还提出要索回水烟、天旺一带罗闽河以西土地。播州二十七世宣慰使杨相袭位，昌文教，图强盛但宠庶子杨煦，欲废正妻张氏所生之杨烈，企图以煦袭职。嘉靖二十三年（1544）嫡长子杨烈在其母合张氏策划支持下兴兵驱逐父亲，杨相被夺权后逃入水西躲难，病死大方。杨烈与母谋逐生父杨相而获取宣慰使职，烈惧朝廷责以不孝之名便派人向水西宣慰使安万铨求送还父尸，安万铨提出要播州归还水烟、天旺故地而后予尸。烈阳许之，用盐水泡过的纸与安万铨立下誓约后，水西如约派人将杨相遗体送至播州，杨烈则翻脸拖着不给水烟、天旺地，故意构难，又杀水西驻边长官王颇。王之同党李保兴兵反击，双方混战十年，给百姓带来无尽灾难，川督冯岳派总兵万邦宪带兵讨伐，双方才平息兵戈。水西争地未果，播州控制了沙溪巡检司地域。播州二十九世杨应龙在明穆宗隆庆六年（1572）腊月承袭宣慰使职，上为朝廷出力进贡获取加官晋爵、对内强化专制扩军备战。对边邻土司采交攻并举，与石砫马氏、洪边宋氏联姻；与水西结干亲、将小儿子寄拜安氏，又派人给安氏大小头目送金银、即四十八支等头目皆有礼，又送安疆臣三足银鼎以动其心，拉拢水西参与反明、至少使其中立。趁永宁氏土司奢世续与世统争立内乱，出兵攻占玉车屯并过赤水河占领永宁属石宝等地。万历二十七年（1599）杨应龙兴兵反明，沙溪巡检司提调陈大才、头目吴继技、杨义等亮旗拥护杨应龙。贵州都司杨国柱败死，朝廷起用郭子章取代江东之为巡抚。交战中，形势危急。郭子章为孤立杨应龙，对安氏土司许愿说只要其出兵助剿播杨，许其收回原有属地。水西安氏极为兴奋，积极调兵参战；初为乌撒土知府的陇登（安疆臣之弟尧臣）也率兵投入童元镇为总兵的乌江路、安疆臣率土兵投入参将朱鹤龄为主将的沙溪路，配合其他六路向播州杨氏攻击前进。三月中旬破新关、大洪关、板山一带，攻入八里大水田一带扎营。陇澄（安尧臣）破苦竹关攻占刀把水，下旬攻下石子关、尚垭、母氏屯、落蒙关，进抵至桃溪寺。李化龙行牌票奖励安疆臣（见《平播全书》291页）。四月上旬安奢土司军收复了被播州占去的领地、不想再战，李化龙又行牌票责令"安奢乘虚捣巢，忽得观望依违，致失机会"（同上书）。四月中旬明军围海龙囤，应龙妾田雄凤用金银厚贿围攻将领，特别是安疆臣部下、受贿后暗送火药与水接济杨军，导致明军久攻不克。五月下旬明军断囤后"樵汲之路"，六月六日晨陈璘、吴广破万安关，攻下播杨最后一个据点。据万历三十一年（1603）清虚子撰《征播奏捷传》演义小说载：应龙在被围缺水时派朱敬往求安疆臣，水西有兔死狐悲之感，故夜间派人送水接济，后被陈璘查获将计就计而破关。播平，李化龙在"播州善后事宜疏·正疆域"中指出："播地……西南左接水西、右逼永宁……惟是夷性犬羊、互为雄长，强则侵凌、弱则减削，甚至有一地而甲乙互临，一人而齐楚兼事。如儒溪、沙溪、水烟、天旺皆播州五十四里之数，见有黄册可考。"对水西、永宁土司参加平播之初扩地要求予以否认，并指出："今兵粮之费骚及海内，土司一旅之师不啻背上之毛、腹下之毳。独且多支本折、优议叙录，此亦何负于彼？乃复垂涎土地？则此一番大劳大费，止为土司营家事乎？"指出"原系永宁、水西者归奢、安二氏，刻石立碑，永为遵守；其边领目把，如不安今义，妄肆侵争，重行究治，干碍土官，一并参处。"直到万历三十三年（1605）会勘川、黔地界，贵州巡抚郭子章要求四川归还原播州杨氏侵占东隆至上庄的六百余里土地，贵州宣慰使安疆臣要四川省遵义府归还"水烟、天旺一带"，而遵义府人以宋代铁牌证实播州西界至渭河。总督王象乾勘断以沙溪河为界，河东归遵义府，河西东隆上庄（今黔历县东南境）等地归贵州宣慰司雄所宅吉、小部场归以著宅吉；沙溪巡检司不再治理民政事务，只管驿站（沙溪、渭河）军屯、关隘。

1621年九月永宁土司奢崇明父子起兵反明，建大梁国、据重庆、破泸州，十月扶国祯、奢宏率军攻占遵义府城，贵州巡抚李枟派总兵张彦方、都指挥许成名率援军代川收复遵义。次年二月水西土目安邦彦自称罗甸王，起兵响应奢崇明反明，陷毕节，围贵阳；五月下旬拥明土司军真州骆麟、刘朝官等在金刀坑与大梁军扶国祯、赵国玺、安銮、犹朝炳部十三营激战两日，歼敌数千，将大梁军击溃。七月中旬奢安反明联军从雄所宅吉集结数万人马，在阿乌迷，郑益显等率领下扎河梁庄（今鸭溪一带）。七月二十三，阿乌迷、郑益显水西军配合奢寅、金保大梁军再次攻下遵义府城，推官冯凤雏等战死。九月中旬，明军守备杨通霑、任国缵率部夜袭水蔺联军收复遵义府城，因兵少粮缺撤出。1622—1623年，水烟、天旺、沙溪被水西军控制，并以之为基地多次攻击遵义府城。至1623年夏五月明军罗乾象部攻下奢氏老巢古蔺，七月中旬明监军遵义的赵帮清率部收复遵义府城，水西军才被赶出水烟、天旺地域。是年七月下旬，游朝炳、郑益显部近五百人在桐梓境内受赵帮清与遵义府同知商良弼招安投降，仍受委游击将军回驻底水隘。崇祯元年（1628）九月十一日，明廷命回乡丁忧的朱燮元总督黔川湖广、云南、广西军务，次年八月上旬他部署川黔明军在永宁五峰山桃红坝击败奢安联军，崇明、邦彦均授首。在对二土司领地处置上，朱燮元不赞同急于改土归流，主张土流并治、逐步推进过渡到流官制。对水西安位采取宽大怀柔政策，安位得袭水西宣慰司宣慰使，因与小阿乌迷安祚远有矛盾，相互攻讦并呈控到朝廷，水西四十八目大多数向朝廷献土献印，以求博得朝廷认可的功名富贵。崇祯七年（1634）小阿乌迷安祚远与部属首领赵国政将渭河下流两百里地（今金沙县代觉乡和黔西县中坪等地）献给四川省遵义府监军金事卢安世，再次引发黔川疆界纷争。朱燮元在崇祯九年（1636）九月二十五日经调研汇总相关材料后草成"垦明疆界疏"上奏。文曰：

> 据贵州毕节道右布政使郑朝栋详奉臣批据，雄所、新庄等处顺民阿右雏、熊朝富、魏文现、魏国等三十二人连名诉称：水西宣慰司，自开辟以来，天朝分土，即有雄所属下白塔、沙溪、新庄、箐口、东隆上下二庄，六合、木唐、翁贡、黄沙二渡，巡简旧制分明，各分黔蜀。水西一应贡赋私费、大半出在雄所等地，纳粮丰济仓，马走杉木、养龙二站，后因小乌叛上投蜀，民等遭吞。报本尽忠，只知有宣慰而不知有小乌；不幸宣慰故绝，只知有天朝属归黔省。于上年五月内，共约三百余房般杓投本管汉把杨启銮、黄德引见守备李先跃，备将下水公地报献，蒙允未赏；差官踏给，屡被赵国政等杀害。蚁等藏避杓中，恳乞乾断。"黔地归黔，民得复业"等情。奉批仰毕节道查报奉此。

随据顺目归宗、密杓、莫德、得扎、补窝者、比溪、木革主、阿底等连名，诉为恳恩亟还旧土，以免苗众流离无归事内称：宗等祖居联络遵蔺，经界攸分，额纳贵州仓粮二百三十余石，又纳大方公费口食一万二千九百余石、差银八百余两、土税布一千三百余件；应底寨司驿马五只、养龙驿马五只，一定成规，毫不称误。向因小乌避罪献我诸目之地，并雄所一吉公地，以属蜀。真捐不足以奉有余，大出理法之外。但近安祚远余党贪蜀诱以官爵，将归宗等目赶逐希赏；且蜀壤土宽广，田地肥饶，百黔不及一蜀，尚每岁额供协济于黔。今日又割黔土于蜀，令宗等诸目大众，将何所归。似此夺疆乱界，招亡纳叛，大非中华所有。诉乞转详，速为题奏，以分畛域，以固根本，免贻后日蟱隙，永奠新疆等情。

又据杓佐、归宗、漆山、谜杓各处顺民余国忠等十八名诉：为残民流离最惨呼天，大彰禁令，永定边隅，免开后日衅端事。又据阿夏等九目诉为恳复粮马地方事；又据雄所、沙溪、补仲、六合、蜡忤等处顺民，阿哈等五十余名诉为黔民愿归黔属事，各情词到道。

据此，该本道看得王者疆理天下，必先分划井里，慎守封圻，所以定赋役，杜侵夺，令人民游安和之域，而成一统盛治也。宣慰安土司原隶于黔，以办粮马。北壤与蜀播地毗联，界限甚明。上年安祚远以杀占本族婺妇之恶，致安位拘之图圄，欲报黔行诛，远知难活，越狱逃归；见位率众追捕，遂投蔺孽赵国政、刘大常、陈皆善等，奔蜀求庇，蕲视息蜀，已犯招亡纳叛之禁矣。及安位死，远亦继遭天刑。蜀之文武吏以爵赏私国政等，诱远妻禄氏弟安祚昌，将安位渭河一大区递年纳黔粮马银二千余两者，擅行献蜀，而蜀利拓土之名，可希美荫，遂两具疏上，闻檄有下部复议之旨矣。职于本月初三日得读疏言，皆一片游词；措其大意，惟曰渭河原为播土，曰李御史之疏可为铁案。夫安播之界有渭河驿、沙溪、黄沙渡两巡司隶于安宣慰者，可以复按，此可无辩。至于蜀之旧按臣李时华之疏，果曾上渎神庙睿览乎？抑亦曾揭之阁部乎？若果有之，何以播平几十年来，不一问及渭水之滨也。其他盛称祚远攻打贼巢、祚昌招引其党二万人，皆归蜀为奇功，尤属载鬼传之，远近大可姗笑，亦可无辩。惟闻从来爵人者，宁捐数万金之赏而蕲一郎官之拜，而蜀乃不难以三指挥五千户十百户一淑人，谬与祚昌等，以易我黔属夷之土，岂以蜀幅陨未广，而利此为藩屏乎？查蜀省土腴民饶，地险势固，甲于天下；而所属土司如乌撒、东川、芒部、酉阳、乌蒙、石砫等，有九而酉阳之冉天麒与兄见任将官冉天胤争立，杀伤官兵五百余而不敢诘问；松潘、建昌两镇，被西番占去险隘十三处，业已三载，竟不一报也。而赢然者，黔粮马饩牵贡上给下之用，悉取于安酋一块土，今乃欲扼项而夺之。职在黔言黔，已不胜心血欲喷；况如渭河沙溪一带，旧居苗民如阿右雏等百千人，皆抢地呼天，求故地栖息而不能即得者，日累累也。宁独何心，能默默处此乎。且职之所深虑者，方今边围不靖，流寇肆出而悍民豪户，又交相扰攘于郡邑中，皆此一念，越度逾涯之心所生。蜀之此举，复作中外榜样，尤而效之，则四方何日靖之有？故职不畏蜀之凶锋，敢于因诸夷之控而言此，非独为黔也，是为天下也。等因呈详。

本部院奉批、宣慰十宅吉，惟雄所一宅最为腴衍，北有沙溪巡司、东有黄沙巡司，皆隶宣慰。设自洪武年间，其不属播地甚明。李按院渭河为界之说，原自不根，即前遵义道欲清沙溪里界址，云隔一小河，河北为遵土，河南为西土，言犹在案，可遂背乎？但今水西各目，齐出献地，以归朝廷，总是王土，何分黔蜀？蜀未经移会，先已疏闻，见奉明旨下部核议速复，自不当再战玄黄，以失唇齿之谊。独是蜀欲有其地，顿弃其民，此嗷嗷哀号者，穷则攫噬必发大难之端。及今善后，不早议定，异日谓初事朦混，咎将谁诿？大抵封疆之事，惟公惟平，庶塞群喙。据详中胪列此三四百里内，岁纳仓粮马馆公费口食，差银布匹等项是否的数？仍须吊宣慰地册，逐项细查。若蜀以公地粮尽输朝廷，黔自不当复言；至谷里、水西并各驿递承应，必须仍责旧民，既责旧民，自合还其故业。仰按察司会同布政司，虚心酌议速报，以便具疏缴批行。

去后，随据按察司管司事右布政使朱家民，会同布政司署司事右参政杨森，看得边隅疆土，即尺地总归朝廷，而经理不平，虽一隅易开祸本。粤自万历庚辛播平之后，癸卯蜀中复有沙溪疆界之争，几酿大衅。当事俱谓水西地方，而李御史亦不欲勘，曾有改差勘界之疏，岂非以雄所一宅，北有沙溪巡司，东有黄沙巡司。建自国初，即隶水西宣慰者乎，实非播地也。因非播地，故当播乱之初，贵州抚院以宋宣慰防守沙溪一带，则沙溪之钱粮马馆，旧属贵州，尤不辨自明。查本地岁纳贵州丰济仓大粮二百三十余石，承走底寨、养龙二司驿马各五双，则照额论规毫，于蜀中无与也。兹当各目献地，本之公心，黔蜀自有攸分，地方肥瘠无论。如以流亡叛逆之夷，顿信夺疆乱界之举，则目前之旧民千百无归，而日后钱粮驿递之责成，隐祸莫测，恐非今日善后之良策，经久之远谋也。奉批查照先年丰济仓廒，底寨养龙驿递，水西俱有纳走成例，而水西之公费口食谷一万二千余石、银差一百四十八两、税布二千七百余匹，皆取给本地。据陈底册遂项有据，事干疏题，伏候载夺等因复详到臣。

据此，该贵州监察御史臣胡□□看得水西幅陨不小，昔年黔既割收水外五六百里，蜀于七年勘定龙场坝界，直至子关，水西各夷退去三十里。今又割去渭河迤北一带，所存者少矣！查渭河以内有雄所一宅吉，宣慰委安祚远父子承管，非其私土，内有宣慰两巡司设自洪武初年，的非播地。今水西各目尽献其土，归之朝廷，同是王土，何分畛域。况夷情反复，正借唇齿。抚臣王□□发兵犄角、严谕镇雄使其助兄献印，颇费心力。即割此区区之土，亦属相应。阅抚臣疏有黔蜀并辖之说，原不自专，维是昔日献土，皆云安祚昌所为。今祚昌仍回谷里，不肯入蜀，臣问其昔何以献，今何以归，则蠢然未知；惟恋恋旧居，麾之不去。查安陇璧巳将幼子安祚新发寄禄氏，承祚远之业。祚昌授官指挥应否归黔，所当亟议。至于漆山、归宗一带苗民，原系黔省粮马百姓，今赵国政等驱逐，不容屯住，黔更有何闲地安插乎？法应仍还其旧业，以供粮马。既可免各夷失所之悲，且不悖扶臣兼辖之议，臣叨督衔事权、不宜倒置。今各夷纷纷哀诉，方议善后，所不得不申明者也。至于宣慰公庄粮银，为数不少，应听蜀议或输之朝廷，或留充兵饷，非臣等所敢与也。伏乞敕部查议、复请明旨行臣等遵奉施行。臣等无任悚夃待命之至。为此具本，谨题请旨。崇祯九年九月二十五，日具题奉圣旨。

后安位、安祚远在崇祯十年（1637）、十一年先后病死。朱燮元采取众建诸侯而少其力的策略，将安氏水西设为若干土州、土府以官其大小归顺献地头目。雄所宅吉设安州，小乌迷地设以著宅吉，再设黄沙渡土巡检司；偏岩河东，由遵义道佥事卢安世亲临选址设九隘，派兵将把守，以防水西。水烟、天旺大部分属四川省遵义府遵义县。清顺治十六年（1659）水西宣慰使安坤降清，康熙四年（1665）吴三桂征讨安坤，次年二月将水西土司地改流设大定、平远、黔西三府（则窝、以著、雄新三宅吉地为黔西府）。黔西府辖八个里，雄所宅吉地编为永丰、敦义二里，以者宅吉一半入新化里，沙溪一半入新民里，另一部分归遵义县天旺里。康熙十二年（1673）吴三桂叛清，安坤妻禄氏带族人支持清廷平叛有功，其子安胜祖得袭水西宣慰使职，专管夷务，康熙三十七年安胜祖死乏嗣，水西土司结束。

清雍正五年（1727）四川省遵义府划入贵州，水烟、天旺、沙溪省界之事结束。

参考资料：

①郑珍、莫友芝：《遵义府志》，巴蜀书社，2013 年。

②周恭寿、赵恺、杨恩元：《续遵义府志》，巴蜀书社，2014 年。

③贵州省遵义县县志编纂委员会：《遵义县志》，贵州人民出版社，1992 年。

④贵州省金沙县地方志编纂委员会：《金沙县志》，方志出版社，1997 年。

⑤朱燮元：《少师朱襄毅公督蜀疏草》，《四库全书存目丛书》本，史部第六百册，齐鲁书社，1996 年。

⑥刘一鸣、雷鸿鸣、雷先均整理：《朱襄毅公督黔疏草》，中国文化出版社，2017 年。

⑦贵州省仁怀县地方志编纂委员会：《仁怀县志》，贵州人民出版社，1991 年。

⑧口碑史料。

袁氏土官与平播之战

汪德泉[*]

明朝万历二十八年（1600），在中国历史上发生了一场被史学界称为"家国双输"的征战，即平播之战，亦称平播之役。平播总督李化龙拥军24万，手持明神宗的尚方宝剑，兵分八路入播，历时152天，斩杀上万，花银四百多万，播州土司杨应龙以先人修筑抗蒙的城堡自掘坟墓，将风华正茂的生命与美若天仙的小妾，一同自缢于海龙囤的硝烟战火之中，结束了播州725年的杨氏土司统治。从此，也给大明王朝的灭亡埋下了祸根。有史学家认为：平播之战使明王朝消耗了大量的人力和财力，却激起了华夏复杂的民族矛盾，以致平播之战成为明王朝走向灭亡的三大征战之一。在这场平播之战中，明朝与赤水河流域袁氏土官也结下了不解之缘。

一、袁氏土司的由来

北宋时期，赤水河流域地区今川南黔北一带为夷酋罗永顺、王忠顺、杨光荣等领地。

据《宋史·地理志》记载：北宋大观三年（1109），罗永顺建滋州，王忠顺建纯州，杨光荣建播州。后来，献地归顺宋王朝，宋王朝设滋州（治所设今土城）、纯州（治所设今复兴）等羁縻州。滋州领承流和仁怀两县，纯州领九支、安溪两县和美利城，由此"仁怀"首次出现在中国古代史的记载之中。

宣和三年（1121），撤滋、纯二州，滋州改名武都城（治所设今土城），仁怀县降为仁怀堡（治所设今复兴）。随着南宋王朝的衰落，驻守边隅的寨官、巡检们以其掌握的军事实力，逐渐取代了以前在地方执政的少数民族首

---

　　* 汪德泉，贵州习水县人，习水县历史文化研究会副会长，习水县民间文艺家协会副主席，遵义市历史文化研究会会员，习水作协理事。

领，成为新的政治势力。

宋端平二年（1235），"袁世明，豫章人，官总制。播州之唐朝坝、古磁、仁怀诸蛮夷出没为边民患，世明方视兵江淮。魏了翁荐于朝，令领兵入蜀。正月师至。五月奏凯，留世明镇其土"（《遵义府志》）。袁世明留镇守土后，在土城"建千户之所，而世守滋城"（《建金子囤碑记》）。由此，土城袁氏与仁怀堡的王氏相继成为赤水河中下游地区最大的两股势力，并保持联姻关系，世袭统治近 400 年。

明洪武四年（1371），分别设置了古磁（土城）里（头目是袁世明第五世孙袁绍祖，治所在今土城）、下赤水里（也称龙门里，今赤水长沙、长期、官渡等，治所设今官渡，头目是袁绍祖之弟袁绍鉴）、仁怀里（治所复兴，由袁氏、王氏世袭，隶属播州）三个里。由此，袁氏土司分成了赤水河流域和习水河流域两个部分。永宁禄肇时唐朝坝长官司设立，由袁由为土官。

成化十一年（1475）起，播州杨氏兄弟杨爱与杨友因承袭发生内乱，直至嘉靖年间才告结束。在此期间，永宁奢氏趁机占据了赤水河以东的古磁（土城）、仁怀等地，由袁氏世袭，在仁怀里之留元坝设仁怀里长官司，由王氏世袭，隶属永宁。

隆庆六年（1572）起，杨应龙承袭播州宣慰使，逐渐夺回部分失地，恢复上赤水里（长官为袁鋬）、下赤水里（长官为袁子升）和仁怀里（长官为王继先）三里建置，不承认永宁奢氏土司所设之仁怀长官司和儒溪长官司（时任长官为袁切、袁初兄弟），并对袁、王两氏心存戒心。

二、平播前的袁氏土司

在明代平播之前，因土城地处"滨播（州）枕永（宁），襟合（江）带泸（州）"的特殊位置，长期为永宁、播州等地土司的必争之地，曾几易其主。相对弱小的赤水河中游袁氏土官——袁切、袁初兄弟，苦不堪言，"灾变屡生。或逞其横暴而歼我善良。或恃其强大而侵我疆圉"（《建金子囤碑记》），在万历十五年至二十七年（1587—1599）间，以赤水河为中轴线，袁氏兄弟利用河东、河西高地的部分古代"避兵之所"，在土城四周利用山势地形，组织兴建或扩建金子囤、九龙囤、七宝囤、天赐囤四大军事囤堡。四囤位于当时播州与永宁之间，互为掎角，可遥相呼应，屹立险峻，易守难攻，以达袁氏土官"建楼阁以为居守之资；立关隘以为御辱之所，贮仓箱以为民命之需"的目的（《建金子囤碑记》）。

习水河袁氏土司，分为下赤水里和上赤水里，分别以袁年、袁鋬兄弟为长官，时属播州杨氏管辖的地盘。平播前，袁年与袁鋬因迫于杨氏压力，有力挺杨应龙之势。《平播全书·奏议（一）》有载：万历二十七年（1599）八月有报"袁年将驴子二匹，猎犬二只，弩二张，差人送往播州"，以助杨应龙对抗明军筹集物资。

但是，袁年与杨氏有杀父之仇。万历二十二年（1594），杨应龙与明南京兵部侍郎邢玠领导的征播大军抗衡，率各地土兵进行反击。袁年之父袁子升时任下赤水里头目，奉命布防于播州与綦江交界一带，因寡不敌众，接受招抚，明军不战入关，打乱了杨应龙的部署，杨氏只好以退为进，自缚松坎请罪，并交出次子杨可栋及部下千人任其惩处，同时愿出 21 万银两助朝廷采伐皇木。不久，杨可栋却病死重庆，杨氏要求运尸回播安葬遭拒。由此，杨氏怪罪于子升。

万历二十五年（1597），杨氏派手下袁鳌（也属世明后裔，平播后被押赴京城处决）接管下赤水里，并捉回在合江"避难"的袁子升，将其惨杀于大渔湾（今赤水官渡），因此，杨应龙遭袁氏众亲强力反抗。为缓解袁氏家族的压力，以求群力抗明，杨氏召回袁鳌，恢复了子升之子袁年的世袭长官。

三、袁氏土司积极平播

万历二十八年（1600），在平播期间，赤水河以西的儒溪里（唐朝坝长官司），属永宁奢氏管辖的地盘，长官袁切、袁初兄弟积极参与平播，率先打开城门迎接明军。袁切派长子起龙（时任儒溪归化堡指挥）同叔父袁初组成"土城兵"（亦称袁家军），为永合路右翼军，同奢氏随平播大军入播。

下赤水里的袁年，同仁怀里王继先一道（袁年的姑婆是王继先的母亲），在永合路吴兵平播入境之前，主动向合江及杨游击处立约，"率领所部土人妻小，乞要投顺安插"。袁年呈称："先祖世传忠孝，止因（万历）二十二年，故父袁子升奉调出兵进播，不意奉抚，父升于次年归华。（万历）二十五年内，被播捉去苦死，近年添设兵将，年思本里接壤内地，素沐王化，父因应调冤死无辜，年能自新恪守纪律，岂容概累？已申合江及杨游击处立约，自后播州声息，年即抄报。今本里遭毒，倒悬莫解，居民惊讶，如坐汤火，每欲督众投奔有司，保全残喘，恐为县棍阻害，赴诉无门。伏望招顺赐牌照身，仰年操练该下土兵，在彼造册呈报，听令遵行……"［见《平播全书·牌票（一）》中《责成袁年、王继先于本地方护饷》一文］；王继先也呈称："连年被播仇怀，将亲袁子升擒拿非命。播恶自犯天讨，诚恐一概难辨。乞赐给文，付下操练，听候大兵至日，出力报效……"［见《平播全书·牌票（一）》］。

因袁年、王继先率先归顺投诚，得委以在当地长滩（长沙与箭滩一带）操练士兵，以防播兵劫扰，护送粮饷。对此，李化龙在《平播全书·牌票（一）·责成袁年、王继先于本地方护饷》一文中记载："为军务事。照得赤水、仁怀里长官袁年、王继先真诚向化，志节可嘉，除给札付冠带及颁赐银牌、花红旌奖外，查得军中转输粮饷，路从本官所管地方经过，相应行委护运，庶保无虞。为此牌仰本官协同袁年、王继先、李长年，将部下夷兵严加操练，分发长滩等处一带地方设伏把守。凡遇官兵管押粮运经过，务要昼夜提防，往来护送，如有播贼出劫、残寇截抢者，必须尽行擒斩。"

上赤水里的袁鏊，在吴广大军逼近后，也率弟袁鏑、叔袁霞投诚，并随吴军征战，积极参与海龙囤决战破囤，杨应龙自缢死亡后，袁鏑，与安罗二村（二合、石宝庙山，中茅一带）"夷目"罗国明、罗国显、安銮等，随吴广兵进入杨应龙卧室抢出尸体，辨认真伪，会验入棺，贮运赴京〔见《平播全书·奏议（五）》〕。

平播期间，赤水河流域的袁氏土官英勇善战，冲锋在前，"进岩门关，破水牛塘"，直捣海龙囤，随吴广兵、马湖兵献馘或四十余级。在总攻海龙囤时，吴广亲自指挥袁初等尖兵从水道入城，举炮为号，内外接应，打开城门，并受箭伤。〔见《平播全书·奏议（五）》〕

经梳理，《平播全书》对袁氏土司参与万历二十八年（1600）平播之战的典型案例，在《奏议（五）·叙功疏》中有以下记载：

二月二十五日，儒溪长官袁起龙，招出逆酋头目赵坤等三十名；

三月十六日，总兵标下督阵官徐登领广兵，并袁鏑兵各一枝（支）攻打陈家峒（今程寨、陈家寨一带），生擒寨主男王好国及王江、王俸，斩级二十三颗，俘获贼属一十名口；

三月十六日，袁起龙发兵护饷至麻子坝黑洞山遇贼，生擒一十六名口，斩级一十三颗，随于吼滩招降夷目赵崇儒等男妇三百余名口；

三月二十日，长官袁年同永宁抹赛江崇礼，共捉获奸细罗幺儿等三名；

三月二十日，各将督兵攻挖土城（海龙囤一重要关隘），袁鏑等兵挖开一洞，被贼冲开拥众出战。长官袁初同千总曾太、吉安、黄尚明、刘宏绪、杨忠义等各领兵冲杀，斩级二十一颗；

三月二十一日，吴广大部自二郎坝齐发，为把截桑木垭、山丹窝、刀子箐、蛇皮箐等处要路，防贼出没劫粮，长官袁初带兵五百名，同浙兵一千名，武生马邦聘、赵奇凤等兵一百名，同亲兵三百五十名专随该镇（地）策应；

在六月决战海龙囤中，初五日，袁初随刘谦、千总马千乘等兵从水道上城，相约入城举炮为号；袁起龙随郭天俸、周登、周爱等兵为右翼。"五更集兵，黎明，兵从水道登梯上城，陈璘兵继进，恶苗拒战，杀死广兵七人，我兵战益力，下城举放大炮"。以攻破海龙囤，致杨应龙同爱姜周氏、何氏自缢死。

四、改土归流·就地袭职

平播后，因袁氏土官招降擒斩多功，李化龙论功行赏。李化龙《平播全书》云："有投降夷目，原非长官，本无冠带，但赏格曾坐名开谕，辄尔先事归诚，亦宜少示眷酹，以明恩信。如上（下）赤水里头目袁年，父遭酷祸，投降最早，宜授以所镇抚职衔；下（上）赤水里头目袁鑋，仁怀里头目王继先……念其返诚归正，量授冠带总旗。"（《遵义府志》卷三十一），袁初、袁起龙、袁鑬等，仍就地袭职。

万历二十九年（1601），明神宗对平播之地实施"改土归流"，时任川、湖、贵州总督的王象乾对土城（儒溪）、仁怀（赤水市区）、上赤水里，下赤水里等地，重新勘定地界，建仁怀县，设仁怀、郎城、赤水、河西、吼滩、丁山、安乐等七个里，由遵义军民府管辖，隶属四川。同年九月，王象乾在清理贵州疆界时，对平播时任儒溪归化堡指挥的袁起龙所辖河西地方——张家坝抵蔺州青枫寨小河地域（今醒民与古蔺交界），在麻柳滩立碑界定（碑尚存）。由此解决了原播州与永宁多年疆域纷争的一大难题，把奢氏侵占的原儒溪里地域划归仁怀县土城里管辖。

平播后，袁氏土官仍积极参与明朝廷地方治理，并屡立功勋。

万历二十九年，土城里长官袁初为"裁抑土税，以通商贾"，亲率子侄，举家出省，投见川总督王象乾和川东道张俯允给示同意，在土城镌立通商碑记，以此打开土城通商贸易口岸，发展地方经济建设（据土城明代《通商碑》）。后袁初因箭伤复发，病故土城，葬于九龙囤后山。

袁初之曾外孙傅同形（清代名士，岁贡）在《九龙囤感怀》一诗中写道："极天关塞入云中，不数秦封百二雄。野树多临溪水绿，山花犹似戟枝红。仰探石壁烟霄近，俯瞰人家绣泊通。回首当年平播事，可怜今日只蒿蓬。"又："九龙囤上俯层峦，凭眺苍茫夕照寒。自昔河山同带砺，到今世族衍衣冠。墓前翁仲云常护，身后丰碑藓尽斑。雌凤妖骊俱泯灭，我公犹壮后人观。"（见《仁怀直隶厅志》《增修仁怀厅志》等）。

诗的大意是：九龙囤高耸入云，巍峨雄伟，连百二秦关也难以比拟。山涧溪水明净，潺潺流淌，亲吻着溪边一棵棵挺拔的野树。灿烂的山花，婀娜多姿，犹如戟枝上那束通红的绸缎。仰望刺穿云霄的石壁，大雾缭绕；俯瞰囤下的人家，阡陌交错。忆想当年袁公（袁初）平播之事，战马飞腾，杀声震天，已一去不复返。如今，九龙囤上只见丛丛可怜的蒿枝与蓬草。屹立在九龙囤上，俯瞰重重叠叠的山峦，远眺苍茫的夕阳，感受嫦娥在月宫里的凄寒，不禁一片遐想。原来，自古以来，河山似乎自带砺石，在不停地打磨着历史的沧桑。今天，后人来到祖人墓前衍祭祖人的英灵。只见墓（袁初墓）前的翁仲常常被袅袅的云雾守护，墓后的石碑却苔藓斑斑。田雌凤等女叛匪等一切妖魔鬼怪统统歼灭，我公（袁初）的壮举化作了一块石碑，以供后人祭奠与凭吊。

傅同形登九龙囤感慨万千，借九龙囤美丽的景色抒发情怀，遥想当年袁公平播之时的英姿飒爽，以此表达对袁初的祭奠、敬仰，以及对当年袁氏土官平播壮举的追思和颂扬。

天启年间，袁家军主动请缨，奋力平奢（安）。

天启三年（1623）二月十五日，在土城平奢（安）之战中，赤水里袁鏊与王国祯等"领兵抄路，埋伏土城之左，游击袁勋、孙逢圣等领兵埋伏土城之右，乾象亲督大兵直至观音岩，叛逆罗向宸、扶国祯、阿金等三路迎战，守备谭正修等官二十五员分路奋勇大战，铳炮齐发，打死三十余贼，两处伏兵齐出，斩故二百余，督阵指挥杨元亲斩壮苗一人，追至渔溪（今土城儒维）河（赤水河）边，落水死者千余。伪总兵九朝旺淹死。贼将乾象仅三岁的第三子杀死。周宸等兵用铳打死五六十人，夺获大小船三十七只，器械刀枪不计，已战复土城"（《督蜀书草》卷五载）。

同年，在平奢（安）之战中，"（袁）鏎克复重庆、合江、仁怀（今赤水、习水等地）。复与贼相拒于仁怀之竹瓦寨（今习水东皇殿），血战三日夜，兵尽被擒。（奢）寅说之降，（袁鏎）大骂不绝口，遂肢解之。事闻，（明朝廷）命于其战地立忠勇祠祀之，荫其子蕙芳参将，仍世袭指挥佥事。后又命与陈王谟同祀府城忠烈庙"。"蕙芳，仁怀县生员，荫袭后，痛父之死，自请为前锋，直捣奢氏巢，掘坟鞭尸以雪愤。继以兵复遵义，援黔，救滇，其功为多。"（《遵义府志》卷三十一）

明末，在平辽战争中，袁初之子袁见龙率军援辽，被清军万箭齐射，阵亡异乡，割发回葬合江石子山。自袁世明入赤水河流域以来，袁氏土官，秉承"赤心报国"的良好家风，为地方稳定和繁荣发展，做出了贡献。

参考资料

①脱脱等：《宋史》，中华书局，1995 年。

②郑珍、莫友芝：《遵义府志》，巴蜀书社，2013 年。

③陈熙晋纂辑：《仁怀直隶厅志》，道光刻本；崇俊修，王椿纂：《续仁怀直隶厅志》，光绪二十八年刻本。

④陈尚忠：《建金子囤碑记》，载《仁怀直隶厅志》，清道光间刻本。

⑤明代袁初《土城通商碑》；《麻柳滩界碑》；载仁怀政协学习文卫委编：《仁怀历代文钞》，中国文史出版社，2009 年。

⑥李化龙：《平播全书》，商务印书馆，1912 年。

⑦朱燮元：《少师朱襄毅公督蜀疏草》，《四库全书存目丛书》本，史部第六百册，齐鲁书社，1996 年。

⑧西南《袁氏族谱》编纂委员会：《西南袁氏家谱》，中国戏剧出版社，2013 年。

⑨谭其骧：《播州杨保考》，《贵州民族学院学报》1982 年第 1 期。

⑩李良品、李思睿、余仙桥《播州杨氏土司研究》华中科技大学出版社，2015 年。

⑪禹明先：《土城袁氏历史研究》，http://blog.sina.com.cn/s/blog_8735f9840100yn3j.html.

⑫苏林富：《赤水河中下游的土司与明仁怀县的建立》，http://www.sohu.com/a/165932661_777077。

⑬袁绥华、袁仲斌：《南宋统制袁世明入蜀平南留镇武都城》，https://mp.weixin.qq.com/s?__biz=MzI4OTI5MTA2Mg％3D％3D&idx=2&mid=2247483655&sn=7312bc98a4ab29e99c92af6bbac324e2。

⑭袁刚：《南宋袁世明"入蜀平南"考略》，http://www.yymwz.com/post/30795。

《郑益显传》考辨

刘一鸣

郑益显是西南硕儒郑珍先生七世祖（郑知同又称为一世祖）。郑珍撰《遵义府志》于"宦绩一"为之立传。《郑益显传》原文云：

郑益显，《家谱》云江吉水人，官四川游击，遵义兵备道卢安世设九隘备水西，以益显守底水隘，后家遵义之西乡。《殉难录·王恪揭子》："佐圣创筑新站城时，率将领郑益显等往来巡视，边备悉举。"益显孙之珑自撰《墓碣》："益显从兵备使入播，镇守西夷。"孔昭民撰《行略》：（首缺）下多故，日学击剑，弯强弓，马上舞八十斤大刀，如流星闪电，目不给顾，久之，遂弃生员，入（下缺）游击，闲居久，乃携妻子寓富顺，环水先生时为教谕，一见叹曰："公真英雄也！"日夕过从，快论天下至计。环水尝谓曰："国家若自用子，吾二人岂能长聚耶？"公曰："天下事，君辈努力。吾自弄刀矢至今，辽海沙场，大小七八十战，幸闲废不死。吾老马不复思骧鸣矣！"未几，奢崇明反，天启元年十月遣贼将孟斗山来取富顺，知县弃城逃走，环水来约公同走，公曰："子欲立功名，此其时也。尚何走耶？"因定计，集勇士百余人，开门纳斗山，斗山方入城，公挥剑斩之，众急反走，公率勇士追杀几尽其众。告环水曰："速馆县印、善守具，彼决不与此城休矣！"奢贼果卷众来，围城数匝。公曰："以吾力守此城，足相持二十日；然力少终必破，子急溃围出请师；得数百人为助，贼虽数万，易走也。"环水骑一马，挟勇士七人溃围而出，至成〔下缺。按：环水，卢安世字，此事与《明史》"安世为富顺教谕，知县弃城逃"合。《（贵州）通志》谓安世为巴县学博，奢贼掠城，县令死之。今考：奢贼起事重庆，杀巡抚以下诸官遂据重庆，攻取列城，不得云掠巴县。则云县令死，亦非实也。〕明、省吾旧将，文启、士忠及正并世传将家，守隘无如此数人者。环水欲奏公名，公不欲，强以前官权守底水隘。公招抚流移，因练乡兵，遵义西

245

境，隐然长城；在隰十年，招安祚远来献渭河西岸地二百里。安氏俞不（下缺。按：省吾，刘綎字。"明"上当是"尚"字，谓王尚明，綎将，与綎《揭子》合；文启、聂文启；正，周正；士忠无地考。此数语盖与安世商选隰官之言。考习化神撰《聂公平妖碑》：安世置隰官在天启四年，称前官者，据前段知是罢闲游击，至此起用；称权守，知不与各隰官同奏名。安酋献地，《王公殉难录》在崇祯七年，《陈志》在五年，此云在隰十年，招祚远献地，由四年置隰推之，则此与《殉难》原呈，同实录也。）党屠散，井里荒芜，天子岁易将相，又无一日持者，因愤极弃守，家洋湖水上。公时虽老，然时时不忘天下事；诸隰将无不秉成策者。崇祯十一年，祚远地复归水西，道府以怀远指挥地虽失，然降人难便裁去，因遣国政耕屯沙溪，视流官折俸。沙溪豪猾郭（下缺。按："屠散荒芜"以上，盖叙流贼荒年，乡里不堪。）狱，器械俱运藏城中，计四月初二日，诸隰官、土司往尚明家作生日事，必不及援救。遂于初一日傍晚，潜从上村攻城。诸司隰闻急，各归集所部会救。逮至，鲁生已死难。诸贼闻救至，上才、士奇从小坎，登甲等从大银山，正国等从十二茅坡，各觅路归沙溪。公驰至马坎，顾从者曰："彼闻援至必走，必不由此。"急趋小坎邀之，生擒上才，士奇纵马走，公追至马桑箐，士奇已缢。搜（下缺。按：鲁生，王佐圣字。）年正月初四日，老神仙至遵义乡城，闻待可望至即行屠，哭声震天，死者满野。公单骑道服，夜入城见老神仙。老神仙素震公名，约不屠居近三十里。公曰："军师知大西王所以败乎？屠戮太尽，无人与守，故使军师今日至此。今四川只存一遵义，若再屠，军师及大将军无进退地矣！"老神仙曰："誓如公言。"欲羁公，公曰："老夫耄矣，今皇帝中兴之主，军师诚能与大将军匡复社稷，他日垂名史册，称中兴将相，前日作贼之非，赖此以掩，望军师勿忘老夫此言。"老神仙垂头叹息，顾公已持双剑出门，呼壮士持马矣。自此，可望所过，民皆安堵。至贵州即称臣于今皇帝督公此言悟之也。及王祥自顺庆归，公待之娄山关。祥见公，泣不能起。公曰："今日非一泣可了也。我观可望，驻（下缺。按：孙可望奔遵义，在顺治四年。老神仙实陈士庆，见《寄园寄所寄》。王睿《殉难起事》云：贼军师李自旺，号老神仙。）"

按：《益显行略》得自江津士家，故首尾烂落，中间亦多缺断。前之家世，累历升降，后之与王节愍筹复遵义，以至死卒皆无考。然当时隰官，惟周世禄、聂文启粗得大概。此文虽残缺之余，就可读者观之，英风伟略，十具四五，且已多补史传不备，则益显于隰官中特详矣，兹仍原册录之，略为疏证，待访其全云。

该传文残缺不全，子尹先生在按语中说撰述者孔昭民，却没说是何人何时从江津何士人家求得。这篇传文告诉我们以下信息：

1. 郑益显按所传《家谱》记载是江西吉水人，郑珍五世祖，益显孙郑之珑撰《墓碣》说"从兵备使入播，镇守西夷"（注：指驻底水隘，隘在今贵州省遵义市播州区原鸭溪天旺西南偏岩河一渡口）。

2. 郑益显入播后官四川游击将军。自幼习武从军，除随刘綎、王尚明等参加平播外，还参加过援辽抗后金的大小"七十八战"。尽管刘綎率部于万历四十六年（1618）援辽，次年三月本人及部属多半战死阿不达里岗，但郑益显是西南援辽作战的"不死鸟"，大小七八十战得生还，回居播地。

3. 天启元年奢崇明兴兵反明时，郑益显以赋闲游击将军身份游历四川成都府富顺县并结识该县教谕卢安世。在永宁奢军围城中知县逃走后，是他协助卢安世守城并定计杀孟斗山，并掩护卢安世逃往成都求救兵。郑益显是维护大明王朝统一的功臣，是忠君护国的英雄人物。

4. 卢安世主持设底水等九隘防水西，在隘官人选上是与郑益显商量办理的。具体条件是由刘綎旧部将王尚明从平播的将领中选任。卢安世要奏报郑益显于当道，被其拒绝。在卢的强求下，郑益显才以原任游击将军身份暂署隘官事务。

5. 郑益显平奢后任底水隘官十年，招抚流亡，发展生产，招安水西属雄所则溪头人之一的安祚远将渭河西岸两百里地献给四川省遵义府，益显派属下赵国政耕屯沙溪。

6. 郑益显协助遵义知县王佐圣及旧将王尚明平定渠酋郭士奇、吴上才等的叛乱，亲临设伏生擒吴上才、追击逼死郭士奇，维护了遵义县西乡的安定。

7. 大西军首领孙可望在张献忠西充战殁后率部退至遵义，是郑益显面见其军师老神仙陈士庆后，孙可望才改掉过境屠城、以杀人为乐的恶习的；孙可望投入南明永历政权麾下反清，也是郑益显劝说老神仙的结果；1647年遵义府城百姓免被屠城是郑益显的功德。

8. 郑益显在明军和大西军抗清作战兵败如山倒的形势下，亲赴娄山关迎接从顺庆（今四川南充）尾随大西军退守遵义的明军将领王祥，且帮助王祥规划收复遵义。郑益显是晚明的能人与忠臣。

最后，子尹先生在按语中总结说："此文虽残缺之余，就可读者观之。英风伟略，十具四五，且已多补史传不备。"

鉴上，我根据李化龙《平播全书》、朱燮元《少师朱襄毅公督蜀疏草》

（以下简称《督蜀疏草》）、《少师朱襄毅公督黔疏草》（以下简称《督黔疏草》）、《蜀事纪略》等平播、平奢安的第一手历史文献资料中有关郑益显及文中所涉人物之信息的收集和整理，再参考子尹先生《遵义府志》所述叙相关人物之事迹，便可粗略了解历史上真实的郑益显和该传文的真伪。《平播全书》中没有郑益显、王尚明、卢安世等信息，只有《督蜀疏草》和《督黔疏草》中有较多的信息，兹择要摘录如下。

《督蜀疏草》卷三天启二年（1622）八月十五日朱燮元奏《报遵义建武失阵疏》载：

> ……据遵义署印推官冯凤雏呈：……查得本月十四日，陆续据各营塘报：水西逆贼阿乌迷、莫德、阿能、刘恩、江之龙、游朝炳、郑一显统贼兵数万入犯内地，抵水中泽林，扎营于河梁庄，离府城四十余里。又崖门路（注：今仁怀市坛厂镇丫口一带是崖门关）塘兵报：蔺贼奢寅、罗向宸、罗文垣、金保等统载数万找搭浮桥于大湾营、落红口、桃红滩渡江（注：指赤水河。三处在今习水县习酒镇、古蔺县太平镇、仁怀市原二合镇罗村一带）三路进取遵桐。

《督蜀疏草》卷五载朱燮元天启三年二月初二日据监纪督饷遵义道四川按察司佥事赵邦清塘报：

> 本年正月廿一日，准副总秦衍祚手本报称：奉本道密令，发守备龚自明、罗廷孝等统兵前锋侦探堵截；正月初七日，据龚自明报称：蔺贼扶国祯领兵数千据占遵义府城，又于府后创立大营，西贼游朝炳、杨维新、郑应显等于龙山寺屯扎五营，又于总府后山屯扎五营为犄角之势。……游朝炳、杨维新、郑应显等见国祯败走，各偷路溃围而逃；侯参将督发守备陈献廷等领步铳手夹击，斩获伪参将郑应明、伪都司游朝帝、抹赛、阿乌受等〔注：此处"郑应显"是因赵邦清汇报中将"一"念作"应"之故（方言相近），朱燮元照录上奏。因与游朝炳一道的水西军没有郑应显、郑一显同为将领的佐证信息〕。

《督蜀疏草》卷六载朱燮元"塘报各路功次疏"有天启三年（1623）四月十日上奏疏：

> 四月初二日据遵义赵佥事塘报：三月十九日戌时，据都司张金玉、钟仕禄、塘兵王宗成等报称：奢寅于水西借兵，西贼允发莫德官、江之龙、游朝柄、郑应显、杨维新等统西兵二十七营扎缉麻山关王庙、烂泥寺（注：两地均在今仁怀市坛厂镇与鲁班农堡一带，至今地名仍

存）。……三月二十二日午时，据本道差旗牌钟俸、医官董尚策禀称：蒙差役同董尚策往大罗坝招抚郑应显、游朝炳（注：大罗坝位于今仁怀市五马镇境，地名今仍存，与缉麻山、烂泥寺相距15～20公里）。……又据加衔游击李栋、田应斗报称：二十一日辰时分，蔺贼奢寅、扶国祯、奢宏、奢辰计合水西莫德官、阿乌迷、杨维新、游朝炳、郑应显等，二土苗会合马兵二万有余，步兵五万余，还有山箐中埋伏者难以相见。

朱燮元在《补恤死事诸臣疏》中说：

> 查得遵义府推官冯凤雏，不避艰险，亲入虎穴，复城据守，劳苦万状。天启二年七月廿三日，二酋夹攻，本官挺身骂贼，不屈坠城；及贼胁降，自求一死，被杀二枪，即时身毙，骸骨无存。威远卫候缺经历袁一修，本府司狱苏璞俱义不从贼，同坠城被伤身故。……冯凤雏被围不屈，绝城殒命。遵义道佥事赵邦清已查的系西贼郑应显亲身执杀，应显系绥阳里长，岂不认识？

《督蜀疏草》卷七载，天启三年（1623）九月初二朱燮元上奏《塘报各路功次疏》中有：

> 据遵义路佥事赵邦清、同知商良弼塘报……本道差委绥阳县生员郭三聘招抚西目游朝炳、郑一显、游朝坤、杨明辉等携家口四百余名口于七月廿七日至桐梓投降。本道动支饷银，大加奖赏鼓舞，令其立功。

《督蜀疏草》卷十一载朱燮元天启五年二月初四上奏《叙述从征文武功次疏》对川省平永宁、水西叛军作战期间数百名有功将佐，上荐予以褒奖：最后对"王继宗、焦从智……游朝炳、游朝坤、郑一显、王来聘……廿七名降将"，其考评推荐说："皆相无反骨，胸抱赤肠，明祸福逆顺之机，倒戈自效，识箐林洞穴之路，投袂直前，既为顺民，即吾赤子，今已暂给加衔矣。"

另有《督黔疏草》十二卷，是崇祯元年（1628）九月十一日朱燮元在家守制时接圣旨，启用为兵部尚书兼都察院右都御史总督贵州、四川、湖广、云南、广西军务兼督粮饷巡抚贵州、湖北、湖南、川东、偏沅等处地方，统率明军和拥明土司军剿灭水西安邦彦和永宁奢崇明大梁王联军及附和反叛的周边土司军的军政实情汇报文集，当中提及郑益显的地方有以下一些。

《督黔疏草》卷一中，于崇祯二年（1629）九月廿八日奏上，将是年八月十六日后之战况汇总的《汇报各路贼情功次疏》中有：

> 据遵义监军道副使卢安世、副将刘养鲲报称：……据加衔参将韩国

祯报称：……七月廿六日拣选精锐……寅夜直抵白云山（注：今仁怀市后山乡与金沙县岩孔交界处），本职又于七月廿八日每营发兵百名探至石梁庄（今仁怀市茅坝镇石梁坝），路遇西贼……拟冲遵义城，适与我兵相撞对敌……将官罗廷贵、游朝炳、王继宗、王正相、罗文垣、袁鳌、郑益显……各斩功一颗，共斩廿五颗。

《督黔疏草》卷二载，崇祯二年（1629）九月廿八日，将本年八月十六日至九月廿八日止之战况汇总的《汇报各路贼情功次疏》中说：

据抵水一路将官游朝炳、郑益显报称：奉令于十七日夜率本部兵将深入苗巢，从抵水出杨村、老鸦关行三十里，天明攻打水西沙土场。……八月廿一日……从草窝、黑石头、天生桥攻敌后营，……将官郑益显部下兵士郑起龙、郑宠、王应位、石大贵共斩级四颗……将官游朝柄、郑益显、游朝坤报称：攻打哑草、罗村（注：今仁怀荣昌坝）等寨，部兵韩继成、游加漠等八十五名共斩级八十五颗……

《督黔疏草》卷五载朱燮元于崇祯四年（1631）四月廿七日汇总崇祯元年底以来平奢安之乱有功将佐之《查叙在事文武官员功次疏》中两次提及游朝炳，不再提及郑益显，可能是郑被卷入举报遵义兵巡道副总兵刘养鲲贪贿收括中被冷处理了。据该书卷六记载，崇祯五年（1632）八月廿八日朱燮元奏旨回奏，遵义路副总兵刘养鲲贪贿收括案查办情况时说："据遵义兵巡道副使卢安世呈：……据郑益显供称：原籍隆昌县人（注：该县与富顺相邻）因平播改流前来遵领受田土，止知耕种营家。并不知刘副总私受金银事情，并不晓得东隆、上庄是何地。"此后该书卷七到十二卷均无郑益显信息，第九卷崇祯七年（1634）闰八月下旬提及游朝柄父子被雄所则溪土目安祚远围杀的信息，卢安世在上报材料中称游氏父子为"奸把"。

综合以上资料信息，郑益显其人应当是：郑益显，四川隆昌县人（从移民历史江西填湖广、湖广填四川看，也许其祖籍是江西吉水）。平播后移民遵义府绥阳县领受田地并任里长，奢安反明之初投入水西雄所则溪阿乌迷、莫德官麾下充把目，率土司兵多次进攻遵义府城，并于天启二年（1622）三月下旬与明军交战中退守今仁怀市五马镇大罗坝，明军遵义府金事赵邦清属下旗牌官钟俸同医官董尚泽，曾前往游说劝降未果。七月廿三日又与扶国祯、奢寅等率兵攻占明军兵不满千的遵义府城并亲手杀死缒城而下的遵义府推官冯凤雏。在明军反击下，次年移守遵桐边界，于七月廿七日在桐梓接受金事赵邦清与遵义府同知商良弼所派绥阳籍生员郭三聘游说接受招安，郑益显与游朝炳率家口兵丁四百余人投降，受赵邦清、商良弼奖赏白银若干两，并报委游击将军率部参加对水西、永宁反明军的作战。至天启五年（1625），朱燮元将其荐举为 27 位无反骨降将中的加衔游击将军，驻底水隘。后卷入与遵义副总兵刘养鲲的矛盾中，被冷落终老信地（军队驻扎和管辖的地区）。其生卒年代无考。据其后人讲，其葬地在底水隘（今鸭溪镇何梁庄）。

目前为止，我们能见到最早、最原始的平奢安反明的历史资料中，最全面、最权威的莫过于朱燮元的督蜀、督黔疏草二十四卷。从史料学角度审查，其历史真实性是毋庸置疑的。有明一代，其厂卫监察体制非常严密，封疆大吏要弄虚作假也十分困难。就朱燮元《督蜀疏草》而论，如天启三年（1623）十二月初一上奏《飞报擒获首凶疏》中"据遵义道副使侯国飞报准加衔副将侯良柱称：……十一月廿一日提兵杀入龙场……捉住凶酋奢崇明……"次年正月初在《塘报功次书》中特别申明前系误报，拿获的是奢崇辉、并未拿获奢崇明。朱燮元知道若自己不纠正而被厂卫监视者秘报皇上则会犯下欺君之罪，轻则受罚、重则人头落地。所以我认为朱燮元疏草史料价值是很高的。

下面我们再看传文中关联人物王尚明、卢安世、王佐圣三个在《平播全书》《督蜀疏草》《督黔疏草》和郑珍《遵义府志》中的有关信息。

王尚明：《平播全书》未提及。《遵义府志》卷二十七"职官一"游击都司、守备栏仅列名。《督蜀疏草》卷四有天启三年（1623）正月初九朱燮元奏报《塘报各路功次疏》中据分守川东兼理监军督饷参政吴国仕塘报："官兵于天启二年（1622）十一日廿七日……至白沙水，兵分三路，两枝埋伏接应，骆都司、王尚明、庹朝荣等排阵接杀。……廿八日，……王尚明、庹朝荣等数骑先冲入贼阵，各守兵援接获功斩级，逆贼徐退。"该书卷七有天启三年（1623）七月初八朱燮元报六月初一至廿九日战况说："据真绥路监纪参政吴国仕塘报：据原任绥阳县监纪知县任宠、准参将陈一龙报：……同王尚明至竹把（仁怀市鲁班镇文政），招降盐井（盐井河）、九仓等囤寨伪军师王国才及头目王朝臣等廿八名。"（注：三地均在今仁怀市南部）同卷载朱燮元天启三年（1623）十月十六日上疏报该年九月初一至十月十五进军战况说："据遵义路参政闵梦得、分理安罗路同知商良弼、真绥路推官李必达陆续报称：据参将陈一龙……将官王尚明……塘报：即令督兵侯良柱一路至杜包、三涨水、九仓、立崖、小寨、后山等寨（注：地名均在今仁怀市南部）大战，斩伪都司阿果、陈四……苗功四百四十三颗。"同书卷之八载天启三年（1623）闰十月廿二日上奏《塘报战败攻永贼兵疏》说："监纪真绥路推官李必达报称：十月十六日申时，准参将陈一龙塘报：分部将王尚明、傅元勋等往中庄（注：今遵义市区忠庄铺）等处合黔师龙秦二副将剿安逆贼……"同卷天启四年（1624）二月初七日《塘报功次疏》中载："遵义道报……监纪推官李必达报准参将陈一龙督部将王尚明等连日依会哨会攻屯大战。"该书卷之九天启四年（1624）五月十三日《塘报遵永功次事》载："卢金事塘报……四月初三日据副将陈一龙差塘兵至镇南关侦探，……本道刻会同各将分遣将官王尚明、金文科、骆麟伏兵朗山口，出五凤庄……"该书卷十一载天启五年（1625）朱燮元汇总天启二年（1622）到天启四年（1624）底平奢安战况有功人员荐举晋级、晋职的有功人员的《叙录从征文武次疏》中将王尚明列于九十五员领兵参游守备并督阵指挥等官的第七十五位。

卢安世：《平播全书》未涉及。《遵义府志》卷二十七"职官一""遵义道、金事"条载出"贵州赤水卫举人，崇祯元年五月任"。另卷三十"官绩二、遵义道·传"，照录《明史》本传外，又录康熙二十四年陈君瑄修《遵义军民府志》"天启五年任遵义道时，遵为贼将扶国祯所据，安世统兵亲剿，恢复分兵屯田，以省川运；招抚逃民各归奢土；防御周密。土民乐业，历任九年，以劳瘁告致；合属至今颂德不衰。"《四川通志》："字环水，天启中任巴县学博，奢贼掠城，县令死之，安世鼓集义勇、诱贼渠孟斗山入城，斩首持示，贼惊溃，掩杀无算。"《督蜀疏草》卷之四：天启二年（1622）十一月廿四日朱燮元《纠参县今疏》载遵义金事赵邦清举报绥阳知县任宠纵子招兵图饷时提及"七月廿八日，富顺卢知县也在堂同坐议事"。该书卷八，天启三年（1523）闰十月廿二日《塘报战败攻永贼兵疏》："据仁合路监纪金事卢安世塘报，亲督将官张奏凯、王正相等奉令分守鄢家渡与贼对敌（渡在今仁怀市茅坝镇黎民村北赤水河边）"同书卷之八，天启三年（1623）闰十月廿二日上《搪报战败攻永贼兵疏》云："仁合路监纪金事卢安世塘报：闰十月廿六日差前锋加衔参将张奏凯、加衔都司聂之宇督兵过落红河（今古蔺河）。"同卷天启四年（1624）正月初九《塘报功次疏》载：三年（1623）十二月初一日，"仁合路监军金事卢安世"，另在《议留钱粮疏》中提及卢安世为金事。《督蜀疏草》卷九载天启四年（1624）五月十三日《塘报遵永功次疏》中说："职飞檄金事卢安世统所部兵一千驰赴绥桐、会同知冉釜、商良弼、推官李必达，副将侯良住、陈一龙、杨通霈等于二万兵内拣选精锐为前锋，各守大小娄山、崖门、青蛇、柏杨、朗山及乌江四十八渡信地，宿兵战守。""卢金事塘报：……四月初三日……王尚明、金文科、骆麟伏兵朗山口、出五凤庄……"该书卷十《议补边道中军疏》是天启四年（1624）十月廿二日所上，朱燮元在奏文中称卢安世职务为"四川监军带管兵巡遵义道按察司金事"。该书卷十一载：天启五年（1625）朱燮元汇总天启二年（1622）至四年（1624）底作战有功人员的《叙录从征文武功次疏》中给卢安世的评语是"佥事卢安世，沉恂雅度，恢拓长材，料敌洞中机宜，正奇迭用；临阵亲撄矢石，士马腾骧"。

王佐圣：《督蜀疏草》《督黔疏草》未提及。《平播全书》更不会有其名了。《遵义府志》卷廿七"职官一·遵义县知县"条云："王佐圣，苏州举人"；同书卷三十"宦绩二"有传约一千二百字，择要摘录："南直长洲县人（注：民国二年改长洲为江苏吴县）""巡抚张国维首荐于朝，擢升四川遵义县……以崇祯十四年（1641）四月十三日莅任。……新站者捐资创立一城……时与将领郑益显、王尚明等往来巡视。……时十里土司义兵王尚明等，皆佐圣训练……"

综合上摘史料，对子尹先生《郑益显传》质疑如下：

1.《传》云：郑益显原籍江西吉水，从兵备使入播，为刘綎旧部宿将。疑问一：益显既然为刘綎宿将，在平播时年龄起码也在三十左右，且李化龙在《平播全书》中对子尹传文所云的王尚明、卢安世、聂文启、周正及益显均应提及，查遍全书一个也找不到。疑问二：从哪位"兵备使"入播。刘綎还是卢安世？刘綎江西南昌人，平播时任四川总兵官非兵备使，若随綎而入播，显然称谓不当；卢安世升兵备道是天启三年（1623），既以宿将自诩，又说平奢安才入播、时间错位二十多年。怎么也讲不通！

2.《传》云：平播后郑益显随刘綎援辽抗击后金，"辽海沙场大小七八十战，幸闲废不死"与史实不符。明万历三十六年（1608），后金建国者努尔哈齐以"七大恨"告天出兵攻击明东北城池，明军不断败北，始有"辽饷"之派和全国各地兴兵援辽之举，翦伯赞主编《中外历史年表》载：万历四十七年（1619）三月，杨镐所督西路兵与金兵战于萨尔浒，大败，总兵官杜松等死之；北路兵大败于尚间崖、裴芬山，监军潘宗颜等死之；东路兵大战于阿布达里岗，总兵官刘綎等死之，其征来相助之朝鲜兵大溃，都元帅姜弘立等降。可以说刘綎部援辽军一战即败，将士大多战死，郑益显这位时应五十岁左右的游击将军能逃生且大小七八十战而正史却无痕迹是不合情理的。这是对该文的第二个疑点。

3.《传》云：郑益显以游击将军赋闲游历富顺县，结识卢安世并与之共同抗击奢崇明大梁国军前锋孟斗山的史实不可靠。根据对卢安世与郑益显相关活动史料的比对研究，可以说二人彼此知名，是在天启二年（1622）明军与叛军在遵义府交战中从情报上熟习对方的。次年七月下旬郑益显于桐梓投诚后成为遵义监军道佥事卢安世指挥的部将之一，特别是天启四年五月中旬卢安世率部参与遵义府防水西各关隘屯堡的规划布防，始与郑益显有见面交谈之可能。特别是崇祯五年（1632）秋郑益显卷入告刘养鲲贪贿收括案后卢安世亲自过问，了解郑益显是富顺邻县隆昌人，大家都是成都府的，来遵义府谋官，有几分乡情；后来水西雄所则溪安祚远献地引发遵义府与贵州省的疆界纠纷，郑益显在卢安世亲临与毕节道官员共同会谈清界时热情接待，有些交谊是实情。但历史人物在后人传说中添加了色彩，而子尹先生却据为撰文的依据，与史实就不符合了。

4.《传》云：郑益显劝说大西军孙可望部军师老神仙陈士庆后，孙部才改变张献忠屠城杀人之习惯并决心拥明永历小朝廷与史实不符。在清顺治四年，南明永历元年（1647）正月，大西军孙可望部在"皇帝"张献忠西充抗清战死后，退守綦江收容大西军各路溃兵，休整后退至遵义。明史专家顾诚《南明史》251页写道："张献忠牺牲后，孙可望立即改变张献忠滥杀无辜的过火行动。"并引邵廷宥《西南纪事》卷十二《孙可望传》说："孙兵临綦江即下令'自今非接斗，不得杀人'，故孙部进驻遵义'秋毫无犯'。"另外，如果平播时郑益显已任将军，起码也三十余岁，此时应是八九十岁的老人，还能"单骑道服、夜入城见老神仙"？当时的历史真实是部分明军将领组织武装，抵抗大西军被击溃，如贵州按察使张耀、布政司参议曾益均在重庆战死；而部分官吏、陷将带随从和家人躲入山箐洞穴逃命。在兵荒马乱的情况下，八九十岁的郑益显何敢单骑道服，夜入府城呢？再说人烟稀少，虎豹横行，他连随从都不要么？仁怀《雷氏族谱》记载五岔雷氏有一女嫁罗村平播屯守千把总赵奇后人，在回娘家途中有三人护卫都被老虎叼走，郑益显不怕么？再说郑益显见老神仙只称张献忠为大西王，是会引起大西皇帝拥立者反感的，这个句子造得不近历史情理了。一个反复无常的陷守游击将军，有何影响力使老神仙陈士庆、这位大西军平东将军孙可望的参谋长"震其名"呢？

5. 1944年8月，张献忠大西军破成都，11月以成都为西京称王，建元大顺，设丞相等官，遣兵徇州中，仅遵义府未归附。次年反张献忠暴政者纷起，1646年春，明将杨展（武状元）、王祥等夺占川南诸州县，组织联军声讨张献忠，七月张献忠在明军、清军夹攻下称帝后，退往西充，杨展等追至汉州（广汉）不及而还。是年十二月清军豪格入南部县，献忠拒战败死，其部将李定国、孙可望、白文选等退走川南，清兵追至重庆因兵力不敷而停止攻击。王祥在孙可望等于1647年退走贵阳后，尾随入据遵义。《郑益显传》说"及王祥自顺庆归，公得之娄山关，祥见公，泣不能起"。即王祥见到郑益显这位八九十的老者跪下哭得泪人般，不能起来，是益显安慰他"不可一哭了之"，王祥是在益显帮助下才恢复遵义府城的。王祥在朱燮元《督蜀疏草》中多处提及，是明军仁合路的正六品百夫长，而非王夫之《永历实录》

所说的"王应熊家奴"。朱燮元《督蜀疏草》第七卷提到"巴县乡官王应熊"。王祥非无作战指挥能力的草莽之辈，是因大西军留守兵力单薄，清军停追而袭取遵义府城的。

6. 王佐圣，明末清初江苏无锡人计六奇撰《明季北略》载：

> 字克仲……辛巳（1641，崇祯十四年）以张国维荐任今蜀遵义，……八月酋首郭士奇、吴尚才拥众入寇，边将赵国政战死，贼遂大肆焚掠，佐圣伏奇兵隘口，擒士奇、尚才等，贼宵遁。壬午（1642，崇祯十五年）四月，酋帅吴尚贤、龙正国率叛夷数万攻城……佐圣以印付子恪，命服拜阙……遂遇害。……未几，所部义民誓死力战，勒兵新站，邀贼归路，尽歼尚贤、正国数万贼于境内。

《遵义府志》卷三十"官绩二"《王佐圣传》载：

> 佐圣……知四川遵义县。以崇祯十四年四月十三日莅任……是年八月……躬率兵越数百里（注：进入贵州所辖原水西宣慰司境内了）斩馘百，阵擒士奇，上归才、置府狱。……明年明朔……至四日，外援不至……遂为（贼）所害……《明诗综》"佐圣又字鲁生"。……时十里土司义兵王尚明等，皆佐圣所训练……举白旗进剿……

该书《郑益显传》云：

> ……四月初二日……诸司隘……会救，鲁生已死难。……公（注，指郑益显）驰至马坎，顾从者曰："彼闻援至必走，必不由此……"急趋小坎邀之，生擒上才，士奇纵马走，公追入马桑箐，士奇已缢死。

综此比对，子尹先生自己所述王佐圣遇害时间不一致；另，究竟有几个"王尚明"，如是平播、平奢安明将军王尚明，级别比知县高，且年龄在九十以上，还会操持军政事务吗？即或操持，还要一文人知县训练么？再说，李化龙平播、朱燮元平奢安都留兵屯守，很多姓"家乘"上均记有"刀把落业"，怎么会全赖"土司义兵"呢？这些造句均违反特定的历史时空特性，是不符合历史叙事规则的。

总之，我认为《郑益显传》是子尹先生秉其高祖辈之珑、孔昭民编造的故事加以完善而形成的。这从子尹按语说"《郑显行略》得之江津士家"即可看出。另子尹生活在清朝嘉、道、咸、同年间，距平奢安两百余年，《少师朱襄毅公督蜀疏草》印行于清康熙五十五年（1716），子尹先生在修《遵义府志》所列参考书目中有《奢崇明陷重庆纪略》，这是天启六年（1626）三月朱燮元自编印行的《蜀事纪略》第一篇，原题为"逆贼奢寅父子遣叛杀占重庆略节"。子尹先生撰冯凤雏、袁一修、苏璞多人，就取材于《督蜀疏草》，可以推定他是见过该书的，只是发现自己老祖宗参与叛乱又投降不光彩，所以连书目都弃之不用，只征引一篇不涉及老祖宗的奏文；而且在处理平奢安人物时，尽量弱化这段历史的人和事，遮盖郑益显叛将名声，如对郑益显、聂文启两位隘官撰文均一千二百字以上，对殉职推官冯凤雏只用十九字。这篇传文是伪文。有人说我将郑益显、郑应显两人混为一人了。我查阅朱燮元二十四卷奏稿发现，同一人在不同奏稿中名字音同字不同的有"王甫松""王辅松""犹朝柄""游朝炳"等，我认为"益""一"与"应"是方音相近，应是一人，且有"游朝炳"与"河梁庄"人名与地名相映衬，不可能与游朝炳一道的土兵将领有一个"郑益显"，还有一个"郑应显"存在。另外，本文也没否认"郑珍为晚清诗圣"的意思，只是凭史料考辨清楚历史真实，以免以讹传讹，劝善不足，导欺有余也。

参考资料：

①郑珍等著，遵义市志编委会办公室整理：《遵义府志》，遵义人民印刷厂印（内部发行），1986 年。

②李化龙著，唐守文点校：《平播全书》，大众文艺出版社，2008 年。

③朱燮元：《少师朱襄毅公督蜀疏草》，《四库全书存目丛书》本，史部第六百册，齐鲁书社，1996 年。

④朱燮元：《少师朱襄毅公督黔疏草》，清康熙五十五年朱人龙刻本。

⑤顾诚：《南明史》，《光明日报》出版社，2011 年。

⑥计六奇《明季北略》，中华书局，1984 年。

⑦雷鸿鸣等著：《仁怀雷氏族谱》，2015 年内部印行本。

赤水河在"南方丝绸之路"中的支柱意义研究

张　铭　李娟娟[*]

摘　要：历史时期赤水河是"南方丝绸之路"的重要支柱。西汉时期随着唐蒙取道赤水河，赤水河成为西汉王朝在巴蜀向"西南夷"腹地推进的重要军事通道；东汉开始，赤水河成为巴蜀繁盛之地向"西南夷"腹地传播先进文化技术的经济通道；西晋末李氏据蜀，引僚入蜀，赤水河成为牂牁等"西南夷"腹地向巴蜀移民的民族走廊；唐宋前期赤水河流域经济文化继续发展并留下大量遗迹，赤水河在南方丝绸之路中主要充当经济文化交流通道；南宋后期，因防御蒙古的需要，赤水河则主要充当军事往来通道；明清以来，随着贵州设省及改土归流的推进，在川盐入黔、皇木转运、黔铅调运等国家资源调配之下，赤水河流域交通的经济功能凸显，其军事通道的意义相较经济大通道的重要作用要逊色。当今在"一带一路"战略统筹下，系统考察历史时期赤水河在"南方丝绸之路"中的属性与价值，让其继续发挥南方丝绸之路支柱作用有着重要意义，可为赤水河流域区域社会的发展带来巨大的"南方丝绸之路"遗产福利。

关键词：赤水河；南方丝绸之路；支柱意义

赤水河系长江上游重要支流，古称大涉水，晋为安乐水，唐名赤虺水、安乐水，明清为赤水河，有的河段称斋郎河、仁水、之溪、习部水等，是目前长江上唯一一条自然流淌的一级支流，其唯一性无可复制；但流域内整体经济发展相对滞后，有云南镇雄、威信，贵州大方、习水以及四川叙永、古蔺等6个国家级贫困县。正因如此，在振兴"一带一路"大背景及保护赤水河生态的前提下，如何快速推动该流域经济的发展值得进一步深入研究。

---

　　[*] 张铭，男，四川省隆昌人，西南大学历史地理研究中心博士，主要从事中国历史地理研究；李娟娟，女，重庆人，西南大学历史文化学院博士，主要从事社会生活史研究。

在国家"一带一路"大战略的影响之下，南方丝绸之路的研究渐趋深入。早在 20 世纪 80 年代末 90 年代初蓝勇等人就对南方丝绸之路有过深入的探讨，蓝勇的《四川古代交通路线史》①《交通贸易与西南开发》② 等对南方丝绸之路都相关内容有过涉及和探讨，其《南方丝绸之路》更是"我国第一部南方丝绸之路学术专著"③；随后高大伦④、吴焯⑤等人进一步对南方丝绸之路的开通时间、起点、整体意义等提出了不同看法，黄光成认为"西南丝绸之路应该是一个具有较大的时空涵盖性的概念"，是"一个纵横交错的多元立体的交通网络"⑥，更为符合南方丝绸之路的特性。

一、西汉南方丝绸之路中的赤水河：军事通道

新石器至商周时期，赤水河已经成为流域内先民的联系纽带，故赤水河附近区域发现了众多这一时期类似的遗迹，如习水官仓坝遗址、习水黄金湾商周至汉代遗址⑦、赤水市元厚镇米粮村板桥遗址⑧等。特别是黄金湾遗址和板桥遗址皆长期延续，出土文物也具有一定相似性，系这一区域内人们沿赤水河沟通交流的结果。

秦汉时期赤水河成为中央政府联系西南夷腹地的重要交通要道。当唐蒙在南越食到蒟酱时，"问所从来，曰道西北牂柯，牂柯江广数里出番禺城下"，遂上书汉武帝筹划假道夜郎、兵出南越，建元六年武帝"乃拜蒙为郎中将，将千人，食重万余人，从巴蜀筰关入"，降伏夜郎"以为犍为郡"⑨。此次唐蒙兵威夜郎即取道赤水河，使赤水河首次有了大规模行军的记载，实际上这之前赤水河就作为巴蜀与南越地区交流的重要通道了，唐蒙问蜀贾人南越蒟酱从何而来时，贾人曰："独蜀出蒟酱，多持窃出市夜郎。"⑩ 虽然蒟酱为何物尚有许多争论，但是这条文献更重要的价值系唐蒙出南越之前巴蜀地区产的蒟酱经夜郎、牂柯江后能到南越地区，证明唐蒙之前赤水河附近区

---

① 蓝勇：《四川古代交通路线史》，西南师范大学出版社，1989 年。

② 黎小龙、蓝勇、赵毅：《交通贸易与西南开发》，西南师范大学出版社，1994 年。

③ 蓝勇：《南方丝绸之路》，重庆大学出版社，1992 年，第 1 页。

④ 高大伦：《关于"南方丝绸之路"的几点思考》，《中国史研究》1995 年第 2 期。

⑤ 吴焯：《西南丝绸之路研究的认识误区》，《历史研究》1999 年第 1 期。

⑥ 黄光成：《西南丝绸之路是一个多元立体的交通网络》，《中国边疆史地研究》2002 年第 4 期。

⑦ 吴小华：《近年贵州高原新石器至商周时期文化遗存的发现与分区》，《四川文物》2011 年第 1 期。

⑧ 周启维：《赤水发现新石器时代至汉代遗址》，《贵州日报》2009 年 12 月 25 日第 002 版。

⑨ （西汉）司马迁：《史记》卷 116《西南夷列传第五十六》，中华书局，1982 年，第 2294 页。

⑩ （西汉）司马迁：《史记》卷 116《西南夷列传第五十六》，中华书局，1982 年，第 2294 页。

域这条交通道路已经长期存在并发挥着重要作用,行程中较为安全,是一条重要的交通线路,故巴蜀地区商人多取道此路,唐蒙大军亦选择此路出符关进军夜郎。然而此道并不能满足经略西南夷地区的需要,武帝下令开凿南夷道,"发巴蜀卒治道,自僰道到牂柯江",意在"浮船牂牁江,出其不意,此制越一奇也,诚以汉之强,巴蜀之饶,通夜郎道,为置吏,易甚"①,进一步连通夜郎地区与巴蜀腹地,加强对西南夷的控制,借以征服南越。南夷道设有多个邮亭,"自僰道南广有八亭道平夷"②。据考证,南夷道途经赤水河上游地区,再连夜郎到番禺。③ 南夷道开辟使巴蜀腹地与夜郎腹地得以互通,成为开发西南夷地区的战略通道,在促进西南地区与番禺沿海地区的政治、经济、文化的交流方面起着重要作用。

二、东汉南方丝绸之路中的赤水河:经济文化通道

随着武帝开发西南夷地区,赤水河流域经济开发逐渐加快,赤水河流域人们的活动遗迹逐渐增加,特别是到了东汉时期,经济快速发展的赤水河流域使得当地留下的众多遗迹,颇与巴蜀之地相似,反映了赤水河作为经济交流通道的重要意义。如 1994 年习水县土城镇范家嘴村赤水河岸即发现两座东汉崖墓,土城镇袁家坳、儒维两地亦分别发现两座东汉崖墓。袁家坳、儒维两地东汉崖墓中发现的大量器具与巴蜀内地具有很大相似性,反映了这些崖墓与四川地区古代崖墓应具有相应的文化联系④。1998 年赤水市马鞍山南侧发现了 21 座崖墓群,发现大量陶制、铁制、铜制随葬品,抚琴俑及大量狗、鸡等动物陶器、房屋模型的出土反映了东汉时期当地经济的繁荣,最西侧四座崖墓墓葬形制与在赤水河上游清理的习水土城东汉崖墓是相同的,同时赤水地区东汉属江阳郡符节县,两晋南北朝时期则属东江阳郡,与四川属同一文化区,该墓葬群的墓葬形制在四川地区属东汉中晚期形制,赤水地区属巴蜀边缘地带,同形制墓葬时间可能晚一些,崖墓群中东汉晚期、蜀汉两晋的十五座崖墓出土陶制人俑、动物及房屋与四川各地东汉中晚期崖墓出土的同类遗物接近⑤。这反映了巴蜀内地经济文化影响通过赤水河逐步向赤水河上游及贵州腹地扩展,赤水河在李氏流民扰乱四川之前承担着川黔两地经

① (西汉) 司马迁:《史记》卷 116《西南夷列传第五十六》,中华书局,1982 年,第 2294 页。

② 刘琳校注:《华阳国志校注》卷四《南中志》,巴蜀书社,1984 年,第 387 页。

③ 蓝勇:《南方丝绸之路》,重庆大学出版社,1992 年,第 22~25 页。

④ 张合荣:《贵州习水县东汉崖墓》,《考古》2002 年第 7 期。

⑤ 张合荣:《贵州赤水市复兴马鞍山崖墓》,《考古》2005 年第 9 期。

济交流重任，充当着经济交流孔道的角色。

为进一步确定赤水河在东汉南方丝绸之路中的重要地位，笔者有幸参加了 2015 年"中国古代西南丝绸之路专家考察活动"，兹将考察相关内容摘录：

此次考察过程中考察的合江县汉代画像石棺博物馆就在合江已发现了 100 多具汉代画像石棺，保存较好、质量较高且运回博物馆收藏者 28 具，这些汉代石棺上丰富的画像内容反映了汉代赤水河口地区人们的社会生活，其中 22 号石棺上《董永侍父图》就反映了汉代赤水河河口地区的农业耕作技术，当时牛耕尚少，董永这样的"上层人物"耕作依旧使用锄耕，可见这一地区农业技术依旧较为落后，与巴蜀地区人口较少，落后农业生产技术也能满足人们粮食需求的现实相符合；此次考察过程中考察千江寺东汉崖墓出土了东汉铁剑、陶器，体现了东汉时期千江寺一带人类活动频繁，社会经济较为发达，故能在此开出至少五座崖墓，并有大量生活用品陪葬。黄金湾遗址出土的文物则藏于土城镇赤水河流域考古工作站，其中众多半两钱、五铢钱证明秦汉时期土城一带商贸较为发达，故货币流通较为频繁，也证明了秦汉时期赤水河流域这条商道确实较为繁盛；黄金湾遗址出土的大量陶器、网坠证明了秦汉时期土城地区的农耕经济与渔猎经济都较为发达，为存在赤水河流域的这条商道提供了重要的物质后勤保证。仁怀市博物馆收藏的大量出土于合马镇的铜制品、银饰品、陶制家禽家畜证明汉代合马镇地区社会经济繁荣，生活较为富足；同时合马镇出土的两具东汉农耕俑证明了汉代合马镇地区农业经济发展程度与巴蜀内地相似，其所用农具依旧是单人所用之铲，牛耕等畜力农具依旧不见踪影，说明汉代合马镇一带虽然社会经济较为繁荣，但是人口相对稀少，不用像中原地区使用牛耕扩大耕地面积、改进生产技术即可满足当地粮食需求，而且能够保证沿途商旅、行军的物资供应。此次考察过程中秦汉时期文物多出土自赤水河周边地区，如合江、赤水、土城、千江寺、合马、火石岗等地，这些地区在秦汉时期社会经济都较为发达，彼此之间的联系除了赤水河本身外，距离赤水河较远的地区也有秦汉时期文物出土，则穿插其间的陆路交通也是客观存在的。故南方丝绸之路赤水河流域段并非单线交通线，而应该是网状交通线，各种要素在其间频繁流动，促成了秦汉时期赤水河流域段丝绸之路的繁荣。

三、魏晋南北朝时期南方丝绸之路中的赤水河：民族迁徙走廊

魏晋南北朝时期巴蜀地区先后经历西晋灭蜀、钟会叛乱、李特起义等战乱，人口锐减，同时巴蜀西北被仇池、吐谷浑等少数民族控制，东部地区则

为两晋、南朝与北方政权用兵之地，多次发生大规模战争，同时巴蜀民众反抗起义、地方豪强图谋割据巴蜀的武装叛乱不断，整个魏晋时期巴蜀地区多处于政治大动乱时期，特别是李氏据蜀后，蜀民多南入宁州、东下荆州，城邑皆空，野无烟火，人口的减少使得巴蜀地区农业生产缺乏必要的劳动力，最关键的是能够在战时逃亡宁州、荆州的多是巴蜀地区综合素质较高的人群，传统农业社会中只有综合素质较高的人群才有足够的财力支撑如此远距离的逃亡，综合素质较低的人群则被战乱裹挟，更无暇从事农业生产①；为改变这一巴蜀人口缺失的局面，李氏引僚入蜀，赤水河遂成为牂牁等地僚人北迁巴蜀的民族走廊。

僚人入蜀较早发生在西晋中期，西晋太康四年（283）六月"牂柯獠二千余落内属"②，赤水河作为重要交通要道，部分僚人内迁即取此道；但大规模的僚人入蜀则发生在李氏引僚入蜀之后。《华阳国志》载："李氏据蜀，兵连战结，三州倾坠，生民歼尽。府庭化为狐狸之窟，城郭蔚为熊罴之宿，宅游雉鹿，田栖虎豹，平原鲜麦黍之苗，千里蔑鸡狗之响，丘城芜邑，莫有名者"③；为改变巴蜀之地人口锐减的局面，引僚人入蜀是李氏集团的重要选择，当时僚人分布较为广泛，据《华阳国志》载建宁郡谈槀县有獠④；泠丘县有主獠⑤；兴古郡"多鸠獠"⑥；侯馥为江阳太守时，"抚绥蛮獠，克复江陵，请通长江"，则可见当时江阳地区已经为"蛮獠"所威胁⑦，僚人正通过唐蒙出夜郎的古道等川南孔道慢慢向遭受战乱而人口大减的巴蜀腹地推进；晋康帝建元元年，李氏成汉内乱，虽然"势大赦境内，改年嘉宁，势骄淫不恤国事，中外离心"，"蜀土无獠，至是始从山出，自巴至犍为、梓潼，布满山谷，大为民患"；⑧ 李膺《益州记》对李氏引僚入蜀记载更细致，谓："李雄时尝遣李特攻朱提，遂有南中之地；寿既篡位，以郊甸未实，都邑空虚，乃徙旁郡户三个以上实成都；又从牂牁引獠入蜀境，自象山以北尽为獠居；蜀土无獠，至是始出巴西、渠川、广汉、阳安、资中、犍为、梓潼，布

① 张铭、李娟娟：《历代〈耕织图〉中农业生产技术时空错位研究》，《农业考古》2015 年第 4 期。
② （唐）房玄龄等：《晋书》卷三《武帝纪》，中华书局，1974 年，第 74 页。
③ 刘琳校注：《华阳国志校注》卷十二《序志》，巴蜀书社，1984 年，第 894 页。
④ 刘琳校注：《华阳国志校注》卷四《南中志》，巴蜀书社，1984 年，第 410 页。
⑤ 刘琳校注：《华阳国志校注》卷四《南中志》，巴蜀书社，1984 年，第 411 页。
⑥ 刘琳校注：《华阳国志校注》卷四《南中志》，巴蜀书社，1984 年，第 455 页。
⑦ 刘琳校注：《华阳国志校注》卷四《南中志》，巴蜀书社，1984 年，第 885～887 页。
⑧ 刘琳校注：《华阳国志校注》卷四《南中志》，巴蜀书社，1984 年，第 694 页。

在山谷，十余万家；獠遂挨山傍谷，与土人参居"①。

由于獠人文化程度远低于巴蜀本地居民，使巴蜀地区两汉以来繁荣的文化局面遭到严重破坏，在獠人散居而未置郡县之地更加明显，造成了长期的社会动荡②；但獠人入蜀毕竟为遭遇长期战乱而人口流失的巴蜀之地增加了"十余万家"人口，加速了獠人与巴蜀遗民的融合，到宋时蜀境已不再见獠人之反抗斗争，当是晋时入蜀之獠人基本已与汉人融合的结果，獠人入蜀亦为唐宋巴蜀地区的兴盛准备了必要的人口条件，"獠之初来，蜀之荒废几三百年，及獠汉蔽合，而蜀之兴盛亦三百年"③；在獠人入蜀这一过程之中，赤水河作为唐蒙取用之前就已经广泛取用的古道在獠人入蜀过程中担当着"民族迁徙大通道"的重要角色。

四、唐宋时期南方丝绸之路中的赤水河：经济文化通道与军事通道

唐前期中原朝廷经营西南重点不在今贵州地区，统治较为松弛，赤水河流域成为中央王朝、当地土著与南诏政权等势力不断角逐之地，唐中晚期，黔西北毕节以及黔中贵阳的罗罗人（彝族）发展壮大，羁縻蔺州的命名就受到赤水河流域彝族扯勒部的影响④；赤水河在扯勒部开发下，出现了"交租纳租的，如飞雪降雨，水道运输忙，木船飞驰过"的景象。⑤ 唐天宝时，唐军曾从东路出击南诏，即从泸州出发，溯永宁河到赤水西南折向曲靖。⑥ 贞元十七年，吐蕃攻伐南诏，南诏请求唐军援助，唐军又借助纳川道行军"（韦）皋督诸将分道出，或自西山，或由平夷，或下陇陀和石门，或经纳川与南昭会"⑦。唐代末年中央政权衰弱，贵州"蛮族"势力迅速壮大，"蛮酋分据其地，自属为刺史"⑧，"自唐末以来，珍、播、溱、夷悉为蛮夷所据，朝廷以其边远，不复问及"⑨。随着"南诏叛陷播州"，乾符三年杨瑞遂从泸

① 李膺《益州记》，载（宋）郭允蹈：《蜀鉴》卷4《李寿纵獠于蜀》，《丛书集成初编》本，中华书局，1985年，第52页。

② 周蜀蓉：《析"獠人入蜀"的影响》，《西南师范大学学报》（人文社会科学版）2004年第1期。

③ 蒙文通：《汉、唐间蜀境之民族移徙与户口升降》，《南方民族考古》1991年第3辑。

④ 陈季君等：《播州民族文化研究》，社会科学文献出版社，1998年，第38~43页。

⑤ 贵州省民族研究所：《西南彝志选》，贵州人民出版社，1982年，第114页。

⑥ 蓝勇：《四川古代交通路线史》，西南师范大学出版社，1989年，第134页。

⑦ （宋）欧阳修：《新唐书·南蛮传》，中华书局，1975年。

⑧ （元）脱脱：《宋史》卷493《蛮夷一·西南溪峒诸蛮上》，中华书局，1975年，第14172页。

⑨ （清）平翰等修，（清）郑珍、（清）莫友芝纂：（道光）《遵义府志》卷39《年纪一》。

州合江逆赤水河而上,"军高遥山,据险立寨,结土豪臾、蒋、黄三氏,为久住计,蛮出寇,端出奇兵击之,大败,旬纳款结盟而退",杨氏遂据有播州之地。① 两宋时,中央王朝在贵州地区依旧沿袭隋唐时期的羁縻政策,"树其酋长,使自镇抚"②。尽管两宋控制松散,但贵州地区土官土酋都比较积极地纳土归附,承认并接受宋王朝的统治,如播州杨氏入宋后一直效忠中央朝廷,后世子孙多提倡儒学、兴教养士,土俗大变,"俨然与中土文物同"③;两宋时期,在贵州各民族与中央王朝互动密切的氛围中,赤水河地区在南方丝绸之路中的作用体现得更为明显。

虽然唐代在赤水河流域控制力较为薄弱,但由于地处云、贵、川交接地带,得天独厚的优势方位使这一地区在唐代仍是中原与滇黔经济文化沟通的重要通道。中原与蜀地先进的农业技术与工具经由赤水地区传入各少数民族之中,促进黔地经济的发展。④ 中原文化、黔文化与滇文化在这里相生相融,使赤水地区受到多文化的浸染与滋养。如播州杨氏先祖杨端汉文字水平较高,所作《罗氏忠爱堂序》一文文辞优美,无论他是本地土酋还是北方大族,都说明中原汉文化在黔地的传播与勃兴。又如中原、西蜀的佛教从晋代开始影响黔西、黔北和黔东。唐时,赤水地区借便捷的水路与方位,继续得川蜀佛教风气之先,以大乘佛教为主流。⑤ 加之毗邻"佛国"南诏,"南诏时之佛化,不惟盛于中国,亦且沿及交缅、东印度国,服于蒙诏,盖南诏威服诸邦,崇信佛教,遐迩钦风"⑥,赤水地区佛教亦受惠于南诏浓厚的崇佛风俗,以南诏佛教为支流。⑦ 赤水河沿岸的佛教文化遗存多见,今仁怀云安乡存有建于唐初的永安寺、习水土城镇有始建于景福年间的景福寺。⑧

随着经济中心的南移以及北方常被游牧民族控制,赤水河地区在两宋时期还是沟通中原内地与本地僚蛮、大理政权的经济文化要道。熙宁七年宋王朝开始在西部地区推行茶马贸易,赤水河中上游的各少数民族将本地茶、酒、麻、杂毡、鹿貂皮等土特产从乐共(今太平渡)上船,顺赤水河下到九支(今合江九支),再转运至泸州"博易于市",赤水河中游兴起了乐共、武

① (明)宋濂:《文宪集》卷10《杨氏家传》,景印文渊阁《四库全书》第1223册,台湾商务印书馆,第536页。

② (元)脱脱:《宋史》卷493《蛮夷一·西南溪峒诸蛮上》,中华书局,1975年,第14171页。

③ (清)平翰等修,(清)郑珍、(清)莫友芝纂:(道光)《遵义府志》卷31《土官》。

④ 陈季君等:《播州民族文化研究》,社会科学文献出版社,2003年,第44页。

⑤ 王路平:《贵州佛教史》,贵州人民出版社,2001年,第18页。

⑥ 袁嘉谷:《滇南释教论》,载《卧雪堂文集》卷22,民国石印本。

⑦ 王路平:《贵州佛教史》,贵州人民出版社,2001年,第18页。

⑧ 王路平:《贵州佛教史》,贵州人民出版社,2001年,第11页。

都（今习水土城）、九支三个商业城市，滋州城开设了瓷器市场，为适应运输量、里程的变化，赤水河上船只作出改造，增设高层驾驶台梭耳以及"活动雨篷"①。今习水土城儒维堡子头存有宋代土城通往云南、越南的茶马古道。② 南宋时，金、蒙古占据北方，原有获取良马之通道断绝，宋王朝只得在南方买马。"西南夷自昔出良马，而产于罗鬼国者尤良"③，唐宋以来黔西北亦是盛产良马之地，有水西马、乌蒙马等名马，延续至明清依旧声名在外④，赤水河流域成为宋王朝购买良马的重要基地与转运通道。1986年贵州仁怀市三合镇出土的双室合葬墓，墓葬规模较大且装饰豪华，从出土的绍定三年"王兴、李八娘买地券"可看出墓主的身份并非是官军或土酋夷官，极有可能是进入夷区的汉地商人，⑤ 可见宋代赤水河流域经济较为发达，商业性土地流转较多。

此外，笔者在考察中发现更多两宋时期赤水河地区经济文化频繁交流的遗存：考察中参观的合江县汉代画像石棺博物馆、赤水市复兴镇"江西会馆"、仁怀市博物馆均收藏有大量宋代石刻雕像，贵族类、金刚武士类、花卉动物类、社会生活类、神灵异兽类等种类的宋代石刻雕像一应俱全，各地虽然地理空间上距离较远，但是所有的雕刻款式均相类似，都属于统一文化浸润下繁衍出的雕刻作品，证明宋代赤水河流域交通较为发达且频繁交流，故能使这一时期墓葬中的雕刻要素都具有高度相似性。其中以荔枝石刻雕像最能体现宋代赤水河沿线地区交流往来的频繁，据蓝勇先生研究，唐宋时期泸州荔枝地位迅速提升，仅位于宜宾之后，系巴蜀荔枝第一等的第二位，同时长江边的杜园、母氏园、余甘渡等地均有荔枝种植；⑥ 今仁怀地区在宋代虽属泸州，海拔较泸州却高出许多，仁怀出土的宋代石室墓中的荔枝石刻雕像形制与合江县宋代荔枝石刻雕像一样，可能证明了仁怀地区曾出产过荔枝；抑或宋代赤水河流域社会经济生活中人员往来密切，对于生前在仁怀之外的今泸州地区品尝过的荔枝这一美食的宋代仁怀人来说，死后都希望能继续享受，故在墓中雕刻着大量荔枝形象；无论何种原因使得今天不再出产荔

① 刘涛等：《江上明珠 长江流域的水坝船闸》，武汉出版社，2014年，第77~78页。

② 遵义市政协文史与学习委员会编：《遵义历史文化丛书 赤水河古镇》，中国文史出版社，2011年，第79页。

③ （明）宋濂：《文宪集》卷30《龙马赞（有序）》，景印文渊阁《四库全书》第1224册，台湾商务印书馆，第512页。

④ （清）田雯：《古欢堂集》卷39《黔书下·水西马乌蒙马》，景印文渊阁《四库全书》第1324册，台湾商务印书馆，第451页。

⑤ 鲁西奇：《中国古代买地券研究》，厦门大学出版社2014年，第478页。

⑥ 蓝勇：《中国西南荔枝种植分布的历史考证》，《中国农史》，1988年第3期。

枝的仁怀地区与至今仍大量出产中国最北方荔枝的合江在宋墓中出土了高度相似的荔枝雕刻，都证明了宋代赤水河流域人员往来频繁、交流广泛，交通线路较为发达，故能在距离如此遥远的地区都能受到"荔枝"这一文化因子的影响，并在墓室之中将其体现出来。

南宋时期因与金、蒙古对峙，巴蜀地区战略地位迅速提升，赤水河流域在这一大背景下迎来了发展的又一时机。"泸州合江县与南平军白锦堡杨光荣族连接，旧有大、小两溪，皆在蕃界远来。大溪两傍有九支、遥坝、青山、安溪、绥远、仁怀等寨，足以隄备"，[①] 因军事对抗需要，南宋在合江到赤水之间筑有九支等寨堡，作为山城防御体系的重要组成部分起到相互策应、相互拱卫的作用。可见，原赤水河流域用于经济社会交流的网状交通线路则开始用于军旅，赤水河军事交流地位再次占据重要地位。[②] 故唐宋前期赤水河地区在南方丝绸之路中主要充当经济交流通道，到唐宋后期则主要充当国家资源调配通道与军事通道。

五、明清时期南方丝绸之路中的赤水河

明永乐十一年贵州承宣布政司设置，贵州政治地位得到前所未有的提升，赤水河在南方丝绸之路中承担的角色也不再如前代都打上鲜明的时代烙印，在不同时代因政局不同而承担较为单一的角色。随着贵州省级行政区的设置，贵州地区得以整合资源，在国家与地方资源调配、中央与地方权力分割的过程中，明清赤水河主要扮演着盐业通道、皇木通道、军事通道等角色。

明清赤水河流域商业交流往来频繁，以川盐入黔最具代表性。洪武六年朱元璋批准招募盐商以粮易盐供应播州等地的军食，从此黔北居民主要以所产粮食换取食盐。这种"商人纳米给盐"的制度，一直沿袭到明穆宗隆庆六年，商人才可用银钱交纳盐课和向盐运司购买食盐进行运销。[③] 盐商转运黔北粮食出黔入川及运川盐出黔多经适合大宗货物运输的赤水河，故赤水河航运在此时较为繁荣。清代川盐入黔四大口岸中仁岸、永岸两大口岸多利用赤水河运输，清中期时仁岸"行边引一千五百六十张，每张载盐五十包"[④]，

① 《宋会要辑稿·方域一九之三七》"诸寨杂录·移寨隄备"条，中华书局 1957 年，第 7644 页。

② 蓝勇：《四川古代交通路线史》，西南师范大学出版社 1989 年，第 204 页。

③ 王佳翠、胥思省、梁萍萍：《论川盐入黔的历史变迁及其对黔北社会的影响》，《遵义师范学院学报》2015 年第 2 期。

④ （清）崇俊等修、（清）王椿纂：《光绪增修仁怀厅志》卷四《盐政》，光绪二十八年刻本。

永岸"每年行黔边引一千九百零八张"①；仁岸、永岸取用河段不同，仁岸主要取道赤水河的中下游，永岸盐道主要取道赤水河的上游，而仁岸与永岸的销区在黔西北大定府地域多有重合，为增加赤水河运盐数量并降低运输成本，乾隆时张广泗、光绪时丁宝桢都疏浚过赤水河航道，保证了赤水河航道的通畅。② 张广泗奏称"黔省食盐，例销川引，若开修赤水河，盐船亦可通行，盐价立见平减"③，足可见疏浚赤水河对川盐入黔的重要意义。故张广泗疏凿河道后，"商船直抵新城之茅苔村，蜀船俱泊城外东关，易船转运，商民便之"，仁岸运盐之船"由合江入赤水河，而厅城，而猿猴，而二郎滩，而新隆滩，然后至仁怀县之茅苔村，凡三易舟而后达"④；川盐通过赤水河入黔，结束了黔省食淡之苦，赤水河承担的主要是经济通道的角色，正符合南方丝绸之路所代表的进行积极经济文化交流的特质。

雍正年间改土归流的推行，大批移民进入贵州，加速了黔省铅铜的开发，因此急需畅通水路以降低运费。乾隆八年贵州总督张广泗决定疏浚赤水河，改善赤水河航运条件，遂奏称："黔省威宁、大定等府、州、县，崇山峻岭，不通舟楫，所产铜、铅，陆运维艰，合之滇省运京铜，每年千余万斤，皆取道于威宁、毕节，驮马短少，趱运不前，查有大定府毕节县属之赤水河，下接遵义府仁怀县属之猿猱地方，若将此河开凿通舟，即可顺流直达四川、重庆水次；委员勘估，水程五百余里，计应开修大小六十八滩，约需银四万七千余两；此河开通，每年可省脚价银一万三四千两，以三年余之节省，即可抵补开河工费。"⑤ 足见疏浚赤水河对降低铜铅运输成本有着重要意义。但经过半年整治，效果不甚明显，部分险滩处还得将货物从船上起岸陆运，运费虽有节省，但并不多。光绪四年至六年，丁宝桢再次对赤水河航道进行整治，重点整治赤水河上游部分吴公岩至茅台村段，疏凿凡三十五滩。⑥ 虽然赤水河航道用于运输铜铅的时间并不长，"嗣因河道险阻，仍多由陆运"，"应运之铅，照向例各由陆路分运永宁水次"⑦；但通过两次整治，川盐入黔取道赤水河甚便，赤水河沿岸的丙安、元厚、土城、二郎、茅台等

① （清）周伟业修、（清）褚彦昭纂：《嘉庆直隶叙永厅志》卷 28《盐法志》，咸丰间据清嘉庆十七年刻版增刻。

② 裴恒涛、谢东莉：《赤水河流域川盐入黔的历史变迁及其开发》，《西华大学学报》（哲学社会科学版）2012 年第 3 期。

③ （清）《清实录·高宗纯皇帝实录》卷 239，中华书局，1985 年，第 73 页。

④ （清）崇俊等修、（清）王椿纂：《光绪增修仁怀厅志》，光绪二十八年刻本。

⑤ （清）《清实录·高宗纯皇帝实录》卷 239，中华书局，1985 年，第 73 页。

⑥ 谢尊修、谭智勇：《赤水河航道开发史略》，《贵州文史丛刊》1982 年第 4 期。

⑦ （清）《清实录·高宗纯皇帝实录》卷 473，中华书局，1985 年，第 1121 页。

城镇也因川盐入黔中转逐渐兴起。

明代首次采伐皇木在永乐四年,当时即"派工部尚书宋礼诣四川""督军民采木",而当时播州宣慰司尚属四川管辖,故赤水河中下游地区尽皆在访查之例。[1] 万历十五年播州"杨应龙地方进献大木七十根,内多美材"[2],二十四年其子杨朝栋"進大木二十根以备大工之用"[3]。嘉靖二十六年奉天殿灾,遣工部侍郎刘伯跃赴川、贵"采办大木","分派参政缪文龙入播州踏勘播州之木,有儒溪、建昌、天全、镇雄、乌蒙、龙州、蔺州之木,并属四川巡抚督率采运",其中部分皇木即通过赤水河运输;清代采办仁怀地区皇木时,多经赤水河支流"河溪水道"运至赤水河主河道,"而山谷一线涸水,皆系乱石填阻,若非天雨旬日,则水不盈尺,势必从下流筑堤截壅,蓄水丈余,方可顺流拽运,然须逐路筑堤蓄水,始能前进,若遇顽大乱石阻挡,又必多用石匠凿去,振浅漏水",可见清代赤水河主河道及其支流"河溪水道"都承担着运输皇木的重任。[4] 明清时期赤水河附近历次采伐皇木多通过赤水河运输,如"永乐四年少监谢安在威远卫地名石夹口十丈洞采办大木",嘉靖四年四川新津知县黄德倡到"铜鼓溪采木",嘉靖中四川金事吴仲礼"入永宁、迤西、落洪、斑鸠井、镇雄督木",嘉靖中贵州巡按御史朱贤"历永宁、赤水采木"[5],蓝勇2008年考察确定石夹口即今古蔺县石屏乡的旧称,曾在永乐、正德、嘉靖年间三次在此采办皇木,明清赤水境内亦采办过皇木,留有皇木沟、皇木坝等因转运皇木而得名的地名。[6]

明代中期开始,赤水河周边地区因采伐皇木,赤水河流域漂流皇木的进贡线路作用凸显,明代赤水河流域采伐皇木的地区有习水同民镇、古蔺石屏乡、古蔺鱼化乡等地,如同民镇芭蕉塘还存有皇木采办摩崖石刻反映万历时期在此采办皇木的情况。

同民镇修《同民村志》,走访当地老人,得知几十年前他们在芭蕉塘游泳扎猛子时能抱到水下有根很大的木头,后为河沙掩埋,还在芭蕉塘中。芭蕉塘皇木摩崖处人烟较为稀少,植被依旧茂盛,多丹霞红砂岩,据同民镇镇长介绍,附近白岩上、蔺江等地楠木还有很多,大的有胸径一米的,都长在

① (明)《明实录·明太宗文皇帝实录》卷44,梁鸿志影本。

② (明)《明实录·明神宗显皇帝实录》卷185,梁鸿志影本。

③ (明)《明实录·明神宗显皇帝实录》卷301,梁鸿志影本。

④ (清)平翰等修,(清)郑珍、(清)莫友芝纂:《道光遵义府志》卷17《物产木类》,清光绪十八年刻本。

⑤ (清)崇俊等修、(清)王椿纂:《光绪增修仁怀厅志》卷4《木政》,清光绪二十八年刻本。

⑥ 蓝勇:《寻觅皇木采办之路》,载《中国人文田野》,巴蜀书社,2008年。

红砂岩构成的悬崖绝壁之上，因位置极险而未被采伐。芭蕉塘皇木摩崖石刻系阴刻、阳刻结合的皇木采办石刻，此处因稍微背光背风，虽为红沙砾岩体结构，风化并不严重，当地文保部门已经将苔藓、泥巴、杂草等污垢铲除，较为整洁，字体明晰，几个大字为"皇木华阳县"，从右至左第一行小字为"匠人梁"，第二行小字为"万历十三年四月二十一日过此铭石以识之"，第三行小字为"委官闽人吴文澜书，人曰"，第四行小字为"刊人乾"，第五行小字为"相公"。其中"匠人梁""人曰""刊人乾""相公"这十个字的字体风格与该碑刻的主体完全不同。根据石刻文字可知，这是万历十三年四月二十一日，负责皇木采办的华阳县委官福建人吴文澜途经此地时留下的题刻。石刻周边山崖极为险峻，多红砂岩崖体，如今很多崖体上并未生长树木，很难想象数百年前这些地方曾生长过符合皇家楠木需求的巨木。同时据太平镇四渡赤水博物馆王家伟馆长介绍，石屏乡有杉木岩、鱼化乡有杉木河等地名，明清时期曾在那里采伐过皇木，这些地区采伐的皇木多通过赤水河支流同民河、古蔺河、杉木河等泄运至赤水河主干道，然后再顺赤水河而下漂至长江后运往京师。

经过明清数百年的大规模采伐，到清末赤水河流经的遵义府已无大木可采[①]；光绪时期"正、绥、桐三属近亦难得"[②]；但赤水河及其大小支流在这数百年间承担着转运皇木的重任，其皇木通道的角色一直延续至清末。除政府皇木运输通道外，赤水河亦是其流域范围内杉、楠、松、柏等优质木植商业采伐的重要运输通道，优质木植商采依靠赤水河外运销售的数量约占贵州全部外销木植的十分之二强[③]；如清代赤水河支流杉木河附近"土人伐木山中"，皆从杉木河漂运出赤水河后外运[④]。

明初傅友德、沐英等进剿云南元朝残余势力时，"郭英等出永宁"，"以兵攻赤水河"时"斩木造筏"夜渡赤水大破敌军[⑤]；同时奢香积极支持，洪武"十七年奢香率所属来朝，并诉烨激变状，且愿效力开西鄙，世世保境，帝悦"[⑥]；后"奢香乃开赤水乌撒道以通乌蒙，立龙场九驿，马匹廪饩，世

---

① 蓝勇：《明清时期的皇木采办》，《历史研究》1994 年第 6 期。

② （清）平翰等修，（清）郑珍、（清）莫友芝纂：《道光遵义府志》卷 17《物产木类》，清光绪十八年刻本。

③ 贵州省人民政府财政经济委员会编：《贵州财经资料汇编》，贵州省人民政府财政经济委员会印，1950 年，第 345 页。

④ （清）顾祖禹：《读史方舆纪要》卷 123《贵州四》，光绪图书集成局铅印本。

⑤ （清）谷应泰：《明史纪事本末》卷 12《太祖平滇》，《畿辅丛书》本。

⑥ （清）张廷玉等：《明史》卷 316《列传第二〇四·贵州土司》，同文书局石印本。

世办也"①；洪武"二十二年增置赤水卫，又置普市、摩泥、阿落密、白撒四守御所隶卫"②，加强了赤水河上游地区的开发，促进了赤水河上游地区交通建设的发展。明代后期的万历二十五年秋七月"播州宣慰使杨应龙叛掠合江"取道赤水河后③，赤水河流域交通线路的军事功能骤增；万历二十五年，吴广被擢为总兵官后"以一军出合江"，逆赤水河而上进入播州，"屯二郎坝，大行招徕"，赤水河成为八路平播战事中的吴广一路进军的重要交通线，军事交通地位迅速上升。④ 天启元年，奢崇明叛乱时即取道赤水"攻合江"，破泸州并连破数十州县后进围成都，随后明廷镇压奢崇明、安邦彦叛乱过程中亦多取道赤水河⑤，如"崇祯二年，总督朱燮元遣贵州总兵许成名复赤水卫，崇明、邦彦以十余万众来争"，多次在赤水河流域征战后贼大败，"死者数万人，崇明、邦彦与邦彦党为都督莫德并授首，俘其党杨作等数千人，积年巨寇平"⑥。清代以来，赤水河流域附近军事行动不断，从孙可望与杨展之间的战事始，到吴三桂叛乱皆在赤水河地区有过激烈战事；整体而言，明清赤水河作为军事通道的历史相较于川盐通道、皇木通道而言，其重要性并不明显。

六、小　结

历史时期赤水河在南方丝绸之路中不同历史阶段所扮演的角色是不同的：西汉时期随着唐蒙取道赤水河开始，赤水河成为强盛的西汉王朝在巴蜀向"西南夷"腹地推进的重要军事通道；随着汉武帝开发西南夷成效渐显，从东汉开始，赤水河流域经济文化较快发展，故在这一区域留下大量崖墓遗址，出土大量与巴蜀内地相似风格、制式的文物，故东汉魏晋时是巴蜀繁盛之地向"西南夷"腹地传播先进文化技术的经济通道。西晋末李氏据蜀，巴蜀之地战乱频仍，人口锐减，为改变人口缺失造成的荒凉局面，同时增加劳动人口，李氏引僚入蜀，赤水河成为牂牁等"西南夷"腹地向巴蜀移民的民族走廊。唐宋前期赤水河在南方丝绸之路中主要充当经济文化交流通道，留下大量与巴蜀内地风格相似的石刻画像，到南宋后期，因防御蒙古的需要，

①　（明）田汝成：《炎徼纪闻》卷3《奢香》，《丛书集成初编》本。

②　（清）鄂尔泰等修、（清）靖道谟等纂：《贵州通志》卷3《地理·建置》，乾隆六年刻本。

③　（清）张廷玉等：《明史》卷21《本纪第二十一·神宗二》，同文书局石印本。

④　（清）张廷玉等：《明史》卷247《列传第一百三十五·吴广》，同文书局石印本。

⑤　（清）张廷玉等：《明史》卷312《列传第二〇〇·四川土司二·永宁宣抚司》，同文书局石印本。

⑥　（清）张廷玉等：《明史》卷269《列传第一百五十七·侯良柱》，同文书局石印本。

赤水河则主要充当军事往来通道。明清以来，随着贵州设省及改土归流的推进，特别是黔省西北铅铜等资源的开发与调配的开展，广大移民进入黔省，加速了黔省社会经济的发展；在川盐入黔、皇木转运、黔铅调运等国家资源调配之下，赤水河流域交通的各种功能开始凸显，承担着经济大通道的重要角色；虽然平播之战、平奢之乱、平吴之乱亦取用赤水河行军，但在明清赤水河川盐通道、皇木通道的背景下，其军事通道的意义就退居次席了。

作为南方丝绸之路的一条支路，赤水河在历史时期承担着经济文化交流通道、民族迁徙走廊、军事征伐通道、国家资源调配通道的重要作用。今天赤水河作为长江上游唯一自然流淌的一级支流，其唯一性、重要性更是赤水河历史时期各种属性的通道、走廊所不能比拟的，在合理开发的同时，维持其自然流淌的唯一属性、流域环境的生态属性，将其打造成南方丝绸之路现代延续——生态文明走廊，则能继续发挥其历史时期南方丝绸之路重要支柱的作用，为赤水河流域区域社会带来无可估量的南方丝绸之路遗产福利。

（本文原载《贵州文史丛刊》2017 年第 1 期）

明代赤水卫指挥使王谦考略①

吕善长[*]

赤水卫（今四川古蔺县赤水镇）位于赤水河上游，地处川、黔、滇三省交界地带，位置险要，史称"与夷僚杂处，当滇贵孔道"②，洪武二十二年（1688）设置卫城③，属贵州都司管辖。对于赤水卫治的具体位置，周春元、王燕玉等认为在今毕节东北川黔交界处④，贵州省民族研究所专家认为治今毕节县赤水河⑤，更有人望文生义地认为是今天的赤水市。笔者查阅明代贵州方志中的舆图，赤水卫城在赤水河北岸。入清后，废卫设县，康熙二十六年，将赤水卫并入毕节县，隶属威宁府；雍正七年，清理四川贵州疆界，割赤水河北属四川叙永管辖⑥。可以确定赤水卫城在今天四川省叙永县赤水河镇。王谦是明代赤水卫杰出的地方长官，他的孝行和功绩在当时就为卫人广泛传颂，其为人处世给赤水卫的发展和民风带来深远的影响。

一、王谦家世

官方档案对王谦的家世的介绍较为简略。只是提到王谦的曾祖父名王忠，是湖广江夏人（即今湖北省武汉市江夏区），甲辰（1364）授百户；洪武十五年，祖父王轸因功升授指挥同知；宣德六年，父亲王杰调到赤水卫，遂落户于贵州赤水卫；成化十六年，王谦因功升卫指挥使。⑦王谦的《墓表》对王谦的家世介绍得很清楚。曾祖父王忠跟随朱元璋起兵有功，被授予济州卫百户；后来，王忠长子王启嗣职百户，又升青州卫副千户，供职于齐恭王府邸；王启的弟弟王轸以舍人身份（即卫所武职军官的子弟）留在济州卫，被燕王朱棣选中，为燕王府办事，跟从燕王起兵"靖难"，有战功，授济州卫千户职，后来战死；王轸的长子王用因父功升授巩昌卫（今甘肃省陇西

---

[*] 吕善长，男，河南邓州人，安顺学院屯堡文化研究中心副教授，历史学硕士，研究方向为地方文化，思政教育。

县）指挥同知，但王用未赴任就病死；王轸的另一个儿子王杰继承兄职，后调任贵州赤水卫，在前往广西镇压叛乱过程中死于都匀；王杰儿子王谦长大后袭职，以军功升卫指挥使。[8]

二、事亲以孝闻，阖卫称颂

孝亲，作为儒家文化的主要内容受到统治阶级的大力倡导，地方志也多设"孝义"表彰孝子行孝事迹，认为提倡孝道能起到厚人伦，敦行义而正风俗之目的。王谦就是孝亲的典型。弘治《贵州图经新志》称"事亲尤以孝闻，母沈氏尝疾危殆，谦昼夜号泣，请天愿以身代，且割股为羹以进，母遂起。阖卫交颂其孝"[9]。但万历《黔记》称"事祖母尤以孝闻"[10]，查阅王谦《墓表》，以祖母为是。《墓表》称"父卒时，甫四岁，鞠于祖妣沈氏"[11]，王谦四岁时失去父亲，母亲要么早亡，要么因丈夫殁于征途哀毁过度而死。在提倡理学，要求妇女守节的明代，身为卫指挥同知夫人这样有身份和地位的人，且上有婆婆，下有幼子，改嫁是不可思议的。当时，迁居赤水卫不久就父母双亡，"内无期功之亲，外无纲纪之仆，凡百皆躬为之"[12]，王谦和祖母相依为命，对祖母感情极深。祖母病重，王谦"朝夕悲号，吁天求代"[13]，沈氏病愈，并以寿终。"割股为羹以进"可能有些夸张，《墓表》和万历时期方志都未提及。也许即万历《贵州通志》在"凡例"中强调的"孝子割股者不轻与，以防末俗也"[14]。为了让祖母安享晚年，特以建堂房，题匾曰"寿乐"。祖母死后，王谦哀不自胜，"哀毁骨立，几至灭性"[15]。王谦悲痛祖父死于锋镝，草草埋葬，为此深感遗憾。趁祖母过世，发掘祖父冢，"重备衣冠"[16]，与祖母合葬。王谦的这些孝行，得到卫人交口称赞，当时文人雅士赋诗作文"积成卷帙"，到处传颂。王谦作为赤水卫的指挥使，为卫人树立了孝亲的榜样，起到了敦教化的作用。

三、胆识过人，廉干有为

（一）胆识过人，守战有功，维护疆域安宁

王谦因父母早亡而较为早熟，见识过于常人，史称"自幼颖敏，识见如老成人"，"无所因袭而皆整整可观"[17]。王谦从京师回到赤水卫，当时贵州诸苗作乱，围攻卫所、州府。[18]赤水卫官兵征调平叛，城中仅剩老弱，加上仓廪空虚，械仗缺乏，卫城周边的禄肇羿人也乘机作乱，攻打卫城。城中百姓人心惶惶，担心卫城不保，想弃城逃命，形势非常危急。王谦召集卫人，

"誓天以死守",积极布置战守。"巡视城堑,简料器甲,联络军绅,镇慰其民,又远为之斥候"⑲,围攻的羿人见赤水卫防备周密,"遂他往,城赖以全"。王谦保全卫城,名闻一方,卫人服膺其胆识和能力,推举其掌卫事,王谦成为赤水卫的实际领导人。

赤水卫处于贵州水西宣慰司和四川永宁宣抚司之间,水西安氏土司和永宁奢氏土司疆界交错,为争地界而互相仇杀,"屯兵扒飞关,多至三万"⑳,一场大战一触即发,贵州方面军事长官马上到赤水卫征询王谦意见,看如何才能化解这次战争危机。王谦主动请缨,承担劝说双方罢兵休战的重任。王谦"深入夷垒,喻以礼法"㉑,并为双方划定疆界,因王谦处事公平,深得双方信任,水西、永宁两土司都认可王谦的方案,"遂皆罢兵释怨"㉒。一场兵戈得以消解,维护了川黔边界的安宁。

成化年间,"西普苗"作乱㉓,贵州方面镇压不力,战乱加剧。朝廷命大将征调云南、四川官兵征剿叛乱。统管军事长官考虑到王谦熟悉夷情,在水西宣慰司和永宁宣抚司等土司中有威信,遇到征讨,就任命王谦督率水西兵三万前往镇压。《大定府志》编修者认为,水西夷酋安贵荣因禄肇事(与禄肇永宁宣抚司争地)素敬惮王谦,谦至即为之发兵,且自带粮草。㉔王谦不负重托,督水西兵一举平定"叛夷"巢穴,因功于成化十六年授予赤水卫指挥使。

(二)为人宽厚,善政多端,卫人怀服

王谦执掌卫事多年,作为赤水卫最高军政负责人却平易近人,待人宽厚,深得卫人拥护爱戴。史称"宅心宽厚,不事苛刻。见僚案如手足,爱军士如子弟"㉕。王谦为赤水卫的建设做了大量的善事:首先,关心教育事业,重视学校建设。这与其本人的素养有一定关系。王谦虽居武职,但爱好文墨,是位儒将。闲暇时就延请儒生讲论,自己广泛涉猎历史,尤其留心史传中与征战有关的内容。当时,赤水卫学有文庙,但无孔子及弟子等圣贤的塑像。王谦请人设置塑像,并新建戟门,对文庙堂庑等建筑进行修复,使赤水卫学基础设施大为改观,"于是赤水卫学为诸城冠"㉖。除了学校,王谦还重修治所和祠庙等,"修葺卫治及学校、诸祠,凡百废堕无不兴举"㉗。其次,修筑桥梁,方便卫人出行。赤水城东边有条溪流,架有木桥一座,但一涨水木桥就被冲毁,卫人苦之。王谦决定对木桥进行加固改造,请人建以石桥,并名之曰"镇夷"。另外,王谦颇能体谅军士劳苦,减轻卫人负担。赤水卫处于川黔滇交通要道,驿递繁重,卫人迎来送往,不得休息;加上地处山箐,田土少且贫瘠,卫人生活艰难。王谦"一切待之以宽"㉘,故"上下相

安"，卫人都唯恐王谦离任。弘治元年，王谦因老病而请辞退休，卫人不许，贵州都司也认为无合适人选替代，请他继续留任。弘治二年（1489）十二月初六，王谦病逝于任上，为明王朝安定西南边疆做到了"鞠躬尽瘁，死而后已"。

四、结　语

明代永乐朝以后，右文轻武之风日盛，地方卫所的长官如果没有参与重大的军事行动或有特殊功勋是难以在史册中留下姓名的。即使因参战立功或为国捐躯，修史者也往往惜墨如金，寥寥数语介绍其勋绩，很难窥见其生平。赤水卫指挥使王谦的事迹多亏明代大学士丘濬所撰写的《墓表》，此表将王谦的家世、生平和主要事迹作了介绍。丘濬并在墓表末尾赋诗一首概括王谦的一生："繄今贵藩，古鬼方地。夷獠丛杂，山箐蒙翳。肆我文皇，众建军卫。赤水之墟，川滇之会，左安右奢，曰僰曰羿。世守其土，曰鄂王氏。惟王有子，奋自婴稺，振厥家声，慑服群类。廉而不刿，宽而有制。士爱有敬，夷悦而畏。生顺死哀，庶几无愧。我表其臧，昭示来裔。"㉙

丘濬，《明史》有传，为明中期著名的思想家、史学家、政治家、经济学家和文学家，被明孝宗御赐为"理学名臣"。丘濬历事景泰、天顺、成化、弘治四朝，先后出任翰林院编修、侍讲学士、翰林院学士、国子监祭酒、礼部尚书、文渊阁大学士等职。丘濬还交代了撰写墓表的缘由：谦子泽到京师办理其父死亡及袭替手续时请当时的国子祭酒、翰林院学士、礼部右侍郎丘濬为其父写墓志表。王泽本人作为边卫待补的指挥自然无法见到丘濬，王泽是通过其远房堂兄王澄的关系才得以实现的。王谦祖上王启一支后人调任广东昌化（今海南昌江县昌城乡），与丘濬有联姻（丘濬是海南琼山人）。王澄就是昌化一派的后人，是荆州文学名士（王澄很可能是通过科举考试摆脱军籍返回故里），而丘濬作为明王朝的国子监祭酒、文坛泰斗与王澄交集颇多。

《墓表》内容由逝者家属提供，虽说难免有溢美之词，但所述事实作为当事人的第一手资料，可信度还是非常高的，可以补充和订正方志中的遗漏及错误。王谦的生平，可为我们了解明代赤水卫的历史及卫所武职提供了不可多得的珍贵史料。

注释：

①基金项目：本文为贵州省高校社科基地项目"明代贵州卫所武职史料辑录整理"（项目编号：JD2014229）的阶段性成果。

②嘉靖《贵州通志》卷二《形胜·赤水卫》，第310页。

③贵州地方志均云洪武二十二年建赤水卫指挥使司；但《明史》卷四十六《志第二十二·地理七》记"赤水卫，洪武二十一年十月置"；《明实录·太祖实录》卷二百一洪武二十三年夏闰四月"己卯，城赤水卫。初，辰州卫指挥佥事王琮征云南禄肇还，留戍赤水。而禄肇余蛮复寇穿心堡，琮领兵追杀之，筑摩尼堡，至是城赤水。诏琮佥赤水卫事"。赤水卫建置时间记载各异，待考。

④周春元，王燕玉等：《贵州古代史》，贵州人民出版社，1982年，第212页。

⑤贵州省民族研究所编：《〈明实录〉贵州资料辑录》，贵州人民出版社，1983年，第1363页。

⑥乾隆《毕节县志》卷一《疆舆志》，第187页。

⑦万历《贵州通志》卷十一《赤水卫·职官·指挥使》，第219页。万历《贵州通志》所述武职沿袭是据"武职簿"官方档案。

⑧嘉靖《贵州通志》卷十二《艺文志·墓表类》，第803页。

⑨弘治《贵州图经新志》卷十七《赤水志·名宦》，第178页。

⑩郭子章：《黔记》卷四十九《乡贤列传·武勋·都指挥以下传》，第900页。

⑪⑫嘉靖《贵州通志》卷十二《艺文志·墓表类》，第803页。

⑬嘉靖《贵州通志》卷十二《艺文志·墓表类》，第805页。

⑭王耒贤、许一德纂修：万历《贵州通志·凡例》，第12页。

⑮⑯嘉靖《贵州通志》卷十二《艺文志·墓表类》，第805页。

⑰嘉靖《贵州通志》卷十二《艺文志·墓表类》，第803页。

⑱道光《大定府志》称是成化中，四川都掌蛮反抗明政府压迫而"叛乱"。

⑲道光《大定府志》卷三十四《耆旧传第二之一·俊民志三·明唐蔡王传第三》，第489页。

⑳㉑嘉靖《贵州通志》卷十二《艺文志·墓表类》，第804页。

㉒弘治《贵州图经新志》卷十七《赤水志·名宦》，第178页。

㉓西普苗，康熙《贵州通志》为"西苗、普苗"；乾隆《毕节县志》称"西南普苗"；道光《大定府志》为"西堡苗"。笔者查阅《明实录》，成化年间，普定西堡狮子孔苗民因长官温铠恣意贪黩而叛乱，贵州宣慰使即水西宣慰使安观及其子安贵荣率水西兵二万历经四旬攻克贼巢白石崖，成化十五年十一月因巡抚贵州右副都御史陈俨等奏请，宪宗予以安观正三品昭勇将军诰命。按，王谦督水西夷兵镇压西普苗即为普定西堡狮子孔苗。因西堡之"堡"音为"pu"，现安顺"屯堡人"仍读"pu"，官方记载是把"堡"错写为"普"，应以"西堡苗"为是。

㉔道光《大定府志》卷三十四《耆旧传第二之一·俊民志三·明唐蔡王传第三》，第489页。

㉕㉖嘉靖《贵州通志》卷十二《艺文志·墓表类》，第804页。

㉗弘治《贵州图经新志》卷十七《赤水志·名宦》，第178页。

㉘嘉靖《贵州通志》卷十二《艺文志·墓表类》，第805页。

㉙嘉靖《贵州通志》卷十二《艺文志·墓表类》，第806页。

羿子初考

刘一鸣

羿子，羿人，白猓，自称"gau"（告）、彝语称"沙濮"（意为汉仡佬），苗语称"qie"；是生活于川滇黔交界的赤水河流域之古老族群。元明时强大，曾与彝、仡、苗并称。迄今人口不满两千（近年出版的《泸州少数民族志》称只有三百余人），主要分布在四川省叙永县赤水河镇纳盘沟、古蔺县马蹄乡、贵州省毕节市七星关后清水、普宜两镇及大屯乡。羿人是一个尚未识别的民族，目前暂将其定为仡佬族的一个支系。本文拟就羿人历史的相关材料做疏理，名曰"羿子初考"，就教于方家。

羿是传说中尧舜时代有穷国的君主后羿，又叫夷羿。汉代成书的《淮南子·览冥训》有"羿请不死之药于西王母，嫦娥窃以奔月"的神话传说。《楚辞·天问注》引《淮南子》说："尧时十日羿出，草木皆枯。尧命羿仰射十日，内中其九日，日中大鸟皆死，堕其羽翼。"《淮南子·本语训》云："逮至尧时，十日并出，焦禾稼，杀草木而民无所食。猰貐（yà yǔ，传说中的食人怪兽）、凿齿（古代仡佬人）、封豨（xī，猪）、九婴、大风、修蛇皆为民害。尧乃使羿诛凿齿于畴华之野，杀九婴于凶水之上，缴大风于青丘之泽，上射十日而下杀猰貐，折修蛇于洞庭，擒封豨于桑林，万民皆喜。"《孟子·告子上》云："羿之教人射箭，必志于彀（把弓拉满）。"羿字本义是"鸟张翅旋风而上"。传说中的羿是有穷国君，尧的臣子，且为其治理天下立下汗马功劳。金景芳先生《中国奴隶社会史》引《左传》襄公四年（前569）和襄公元年（前572）史料指出"羿"是禹启时代的人。史有"太康失国，羿浞构乱"事件。据此，羿是夏朝初期的人。《左传·襄公四年》有"昔有夏之方衰也，后羿自鉏（chú，今河南滑县东十五里）迁之穷石（今洛阳西）因夏民以代夏政。恃其射也，不修民事而淫于原兽……寒浞……夷羿收之，信而使之，认为己相。三浞行媚于内，而施赂于外，愚弃其民。而虞羿于田，树之诈慝，以取其国家，外内感服。羿犹不悛（quān），将归自

276

田，家众杀而烹之，以食其子；其子不忍食诸，死于穷门，糜奔有鬲氏"。据此，羿是夏朝时代的部落，初名称有穷国，或部落之君主，或羿是尧、舜、禹时代的部落名称，该部落以擅射名于世。四川学者段渝先生在《四川通史》卷一中指出"禹出西羌"之"西羌"应"在蜀之西的岷山地区"；"禹生石纽"则考定为岷江上游地区（注：另有关于禹出生地为安徽寿春、当涂涂山，浙江会稽等地的说法）。2004年3月吉林省三峡考古队在重庆市云阳旧县坪发掘出东汉熹平景云碑，记述了禹生石纽的情况，据此可证"禹生石纽"在岷江上游。我们是否可以据此推测：羿是有穷部落首领，在尧时以擅射名于世，故部落以其名称羿人，首领为擅射之人，均以羿名之；禹、启时有部落首领羿控制了夏国之政权，与寒浞部落结盟乱政，羿被夏国其他部落反对者捉而烹之，部落人优越地位尽失。有的逸走后结为群体向西南逃亡，靠擅射以狩猎谋生，所以"羿子""羿人"是其宣扬特长势力的称号。他们于人烟稀少处追逐野兽（淫于兽）而生存，故历史上官方史料很少提及，这是羿子、羿人来源的一种推论，还需要深入研究方可详解。

赤水河流域从距今四五十万年前的旧石器时代就有人类居住活动。桐梓县九坝乡人类化石和习水县土城石网、黄金湾民居遗迹，仁怀市中枢东门河商周古人类生活遗址的发掘，为我们提供了相应的信息。目前史学界公认生活在赤水河流域的先民是濮人。他们曾建立过鳖国、鳛国（实际上是原始社会末期的部落联盟）。彝族先民是东汉桓灵时从毕节地区威宁草海附近迁入赤水河上游毕节龙场一带的。他们征服濮人村寨，在龙场建立君、臣、师的部落政权，称扯勒部（鳛部）。经十余代君主的努力扩张，在赤水河两岸建立了达摆、达佐、毛坝、果部、杓朋、隆文等则溪，据有今古蔺县和叙永县中南部、毕节县东北、金沙县北、仁怀市南部等部分地域。《西南彝志》载："濮人十五寨，一天就被占。……剩下的濮人……恒濮结友……在维舍恒嘎，杀牛和好。"到中唐扯勒二十七世君主铺依铺德任蔺州长，又经五代努力将领地扩张到土城、元厚一带。宋史籍对彝人称"罗鬼""乌蛮"等，他们是川滇黔交界赤水河流域的统治者，故史书记载较多。其次为"葛僚"都掌蛮、"苗蛮"等，均有提及，而"羿子""羿人"则无记载。

《旧唐书·南蛮·东谢蛮》所记之"夷子"当是"羿子"的同音字。书中叙述黔州（今渝东南、黔东北、湘西地域）之西数百里是东谢蛮，东谢蛮"西连夷子"。元明史籍方大量提及川黔"蚁子""羿子"。清《大定府志·疆域志》肯定地说："羿子即元之蚁子蛮。"《元史·张万家奴传》载，至元十九年（1282）张万家奴从讨乌蛮（亦奚不薛）。又于二十二年（1285）"从讨乌蒙蛮，复击降大坝都掌、蚁子诸蛮"。《元史·石抹狗狗传》记载："亦奚不薛蛮叛，从招讨使药剌海讨平之；行省也速带儿讨都掌、乌蒙、蚁子诸蛮，战于鸭楼关，狗狗最有功。"元《招捕总录·四川》载：大德六年（1302）九月，元军自叙州、庆符南下，时回军就粮至永宁（今叙永、古蔺），阿永蛮雄挫反，其妻苏他向招降官蔡闰申述说："我自来下不管官事，顺元结连诸夷作乱，差人邀我同叛；我虽是亲戚，断不曾听信。又言听得羿子杀迄使臣，不是蛮官本性。"

《明实录》对羿子活动记载较多。如洪武帝朱元璋十五年（1382）七月，因征云南大军入黔西北后粮饷运输供应困难，朝廷下令说："自永宁以南至七星关（贵州毕节与赫章交界处），中为一卫，令禄照（扯勒首领）、羿子等蛮给之。"明宪宗朱见琛成化十五年十二月丁巳日（初六，公历1480年1月17日）四川叙州府奏："白罗罗、羿子与都掌、大坝夷相攻。"礼部右侍郎周洪谟言："臣叙人也。叙之夷情，臣因知之……羿子者，永宁宣抚所辖（注：时二合一带的怀德长官司及今仁怀南部鲁班、茅坝、九仓、龙井、黎民等地为永宁管辖）。"主张顺夷情而治之。明武宗朱厚照正德十二年五月乙亥（1517年5月20日）"叙州僰人子普法恶作乱，击平之。……各种夷：僰人、羿子、仲家子（布依族先人）、苗子（苗族）保貉等杂处其中。马昊及总兵吴坤于青山下峰崖小寨击之"……"诸蛮大奔，凡斩首一千五百余颗"。九月辛卯四川都御使马昊奏言："长宁民陈聪等为乱，纠羿僚者岳、者穷作乱，营于结夸，始掠周泥站，次掠七星关，次掠野马川，土舍安宁率众击之，者岳执保琴请降。"万历年间镇压都掌蛮叛乱，朝廷大量征发"羿兵"。《平蛮录》记载有一则"恢复永宁防守哨口粮供应事"的批文中提到守兵有"羿目者靠"，又载九次隘兵钱粮事说："每季羿兵增口粮税银六十刀，又猥不肯给，今调羿兵，只牛酒行粮，已将费千金矣！"曾省吾在《平蛮录》中还提及"羿兵翻过鸡冠岭扰害戎县百姓"；永宁宣抚奢效忠部防"麦易一路"，尽心竭力，号令羿兵颇严，必能依命行事；又载奢效忠部发兵攻九丝蛮，部下"羿兵羊儿等斩获首级一颗""者荣等斩获一颗……羿兵阿胡等斩首一颗……羿兵阿朽等斩首级三颗，俘蛮男女阿拗、阿后、阿燥三名口"。《万历武功录·土妇奢世统奢世续列传》载有奢世续困于蔺城中，有夷羿失业不能谋生计事，又提到奢世统派"羿子陈海等"为小头目办事。明天启、崇祯年间（1621—1629），永宁奢崇明、水西安邦彦反明，西南骚动八九年，很多羿人被裹胁参与，伤亡惨重。奢安之乱平后，天启四年（1624）二月丙午朱燮元在《议处蔺地疏中》说处理好蔺地之事，方可使"西南夷羿之地，奠安于万万年"。

清同治《毕节县志》卷八《风俗》载："羿即元之蚁子蛮也。其人短小矮悍，鼠目猴声。男剃发，女蓄发以毛，男女衣尚白，常戴白宣毛笠，婚姻必娶姑女，勿论贫富咸以白金一两四钱为聘，增减俱不可。朴者事耕凿，黠者为偷窃，不能文字，刻木为约，待妻父母重于所生；岁暮屠豚祀神，祀毕以佳酿及豚肩臑（nào）献之妻父母。岁首妇归宁，其父母以菽麦余粮数升报之而已。余与诸夷同。"清嘉庆《直隶叙永厅志》卷四十三"艺文"载明人李维贞撰《王重光传》中说："永宁宣抚司所部有羿蛮焉。凡四十八寨，其地曰落洪（今古蔺），通四川。九丝时蚕食贵州之永宁、古赤水诸卫。景泰、天顺、弘治迄嘉靖初，大兴讨之。甫定，岁甲寅（1554，嘉靖三十三年）蛮杜皮以私念杀其贼张狗儿，合黑白两种蛮（黑夷、白夷羿子）三万寇塞挡路，焚户舍，厥置系累男女，旆釟不时赎则剐杀之。所过担石之储无勃遗者，因道千里鞠为茂草焉。"反映出羿、彝等少数民族在赤水河流域造乱之情形。王重光兵威并用、剿抚兼施，征服了彝、羿，并使其为采皇木服务，历时三年在峡口、大落包、雾露沟等地采运了许多千年楠木运至北京，受皇上嘉奖。

据相关史籍可知，明清时羿人主要分布于川南之琪县、古蔺、叙永、雷波等地，贵州分布在大方、黔西、金沙北、毕节、仁怀南部等地，云南分布在滇东镇雄、威信等地。上述各地留下很多与羿人相关的羿子沟、羿子寨、羿子村、羿子垭口、羿子关、羿子塘等小地名。清光绪修《叙永永宁厅县合志·地舆图》载，在今仁怀后山乡、金沙县清池与毕节龙场营之间有"羿子关"。清乾隆《毕节县志》卷四载"羿子之杂处汉夷间，惟毕节川南有之"。明《贵州图经新志》卷十七永宁卫指挥使司"题咏"有诗曰："十五险途路复攀，浙惊身入五云间。白崖南去半罗鬼，赤水北来多羿蛮。天净夕阳明绝壁，雨深春涧落层山。何当一扫峰烟静，望到长安开笑颜。"

关于羿子族属，史载各不相同。道光《云南通志》引《伯麟图说》："羿子一名沙兔。"据乾隆《镇雄志·种人》云："沙兔、一名仲家（布依族）。"《高县志》云："羿、元代迁入湖南流蛮……今有楚侯墓。"普遍的说法是，沙兔是明初迁来赤水河流域的江西湖广兵丁与当地女性婚媾而生之后代，他们与原族人习俗在传承中有差别，如在生活习俗方面汉化较深，有独立的语言叫"乡谈"或"香谈"。民国年间仁怀才子母重光编新修增广《仁怀志》，开篇即云："满嘴嗅香谈（乡谈），一篇新增广"，用羿人"香谈"作为方言土语的代表。有学者于20世纪80年代到贵州毕业节县普宜区小河乡双河村（羿人聚居地）进行调查，发现有几位老人会说些"乡谈"词汇和简单句子。人口大普查统计，川黔两省有羿人1500余人。羿人信仰的是子童菩萨，一般羿人家庭将其安置堂屋右侧隔壁外屋墙中腰的神龛里，认为此神可保佑下一代。生人犯之猴时求解（每天申时）；如眼疼则用红纸剪型圈祷告即可。七月半在神位前为先灵烧纸，敲磬五次就行了。其他信仰与汉族同。羿人因明清以降民族歧视和社会动荡，有的填成了汉族、有的报成彝族，只有少数坚持自己是羿人（有的填成"易人"）。民间称羿人男子为"羿子疙瘩"，仁怀茅坝境内有此语，是骂人的。羿人无独特民族服饰，他们的服饰、打扮是"头上挽纠纠，足下光脚板，穿的衣裳倒长不短"。羿人姓氏有李、陈、罗、高、杨、王、马、何、唐、张、林、石、吴、段、秀、叶、官、邓、葛、范、赵、胡、申、钟、刘等。

黎民镇与鄢家渡

刘一鸣

仁怀南茅坝，早在西晋时扯勒部族就征服了当地濮人，设立茅坝则溪管理今仁怀市南部到今金沙县西北清池一带。赤水河中上游的黎民镇与鄢家渡是其所辖的重要关隘和渡口。茅坝则溪是宋元时扯勒部发展而成的永宁宣抚司、罗鬼部发展而成的水西宣慰司和唐时杨保族发展而成的播州宣慰司间互相争夺而归属不定的区域之一。有关这一地区的文献资料凤毛麟角，能说明永宁奢氏土司曾统治过这一带的文物遗址是九仓排楼奢宣谕墓和鲁班文政玉车屯、茅坝小湾和金沙县清池一带的奢家坟与黎民小学保存的"永宁宣抚主奢"铸的铁钟。关于黎民镇与鄢家渡，明清迄今五百余年间留下的文献资料略多些，但文物实证材料极少，且称谓不一，有"黎门镇""黎明镇""黎民镇""鄢家渡""仙家渡""冤家渡"几种写法。黎民到鄢家渡渡口间的笆竹河沟，朱燮元《蜀事纪略》称"巴竹坡"，今称"笆竹沟"，明末清初史书又将其记为"黎民隘"。本文收罗相关史料，将赤水河中游仁怀历史上重要的军政中心和古交通要道黎民镇与鄢家渡作一综合介绍，以飨关心怀南历史文化发掘整理、开发利用的读者。

黎民镇现在能查到的最早记载是明末平奢安之乱的封疆大吏朱燮元所作之《少师朱襄毅公督黔疏草》。该书《题清水蔺地界疏》中说："臣又檄行，安位则云：先年播平后，蒙总督王都御使、巡按李御史踏界于我后泽邻地设立黎门镇，沙溪邻地设立沙岩镇。诉经两省勘明责令认纳草子粮一千二百石，即是此地，争辩不已。"这则史料反映明万历二十八年（1600）平播后，李化龙将播杨土司领地分设平越府领一州四县（黄平州、湄潭县、余庆县、瓮安县、龙泉县），遵义府领一州四县（真安州、遵义县、桐梓县、绥阳县、仁怀县），分隶贵州省和四川省；在遵义府设威远卫留兵近万，以镇慑土司反叛余党及防止永宁、水西两大土司作乱。李化龙在《善后事宜疏》中强调设屯卫、设将领，卫设指一员、同知二员、金事二员、镇抚一员、经历一员、知事一员，卫下设前、后、中、左、右五所，每所正千户一员、百户四员，五所官兵各一千，共五千，各级军官均有家丁兵若干。这些兵将均屯田驻守，耕战结合，寓兵于农。郑珍、莫友芝《遵义府志·兵防》考证说："黎民、沙溪二营，防御千总二员，兵五百四十名。"《贵州通志·前事志》载："万历三十年冬十月，播州余逆吴洪、卢文秀等叛。总兵李应祥讨平之。"叛乱主要在今金沙和仁怀南部发生，水西土司宣慰使安疆臣出兵俘斩吴洪并将其党羽捆献给官府处置；四川总督王象乾于万历三十三年（1605）将黎民营升为黎门镇，提高级别，加强军备，以镇慑水西与永宁土司。今黎民、龙井、九仓一带口传有"蔡总兵、刘挡阵、蓝千总、潘击鼓、王大刀"的说法，是五姓始祖落业职务的俗修。今五姓后人均在原黎民镇屯守地一带生息繁衍、血脉相传。蔡鹏霄是平播后驻屯军的首领，可从其子蔡金贵、蔡金美之史实中得到反证。朱燮元在《少师朱襄毅公督蜀疏草》卷之九《扫蔺献俘疏》[天启四年（1624）四月十一日上] 提到"蔡金贵系仁怀县人，播平授冠带把总。见酋（注：指奢崇明、奢寅父子）叛乱指称本县原是苗地投献与酋，伪授中军都督之职""金美得授伪总兵之职"。

与黎民镇有关联的王辅松，不是王彝久先生所撰《辅松祖传》的历史状况，在李化龙《平播全书》之《议处贵竹儒将借给饷金疏》说：万历二十七年（1599）十一月十一日，据原任镇守四川总兵官刘綎呈……二十四日又据本官报称："探得永宁宣抚司长官王尧、王辅松等领兵防守本抚连界播地三锅庄、柏杨坪。本月初三日，播目杨丑儿领兵抬船十五只前来，偷路攻打邻卫屯堡；王尧等率兵截路，斩获首级六颗，箭伤漂流河水者不计其数，四路追赶，已入播界。"在同书《六报捷音疏》中又提及"四月十六、十七、十八等日，原任副总兵曹希彬参将吴文杰率领提调张晓并永宁长官彭受、王辅松、张嵩、刘国用等督兵攻打洪关大山箐……"同书《塘报播事》中载："又据兵巡下川南道呈：据永宁土司守边关头目王辅松等报称，八月十九播舍杨兆龙、张洪等领兵十七营，拥将本抚缉麻山等处尽行烧劫，杀掳男妇千口，要借路攻打赤水。"同书《塘报夷情》载："据永宁宣抚司申：据守边关头目王辅松报称，播兵由大洪关箐小路，各执布捻拥出，攻打赵渡河后宅大、小鹿乡等地方。"同书《塘报播事》载："据永宁卫塘称：播酋杨应龙分兵十八营，将宣抚司内宅地方攻打，该司目魁王辅松现在点兵把截，尚未过河……"又"永宁参将吴文杰据永宁宣抚司守边目把王辅松报称：探得播酋差提调蔡丑儿领兵数千、抬船百十只，要行暗渡过河，是辅松等加兵阻截"。同书《奖慰永宁官兵》记载："为照土官奢世续，身虽女质，继夫志以驰驱，有承家之节义；长官王尧、王辅松、头目刘国用、刘国恩、周爱等职掌兵权，奉主命以勤劳、有许国之忠贞。"这些史料证明，王尧、王辅松不是"由江西从戎……于万历二十八年奉李督师化龙命征讨播州杨应龙"的将军，而是永宁土司守边官，他们是夷目还是汉把，无史料可考证。王辅松是在与水西争夺领地冲突中统兵督战与水西兵相遇于今仁怀市后山乡阳雀岩中埋伏受伤身故的。朱燮元《少师朱襄毅公督黔疏草》卷十一，崇祯八年（1635）七月十六日上奏的《水蔺界址三复合勘疏》中说："奢崇明存日与奢社辉（注：水西安尧臣妻，尧臣故，子位年幼，社辉摄政）争正西、以贰二里（注：今毕节龙场、金沙清池、马路乡、仁怀九仓、茅坝、龙井、黎民一带）。"《明实录·贵州资料辑录》1119 页载："四川永宁宣抚使奢崇明有子寅，年少狂悍，与贵州水西已故土官安尧臣妻奢社辉争地。辉，寅之姑也。寅造用铁鞭鱼钩百姓，逐兄弟奢辰等及土民五百余家现在水西，请官勘治。于是两家大相仇恨。安兵马十倍于奢，而奢之兵马精狡可恃，故两相持，抚按不能决，列状以闻。上命兵部议之，尚书薛三才请革去奢寅冠带，责令改图；并责社辉侵占，责令退还，如系安尧臣存日所管地方，谕令照旧管业；其逃犯及拔置人犯，尽数提出会审正法。庶舆情服而乱萌杜。上以其议，命抚按臣将水西所争地即与查明管业，不许再构争端。"这段史料说明，王辅松之战死是因奢安争地，朝廷并没有对其封侯！再说朱燮元督蜀黔所撰奏稿，反映 1621 年到 1637 年（明天启元年至崇祯十年）十六年的历史进程，如王辅松参与平奢安且封"平西侯"，朱的二十四卷奏稿中不会只字不提。况且朱燮元为功劳显赫的封疆大吏，卒于任所，只获"少师"褒称和崇祯帝赐祭九坛之荣，王辅松一小小土官，何能封侯？足见王彝久先生是笔下生花，为先人加官晋爵。

另关于王正相，朱燮元《疏草》中三处提及，但不是王彝久先生所言"崇祯末年，官至千总"，而是天启三年（1623）二月中旬仁合路副总兵罗乾象进击奢军中遵义监军佥事卢安世在陶竹坝、落红口（今古蔺太平一带）招降的土官。《督蜀疏草》卷十一《叙录从征文武功次疏》中有"招降罗华、王正相等四千九百六十名口"一语，到五月中下旬"佥事卢安世率张奏凯、王正相、张洪烈等攻克唐朝、落比等寨"。天启四年（1624）十月二十五日，迁居遵义永安庄的王正相被仇家劫掳，"道将发兵追捉已无踪影"，为辟祸，正相迁居仁怀小湾王家坪隐居是可能的。另，立岩一带刀把落业，平奢安中官拜总兵、参将的杨柳、杨金龙父子史迹，也是威远卫黎民镇的关联人物；另，黎民镇刘姓谱云一世祖刘兴溥，有《扎御功册》云：天启三年（1623）四月获扎称"皇明钦命督司，经略川、湖、云、贵专办逆寇兼太子少保、兵部尚书、武英殿大学士，为蔺酋造逆，扎饬领兵到剿杀贼，即立其功，贼歼事平之日，本朝爵禄加陞须至扎者，扎付督司刘兴溥准此"。这则史料如是原件，就很有价值。明六部尚书，均直接对皇帝负责，分享相权，如是，则刘兴溥为落业仁邑的高官。可是查诸文献，平奢安之乱的封疆大吏获"兵部尚书"的是朱燮元。朱丁忧返浙江绍兴府，接任者为"兵部侍郎"蔡复一、闵梦得，没有刘兴溥！李化龙《平播全书》之《叙功疏》中提及刘綎统领下的将领有"千把总刘兴勤"，即使笔误"溥"为"勤"，也与实情均相差太远！而且该书在《论功给赏》中再次提及"领兵千总刘兴勤。"平奢安历时九年，朱燮元奏疏二十四卷中均无"刘兴溥"此名，可判该史料之伪。

1988 年 9 月《黎民乡志》编者从黎民《刘氏族谱》摘录两则《平蛮遗墨》：

（一）标下统兵加衔参将刘显耀，为恳俯察微劳复原赏功票、以励人心事。

耀等自勤劳军，莫不捐三尺之躯以斩剿擒。迨扫清龙场营，克破水牛屯、岩下一带，皆耀等随候副总先入，及征白岔、滑石、普歹、响堡等处，耀等多方招徕，当阵斩擒前后功一〇七颗，俱解验讫，未赏票外，抚顺民三千余家、各携家小扎三岔河、九坝等处，俱蒙商同知点验；能戳杀贼一并不收录。今众口桴腹无哺，饥饿一半，可怜可惨，若从讨贼，未经补伍；欲归故土，虎穴难旋。舍此报功，别无生路。目今逆寅父子遁缩未除，安□乘隙大作？非精锐惯战之兵，无不逡巡畏缩，非用夷攻夷，何以知地利之险？伏乞府准再行同知查验，一体入伍，给粮赏功票，以便立功。未敢擅专，理宜呈报。伏乞照详施行。

须至呈功者：钦差整饬遵义地方等处监军督饷纪功兵巡道按察司副使祖爷侯。

（二）标下加衔参将刘显耀，为恳思俯问原详，批给功票，以励人心事。

为照卑役，自随侯总出师，每捐微躯，常奋忠勇先入巢穴，首招蔺目张大安、阎虎，斩杀奢阿冬父子，后招羿目杨柳、刘朝用并率逆党数千来降，已蒙院道奖赏，扎给参将职衔，准兵四百五十名。于三年（注：崇祯二年，1629 年）九月二十七日核桃寨大战，当阵斩功七颗。十一月二十日，攻打峝顶屯，生擒羿目沙衣等活功十八颗，斩获死功二颗。后克龙场营、岩下，四年（注：1631）正月初四、五日攻打水头屯（注：今水牛屯）斩功四颗，初七日攻陇角（注：今陇窖）老耗沟等处，共斩二十三颗。前后除张大安外，卑役须擒斩功纪五十四颗，俱解赴侯副转解监纪商同知验明讫等因。东战西征，未遑领票，后撤桐梓，值本道祖爷侯移镇松坎，役又奉发把守磨枪岭，不能躬视前领。当具详呈请随，蒙本道祖爷侯批：刘显耀、显辉与夏金海擒斩有功，自应记叙；其功票侯商同知验换纪缴。奉此，随呈商同知请票。

时因奉委管理仁怀县务吏书欠卷册柜，先已发行，未经填给，四年二月内役详本道祖爷侯蒙批功票。侯商同知发小票来即换大票。其增兵须侯副总报空若干、补若干，只有凭据缴等因奉此。随奉令发遵义城战守，朝夕难离，日延一日，前票未赴告领为照，血战功级。日月虽逾此。详明纪见。据今幸老祖爷威镇黔属，仁合三军不没人善。恳念俯乞边夷犬马，挥毫一时，委恩万世，赏赐宪票，行令商同知照详补给小票五十四张。虽不能望将来叙功，亦可为忠勇执据。得蒙俯允，庶前道爷批详之恩不辜而卑役战场之苦不没。为此，今具前由，粘连原奉批详，理合呈乞。照详俯允施行。须至呈者。

右呈："钦差总理四川监军道祖爷卢。"

两则史料中的参将刘显耀，朱燮元《少师朱襄毅公督蜀疏草》卷十一《叙录从征文武功次疏》中提及"侯良柱、高象乾等打破马湖营（注：今四川古蔺水口一带）、鬼幺等寨，招出刘显耀等共二万三千三百二十二名口，嗣后牯牛、酸枣、木姜等囤，马蝗、发窖、滑石等洞，俱相听抚"。又在《少师朱襄毅公督黔疏草》卷二汇报从崇祯元年至二年九月一年余的平奢安作战总结《汇报各路功次疏》中写道：九月二十五日收到遵义监军道副使卢安世、副将刘养鲲塘报，说八月十六日奉本部院宪牌出师攻打水西苗巢，分布三路进剿，"督阵中军苏迪、李义方报称：……将官罗文垣部下兵将刘显耀等七名共斩级七颗"。九月二十四将到"缉麻山一路督阵官沈奇孝、叶瑞凤、韩国祯等报称：……攻打吴马口……岩孔……杓口……白塔宅吉"等作战中，"都司罗文垣率领部兵攻打关门头（注：应是关门屯，在仁怀市坛厂镇坛丫口一带）、白塔等处部将兵周朝臣、刘显耀等四十八名共斩级四十八颗"。这些史料告诉我们，刘显耀和蔡金贵一样是当年平播后的黎民镇屯兵长官，求自保而卷入奢崇明父子的反明叛乱。蔡金贵贪图升官发财，认为改朝换代时机成熟，便主动投靠奢氏父子，得授大梁国都督，荣称"阁老"；沉着冷静的刘显耀在明大军压境时主动投诚，被升任加衔参将。他熟悉地形军情，在瓦解破敌中干了不少实事，但因是降将，受到歧视，故有功不得及时记录，只能低声下气称侯良柱、商良弼等为"祖爷"求功。由于过于求稳，战功不及其他降将，加之朱燮元具章参奏过年近八旬的侯良柱总兵贪婪，故朱燮元在叙功晋级名单中没有提及刘显耀。另，刘谱所录文中有"杨柳是羿目"的说法，与朱燮元奏书中所记杨柳之情况在时间上有出入。杨柳升至总兵，刘显耀只获参将，是否刘氏后人笔下生花？难于考定！

《贵州通志·前事志》第二册记载："明崇祯三年（1630）四川省遵义府兵巡道卢安世分兵驻防镇南、沙岩、古楼、底水、忠泽、乌江、茶山、半岩、板角、吴马口、黎民等十三隘"，"御水西以防窃发"。五马口由母家镇守，黎民当由蔡家等镇守。考诸史料，黎民镇军政中心地位的大提升，应在南明抗清时期。崇祯十七年（1644）三月下旬李自成大顺军攻下北京，崇祯帝煤山自缢，国亡。继有福王朱由崧南京称帝，年号弘光，次年五月兵败而亡；唐王朱聿键于福州称帝，年号隆武，次年11月兵败被清军俘虏，后被杀于福州。另，唐王朱聿镆是年冬月称帝于广州，改元绍武，腊月兵败被杀。未几，桂王朱由榔称帝于广东肇庆，改次年为永历元年。弘光元年三月朱由崧命大学士王应熊兼制云贵、湖广、广西、邵阳、偏沅各督抚，应熊辗转赴川南，但明军各将帅拥兵自重，号令不动。张献忠大西军占领川渝，只有遵义府为明军控制。王祥在军阀混战中控制了遵义府及周边要地，永历帝得报，以綦江伯爵封之，后晋忠国公；王祥拥兵二十多万，将控制区域划为三十六镇，黎民为其中之一。民国六年（1917）黎民农民胡正明挖水沟时获铜印一枚，正面篆刻"蜀勋援剿北路左协总兵关防"十二字，背面刻着楷书三行：左为"永历二年十一月礼部总造"，次行为"永字一千三百九十九号"，右行正面篆刻关防正文。持此印总兵不应是蔡鹏霄，这可以从蔡金贵投奢反明的史实中得到证实。永历二年即清顺治五年，是西历1648年。鹏霄1600年平播时长子金贵立功受千把总之职起码也得二十岁左右，蔡鹏霄应在四十岁左右，永历二年（1648）是近九十岁的人，不可能再任总兵之职。总兵是谁，另行考证。不过黎民镇的遗迹可透出昔日的辉煌。

清康熙三年（1664），平西王吴三桂奏败水西等地苗民，次年俘水西宣慰安坤等；十二年（1673）七月，平西王吴三桂、靖南王耿精忠先后请撤藩，获准。冬月，吴三桂举兵云南，定国号为周，贵州提督李本深响应。腊月二十八日吴三桂入占贵阳，次年初派王屏藩率兵攻打遵义府，马宝、刘应昌等入据遵义府城。二十年（1681）夏四月，山西提督周卜世率兵击走马宝，刘应昌投降，周卜世抚降遵属各县及黎民等军镇。康熙二十六年（1687）裁遵义军民府为遵义府，但遵属各县久经战乱，人口锐减，朝廷下旨鼓励移民，又将原黔西州与仁怀交界的原永宁土司茅坝则溪地大部划入仁怀县李博里，编为六到七甲（黎民为六甲）。顺治十五年（1658）清军攻占遵义及所属五州、县后，在仁怀县城（今赤水市）驻绿营兵，称仁怀营，隶遵义协，由守备一员、千总一员、把总二员统领兵五百员，黎民设隘讯，驻兵二十员。乾隆四十一年（1776）仁怀厅县分治后，仁怀县设县治讯、黎民讯、温水讯三讯，共驻兵 113 名，黎民仍然是仁怀南部的重要军政商业中心。道光九年（1829）黎民隘讯降为塘，属仁怀县讯〔雍正六年县城从仁怀旧治（今赤水市）迁生界后，又迁于安罗里亭子坝〕所辖十三塘之一，驻兵三名，至光绪元年，均如是制。民国四年（1915）将原属仁怀县的丁山、小溪、赤水、吼滩四里划设习水县，同时将遵义县属大溪里七、八、十甲划入仁怀。此时仁怀仅有李博里、安罗里、二郎里和大溪里划入的三个甲。是年冬废里甲，行区、保、甲、牌，仁怀以县城丁字口为中心分东、西、南、北、中五区，共辖四十六保。黎民属南区（治鲁班场）所辖十六保之一。民国十九年（1930）县下行区、乡（镇）、闾、邻制，全县划为十一个区，黎民属四区所辖三镇（茅坝、九仓、黎民）八乡之一。民国二十四年（1935）国民党南京政府趁"追剿"中央红军之机搞垮王家烈，推行联保、保甲制，全县并为七个区：县城附近为一区；二区（长岗）与三区（鲁班）并为二区；茅坝四区改成三区，治茅坝，辖六个联堡（黎民与茅坝合为一联保）。民国二十九年（1940）废联保实行"新县制"，缩减区建制，改联堡为乡镇，推行区、乡、保、甲制，全县分三个大区，鲁班、茅坝合为南区，联堡改称乡，黎民、茅坝台为黎民乡。民国三十八年（1949）春，恢复茅坝、大坝、桑木三个区，茅坝区辖鲁班、冠英、五马、九仓、小湾五乡，区署先驻茅坝场，后迁鲁班场。从民国二十五年（1936）到三十八年（1949），黎民乡建制均存在。直到 1950 年底中华人民共和国仁怀县剿匪结束，县人民政府将全县设十二个区，黎民乡改称茅坝区茅坝乡黎民村。1953 年 8 月，黎民、田坝、立岩建乡，后合为黎民人民公社。次年黎民与茅坝又合为黎民公社，1962 年黎民与茅坝公社分立，建成茅坝区黎民公社，1984 年 5 月后公社改称乡，黎民乡辖黎民、滥坝、贾角、坪上、岗家、田坝、立岩、富田、跃进九个村。2003 年茅坝区在撤区并村中分为茅坝镇、龙井乡、九仓镇三个科局级单位，黎民作为茅坝镇十三个村之一存留至今。

黎民人口述历史传说：清咸丰十年（1860）端午节石达开率太平军离开黎民时，派人放火焚毁总兵武衙门和文衙门，由龙井、立英渡赤水河去了川南。太平军走后，一个浑名"安老将"的人带街民灭火，保留了部分建筑。"安老将"救护有功，乱平受奖一百五十石田土。除依山势建在三级台地上坐西向东的五千多平方米的文武衙门木房外，今田坝上还有大街、骡马街、十字街等三条大街，另有一个名叫"大成客栈"的旅店。黎民武衙门建筑，残存到民国初年毁于军阀混战。中华人民共和国初期，该地辟为耕地，只有南北横列的四个大门石墩子和部分柱础石存在了。黎民镇周围贺家坳、土地坳、黄泥坳、木桩坳等地设有哨所，坪子上、坳上、小营地、藏兵沟、箭角山等地有屯兵驻守。东北最高处的烟墩山设有烽火台，《续遵义府志·关梁》载："烟墩山在黎民镇，卓峰四望，可数十里，凡有警，在此举放烽烟，以其高易传远也。"今石砌的石墩尚存在乱草丛中。黎民古迹仅寺庙就有文昌宫、禹王宫、观音庵、遐宣寺、五显庙、普光寺、关帝庙等。据黎民人刘远俊先生《逝去的黎民镇》介绍，"大跃进"前，黎民坝子中街景繁华，由小湾楠木坪高山岭发源的小河沟潺潺流水穿街而过，流往巴竹沟注入赤水河。经街而过，有陈家塘、老妈塘、牛望角等潭，水清澈见底，游鱼穿梭，水深处一米多，浅处近一米，两岸垂柳倒映其中，山水相宜，甚是优雅清净。"大跃进"大炼钢铁，山林砍伐，古树被戕，1960年后向荒山要粮，实施田园化，盆地中居住的人家被迫迁至山脚，一栋栋房屋、庙宇倒下，一块块良田造出。如今造访黎民，所见仅是一个小村落而已。

黎民街到鄢家渡有一沿溪而下的老路，约5公里。明末朱燮元《蜀事纪略》所绘《平奢示意图》标为"巴竹坡"。《续遵义府志·关梁》载："巴竹沟隘……两山壁立……自黎民镇至河十五里。为通蜀要道。"因山陡谷狭，幽径在溪畔婉行，有的地方要跳跃于溪中心小石墩或涉急流而过，给行人留下"二十四道脚不干"的体验，山洪发则无路通行。民国文士茅坝赵敦彝过此，留下"蚕丝绵亘乱飞鸦，蜀道难分一线蛇。天堑赤虺黔蜀险，兽王熊虎也停车"之诗句。生长于鄢家渡的龙先绪几十年往返此路道，也吟下"苍苍山色望无遮，一经逶迤傍水涯。石穴泉音传雅韵，断崖香草吐奇葩。林出野鸟常窥果，日暖溪鱼欲晒沙。客子熙熙寻胜迹，盘桓斯地夕阳斜"的诗句。

鄢家渡是赤水河中上游最古老的渡口之一。明末平奢安前是水西安氏与永宁奢氏两土司领地间商旅往来和军事争斗的重要关津。口碑史料有明太祖洪武年间永宁宣慰使禄肇子奢世（又译"智"）官庄在渡口北今佘坪（又叫桉家坪）一带，"佘"即"奢"之言转。奢安土司之前没留下任何有关鄢家渡的文献资料。我们能见到最早涉及此地的资料是距今约四百年的《少师朱襄毅公督蜀疏草》和《少师朱襄毅公督黔疏草》。《少师朱襄毅公督蜀疏草》卷之七《塘报功次情形疏》中载："天启三年（1623）李总兵（注：仁合路总兵李仙品）于九月十二日率统大兵至河口鄢家渡扎营（注：明军有一参将鄢玠，是否此地人不得其详），前锋擒获奸细冬狗等三名供报：水西兵十营在银盘山扎营来援奢寅。……二十七日，侯良柱前锋王正相与本镇合营，金事卢安世统兵亦到鄢家渡等。忽报水西助兵三十营自大坡顶至龙场救崇明父子。本镇（注：李仙品）将办备浮桥、降苗等项交卢金事调度守御。二十九日，李总兵移营马岭河口连珠扎营，晓夜设塘以防暗渡。"同书卷八《塘报战败攻永贼兵疏》说："又据仁合路监纪金事卢安世塘报：率督将官张奏凯、王正相等奉令分守鄢家渡与贼对敌，斩苗功三颗、生擒二名，供称西贼与酋于十月十三日已暗渡上赤水矣，见扎四大营于对河者弄坡顶。卑职自抵鄢渡，各兵无米，全凭各处高粱、粟稗度日，今时寻尽等情。"同书卷十一总结天启元年（1621）至天启五年二月《叙录从征文武功次疏》再次提及天启三年（1623）九月二十七日，李维新复督兵亲至鄢家渡与佥事卢安世合兵造搭浮桥，"且将渡河，贼若前若却，阳以缀我，一面结水西大众潜渡赤水以抄我后"。

在《少师朱襄毅公督黔疏草》卷一《汇报各路贼情功次疏》中说：崇祯二年（1629）七月"仁合路副总部将先汝受提兵亦至，渡过鄢家河口接应，合兵杀出，贼见遵仁两路各隘具有官兵截杀，贼尽走险，入箐藏躲"。同书卷之五《查叙在事文武官员功次疏》中总结崇祯二年（1629）到四年（1631）年平奢安战况时提到四川仁合路，说："据兵巡下川南副使乔巍叙详，又经按察司龚承荐复核得总兵罗乾象、督兵官陈全忠等，……十一月内奉令捣巢于滑石峒、鄢渡河，当阵斩获伪都督阿长、伪参将苗三弟并首级二十颗。"

这些史料，说明明代鄢家渡是非常重要的交通关津，明军仁合路副总兵及遵义道监军佥事亲临驻节，指挥攻守长达月余。朱燮元《少师朱襄毅公督蜀黔疏草》二十四卷多次提到鄢家渡而只三次提及"毛台（茅台）"，且与"长坪""白㲼"并称。可见鄢家渡与黎民镇商旅往来和军事地位的重要。

南明政权抗清和清康熙年间以吴三桂为首的三藩之乱时期，鄢家渡都是重要的商旅关津和军事要地。今渡口南岩上还有"仙家渡"的摩崖石刻，民间更有讹称"冤家渡"者。1988年9月柯遵仁等编写油印的《黎民乡志》载"鄢家古渡碑刻"说："在渡口南岸石岩下，有一石碑，上呈八字形、高四尺五寸、宽二尺八寸、厚三寸，纯青石做成。碑额横排楷书九字'奉宪改设鄢家官渡碑'，碑文竖排十八行，除极个别的字迹残剥外，其余都很清楚。此碑文于清康熙五十二年（1713）由遵义军民府粮捕厅通判镌立。"其碑文如下：

> 四川遵义军民府粮捕厅加一级胡，为渡夫不遵上禁等事。本年五月二日，本府正堂加一级童，牒于本年四月十七日，奉巡府都察院加三级年批：该本府申详前事，奉批给查父子霸立私渡，勒诈商民。先经批逐，地方官不力行拿解，案墨未干，则敢仍蹈复徼，蔑法横行，爰此为甚，抑即严拿解究。详察其鄢家渡，应如该厅所详捐设，不许私勒渡税，立石永遵可也。此傲司政，又奉四川等处承宣布使司布政使加六级宋批：伊等霸渡病商久，奉院行禁，岂敢抗违？复距今该厅须于鄢家渡

口捐造渡船，募夫给食，永禁勒索为嘉。应知，该仍候府都院及察司批示永报。同日，四川等处提刑按察使加五级沙批：即给通详，仍候府宪及藩司上缴。同日，又蒙署川东道加二级邓批：照行。仍候院司批示，同日，遵奉在案。本厅随委署本府经历司事、桐梓县典史奉行。此后来本厅捐俸按月配发，往来商旅无阻。为禁止该夫勒索。此故，特许该商指名禀报，凭本处允过往商民永世仰戴抚宪与各宪恩德，永无报矣。

四川军民政府粮捕厅通判加一级武陵胡恒记立
康熙五十二年陆月日立

这则史料，反映鄢家渡在康熙年间是川黔交通的要津，私渡之夫乱收费，引起封疆大吏年羹尧的重视，并批示处置。年羹尧是八旗中汉军镶黄旗人、湖北巡抚年遐龄次子，康熙三十九年（1700）进士，四十八年（1709）至五十六年（1717）任四川巡抚。接着四川布政使（管民政）宋致、按察使（管司法监察等）沙木哈等层层批办落实，最后记载桐梓县典使崔行健领得遵义军民府饷银到鄢家渡监工造船，募渡夫办好官渡，方使商旅行人往来，不受勒诈。此渡是古蔺到黔西的官道，也是川盐入黔的商道。笔者曾到四川省古蔺县石宝镇考察，当地老人还记得石宝寨最初叫"羊舔石"，就是因背运盐巴者过石板路在石块上息肩时盐与汗水滴浸后历久，牛羊闻之有味道则常舔食而得名。考此盐道是从四川自流井（今自贡）将盐装船水运沿沱江至泸州入长江抵合江东关，再折西溯赤水河运至猿猴滩起岸，经古蔺境石夹口、石宝寨、冒沙井、高家岭过鄢家渡至贵州黎民镇、五里坡、茅坝场、石良坝、后山到黔西打鼓寨（今金沙县城）的经济、民生动脉，至今还有"要吃糖，来苏场；要吃粑，关门丫"民谚流传。朱燮元《少师朱襄毅公督黔疏草》中也提及江淮盐商谢来苏经营此道运盐，为转运方便出资修建仓储兴场，后人们将此场冠以谢氏之名，叫"来苏场"。到清乾隆元年（1736）时，四川巡抚黄廷桂整理盐政，将川盐入黔水道规范为永、仁、綦、涪四大口岸管理。仁岸的盐水运溯赤水河由猿猴场（今元原）经土城、太平渡至二郎滩起岸，靠人力陆运三十里越吴公岩山岭至马桑坪再装船沿赤水河溯水运到茅台起岸，分道陆运至鸭溪和打鼓新场，但鄢家渡盐运仍未中断，只是运量少些，其盐运一直延续到民国年间。

《黎民乡志》还载有道光二十七年（1847）八月立的《鄢家渡公渡石碑文》。

黔督仁邑李博黎民街中柯翁，即道辉，字汝光，八十翁。好善人也。他不暇述，弟述其鄢家渡义举，鄢家此渡，创自康熙年间，古碑可稽，其为官渡无疑矣。近因年久，渡夫视之己业。七月既望，翁邀结川蜀绅耆，欲所募化钱粮，置买渡业、新造船只，另招渡夫，一言甫出，众善乐成。虽曰人事，岂非天意哉！时，业虽未置，船则已修，即择期于九月初一日开渡，往来之人始便，而翁之心事始末焉！不料壬寅（注：1842 年）春月，匪棍周龙……豺狼成性，霸渡分肥。翁命其男容镜、侄人镜，俱庠生，并化首等赴县以霸占渡口呈词，而……捏以渡口有粮来禀，县主未察，随以通判……国贼批示。悲哉！一二人朋弊（比）为奸，万千百姓临渊受害，翁之心太为忧也。六月间复命赴县以贿赂不提，续禀恩批，亦属精明，陈启仍庇不理，翁更大为忧也。时惟元月，仍命赴县以持符饬呈词，兼续龙姓启原由，与渡无关，当人详察，始以龙天九承当，龙文彬户业已归债与李登谟而粮有着落。蒙批禁严，翁犹未解其忧也。阅至癸卯年（注：1843 年）暮春三月，而迷馨之中石碑忽见，即抄二张赴县呈明，而翁之男与侄昼夜赴郡善焉进呈，黄大薄批阅之，下命指示开渡，兼喻渡粮而铁案于此永垂，瓮之心乃为一大快矣。惟是昆仲捐银一百五十余金，置买高滩田土，价明契立，勒石铭碑。美哉！造两省之河船，惟翁善便，完七年之奔苦，伊侄克终。伊侄余之门徒也。问序于余，余乐序云。

乡进士吏部拣选知县徒弟　李楼凤拜
选进士吏部拣选分州姻愚弟　熊秉铭　撰
道光二十七年八月二十二日立

这则史料说明鄢家渡在清乾隆、嘉庆两朝和道光二十七年前，官渡崩坏为私渡，且成为恶棍勒诈过往商旅的卡子。1988 年修的《仁怀县志·交通》记载："道光二十七年（1847）鄢家渡因年久渡夫占为己业、勒索行人，黎民街上八十老翁柯道辉遂往川属绅士募化钱粮，新造船只，另招渡夫，改为义渡。"又历道光末年到咸同、光绪间，再改为官渡。民国初年《续遵义府志·关梁》载："仙家渡治南一百里，本私渡。邑绅陈天爵以钟姓绝产数十石禀县立案作渡夫口粮，改为官渡。"生长于斯的龙先绪先生撰文说：渡口南岸现有石碑三通，即道光二十七年（1847）的《鄢家公渡碑》《毫厘不取碑》、光绪年间的《凿路碑》，另有岩刻四方，除一方字迹模糊难于辨认外，另三方为"公渡""仙家渡""鄢家渡晓谕"等字。另是他高祖定居于渡口边上的柑子坪，以渡船为业，传至曾祖和祖辈，直到 20 世纪 60 年代初，其祖父才辞去渡夫职专事务农。

　　黎民镇、笆竹沟、鄢家渡是赤水河中上游仁怀市域内历史文化沉淀最丰厚的古镇、古道、古渡，还有丰厚的战争文化。明末平奢安战争在此地之情况已如前述，清代咸同年间太平军石达开部转战赤水河亦经此，而影响最大是民国二十四年（1935）中央红军三渡赤水。1935年3月14日，中央红军在鲁班场周围与国军周浑元部外围接触时，红三军团两个连于下午时分经过黎民下笆竹沟过河，控制了鄢家渡（负责侦察的老红军有"七渡赤水"的说法），时三军团彭雪枫负责率红十三团、十四团攻打鲁班场（彭德怀、杨尚昆时驻五马口），15日下午，部分红三军团部队从鄢家渡三渡赤水河，转战石宝寨的。鄢家渡是中央红军三渡赤水河最西的渡河点。鄢家渡古碑刻在2005年已列为仁怀市市级文物保护单位，古渡口也应列入红色文化文物保护范围。正在修建的黎民到四川古蔺石宝镇佘坪公路和鄢家渡大桥通车后，可规划为旅游观光景区。

漂浮于历史时空的地名称谓：白锦与白锦堡

刘永书[*]

从唐大中年间至明万历二十八年，播州（今遵义市）杨氏结束了对播州近750年的统治，因此，我们可以毫不夸张地说，播州（639年置）981年的历史，实际上是一部播州杨氏家族史。但明万历二十八年那场震惊全国的平播之役，使得这个家族和与这一家族历史有关的一切文化遗存，在24万平播大军的兵锋中荡然无存，从而使得播州一些原本较为明晰的历史，在漫漫历史的尘埃中，渐渐演变为一些扑朔迷离的历史谜团。而播州历史上杨氏入播最先的立足之地白锦和其后杨氏献地所建之白锦堡，这个对研究唐宋年间播州建置和杨氏家族史有着重要意义的地名称谓和行政建制的地理位置，历来是地方史学专家及学者力图考证并欲为之解答的一个重要历史课题。

白锦最先出现于宋濂的《杨氏家传》：杨端"径入白锦，军高遥山，据险立寨，结土豪庾、蒋、黄三姓土酋，为久驻计"。白锦堡，最早则出现在宋人王象之所著的《舆地纪胜》，其载曰："南平军在白锦堡，去播州三百里，系纳土官杨光荣子孙袭守之。"其后编纂的《明一统志》《四川通志》等均言"白锦堡在綦江县南八十里"或"白锦堡在綦江县南，距播州三百里"。以上史籍对白锦堡的地理位置并无异议。

至清道光年间，郑珍编纂《遵义府志》时，根据明初宋濂所著之《杨氏家传》和明万历年间孙敏政主编的《遵义军民府志》记载："（宋）淳熙三年（1176），（杨）轸病旧堡隘陋，乐堡北二十里之穆家川山水之佳，徙治之，是为湘江。"郑氏通过考证断言，白锦堡不在宋代之南平军，则在今府（遵义市区老城）南20里无疑，从而把白锦堡的地理位置由娄山关北定位到娄山关南的原遵义县境。同时，郑氏也把白锦之地定位在穆家川之南20里。由

---

* 刘永书，遵义市汇川区高坪枫香塘人。原遵义县文物管理所所长，遵义县政协教科文史委主任，《遵义县文史资料》副主编，遵义县诗书画院秘书长。

于有了这个不容置疑的权威定论，其后黔北学者均从"郑说"，先入为主地将白锦堡定位在原遵义县南境和遵义市红花岗区，进而对其确切地点进行考证。"南白说""半边街说""皇坟嘴说""母氏屯说""南宫山说"各成一家。

其实，从郑珍老先生开始直至今天，人们对白锦堡地理位置的考证，均被"乐堡北二十里之穆家川山水之佳"所误导，即学者们把杨轸时期的白锦堡治所与播州杨氏最初献地所建的白锦堡治所混为同一地点进行考证，进而把考证出来的白锦堡治所当作杨氏最初入播的立足之地白锦。

白锦是地名称谓和地名所涵盖的地域称谓，白锦堡为一行政建制，其地域远远宽于白锦。地名及地名所涵盖的土地，一般不会变更，而行政建制的治所，常常因各种缘由而发生迁徙变化，其辖地范围也经常扩展或收缩。

笔者根据对白锦堡相关文献及出土文物资料的分析，认为杨氏最初入播立足之地白锦和杨氏最初献地所建的白锦堡治所不在遵义南境，而是白锦在今习水县境温水镇境及相邻地（白锦），白锦堡在綦江县南接近桐梓县的赶水镇（白锦堡治所），从而得出了一个与近 200 年来黔北学者相左的结论。其理由如下。

一、对一条河流之考证和文献记载，白锦不在遵义县南境

《遵义府志·土官》引《杨氏家传》载：

> 杨氏四世三公，因与罗闽相战而被俘，被囚于罗闽半载，会阿永蛮首长黑定与闽有连，语曰："杀其父而囚其子，人弗为矣，盍归诸？"闽不答，黑定怒，夜以一牝马窃载俱归，且发兵纳三公界上，……会济江，獠忽怀异志，引舟岸北，呼谢曰："为我语若主，当免我科赋，否则，吾不以舟济。"三公怒，瞋目视舟，嘘者三，舟奔而前，三公遂涉。

同书还载，杨氏第七世杨昭之弟杨先、杨蚁各拥重兵。杨先据白锦东遵义军（今绥阳县及原遵义县东境），号下州。杨蚁据白锦南近邑，号杨州。杨蚁举兵攻打杨先，且外结闽兵为助，杨昭子杨贵迁发兵，设伏于高遥山，要其归而击之，闽大溃，赴水死者数千，蚁亡入闽。

根据以上两段材料所记之事均与"闽"有关，三公所济之江和赴水死者数千之"水"，为同一河流。郑珍考证，此河为原遵义县西境之罗闽河。笔者曾徒步考察罗闽河中下流大部分河段，此河宽不过 15 米，河床大部分为原生石，无堰坎之自然河段平均水深不足 1 米，三公绝不会冒着被追杀之危险，费其口舌，非要渡舟而行，完全可以涉水而至江北。且观察今天的罗闽河河道，古代也绝不可能有使闽兵"赴水死者数千"之水量。从杨氏早期活

动区域和文献对该河深、广的记载，以及专家考证阿永蛮为今四川叙永一带土酋，唐宋间水西罗闽实际控制地域在今仁怀一带，可以推断，三公所涉之江和"闽赴水死者数千"之河，绝不在原遵义县境，而极有可能为赤水河中游东西流向的某一河段。又据宋《舆地纪胜·南平军》载："曲崖隘，在军西南九十里，距白锦夷五里，荣懿寨巡检驻扎之地。""军"即南平军，为北宋熙宁八年（1075）熊本讨木斗叛而置，治所在铜佛坝，即今重庆綦江南赶水镇对岸，地名犹存。而白锦夷，为官家对居住于白锦之地族群的称谓，即播州杨氏族人。

由此，我们可以得出一个结论，杨氏早期借助阿永蛮之力而立足之地白锦，不应在娄山以南的遵义南境。从文献所载地理环境及道里路程来看，白锦应在今习水县境温水镇境或相邻地。

二、从杨氏早期活动地域看，白锦及早期白锦堡应在娄山以北

播州杨氏，据著名历史学家谭其骧在《播州杨保考·后记》中考证，为唐代今川南泸州叙永一带汉化程度最高的僰人土酋。"（唐）大中十三年（859）冬十一月，南诏遣兵陷播州，咸通元年（860）十月，安南都护李鄠克播州。"（《唐书》）。播州杨氏鼻祖杨端于此借唐之威灵，出泸州，进合江以南之地。1972年遵义县高坪杨文墓出土的神道碑载"宣宗末年，大理举兵，播州鼻祖杨端奉命平定南诏，其功始著。"明初宋廉撰《杨氏家传》言："径入白锦，军高遥山，据险立寨，结土豪庚、蒋、黄三姓土酋，为久驻计。"即指此事。其后，唐哀，"播州没于蛮"，杨氏便以白锦为中心，结"庚、蒋、黄"三姓和赤水河以西阿永蛮，借助其军事实力，沿山谷水流和綦江间坝子平地，进一步拓展势力范围。

从以下文献记载，我们便可大致了解杨氏早期活动范围。

"（宋）皇祐四年（1053），杨贵迁率兵入泸（四川泸州），驻军于南州（今綦江、江津、南川一带），后得暴疾，将还，其叔杨先使南川（今綦江县）巨族赵隆截击杀之。"（《弘家杨氏族史·播州杨氏》）。

"宋元丰四年（1081），泸南（今四川泸州南合江、叙永、习水、赤水等）夷罗乞弟叛，南平（今綦江、南川及桐梓北部）酋长杨光震助官兵破乞弟，杀其党阿讹。"（《宋史·渝州蛮传》）。

《遵义府志·土官》载：杨氏九世、十世杨文广、杨惟聪与仲父叔祖杨光荣、杨光明事，均言其与高州（今道真、正安间）有连。

宋濂《杨氏家传》言：大观二年（1108）"光荣恚，籍播州二县地千七

百里往献于朝，诏即其地，建白锦堡，加光荣礼宾使"。白锦堡因播州杨氏居于此而使其地名称谓成为行政建制名称。又《遵义府志·建置》引《宋史·诸蛮传》载："（宋）大观二年（1108），有夷酋罗永顺，杨光荣、李世荣各以地内属，诏建滋州、纯州、祥州。滋、纯今仁怀（今赤水、习水、仁怀），光荣内属，其所居播州必倚仁怀、习水地方可知。"

《续资治通鉴长编》卷四百四十八载："绍圣四年（1097），文广身死，其弟文翰与叔光荣不相和解，光荣势微弱，欲依汉界为苟安之计。"

从以上文献可知，播州杨氏从唐至北宋年间，其活动区域在今遵义娄山以北的赤水、习水、桐梓北部、仁怀和綦江一带，《家传》载杨光荣以及他所置白锦堡地"依近仁怀地方"也必在这一活动区域里。据《宋史》称杨光震为"南平酋长"看，播州杨氏所据之中心腹地即在习水东境、綦江南境与桐梓北部及相邻地，而史书之言白锦必在这一中心腹地里。而"白锦堡"治所，则因"文翰与叔光荣不相和解，光荣势微弱，欲依汉界为苟安之计"，在临近汉界地方，即后"杨光荣子孙袭守之"之地。

三、史书记载和出土文物佐证，最早之白锦堡在綦江南赶水

"北宋熙宁八年（1075），渝州南川（今重庆綦江）獠木斗叛，熊本讨之，于铜佛坝（今綦江县南赶水镇对岸，地名犹存）建南平军。领南川、隆化（今重庆南川区）二县和荣懿（今綦江东及桐梓东北、重庆万盛南部）等砦。"（《綦江县志》）。此军不知何时而废，"（宋）宣和二年（1120），废溱州（今道真、正安、桐梓、綦江一部分地区）及荣懿县，以溱溪砦复置南平军"（《贵州古代史》）。"宣和三年（1221）废播州，并废播川、琅川、带水三县（此三县宋置时，随地而指，不与唐同）。以首县为名，称播川城。隶南平军。"（《遵义府志》引《宋史》）

通过以上文献记载，我们可以认定，播州杨氏所据之土地及其白锦堡，为播川城所辖，为城下一堡，属南平军之领地范围。关于此论，还有出土文物可以佐证。1986 年仁怀县文管所在距县城北 48 公里处的荣昌坝发现一宋墓，该墓修建于"庚寅绍定三年（1230）孟冬"，为王兴及其妻李八娘感慨"人生在世，难克无常"，而于生前所修之阴宅。其墓室下出土之买地券镌刻"维皇宋太岁庚寅十月初十日己未朔，越八丙寅年，夔州路南平军播川城白锦堡石粉栅……"等文字。进一步说明"白锦堡"在南平军所辖今仁怀、习水、桐梓北部和綦江南部一带，而不在遵义南境。在此，我们可以认定郑珍所证"白锦堡不在南平军"实属一个误判。

关于杨氏献地最早所置"白锦堡"的确切地理位置，宋人王象之的《舆

地纪胜》中曾有所记载："南平军在白锦堡，去播州三百里，系纳土官杨光荣子孙袭守之。"此段文字所言之白锦堡，也不是一行政建制名称，而是因白锦堡治所地点发生变化，使得原来的白锦堡行政建制名称变成了其治所所在地的地名称谓。但这段文字给我们提供了以下历史信息：即南平军治所在白锦堡，白锦堡为杨光荣"依汉界"苟安据守之地。那么，白锦堡即南平军治所，究竟在南平军的什么地方呢？《舆地纪胜》载："僰溪（今綦江河），亦名夜郎溪（源出桐梓），从夜郎境流过南平军城下。又东溪（綦江县南地名）在军之西北。"笔者查阅《綦江县志·安里图》，王象之所言之"南平军城"，即为綦江县南东坡头河、松坎河及由习水李汉坝流出之河三水交汇处，即綦江县南之赶水镇。王象之为宋人，其《舆地纪胜》成书于1225—1257年间，成书时南平军尚存，其记载可信，应为信史。据此，我们可以说，近166年来被黔北学者所否定的"白锦堡在綦江县南八十里"（《四川通志》），"白锦堡在綦江县南，距播州三百里"（《明统志》）和《綦江县志·安里图》所标南平军之位置并无错误。至于王象之所言"去播州三百里"和《明统志》"白锦堡去播州三百里"之"播州"，应为杨氏十三世杨粲灭南平夷穆永忠、南平闽酋韦桂和遣兵诛其同族杨焕，据占下州（今遵义、绥阳），将军事实力和统治中心移至播南（元至元年间，曾设播南路，杨氏自元以来，均称今遵义为播南）后，被宋廷所倚重，杨价于端平三年（1236）在今遵义城区所设之播州。因为遵义至綦江水程相距在150公里左右。

综上所述，我们可以这样说，北宋所置之南平军，其辖地南不越娄山，播州杨氏最早所据之土地白锦也应限定在这一区域。杨氏在播川城之白锦堡，因播川城属南平军而使白锦堡治所成为南平军之治所。南平军治所在今重庆綦江南赶水镇。其城池在南宋宝庆（1225—1227）年间尚存。为此而得出结论：杨氏入播立足之地白锦不在娄山以南原遵义县地，而是在今习水县境温水镇境或相邻地；据杨光荣所献之地而设置的最早的白锦堡应在重庆市綦江区南之赶水镇。

说明：关于播州杨氏之白锦堡地点不在娄山关南原遵义县和红花岗区之旁证还有两条：1. 习水县《袁氏家谱》载明代大学士东阁吏部尚书蹇义于永乐五年（1407）著《光裕录》："……宋理宗二年乙未（1235），播之唐朝坝、古磁、仁怀等处，蛮夷出没，为边民患甚。……世盟奉命入蜀，自夔、渝达泸州与之白锦堡、磨子头，开苦竹溪大路，进捣蛮穴，境域靖宁。复命留镇其地。世盟以是年正月出师，五月奏凯，卒于七月，葬之罗汉寺。遂居赤水，不复江西籍矣。"2. 原遵义县及二城区50年来的文物田野调查和近30年来发现的大规模的城区遗址。

早期杨氏播州在赤水河流域

母先典[*]

母先典[*]

播州既是行政区域，又是州治地名，本文说的杨氏播州主要指州治地名。据《唐书·地理志》，播州建于唐贞观中期，州治在郎州。唐乾符年间杨端军驻白锦，并以此为根据地，最终据有播州，建立起播州杨氏土司政权。平播后，杨氏播州历史成了谜团，只能从文献上知道杨氏播州在白锦。自郑珍把"白锦"考证在绥阳附近后，郑学成了研究播州历史的主要理论依据，很多学者都把白锦堡的确切地点定在今遵义县南境和红花岗区进行考证。然而仁怀两岔河宋墓出土的三块"买地券"及有关的史料记载说明，白锦在赤水河流域（拙文《"白锦堡"在仁怀》中曾经论述），那么早期杨氏播州亦在赤水河流域。

一、碑、志记载"白锦堡"在赤水河流域

仁怀宋墓出土的三块"买地券"，以及明朝永乐五年（1407），吏部尚书蹇义为赤水河流域袁氏作的《袁氏族谱光裕录序》，说明"白锦堡"在赤水河流域。

仁怀合马两岔河出土"买地券"的宋墓为墓主生前修建的阴宅，"买地券"明确记载了仁怀境内的合马一带属"白锦堡"。其中大沙坝墓墓主名黎二，其"买地券"（现藏仁怀市博物馆）记载："大宋夔路播州白锦堡石粉栅（寨），居黎氏二，今将钱万万贯，向其皇天后土，五岳山神，帖买巽山下坟穴一所建寿堂。至东南西北，青龙白虎界至分明。牙保人张坚、李定，知见人东王父、西王母，保证人且功曹主簿，知见人月滕仙，保证分明。太岁癸亥年吉月吉日，过去同券，享照荣华富贵。"荣昌坝夫妇合墓"买地券"（现收藏贵州省博物馆）记载，男墓主王兴是"夔州路南平军系川城白锦堡实粉

---

* 母先典，男，71 岁。仁怀四中退休教师，仁怀市历史文化研究会理事。

栅（寨）"人，女墓主李氏八娘，同样是"夔州路南平军川城白锦堡系石粉栅（寨）"人，墓建成于"庚寅绍定三年（1230）孟冬"。"买地券"中提到的夔州路、南平军、播州、（播）川城、白锦堡、石粉栅，正是墓主的籍贯，说明今天的仁怀市的合马一带，在南宋时期属白锦堡。

明朝永乐五年（1407），吏部尚书蹇义作的《袁氏族谱光裕录序》中云："魏了翁知世明忠勇有为，荐之（于朝），诏下统戎平夷蛮，奉命入蜀，自夔、渝达泸州、白锦堡、磨子头，开苦竹溪大路，进兵蛮巢，境域以宁，复命留镇其地……遂居赤水，不复江西矣。"《序》中记载的"白锦堡"，就在《袁氏族谱》和《仁怀厅志》等记载的袁世明"播州之唐朝坝、古磁、仁怀"等地平"南（蛮）"的地域内，说明"白锦堡"在赤水河流域。

二、史料记载"白锦堡"和早期杨氏播州在赤水河流域

《杨氏家传》言：杨端"诣泸州、合江径入白锦，军高遥山，据险立寨"。从此白锦成了播州杨氏早期的根据地和政治、经济、文化中心。到杨氏第六代，杨实的三子分争。"（杨）实生昭，字子明，既嗣世，二弟先、蚁各拥强兵，先据白锦东遵义军；蚁据白锦南近邑，号扬州，昭不能制。曾未几何，蚁称南衙将军，举兵攻先，且外结闽兵为助。谢巡检子都统谓之子贵迁曰：'蚁召仇雠，而贼同气，罪不容于死'，尽讨之，遂大发兵，设二覆于高遥山，其归而击之，闽大溃，赴水死者数千，蚁亡入闽。"居白锦的杨昭打败杨蚁，杨氏播州地裂为二，杨贵迁据白锦号上州（又称大播州），杨先据遵义号下州（又称小播州）。北宋《苏文公全集》《经进东坡文集事略》分别提到："播州杨贵迁""播州守领杨贵迁"，南宋李焘《续资治通鉴长编》载："夔州转运判官曾阜言'播州杨贵迁在夷人中最强盛，以老，遣子光震、光荣献鞍马、牛黄、麝香'。"北宋欧阳忞《舆地广记·夔州路》载："唐衰，播州为杨氏两族所分据，一居播川，一居遵义，以江水为界。其后居播川者曰光荣，得唐所给州铜牌；居遵义者曰文贵（光震之子），得州铜印。皇朝大观二年，两族各献地，皆自以为播州。议者以光荣为族帅，重违其意，乃以播川立州，遵义立军。"《杨氏家传》："光荣恚，籍播州二县地千七百里往献于朝，诏即其地建白锦堡，加光荣礼宾使。"所以，杨贵迁、杨光荣父子所据"播州"的地理位置，就是白锦的地理位置。

《宋史·夷蛮传》："南广蛮在叙州庆符县以西，为州十有四，大观三年，夷酋罗永顺、杨光荣、李世恭等，各以地内属，诏建滋、纯、祥三州。"据《一统志》："祥州，今庆符、长宁地。"《黔南职方纪略》载："纯州领九支、乐共（今四川泸州地）二县，滋州即今土城，领承流（习水）、仁怀（赤水）

二县。"《宋史》载："大观二年，木攀首领赵泰、播州族杨光荣各以地内属，诏建溙、播二州。"故杨光荣献地建播州。《遵义府志》言："此南广蛮有在今仁怀接泸州一带。"《宋史·地理志》又载："大观二年（1108）……南平夷人杨光荣等献其地，建为（播）州，领播川、琅川、带水三县。"宣和三年废州及属县，溙州为武都城，以承流并入仁怀（赤水），为仁怀堡，以播州为"白锦堡"。《宋史》载："叙州三路蛮，西北曰董蛮，正西曰石门蕃部，东南曰南广蛮，董蛮在马湖江右僰侯国也（又称马湖蛮）。"据《宋史·徽宗纪》。溙、纯二州以泸夷地置。叙州治在宜宾，叙州三路蛮均在赤水河流域，故播州杨光荣献地，必在赤水河流域。又据《杨氏家传》载："贵迁字升叔，庆历皇祐间，侬智高乱邕，贵迁曰：'通夜郎浮牂牁，出其不意击之，汉制南粤之奇策也，吾当报国以自效。'即以泸次于南川，得暴疾，将还，其季父（杨）先使南川巨族赵隆要杀之。"杨贵迁伐侬智高是从泸夷地出发的，临时驻军南川，将退兵回泸时，被"南川巨族赵隆要杀之"。《万历三大征考》载："万历二十七年，杨应龙陷綦江，声言江津、合江皆播故土。"以上史料记载说明，从唐代杨端到北宋杨贵迁、杨光荣父子，所据"泸夷地"的白锦、播州在赤水河流域。

另外，从《宋史·徽宗纪》："大观三年以泸夷地建溙州，置承流、仁怀两县，隶潼川府路。"杨光荣献泸夷播州地隶夔州路南平军，说明"白锦堡"既不属仁怀县（赤水）、承流县（习水），又不属武都城（土城）。仁怀明清时代的安罗里，东南是深谷中汇入赤水河的一条河（东壐河、土屯河、盐津河段）及悬崖峭壁，西有水势浩大的赤水河茅台河段，北有汇入赤水河之桐梓河，中有杨保坝为中心的宽广地域，自然条件极佳。据刘一鸣先生讲述，仁怀城有古地名杨堡坝，附近的"驮盐坝"曾经有含盐量较低的盐井（与盐津河得名有关），在冷兵器时代，这种天然三面环水的地形非常利于古人类的生存和防卫，或为杨保人发祥地。结合仁怀合马两岔河出土宋墓"买地券"和近年发现的文物，"白锦堡"有可能在今仁怀境内。

三、"高遥山"在习水

郑珍言："'高山'或是'高遥山'省称"，今习水境有名叫"高山"的地方。《续遵义府志·赋税四》载："赤水里：官渡场，贮市石谷一百零八石。石宝寺，贮市石谷五十七石。高山，贮市石谷四十四石六斗……"赤水里在今习水县境内（1965年原属赤水里的长沙、官渡划归赤水县），清代在赤水里的"高山"修建粮仓，说明"高山"不是平常之地。《方舆纪要》载："舍月废县，《志》云在县（留元坝）南九十里，唐贞观九年置高山县，属郎州，旋废，十三年复置，改舍月县，以境内有舍月山为名，十六年改属播州。"赤水里的"高山"与唐高山县地理方位一致。另外，《遵义府志》提到记载赤水河流域袁氏的《高岩山碑》。世代生活在赤水河流域的袁氏，是军事世家和旺族。据《两朝平攘录·播州》载："杨氏表里河山，据有关内，外统八司为藩卫，内倚七姓为根本，七姓田、张、袁、卢、谭、罗、吴也。……一遇军兴，非七姓不能举大事，故七姓世为目把。"李化龙《播地善后宜疏事》中云："如上赤水里头目袁年，父（袁子升）遭酷祸，投降最早，宜授以镇抚职衔。下赤水里（长沙、官渡一带）头目袁鉴，仁怀里头目王继先，安、罗二村头目罗国明、罗国显、安銮，以上五名，念其返诚归正，量授冠带。"据《遵义府志·土官》，仁怀土官，唯袁鏑、袁鉴、袁勋三人。"袁鏑，仁怀人，官游击，袭威远卫指挥事。"天启二年，奢寅叛，袁鏑与奢寅兵战于竹瓦寨（今习水县城北部），兵败被俘殉国。"袁鏑墓在仁怀赤水里之龙塘"，其战殁地建有忠勇祠等。"袁鉴，鏑之兄，万历间讨播，整献地投诚，率家属从征。战水牛塘，破海龙囤，与有劳焉《采册》。天启间，为分防隘渡领兵游击（高岩山碑），官至副总兵。""袁勋，为威远卫守备《高岩山碑》。"《遵义府志》虽然没有说《高岩山碑》在哪里，但碑上是赤水里袁氏人名，情理上碑应立在袁氏生活地域的"高岩山"。由此可见，"高遥山"和唐置高山县在习水境内。

四、杨粲以后杨氏播州治在遵义

据魏了翁《鹤山文钞·许奕神道碑》记载："夷酋杨粲世服王官，守白锦堡，乞升为锦州。"《杨氏家传》载，"杨氏居播，十三传至粲始大"，"辟地七百里"。北控滋、纯、祥三州地，西南败闽酋伟桂于滇池（四川会理），控制绩麻山、李博垭、石宝等地。东南方向遣兵诛杨焕而平下杨，结束播州杨氏二百年的分裂局面，控制水烟、天旺等地。嘉定十二年（1219），杨粲东讨斩南平夷穆永忠，管控了南平军治所铜壶坝一带，颠覆了南平军与白锦堡的隶属关系，所谓"南平军在白锦堡"，《遵义府志》亦言："废播州，《通志》云在府北三百里白锦堡，昔杨光荣子孙承袭守此。"为了防止"下杨"再生乱，杨粲坐镇遵义，杨氏播州治自然在遵义了。近年考古说在遵义一带，只发现播州杨氏杨粲之后的部分墓，故疑杨粲前的播州杨氏墓多在赤水河流域。

五、"白锦堡在綦江县南"的记载不可信

据《宋史·熊本传》，熊本于宋神宗熙宁六年（1073）建立南平军，"以渝州南川、涪州隆化隶焉"，綦江时在渝州南川境内。《宋史·哲宗纪》载，绍圣四年（1097）三月"丁卯，诏令泸南安抚司南平军（今綦江），毋擅诱降杨光荣献纳播州疆土"。说明建南平军六年后，白锦堡都没有归属南平军。大观二年（1108）杨光荣献白锦地隶建南平，时熊本建南平军已经二十九年，所以白锦堡不在南川境内。南宋宁宗嘉定十二年（1219）杨粲颠覆了南平军与白锦堡的隶属关系，后来（约 1224 年）王象之在《舆地纪胜》中，才有"南平军（铜壶坝）在白锦堡，去播州三百里，系纳土官杨光荣子孙世袭守之"的记述。这段记述说的是"南平军（铜壶坝）在白锦堡"，不是"白锦堡在南平军"。综上所述，"白锦堡在綦江县南"的记载不具信。

六、郑珍对"白锦"的考证不客观

按《桐梓县志》和《正安县志》，绥阳是宋末才隶属播州的，而郑珍以播州在绥阳附近的思维定式对"白锦"地理位置进行的考证并不客观。首先是对"高遥山"的考证，《遵义府志·山川》"仁怀县"云："舍月山，《志》云在县南，山高耸，唐以此为县。""遵义县"又云："播州五十四里中有水烟里，即《元史》之'水烟等处'，地在今遵义县西天旺里，'水烟'与'舍月'其音相近，又舍月初名高山，高山或是高遥山省称。今高遥山亦在遵义县西三十里，去水烟落仅三十里。"按《方舆纪要》，仁怀"舍月废县，《志》云在县（留元坝）南九十里，唐贞观九年置高山县，属郎州，旋废，十三年复置，改舍月县，以境内有舍月山为名。"显然以上"舍月"指的是同一地方，它不可能既在仁怀，又在遵义，且当时仁怀县有名叫"高山"的地方。郑珍"水烟"变"舍月"的考证逻辑，给人的感觉已经是牵强附会的推测了，然而，接着《白锦考》中一连串考证却是以此展开的。"白锦必在（高遥）山之附近，定播之后，遂世居之。想其时唐之州治在今绥阳者，遣子弟分守而已。""堡北二十里穆家川，即今之府治。云在堡北二十里，则堡在今府治南二十里无疑，所称高遥山，在今府城西三十里山麓。"紧接着就是"今府城南四十里有市曰懒板凳，西距高遥山十里，市名极无意义，疑其地即古之白锦。至杨轸北徙穆家川，人以其地在南，遂称为南北锦，'南''懒'，'白''板'，双声，'锦''凳'叠韵，历久音讹，遂成今称。或曰：如此，即与二十里不合。曰：白锦之地广矣，借此相沿旧称，知故堡要在其

近；岂方数十丈之外，遂不可以白锦之名被之乎？"两地间的相互方位、里程，都是以代表两地的某地点来定，这个把"今府城南四十里有市曰懒板凳"考证为白锦，与"堡北二十里穆家川"相差达二十里，已经不是"数十丈之外"的问题，所以这个懒板凳"疑其地即古之白锦"的考证逻辑，也是牵强附会。

选择不同的地理参照点，对同一个地方的地理方位就有不同的判断。很多史、志，是以白锦（播州）在赤水河流域为参照点作的记载，郑珍考证是以白锦在绥阳附近为地理参照做出的结论，而当时任何人都不可能知道仁怀有"买地券"。他据自己的考证，否定史志相关记载说："按《桐梓县志》，度宗咸淳（1265—1273）末，以珍州并所隶乐源、绥阳两县来属播州，自此播州领播川、乐源、绥阳三县。遵义寨时在乐源县中，今遵义、绥阳、正安，时为播州地，仁怀地属泸州。""今考唐之播州旧治，在今绥阳县治左右。其在白锦堡者，乃宋之播州，《宋书·地理志》'端平三年，以白锦堡置播州'是也，然谓在堡北三百里，相传承误。""《通志》以遵义于唐属播州遵义县，正安为珍州，桐梓为溱州，绥阳为绥阳县，仁怀属播州。其说惟桐梓颇得之，余皆舛误。""自王氏说白锦去播三百里，后皆沿之，堡遂在綦江境内矣。……若堡在綦江境上，去穆家川三百里而遥。杨氏无故舍其世守，远徙如此，已大非情事；且由綦江往今府治，地越溱、珍二州；其时溱、珍境内皆有土酋据守，安得任其自由？且杨氏自唐末以来，世守只是播州，若至是始徙穆家川，则前此皆治在南平军矣，不与史志大舛乎？""可以裁度诸史'堡去播三百里'之说，足见其诬。"正如刘永书先生在《再论白锦堡的地理位置》中说的，"由于有这个不容置疑的权威定论，其后黔北学者均从'郑学'，先入为主的把白锦堡定点在今遵义县南境和红花岗区，对其确切地点进行考证"。由此出发的各种考证，必然会改变播州历史的本来面目，以仁怀而言，宋大观三年（1109）后属夔州路南平军播州，说仁怀是宋淳熙元年（1174）至十六年（1189），播州土司向西辟地七百里后，始入播州杨氏版图，显然是不对的。

著名历史学家谭其骧首先对郑珍的考证提出异议，说："统当时情势及杨氏前后事迹观之，则知郑说殊非。"又说："今遵义县南二十里半边街，一作白锦，疑非。"若白锦在遵义，杨端"径入白锦"，"用力巨而成功之可能少"，"必绕道他途"，从南川綦江境到遵义。用郑珍的话说："其时溱、珍境内皆有土酋据守，安得任其自由？"故言郑珍有关白锦的考证是不客观的。

七、赤水河流域被"搬走"的唐宋时期州县

唐宋时期赤水河流域曾经有不少州县，可是不少州县随白锦一起被"搬走"了。以仁怀而论，据《唐书·地理志》在唐代属顺州。据《贵州通志》，唐宋时期属播州，领遵义、带水、芙蓉三县。据《方舆纪要》，唐贞观五年，县南有芙蓉县，属牢州，贞观二十年改属播州；县东南有琊川县属牢州，十六年改属播州，开元二十六年并入芙蓉县。贞观九年置高山县属郎州，旋废，十三年复置，改舍月县，以境内有舍月山为名，十六年改属播州。县西南五十里有释燕县隶属牢州，十年废，十四年复置，改胡刀县，属播州，开元二十六年入芙蓉县；县东南四十里有湖江县属郎州，贞观九年置。《元和志》云：带水县东至州七十里，芙蓉县西南至州六十里。在宋代，咸平四年（1001）属梓州府路。宋大观（1107—1110）中，更置播州，兼领琊川县，即琊川也；《宋史·地理志》载："大观二年（1108），播州杨文贵献其地，建遵义军及遵义县；……南平夷人杨光荣等献其地，建为（播）州，领播川、琊川、带水三县"，属夔州路南平军。《遵义府志·建置》："《方舆纪要》谓仁怀县大观中为琊川县地"，《遵义府志·古迹》："宋大观中更置播州，兼领琊川县即即琊川也，宣和三年（1121），降琊川县为琊川城。"据仁怀两岔河出土的三块宋墓买地券记载，仁怀在宋末属夔州路播州白锦堡，但是现在的主流认同就不一样了。

《遵义府志·古迹》言："按芙蓉当在正安接绥阳之间，今犹有芙蓉江可证。"《遵义府志·建置》中言："按绥阳县旺草里，是芙蓉县地。按《元和志》，芙蓉县西南至州六十里，则县治当州北，正是今之旺草。其北界有芙蓉江……县盖因之得名。"由此出发，并入芙蓉县的"胡刀（即释燕）之在遵义接湄潭界中"，湖江县"其地必在乌江上下"，"若言仁怀芙蓉县地，其废县在县南，琊川废县在县东南"，"中隔珍州之夜郎三县及播州之带水，势不能并入芙蓉矣"，而且"是邠州在仁怀矣"。这样一来，本属赤水河流域的纯、播、牢、郎等州，以及带水、芙蓉、琊川、琊川、高山、舍月、释燕、胡刀、湖江等县的地理位置，都顺理成章地被"搬"到绥阳周边，于是，包括仁怀在内的赤水河流域唐宋时期的历史沿革几乎成了空白。

古今中外的地名，同名异地是常事，如威宁古称昆明，四川会理古称滇池等。以芙蓉江证芙蓉县在绥阳之旺草、遵义湘江证穆家川在遵义未必恰当。谭其骧先生也困惑地说："尝观唐宋时黔蜀边地建置，窃怪自今桐梓、遵义以东，则有溱、珍、夷、思、费诸州，自永宁河以西，则有泸、叙诸羁縻州，独介在桐梓、永宁之间之纵广各数百里，何以无一州一县之设，今得

此解，有拨云见日之感，至川境羁縻诸州故址之所以皆著在册，此诸州之所以湮没不彰，良由一则自宋以来，即已逐渐辟为省地，故老遗名，犹能指其旧治，一则久沦蛮夷，迨至明季改流，时去诸州之废，盖以六七百年，渺无遗址可寻矣。"谭其骧先生认为这片区域"自宋以来，即已逐渐辟为省地"，是赤水、习水二流域州县"所以湮没不彰"的原因之一，窃以为主要原因应该是郑珍的考证造成的。

仁怀的三块宋墓买地券以铁的事实，说明"白锦"不在绥阳附近，而当在赤水河流域，应该在赤水河流域寻找"白锦"和唐宋时期杨氏播州的具体地理位置，还原播州一个真实的历史。

参考资料：

①郑珍、莫友芝：《遵义府志》，巴蜀书社，2013 年。
②谭其骧：《播州杨保考》，《贵州民族学院学报》1982 年第 1 期。
③龙先绪：《仁怀文献辑存》。
④李良品等：《播州杨氏土司研究》，华中科技大学出版社，2015 年。

附：郑珍《白锦考》

自王氏说白锦去播三百里，后皆沿之，堡遂在綦江境内矣。今考《潜溪集·杨氏家传》，云光荣籍播州二县地往献于朝，诏即其地建白锦堡，此堡名所由始也。后又云，轸病旧堡隘陋，乐堡北二十里穆家川山水之佳，徙治之。是为湘江，此即今之府治。云在堡北二十里，则堡在今府治南二十里无疑。若堡在綦江境上，去穆家川三百里而遥。杨氏无故舍其世守，远徙如此，已大非情事；且由綦江往今府治，地越溱、珍二州：杨轸，宋高宗时人。其时溱、珍境内皆有土酋据守，安得任其自由？且杨氏自唐末以来，世守只是播州，若至是始徙穆家川，则前此皆治在南平军矣，不与史志大牾乎？然则《家传》得其实矣。又按《家传》叙端之入播云：端诣泸州合江，迳入白锦，军高遥山，据险立寨，结土豪，为久驻计。又叙杨实弟先、蚁拥共事云：先据白锦东遵义军，号下州；蚁据白锦南近邑，号扬州；称南衙将军，举兵攻先，且外结闽兵为助。杨贵迁大发兵，设二覆（伏）于高遥山，要其归而击之，闽大溃，赴水死者数千；蚁亡入闽。观《传文》可知，"白锦"为杨端前旧名，至光荣献地建堡，乃得"堡"称。所称高遥山，在今府城西三十里，山麓即松丘寺：所称闽或称罗闽，即指今水西；所称赴死之水，即今乐闽河；乐闽盖罗闽之讹。当时河西即近闽地，观《传》叙三公归闽事云，阿永蛮发兵纳三公界上，会济江，夷僚引舟岸北云云。江，即是此水；岸北，即是界上。则闽、播以乐闽水为界甚明白。所称遵义军，乃宋于唐之遵义县置者，地为今之绥阳；此史家据后追称，时尚未置军也。统《家传》前后文绎之，知杨端入播，其路由合江出仁怀、迳至高遥山立寨，以备攻守，白锦必在山之附近；定播之后，遂世居之。想其时唐之州治在今绥阳者，遣子弟分守而已。故宋即堡置播州，而以唐州治置军。今绥阳，正在府治之东。于治南二十里之白锦，亦在其东。宋文献（宪）据谱立传，故能事事实合。可以裁度诸史"堡去播三百里"之说，只见其诬矣。今府城南四十里有市曰懒板凳。西距高遥山十里，市名极无意义，疑其地即古之白锦。至杨轸北徙穆家川，人以其地在南，遂称为南北锦，"南""懒"，"白""板"双声，"锦""凳"叠韵，历久音讹，遂成今称。或曰：如此，即与二十里不合。曰：白锦之地广矣，藉此相沿旧称，知故堡要在其近；岂方数十丈之外，遂不可以白锦之名被之乎？

（原载《遵义府志》卷十）

奢香与奢禄肇考述

——兼说奢香兄长葬仁怀

刘一鸣

导　言

　　永宁奢氏土司的历史，从德赫辉（又译德额奔）在东汉桓灵时率九千部众迁入赤水河流域上游起，至奢崇明、奢寅父子建大梁国被消灭止，传一千四百余年。奢是部族称谓，非姓氏也，为撮勒部、又称习部的音转。该部族政权是彝族建立的，他们的历史在《西南彝志》《水西制度》中有粗略的记载，汉文史料中有零星信息。永宁土司自己是否有史册可考，因明天启三年（1623）罗乾象率军攻下上洛洪（今古蔺县城）奢氏千年老巢，奢崇明父子逃往水西借两宅吉之地积蓄力量与安邦彦掌控的水西组织联军继续反明，直到崇祯二年（1629）奢安联军被朱燮元指挥的官军和拥明土司军于永宁五峰山桃红坝消灭为止，在朱燮元《扫蔺献俘疏》中反映，奢氏被"犁庭扫穴"，各种材料被毁，连祖坟也破坏了，族人被迫改名换姓为余、张、杨、李、禄逃亡避难。基业和史志均被毁坏，后人无法详探其历史了。不才于此只就零星史料和口碑传说，对元末明初奢禄环、奢禄肇、奢香作一考证，抛砖引玉就教方家。

奢　香

　　奢香（？—1396），彝名舍兹。元永宁宣抚司宣抚奢绿环女（1996年版《大方县·奢香传》）。绿环即彝志所载始祖孟赿（音七夜切或耻格切）第九十一世孙、恒部始祖穆阿卧六十世孙，为扯勒部始祖德赫辉四十二世孙，彝名龙迁龙更，妻奢节。绿环约活动于元文宗图帖木耳天历至元顺帝妥欢帖木耳至正初年（1328—1341），与八番顺元宣慰司亦溪不薛达鲁花刺陇内陇赞和承袭者陇赞霭翠早期同时代。绿环祖上世与水西通婚（元称永溪不薛）。宋代世居蔺州的扯勒部曾被划归水西为主的罗施鬼国，故奢绿环也以姻亲关系亲近水西。有子龙更龙之（汉名禄肇或禄照）、女舍兹（汉名奢香）。在元末中原红巾起义、群雄并起的时代，赤水河流域大小土司也互为雄长，夹在元云南梁王巴扎刺瓦尔密势力与大夏明氏政权、后来的朱元璋大明政权间求生存。永宁土司首领绿环是元永宁路属下的土酋首领，他看到贵州宣慰使霭翠势力强大，且水西、永宁世代婚姻，便将爱女舍兹嫁与霭翠。据《大定县志·水西纪事本末》载：顺帝妥懽帖木耳至顺二年（1331）顺元宣抚司使陇内卒，无子，弟陇赞承袭，被顺帝赐名伯颜溥花，后陇赞卒，无子，弟霭翠袭职顺元宣抚使，八番顺元沿边宣慰使，后升任云南行省左丞。元顺帝至正二十二年（1362）明玉珍定都重庆后派李芝麻率兵入顺元宣抚司境进取云南，霭翠持中立态度，至正二十五年（1365）大夏军与大理军交战中，大理总管段功挥师追至毕节七星关大败大夏军。

元至正二十八年（1368）正月，朱元璋于南京称帝，国号明，建元洪武，七月派徐达以"驱除胡虏，恢复中华""河山掩有中华地，日月重开大宋天"为号召率师北伐，八月攻下大都，改称北平府，元顺帝中心势力退至漠南。明洪武元年起用兵扫除方国珍、李思齐、王保保等势力，洪武四年正月，派汤和、傅友德等率大军攻大夏国明昇政权，六月汤和攻下重庆，明昇降；七月傅友德攻下成都，八月略定川地。朱元璋对西南拥兵二十余万据有云南的梁王巴扎刺瓦尔密及大小土司采取"攻抚兼施"策略，推行"华夷一家""一视同仁"的民族政策。傅友德大军进入永宁路纳溪境内，明玉珍所属永宁镇边都元帅府所辖永宁司扯勒首领禄肇于洪武四年（1371）率众归服，朱元璋诏"置永宁卫，改宣抚司为永宁长官司，以禄肇为宣抚使"。在禄肇影响下，同年身为元顺宣抚使、八番顺元沿边宣慰使、云南行省左丞的霭翠和八番顺元宣慰使都元帅郑彦文赴南京朝拜朱元璋，洪武帝置八番顺元宣慰司都元帅府，设置贵州都司、改顺元宣抚司为贵州宣抚司，以霭翠官之（参见《大定县志·前事志》。《明实录·贵州资料辑录》第5页亦载此事，《洪武实录》前11卷第4~5页）。洪武六年（1373）八月洪武帝下诏"贵州宣慰使霭翠位居各宣慰之上"。次年九月，霭翠遣属下曹阿必解水西马进贡受赐袭衣等。禄肇任安抚使率众与永宁卫指挥使杨广修筑永宁城。据1995年《大方县志·人物·奢香》载："洪武十四年（1381）年霭翠病逝，子阿期陇的年幼，奢香摄贵州宣慰使"（参见《明史·土司传》，《安氏家传序》作洪武十九年、《水西安氏本末》作洪武二十一年）。《大定县志·前事志》引《明史概》说"十七年（1384）贵州宣慰使霭翠遣其妻奢香率土酋入朝"。

《大定县志·前事志》附《水西安氏纪事本末·上》说："十五年（1382）三月，征南将军付友德，使安陆侯吴复筑城于水西之郭张，命曰'水西城'。先是十四年（1381）宋钦（注：贵州宣慰同知，居水东）卒，其妻刘淑贞摄职，是年淑贞偕子诚入朝（淑贞，《贵州通志》作'赎珠'），帝赐之米三十石、钞三百锭，又赐锦绮及衣三袭，霭翠羡之。十六年（1383）淑贞再入朝，霭翠已老，遣其妻奢香率土酋十五人随淑贞贡方物及马，太祖大悦，亦赐文绮织锦及金环、绣衣诸物。都督马煜为贵州都指挥使，役使官兵开普定驿传，素恶香傲，又思尽灭诸罗，代以流官，苦无间。会香为他罗所讦，香已不胜其辱，煜欲辱香，激诸罗怒，俟其反而后加之兵。乃檄香对薄，香已不胜其辱，煜又叱壮士裸香衣而笞其背，香怒甚，折所服革带，誓必以报。四十八部诸罗咸集军门，戛颡愿尽死力助香反。香曰：'反非吾愿，且反，则歹得借天兵以临我，中歹计矣！我之所以报歹者，别有在也。'……香乃谋之淑贞，淑贞曰：'上之所以重煜者，以能开邮传、恢边境耳。今四川道梗，汝能为上开思南、镇远、陇耸、羊场诸道，以达于川。上方倚之不暇，何惜区区启边衅之一夫耶！'香曰：'善！'邀淑贞，使先行。十七年（1384）淑贞为香走诉京师，上召问并使入宫见淑妃，赐以绮钞，命归招香。香闻命即与助率各部把事入贡，具言煜变、诸罗欲反状。上遽曰：'吾故知此奴妄，微若言，几乃败公事。'又曰：'汝诚苦马都督？吾为除之，然汝何以报我？'香叩头曰：'愿世世戢诸罗，令不敢为乱。'上曰：'此汝常识。何云报也！'香曰：'贵州东北有间道可通四川，梗塞未治，愿刊山通险，世给驿使往来。'上许之，谓淑妃曰：'煜虽无它肠，然何惜罪一人以安一方也！'乃召煜，数其罪而下之狱，欲杀之。赐香锦绮、珠算、如意冠、金环、袭衣遣之归而责其开道。已而诸臣言煜无罪，遂释之。香归，诸罗大感服，遂开偏桥、水东西达乌撒、乌蒙及自偏桥北达容山、草堂诸境之道，立龙场等九驿（注：龙场、陆广、谷里、水西、奢香、金鸡、阁鸦、归化、毕节等。实指九驿十八站：卜黔弩、木阁箐、龙场、蜈蚣、陆广、青岗、谷里、采泥、水西、雨那、杨家海、西溪、乌西、金鸡、阁鸦、落折水、老塘、归化），于其境内，岁供马及廪积，自是道大通而西南日益辟。二十年（1387）香进马二十三匹，每岁定输租三万石，又使其子的贡马谢恩，上命礼部厚赏之。二十一年（1388）长兴侯耿炳文遣陕西都指挥同知马煜率西安等卫三万二千及水西兵戍云南。二月庚申，户部奏：'贵州宣慰使霭翠、金筑安抚使密定所属租税，多逋负，蛮人顽险，不服输送，请遣使督之。'上曰：'蛮夷僻远，知畏朝廷纳赋税，是能遂声教矣！其名逋负，非敢为邪，必其岁收有水旱之灾，故不能及时输纳耳！所逋租税，悉行蠲免，更定其常数，务从宽减。'

于是减为两万石。其年，霭翠死，香摄职。明年（1389）香遣把事入京进马。二十三年（1390）五月己酉，香遣其子的朝京师，因请入太学（考注：史载水西夷人怕离故土出痘疹病毙。此举是很有勇气的），帝上谕国子监官'善为训教、俾有成就，庶不负远人慕学之心'。香事上虔而待物傲，二十五年（1392）都督阿福讨毕节罗罗诸蛮，克之；寻遣人奏：'故宣慰使霭翠妻奢香桀骜不服，请并讨之。'上以非稔恶，不许。其年的归，上赐之三品服并袭衣、金带，白金三百两，钞五十锭。香感上厚待意，十月遣子妇奢助（考注：可能是禄肇之女）及把事头目充则陇入贡进马六十匹，上赐银四百两，锦绮、钞币有差。二十六年（1393）五月又贡马，十一月西平侯沐春奏：水西故土官霭翠纳税粮八万石，连年递减至二万左右，尚不能供。上曰：'蛮夷之人，其性无常，不可以中国之法治之，但羁縻之足矣。其贡赋之逋负者悉免征。'二十九年（1396）香卒，朝廷遣使祭之，的贡马谢恩。于是的始袭［考注：按《洪武实录》卷 222 第 6 页所载：洪武二十五年十一月癸卯（1392 年 12 月 9 日）贵州宣慰使，贡马六十六匹，赐以绮、帛、钞锭，置贵州宣慰司学，设教授一员，训导四员。安的袭职应是太学毕业时即得帝封返贵州宣慰司，因尊重母亲未掌实职，香故才履任］。"当代贵州彝史学者王明贵、王继超在《水西简史》中说："奢香夫人对彝族文字的使用与传播进行了卓有成效的改革……使彝文成规模地出现在金石等载体上、使用范围逐渐扩大开来，彝文从传统的传经记史的功用扩大到记账、契约、记录歌谣、书信往来等日常生活中。"她还"学习和引进汉族文化……带头遣子弟到京师入太学"，影响波及今川滇黔交界区域。土司子弟将彝文带到太学，国子监编出《㑩罗译语》五种，土司子弟翻译了大量的汉文化精品，如《二十四孝故事》和《西游记》等。奢香子孙继任者均遵循她的治理方略，到明成化年间安贵荣时止，出现百余年的稳定繁荣局面。

20 世纪 50 年代中后期，贵州文人俞百巍先生创作黔剧《奢香夫人》进京会演，受到总理周恩来称赞。21 世纪初大方县出资拍摄《奢香夫人》电视连续剧在中央电视台播出，奢香夫人成了家喻户晓的人物。下面谈谈奢香之后家永宁宣抚使奢禄肇情况。

禄　肇

洪武四年奢禄肇率众先归服明王朝。当时赤水河流域大小土司夹在元梁王势力间对拥护谁的问题摇摆不定。汤和、傅友德初招降禄肇后是否面授机宜假洪武帝命其为"宣谕使"在赤水河流域各土司中宣传"华夷一家""一视同仁"的民族政策，迄今无史料佐证，但可从相关史实推定禄肇就是奢宣谕！

洪武帝对拥兵二十八万据有云南及影响周边的元梁王巴扎剌瓦尔密采取"攻抚兼施"策略。一面在湖广西南部和川南屯聚重兵做武力攻取准备，一面派人晓谕其投降以达不战而屈人之兵的目的。明廷于洪武五年（1372）派翰林院待诏王祎去云南"谕以奉版图、归职方"被梁王拘杀，八年（1375）又派湖广行省参政吴云往谕劝降也被杀害。洪武十四年（1381）秋朱元璋下令傅友德、蓝玉、沐英率师征云南。征滇明军川南傅友德部得到奢禄肇支持配合、湖广一路得到贵州宣慰使霭翠与夫人奢香的配合。禄肇除配合永宁卫都指挥使杨广修永宁城，还积极宣谕说服九丝蛮、都都蛮等部族政权弃元拥明，洪武六年（1373）筠连州编张等反叛，成都卫指挥袁洪率永宁土司兵讨平之，筠连由州降县属叙州，另其地土人编为九姓长官司，朝廷将九姓长官司（今四川兴文县古宋一带）归禄肇管辖。洪武七年（1374）冬月下旬，朝廷奖励禄肇在宣谕赤水河流域大小土司归顺之功绩，朱元璋改永宁等处军民安抚司为宣抚司，将禄肇正六品秩位升为秩正三品（参见《洪武实录》卷94第6页）。洪武十六年（1383）又将四川叙州府筠连、珙县、庆符三县划归其管辖。次年（1384）又将唐朝坝长官司（今贵州习水县赤水河西岸与四川古蔺县相邻的醒民、同民等乡镇旧称陶朝坝）划隶永宁宣抚司管辖。扯勒部族政权出现鼎盛局面。

奢禄肇与奢香一样"乐慕圣化"，积极拥护朱元璋消灭梁王巴扎剌瓦尔密的统一行动。朱元璋1382年7月派使臣传谕征南将军颍川侯付友德、左副将军永昌侯蓝玉、右副将军西平侯沐英说："近得报，知云南守御诸军馈饷不足……自永宁以南至七星关，中为一卫，令禄照（肇）、羿子等蛮给之。"禄照1383年10月和1384年5月两次贡马，1385年2月禄照遣弟阿居晋谒明太祖诉苦说：'七年以来岁赋，马匹皆已输足，惟粮不能如数，缘大军南征、蛮夷惊窜、耕种失时，加以兵后疫疠、死亡多，故输纳不及。'上命蠲之。"（《太祖洪武实录》卷17第2页）洪武二十年（1387）命普定侯陈恒、靖宁侯叶升屯田定边、姚安及永宁、毕节诸卫（余达父按：永宁卫、系剪永宁宣抚司沿驿站数十里之地为屯堡，毕节卫、东剪永宁宣抚司地、南剪水西宣慰司地、北剪芒部土府地、西剪乌撒军民府地、沿路各数十里，即今军屯各堡地也）。是年七月洪武帝命户部安排从四川永宁至云南，"每驿储米二百五十石，以给谪戍云南者"。洪武二十一年二月普定侯陈桓、靖宁侯叶升等奏报禄肇堡成，帝命"卑予禄肇权驻"（参见《明实录·洪武实录》卷88第6页）。永宁等地明军拥入过多，粮饷供应困难，当年八月下旬，鉴于永宁宣抚司彝、苗、羿各族百姓负担太重，帝命"户部运钞七十五万七千四百锭往四川永宁宣抚司，赐普定侯陈桓等所统征南军七十二万九千三百九十七人及乌撒卫军士五千三百余人"（《太祖洪武实录》卷 193 第 1 页）。

"洪武二十三年闰四月，辰州卫指挥佥事王琼往云南……留戍赤水，而禄肇余蛮复寇穿心堡，王宗领兵追杀之，筑摩尼凡堡。至是城赤水，诏琼佥赤水卫事。"（《洪武实录》卷 201 第 6 页）

二十一年（1388）禄肇坐事被逮入京，因子奢摄、奢智（又译奢世、奢尚）均在京城太学读书，宣慰使职由妾奢尾代行，她坚持拥护明太祖。洪武二十五年（1392）二月奢尾亲赴京城"贡马。诏赐文绮、钞锭"。朝廷对禄肇按彝人传统法以金银抵罪后释放，肇于归途因病去世，奢尾代行宣抚使职事。洪武二十六年（1393）正月与贵州宣慰使安的一道进京贡方物，晋谒朱元璋要求恩准禄照（肇）子阿摄袭父职，洪武帝应允了。同年冬月初九，西平侯沐春奏报"永宁宣抚司招徕土官禄肇所部蛮民四百六十五户，诛其逆命者七十余人。初，蛮民作乱，官军进讨，既降复遁，数为边患。至是始平"。次年九月洪武帝下令"免四川永宁宣抚司积年无征税粮三百三十余石"。洪武三十年（1397）朝廷批准设立四川永宁宣抚司九姓长官司儒学。阿摄去世后，子年幼，由妻奢书代行宣抚使职，奢智辅政（口碑传说，奢智官庄在今四川省古蔺县石宝镇长坪村佘坪）。永乐五年（1407）十月"永宁宣抚司故土官阿摄妻奢书等来朝，赏马，赐之钞币"。次年（1408）"革四川赤水宣抚司经历司"。"明成祖永乐八年（1410）奢书报经朝廷批准设四川永宁宣抚司医学、阴阳学（堪舆）、僧纲司。"永乐八年（1410）奢书派人贡水西马。明仁宗朱高炽洪熙元年（1425）四月初六"四川永宁宣抚司土官奢书等各遣人贡马，赐钞布有差"。明宣宗朱瞻基宣德四年（1429）到宣德九年（1434）十二月，奢书先后遣梅受、黄恕等贡马，她推行儒学、主持设立了永宁宣抚司儒学，初时训导一职由朝廷派流官担任，因语言不通影响教学，宣德九年她上奏说："本司儒学生员，俱土潦夷人，朝廷所授教授语言不通，难以训诲，源（李源）资质敦厚、文学颇晓，乞如云南鹤庆军民府儒学事例，授源教授主诲诸生，庶有成就。""上从其言，故命之。"

这些史料说明：奢书从 1407—1434 年在永宁掌政三十年左右，是永宁最鼎盛的时期，因《续遵义府志》卷七《古迹三·塚墓》有："明奢宣谕墓，在仁怀县南一百三十里之排搂，墓碑缺其半，仅'孝男奢书'四字。墓前石狮一对，高八尺，石坊已圮，仅存石柱，基石四片，厚尺余，镕铁铸其外，土人以铁坟呼之，亦谓之奢宣谕墓。"《续遵义府志》是民国年间贵州周恭寿主修，杨恩元、赵恺纂，民国二十五年（1936）遵义刻印本。参加编修的仁怀县人王彝久家就在"奢宣谕"墓后黄泥田地方。写进《续遵义府志》材料必定是王彝久考察的结果。王与怀南名士赵敦彝有唱和诗咏此墓：

赵诗题为《过奢崇墓》。其一云：

> 霸气百年此夜台，蓬蒿满目意徘徊。墓门狮象围秋草，碣上龙纹化劫雷（碣面惟识奢书、奢尚数字，余皆剥蚀）。黔蜀雄图斯埠在，铁锹残剥只余灰（以铁水凝之，呼为铁锹坟）。英雄千载同车辙，吊罢残阳酒一杯。

其二云：

> 王图霸业付沧桑，荒垒愀然吊夕阳。秋减黄花无艳色（墓前为黄花岭），怨留青水添恨长（墓侧为青菜河）。松楸护遍残碑碣，乌鹊巢阴意转凉。成败英雄千古定，英雄落魄总愁肠（参见龙先绪辑：《仁怀历代诗钞》，中国文史出版社，2006年版，第333页）。

赵诗将奢宣谕墓误为奢崇明墓来吟咏，误导了不少文士！王彝久读赵诗后吟成"和赵敦彝《过奢王墓》二首"，其一云：

> 王业开端渭钓台，后人吟咏每低徊。运筹帷幄惊神鬼，决战沙场速电雷。蠢尔蔺酋扬霸焰，敢同明将弄残灰。至今惟剩荒茔在，吊奠谁来酌玉杯？

其二云：

> 作福作威虐桑梓，明师征讨出衡阳。挡车螳臂形偕碎，叛国酋头运不长。蔺草含香偏惹臭，黔江蕴暖反生凉。覆宗灭嗣留荒冢，抱恨千秋枉断肠？

王诗也把奢崇明反明史事与奢宣谕墓联系吟咏，但王彝久没肯定此处为奢崇明墓，故将和赵诗题改为"奢王墓"。

"宣谕"一词为官名。据徐连达《中国历代官制大辞典》"宣谕使"条说，奉使宣谕之官初置于唐。《册府元龟》"邦计部、鬻爵赎罪"条云："唐肃宗至德二年（757）七月，宣谕使、侍御史郑叔清奏：承前诸使下召纳载物多给空名告身。"《唐大诏令集·遣郑叔清往江淮宣慰制》云："度支郎中郑叔清……以本官兼御使充江淮东西道宣谕使。"南宋绍兴元年（1131）以秘书少监傅松年为淮南东路宣谕使，次年分遣御使五人宣谕东南各路。其后职权渐重，由招抚流散、按察官吏到节制军马。绍兴三十二年（1162）虞允文、王之望相继出任川陕宣谕使，皆按军政、地位仅次于宣抚使。贵州大学历史学院田玉隆先生《贵州土司史》解释说："唐宋设置的宣慰（谕）使、宣抚使（包括副使）招讨使、安抚使等，名位极高职权很大，掌管军民政务，都为要员充任……入元……都变为常设机构。……各位职权都没有唐宋的大，也不一定为要员重臣才得充任，少数民族的渠帅也可充任。"（《贵州土司史》，贵州人民出版社，第307页）但"宣谕"这一官名，在《西南彝志》《黔西州志》《毕节余氏宗谱》《叙永直隶厅志》《叙永永宁厅县合志》《黔西州志》《毕节县志》《赤水备考全志》《明实录》《贵州通志·土司志》《四川通志·土司志》等史籍中均查不出永宁奢氏何人任过"宣谕使"。但将该墓定为奢崇明墓是于史实不合的。奢崇明，万历三十四年（1606）在奢效忠死后十多年的继承纷争中以奢世统养子、奢效忠侄儿之身份得袭宣抚使。他素怀异志，广揽人才，休养生息，据有平播时占领的今贵州境内地瓮坪、绩麻山、李博丫、后山、黎明、九仓等地，且支持儿子奢寅与贵州宣慰司奢社辉争以西、二乃两里之地。明廷忙于与崛起于东北的后金满族政权争斗，无暇顾及西南。天启六年（1626），奢崇明在四川白莲教首刘明选、遵义府失意生员何若海鼓动下，利用援辽之机派二万兵于重庆杀巡抚徐可求等二十余员抚道官员起事，占重庆、泸州、遵义，围成都一百零二日，只有奢寅异母弟奢震反对，苦谏无果便抱宗器更名余化龙遁居今之地的水潦，奢寅与奢辰都领兵反乱。在朱燮元等指挥的明军和拥明土司军的反击下，天启三年（1623）奢军由主动转为被动，五月明军攻下奢氏千年老巢蔺州，犁庭扫穴、毁其祖坟，崇明父子逃往水西龙场坝与安邦彦反明势力合作，准备反攻收复"失地"。七月明军在李仙品、刘可训、郑朝栋、李维新、侯良柱等统领下分路于七月十七日奇袭龙场坝，奢崇明率三营兵突围走姚家坪，奢寅率三营逃扎石灰坡凭险据守，朱燮元令李维新设计于天启四年（1624）正月廿九日计杀奢寅并瓦解其部。安邦彦天启二年（1622）二月起攻下毕节卫，进围贵州296天，使十万户省城仅八百余人幸存。新任巡抚王三善率兵解围并追邦彦至大方，天启四年邦彦围杀王三善及总兵马炯等百余官员，势复振，水蔺联合，奢崇明称"大梁王"、邦彦号"四裔长老"，于崇祯二年（1629）八月兴兵十万北进，攻占永宁卫，于叙永五峰桃红坝被四川总兵侯良柱、贵州总兵许成名夹击歼灭，崇明、邦彦均授首（一说崇明未死，被斩杀者系替身）。后安位投降，奢安乱平。奢辰逃往镇雄陇应祥处，后更名余保寿潜回龙场坝卧泥河隐居。余宏模著《赤水河畔扯勒彝》也说"奢氏族人改姓杨、苏、李、张、禄等姓逃匿于云、贵、川各地隐匿"。明军在永宁改土归流将内四里划归有功将士屯扎耕种，外四里归投降夷目屯种，另在各军事要地还设隘驻军威慑。即或奢崇明是逃逸隐藏老死，奢震、奢辰是不敢在九仓三星坝大兴出木、为朝廷钦犯修建壮阔陵墓的。因九仓东三十里处是重要军镇黎门镇，龙井和九仓都有明军隘官驻防的。据清乾隆七年（1742）出任赤水河分县知事的湖南平江进士张志和撰《赤水备考全志》"名胜考·古墓"条载："奢王坟，城西四十里，相传穴内有灯，如遇土人窥探，风雨立作。后建东岳庙于上以镇之。"这是距奢崇明死后仅百年关于其葬地的明确记载。因奢震未受朝廷打压，安葬其父是情理中事。东岳庙遗址在今叙永赤水河镇与水潦彝族自治乡政府之间的海坝。由此可见，奢宣谕墓不是梁王墓。

有人提出九仓奢宣谕墓不可能是奢禄肇的。我建议其应考察明代永宁土司史料与遗迹。除禄肇外，执政时间长或影响大的有阿聂妻奢书，执政三十余年；另就是奢贵，成化年间参与程信率兵镇压山都掌大坝等寨蛮叛后，总督尚书程信于成化四年（1468）奏闻"'永宁宣抚奢贵开通运道、擒获贼首，宜降玺书奖之'，帝从之"。奢贵业绩是不能与奢禄肇比拟的。再一位影响大的是奢书，她执政时长，但奢宣谕墓有她的孝名，证明此墓主不是她。最后一位是奢效忠，他参加平都掌蛮叛有功被朝廷褒奖，但在成化未年袭职后，于隆庆中（1567—1572）到万历五年（1577）与水西安国亨互相仇杀十多年，赤水河上游两岸是他们交战之区，奢氏不可能在战乱之区修建壮丽坟墓。

综上所述，只有奢禄肇是永宁土司中曾任宣慰使、明朝皇帝最器重的首领。他在朱元璋征滇过程中劝谕水西及大小土司归顺立功，所以从一六品长官司长官晋秩三级为宣抚司长官（正三品）、后加宣慰使，虽坐事被逮至京，但朱元璋仍按彝人传统法以交纳金银赎罪而受值还，归乡途中病故，葬九仓是情理中事。另"宣谕墓"在民国年间铁坟尚存，残碑上有"孝男奢书"等残字，是合写还是分写不详，奢书是奢摄之妻，她与丈夫主持修壮丽的宣谕墓是合情合理的。当地口碑史料说，宣谕墓从官塘岩下有隧洞，枯水时有洞穴显出，往里走一百多米再往上折行百米有室。一李姓老者说他小时与两男孩打电筒进入后找到两个细瓷酒壶。地表建筑从河边起有十三座牌坊、一百多级石阶（今残存巨石长两米，厚一尺五，宽两尺，尚在），拾级而上至墓门前，台阶左边有大四合天井房子（传为经历司旧址）。墓前有石狮等镇墓兽。旧址毁于何时不可考。铁坟是新中国"大炼钢铁"的1959年挖毁的，坟内什么都没有（此为笔者与仁怀市政协副主席杨应道、文史委主任龙先绪多次调研所得）。

综上分析，我可肯定地说：奢宣谕墓主是奢禄肇。奢香兄长葬仁怀九仓。

赤水河上游古盐道游记

陈　果[*]

　　"仁怀"一名出现于九百年前，但北宋宣和三年（1121）被降为堡，直到 1600 年播州杨氏土司之乱平定后才复县。仁怀与赤水河的历史，是一部紧紧围绕盐文化、酒文化和长征文化的发展史。社会在进步，盐文化现已逐步淡出了人们的视野。2017 年 11 月 5 日是个秋高气爽，艳阳高照的星期天。仁怀市政协文史委龙先绪主任，邀约我和政协办公室袁勇主任一道游访赤水河上游古盐道。我们早上七点从仁怀出发，沿着盐文化遗留节点旅游。

　　我们乘车经鲁班到茅坝，从茅坝街口分路朝杨柳井方向直奔黎民古镇。黎民镇位于仁怀市南部茅坝镇境内，地处赤水河南岸，旧时东可通播州，南可往水西，西可去毕节，北可走永宁，东北可去仁怀县城，为播州、永宁两大土司交界处。这里四周高山耸立，中间地势开阔平坦，水源充足，土地肥沃，居民以刘姓、柯姓、吴姓三大姓为主，是一个四面环山的盆地。

　　黎民是彝族先民最早占据的地方之一，历史上是彝族扯勒部于西晋初年设立的茅坝则溪领地，历经隋、唐、宋、元至明代归永宁土司管辖。明万历二十八年（1600）平播后，有四川遵义军民府的指挥金事和贵州都司的永宁卫官等领兵驻扎于此，改称黎民镇。此后永宁卫一直在此建屯驻军，为永宁土司奢氏领地。

　　黎民镇是播州、水西、永宁三大土司争夺的要地，也是历来兵家争夺的古战场。黎民镇通往四川古蔺的必经之路笆竹沟，乃一夫当关，万夫莫开之险道。笆竹沟旁是烟墩山，南明在山顶建筑烽火台，至今保存完好。《续遵义府志》记载："在黎民镇，卓峰四望，可数十里，凡有警，在此举放烟火，以其易传远也。"烟墩山还建筑有一道、二道、三道共三层石砌战争防御工事，至今遗迹尚存。站在烟墩山防御工事旁，你会想象那古战场上狼烟滚

---

　　* 陈果，仁怀市人。怀庄酒业集团董事长、赤水河流域地情图书资料馆馆长。

滚、人嘶马叫的呐喊声和兵器撞击的厮杀声，感受黎民镇在历史长河中的位置和作用是何等的重要。

黎民镇是川盐运黔的古盐道。在清代至民国三百多年的时间里，川盐运黔从四川启运过鄢家渡，经笆竹沟到黎民镇。笆竹沟青石铺的路有一米多宽，险处还有护栏石，历代背盐巴人在青石板路面上留下的背杵底锥磨下的印痕，有的有一厘米多深，而马帮驮盐留下的马蹄印，现在都还看得见。《续遵义府志·关梁》记载："笆竹沟隘，距治城九十里，两山壁立，邑人陈焕章凿路通行，自黎民镇至河（赤水河）十五里，为通蜀要道。"

黎民镇经笆竹沟通往四川的赤水河渡口——茅坝鄢家渡（又名仙家渡）渡口"公渡"摩崖以及鄢家渡康熙、乾隆、嘉庆、道光、光绪摩崖石刻，2005年6月已列为仁怀市文物保护单位。

黎民小学背靠大山，柏树成林，门前一条小溪清波流淌。学校朗朗的读书声、歌声、欢笑声，山水相宜，优雅纯净，构成了朝气蓬勃生机盎然的黎民新景象。

黎民小学广场前的硝水井，像济南的趵突泉一样从地下冒出来的地下泉水流量大，冬暖夏凉，自古以来从未断流。硝水泉占地数亩，泉水清澈透明。黎民古镇的石牌坊，矗立在硝水泉广场边上，石牌坊用青石砌筑，仿木构架结构石建筑，四柱三间门楼式。雕花绣龙，飞檐挑角，十分精美。牌坊外立柱上绣龙，形象生动。中立柱刻有对联两幅，正面对联：六桥通九域古道繁昌日久；两水润千畴黎民富庶天长。背面对联：硝水贯珠楼榭亭台焕彩；烟山擎日奇峰峻岭生辉。横额两面都刻：黎民古镇。从石牌坊门楼进入环绕在硝水泉四周的是宽阔爽净的广场，还有那古香古色雕刻精美木质长廊，以及距硝水泉很近的仿古建筑黎民刘氏宗祠，把硝水泉衬托得锦上添花。如此世外桃源，游人到此赏心悦目，流连忘返。

离开黎民古镇，我们沿着盘山公路宛蜒而下到了赤水河柏杨坪渡口，古盐道从柏杨坪渡口经过。柏杨坪河段风光秀丽，河水清清，让人流连，河对岸的河滩上有三位老乡在掰九香虫，看他们优哉游哉，自得其乐，其情其景记忆犹新。横跨赤水河的柏杨坪大桥，虽已动工但进展较慢，两岸人民殷切地希望：赤水河柏杨坪大桥早日竣工通车，造福川黔两岸人民。

我们离开柏杨坪，前往毕节金沙清池镇。清池镇是千年古镇，东周战国前属方外鳖（鳖）国地。明朝之前古名鬼箐沟，明末清初更名畦家溪，镇中原有湖泊，又称清水塘，清光绪年间更名清池。清池镇位于金沙县西北部，距金沙县城57公里，位于川黔两省遵义、毕节、泸州三市的仁怀、古蔺、七星关、金沙四县（市）的八乡（镇）边沿结合部。清池镇街房的风火墙建筑物，相似于江西、江苏、安徽建筑物风貌，由此可见清池镇很早就接受省外的先进文化，而且是根深蒂固的。

清池镇上的国家级重点文物保护单位万寿宫、禹王宫、罗祁氏梅氏节孝坊保护得很好。清池万寿宫，又名"江西会馆"，是由江西籍在外商人所建，供江西籍同乡同行集会，寄寓、联乡谊，助旅游之用。

清池万寿宫位列清池四大会馆（其余三个会馆分别是四川会馆、湖北会馆、贵州会馆）之首，且保存最为完整，规模最为宏大。始建于清初，清光绪十九年（1893）重建，占地面积2000平方米，坐北朝南，依中轴线自南向北建山门、鱼池、小桥、戏楼、前殿、正殿、后殿、阁楼等建筑组成。2013年3月，中华人民共和国国务院将清池万寿宫核定公布为第七批全国重点文物保护单位，是金沙境内古盐道上"茶马古道"贵州毕节段的17个文物景点之一。

清池镇上的"罗祁氏梅氏节孝坊"位于镇东边的沙桥村民组，这里地名又叫"半边街"，路面均为青石板铺成。建于清道光五年（1825）的"罗祁氏梅氏节孝坊"，青石砌筑，高8.9米，宽6.15米，仿木构架结构石建筑，四柱三间三楼式。顶饰鱼吻吞脊，飞檐挑角，檐下枋间及夹柱石上浮雕人物故事，缀以花卉图案，十分精美。四立柱上有对联多幅，左右次间垫板上亦有题词。主间额枋书题"罗祁氏梅氏节孝坊"。题额镌"纯孝双辉"四个空心大字。中门顶石撑上刻有"圣旨"两字。2013年3月，国务院核定公布"罗祁氏梅氏节孝坊"为全国重点文物保护单位，是金沙境内古盐道上"茶马古道"贵州毕节段的17个文物景点之一。站在罗祁氏梅氏节孝坊牌坊下的石板路上，我们仿佛又听到了一拨一拨运盐的马帮由远而近，穿过节孝坊牌坊正门奔向远方，留下一串串叮当叮当的驮铃声回响在半边街上。古盐道经过"罗祁氏梅氏节孝坊"牌坊正门，节孝坊见证了清池这个千年古盐道的沧桑巨变。

在清池镇午餐后，我们前往金沙清池鱼塘河。鱼塘河义渡对岸是四川古蔺县椒园乡，鱼塘河大桥是赤水河茅台彩虹桥上游现有的第二座跨赤水河大桥。鱼塘河段的赤水河，两岸山峦秀丽，十八罗汉拜观音形象逼真。清澈的河水静静地流淌，鱼塘河段的河水流量似乎比茅台河段的流量还要大些。鱼塘河古道，建于乾隆四年（1739），金沙境起自鱼塘河渡口，北至四川古蔺县，南至贵州金沙县，全程有大小石质桥梁10余座，俗称"三尺古盐道"。2013年3月，国务院核定公布"鱼塘河义渡石刻"为全国重点文物保护单位，是金沙境内古盐道上"茶马古道"贵州毕节段的17个文物景点之一。

我们离开鱼塘河，前往金沙县马路乡清坪村水边河遇仙桥参观千年黄桷树，该黄桷树是我看见的最大树木。据介绍在1985年文物普查时，经专家认定，该黄桷树已有上千年历史。该树树根裸露，盘根错节，根系发达，树围13.42米，树高约35米，常年枝繁叶茂。距离该树约120米的水边河岩石上和水中，可看到黄桷树偶尔露出地面的树根，由此推断，该树根系占地达40余亩。树的形状像一把大伞，树冠覆盖地面面积大约3亩。春天，嫩黄的树叶刚刚吐露枝头，就引来无数小鸟在树上追逐往来，在枝头吱吱叫个不停，与水边河水、遇仙桥、遇仙寨寨头的房子互相映衬，桃红柳绿点缀其间，鸟语花香，构成了小桥、流水、人家为一体，风景秀丽的自然景观。黄桷树下的观音菩萨庙，烧香拜佛的人络绎不绝。酷热的夏天，树荫下凉风习习，人往树下一站，顿觉清风扑面，疲惫顿消，是人们休闲的好地方。

我们离开遇仙桥黄桷树，经马路乡前往毕节大屯土司庄园。大屯土司庄园位于贵州省毕节市大屯乡。始建于清康熙年间（1662—1722），相传是彝族土司余象仪所建，后经历代彝族土司逐年扩建，成现在之规模，至今已有300多年。大屯土司庄园坐落在黔西北茫茫乌蒙山腹地，川滇黔三省交界的赤水河畔的崇山峻岭中。庄园气势恢宏、庄严肃穆、唐风古韵，古色古香，是十分幽雅的古建筑群。庄园中路建筑有大堂、二堂和正堂，各路堂宇之间均有石坝或内墙间隔。

高大的砖筑院墙，墙檐下砌筑斗拱，显得古朴厚重。犹可想见，当年的土司庄园守备森严，肃穆庄重，虎威逼人。该庄园坐东向西，依山势而建，四周砖砌围墙，沿围墙设有6座土筑碉堡。整个建筑分左中右三路主体构筑，设回廊相互贯通，具有独特的民族风格和浓郁的地方特色。到大屯土司庄园，无不为这古朴典雅、庄重宏伟的建筑赞叹，无不为这瑰丽多姿、技艺精湛的艺术所陶醉。恰如一部凝固的音乐作品，使人如痴如醉，大有"余音绕梁"之感。层层院落，一亭一院一个景，千姿百态各具特色。大厅古朴庄重，花园千娇百媚，水榭玲珑秀美，楼台亭亭玉立。既有古代殿宇的风格，又不乏彝家建筑的气派，真可谓是"十步一个景，一景一重天"。漫游在花园小径，流连于亭台楼阁，仿佛置身仙山琼阁。使人倍感新奇，乐而忘返。大屯土司庄园是西南地区迄今保存最完好，最具代表性的彝族土司庄园。拂去历史的尘埃，我们看到的不仅是一座占地宽阔、建筑风格独特、融中华民族彝文化与汉族文化于一体的恢宏建筑，更可感受到经历元、明、清三朝土司制度的兴衰历程。庄园第十一世主人也是末代土司余达父，是前清法政科举人，任贵州大理分院刑庭庭长，贵州省政府顾问，他是位法学家，彝族杰出诗人，诗著留存颇丰。"燧雅堂"是庄主余达父会见贵宾、笔友及写诗作词的场所，燧雅堂内塑有余达父蜡像，还挂着余达父书写的条幅"天上风云原一瞬；人间荣辱不须惊"，字体苍劲浑厚。庄园内的"藏砚楼"，是第九世土司余珍所建，余珍富有文才、擅长书法绘画，闻名于黔、川、滇三省，且博于收藏，藏砚楼内珍藏有古今名印三百余枚，古砚五十余方及若干珍贵书画。1988年3月，国务院公布大屯土司庄园为全国重点文物保护单位。

我们离开大屯土司庄园，经普尼镇前往赤水镇。赤水镇位于叙永县城南面，距叙永县城97公里，距贵州毕节市86公里，是川南小镇，也是通往云贵的重要门户。赤水镇建于明洪武二十年，是赤水卫的驻地。明、清和民国时期，为云、贵、川边界贸易集散中心，境内雪山关最高海拔1885米。赤水镇原为赤水河县城，1948年设赤水乡，1986年建镇。仁怀大竹坝乡贤母重光（又名母正煊）先生，民国十九年（1930）至民国二十三年（1934）年间，在赤水河县任过县长（知赤水河事）。离任后赤水河县人民曾镌刻"德政碑"铭记其功绩。赤水镇地处赤水河流域川、滇、黔三省交界处，河对岸就是贵州毕节辖地，这里是少数民族聚居地，自然风光秀美，古韵醇厚，民俗荟萃，但由于深处大山，交通闭塞，经济来源主要以农耕为主，经济发展较为落后。现今古蔺至毕节的高速公路就从镇旁经过，交通四通八达，人民生活富裕。

赤水镇连接毕节赤水河大桥下游几公里处的河岸边，是载入史册的赤水河天鼓岩。乾隆十年，贵州总督张广泗整治疏通赤水河，就是从天鼓岩开始。史载：此期工程上起毕节县境的天鼓岩，下至猿猴附近的鸡心滩，纵长200余公里。乾隆十年十月初动工，次年闰二月初一竣工，共整治滩险68处，耗银28642.5两，是清朝前期赤水河较大规模的整治工程。赤水河整治后，上游白沙河至兴隆滩段及中游二郎滩至猿猴段基本疏通，铜铅矿自白沙河起运，次险处用舟载，极险处靠盘驳，水陆相济，放吊并行，维持了好几年。但茅台以下航道已成为川盐入黔的重要通道。张广泗在整治赤水河，发展航运方面是有显著功绩的。他重视调查研究，博采众议，并重实践，在开发赤水河的过程中，又能听普通劳动者进言，做出果断决策，并事前组织调查，事后巡视现场，身为封建时代的封疆大吏，诚属难能可贵。

离开赤水镇时天已黄昏，我们从赤水镇上高速公路到麻城返毕节经金沙，晚上11时回到仁怀，返程全程高速300公里。这次漫游赤水河上游古盐道，为时一天16个小时，有龙先绪主任的详细介绍讲解，知道了很多古盐道历史故事，收获颇多。

奢安之乱遵义府大事记

刘一鸣

天启元年（1621）

农历九月初六，奢崇明等在永宁杀人祭旗，十一日封刀，以示反明。是年九月上旬，奢崇明派石良、陈加兴、安銮等率兵围杀土城袁氏殆尽。九月十七日，以援辽为名率二万永宁兵抵重庆，扎府城的樊龙、张彤等趁校场点验杀四川巡抚徐可求、遵义参将万全等官员二十余人，占据重庆府城。

十月，扶国祯、奢宏率永宁兵攻遵义府城，贵州巡抚李枟遣贵州总兵官张彦方及贵州都指挥使许成名、黄运率兵援四川复遵义。同月桐梓知县洪维翰被贼入城夺印后仗节不屈而死。

天启二年（1622）

五月二十一、二十二日，骆麟、刘朝官等率军于金刀坑与大梁国扶国祯、赵国玺、安銮、游朝柄等叛军十三营大战两日，歼敌数千、击溃大梁军。六月上旬，明军收复重庆府城。

七月中旬，奢安反明军水西一路数万在阿乌迷、郑益显等率领下扎河梁庄；永宁军数万在奢寅、金保率领下于大湾、落红一带东渡赤水河攻遵义、桐梓；同日梁军围攻遵义府城，七月二十三日推官冯凤雏、威远卫正经历袁一修、遵义府司狱苏璞战死，府城失陷。

九月中旬，明军守备杨通霈、任国缵夜袭水西军收复遵义城，因兵不满万，粮不接济撤出。

十一月下旬起，奢安大梁军与明军在落红、罗村一带交战月余。

天启三年（1623）

正月上旬，明军罗乾象部近万人与大梁军在仁遵交界的小关子、葫芦溪、闷头箐（今仁怀市喜头镇）交战，击败大梁军。二月中旬，明军与大梁军在仁怀土城激战数日，明军收复土城。

正月中旬，明四川按察佥事赵邦清率兵攻击占据遵义府城的扶国祯、郑益显部奢安军，收复遵义城；明军侯良柱部与大梁军奢富部各近万人于仁怀坛厂里生界坝对峙交战十余日，奢军败走；下旬，明军秦衍祚、侯良柱招抚安銮及五千余众。

二月初七，绥阳知县任宠率骆麟、戴鸣凤等部策应杨通霈收复遵义城，扶国祯、杨维新负伤逃走。

二月中旬，明军赵邦清、秦衍祚率部于今习水和古蔺二郎坝、灰堆山、木蓝寨等处与大梁奢富军交战并击败之，渡赤水河攻入今古蔺境内。

三月中下旬，大梁国奢寅借水西兵莫德官、江之龙、郑益显、杨维新等二十七营扎仁怀坛厂里缉麻山一带与明军对峙，后与明军在遵、仁、桐边界激战半月，图攻遵义府城，均被明军击溃。

四月中旬，明军攻克永宁。五月中旬，明总兵罗乾象部攻入古蔺，毁奢氏九凤楼，犁庭扫穴、掘其祖墓，奢寅父子逃守水西龙场。五月下旬朱燮元奏调云南临安府同知，冉鉴任遵义府同知。

七月中旬，赵邦清率部入驻遵义城。明军王尚明部于仁怀竹把、盐井、九仓等地招降大梁军师王国才等头目二十八名、兵众三万余人；七月下旬，赵邦清、商良弼派郭三聘招降游朝炳、郑益显等四百八十余人至桐梓投降。明军付元勋部在毛台（今茅台）、白荡等处扫荡奢军余部。

八月初五，赵邦清于六月初九于遵义府城染病，退居桐梓治疗，不愈，病逝。

九月上旬，明军侯良柱部在仁怀龙井、九仓、后山一带与大梁军余部交战，歼俘奢军万余人；下旬，明军陈一龙部于金刀坑击退攻击府城之水西军。

十月中旬，水西增兵七十余营，向明军中庄防线攻击，激战数日，明军于清水潭将水西军击退。

十一月下旬，明军攻入大梁国龙场（今毕节市境内），俘获其帝后、军师、左丞等二十余人。

天启四年（1624）

四月上旬明军在朗山、龙山寺、中庄、冰山坝、打磨溪、九打杵、郑家坝等地击退进攻遵义府城之水西军；四月中旬，朱燮元上《扫蔺献俘疏》，将奢宗明大梁国高级官员廿余人及印信、帝后服饰等押解进京。

八月初六，遵义府同知冉鉴病故，达州知州黄立言调补。

朱燮元令监军卢安世率副总兵林兆鼎、游击侯良柱、陈一龙等于冬月十六日督兵三万入遵义府城，将城垣修复并屯守，于腊月初二日击退水西军对板角营的攻击。

天启五年（1625）

兵部尚书、总督川湖等处地方军务朱燮元于三月中旬驻节遵义。十月初八日，朱燮元于遵义上陈《会剿奢安机宜》疏。

天启六年（1626）

四月初九日朱燮元于遵义奏报李维新设间收买苗老虎、阿引等，聂舌箐在大梁军营趁奢寅醉酒将其刺杀，"西南祸本绝矣"。

五月十五，贵州巡抚王瑊上奏朝廷请朱燮元由遵义城移镇黔阳，全力对付奢安在黔滇的叛乱。是年秋，朱燮元丁父忧返浙江绍兴守制。

崇祯元年（1628）

九月十一日，明廷命朱燮元为总督贵州四川湖广云南广西军务兼督粮饷、巡抚贵州、湖南、川东偏沅等处地方、少保兵部尚书兼都察院右都御史入主黔政，朱于次年二月初行经湖广境，三月中旬始抵贵阳军民府。

崇祯二年（1629）

八月初八，朱燮元布置川黔明军于永宁五峰山桃红坝击败奢安大梁军，奢崇明、安邦彦均授首。

崇祯三年（1630）

春，水西土司首领安位投降，奢安分裂叛乱结束。朱燮元反对急于"改土归流"，主张保留小土司，加强屯军、推行军屯，在水西故地建城池三十六座，修道路、置邮亭、驿站、设学校推行教化，开发建设贵州。

崇祯十一年（1638）

春，朱燮元病逝于贵阳任所，终年七十三岁。归葬浙江绍兴故里，崇祯帝赐九坛并遣官祭奠。

参考资料：

①刘一鸣、雷鸿鸣、雷先均：《少师朱襄毅公督蜀疏草》《蜀事记略》，中国文化出版社，2014 年。

②贵州文史馆点校：《贵州通志·前事志》第二册，贵州人民出版社，1987 年。

③朱燮元：《少师朱襄毅公督黔疏草》十二卷，清康熙五十九年朱人龙等刻本。

④朱丁元等：《白洋村志》，中华书局，2014 年。